中國學術思想研究輯刊

十七編

林慶彰 主編

第7冊

論《春秋》的屬辭比事

林秀富 著

《左傳》辭令研究

李青苗 著

花木蘭文化出版社

國家圖書館出版品預行編目資料

論《春秋》的屬辭比事　林秀富 著／《左傳》辭令研究　李
青苗 著 — 初版 — 新北市：花木蘭文化出版社，2013〔民
102〕
目 2+106 面／目 4+172 面；19×26 公分
（中國學術思想研究輯刊 十七編：第 7 冊）
ISBN：978-986-322-374-0（精裝）
1. 春秋（經書） 2. 左傳 3. 研究考訂
030.8　　　　　　　　　　　　　　　　102014627

ISBN-978-986-322-374-0

中國學術思想研究輯刊
十七編　第 七 冊　　　　　　　ISBN：978-986-322-374-0

論《春秋》的屬辭比事
《左傳》辭令研究

作　　者　林秀富／李青苗
主　　編　林慶彰
總 編 輯　杜潔祥
出　　版　花木蘭文化出版社
發 行 所　花木蘭文化出版社
發 行 人　高小娟
聯絡地址　235 新北市中和區中安街七二號十三樓
　　　　　電話：02-2923-1455 ／傳眞：02-2923-1452
網　　址　http://www.huamulan.tw 信箱 sut81518@gmail.com
印　　刷　普羅文化出版廣告事業
封面設計　劉開工作室
初　　版　2013 年 9 月
定　　價　十七編 34 冊（精裝）新台幣 60,000 元

論《春秋》的屬辭比事

林秀富　著

作者簡介

林秀富，女，1965 年 11 月生，台南市東山區人。蘭陽技術學院通識教育中心講師，輔仁大學中國文學系所碩士，正在進修博士。曾參與《續修頭城鎮志》編纂，編有《蘭陽教學奇航──四位國文老師的教學實錄》一書。

提　　要

　　屬辭比事，根據鄭玄的解釋，是指《春秋》所載錄的內容。因三傳解經有互異的情形，范甯提出以己意解經，經唐、宋人推闡，屬辭比事就成為解釋《春秋》的方法。這種方法分化出兩條途徑，一是經傳互考，二是捨傳解經。經傳互考並未捨棄三傳之說，是以擇傳解經為基礎，進而承繼杜預的傳例而樹立經例，藉以衡定三傳異說的經文，或考驗三傳同說的經文。捨傳解經則受宋代心學影響，認為可用人心之所同然之理做為解釋經義的基礎，而且經作於前，傳成於後，以為經義不待傳而明。然經文簡約，既捨傳，就必須另立新法，於是有經例與依禮說經二途。這種解釋方法終難不援事說經，元代以後仍然回到不廢傳的主張。至清初，受樸學影響，一方面抨擊唐、宋人的空疏，另一方面則力振漢學，而恢復三傳（尤其《左傳》）的解經地位。這是屬辭比事法所展開的發展。屬辭比事的發展顯出解釋《春秋》所遭遇的困難與突破。從語言組成的角度來看，屬辭比事的確隱含若干可能的途徑。

目次

緒　論

　　《春秋》是道義的書，但是義如何得？清代之前，學者往往在序跋、凡
例或卷首中，論及解《春秋》的方法，也就是求義的方法，而踐履在其著述
中。民國以後，或有分論三傳解經法、如論《左傳》的凡例，《公羊》、《穀梁》
的義例、日月例等，然而非重心所在，往往隱於所求之義下，難見其詳，且
頗疏於前人解經法的探討。初玩其法，不免贊歎，較之前人，則惜其蹈襲而
不知。因此藉此文，稍窺前人解經的方法。

　　首先以《四庫全書‧經部‧總目提要》為引導，稍知《春秋》在歷代的
研究情況。再以《四庫全書‧經部》所著錄春秋類典籍的序、凡例、卷首、
諸論解經法的篇章為中心，參照其著述本文推尋，而見以新意解經和屬辭比
事解經法的發展有不可分的關係。

　　「屬辭比事」一詞，首見於《禮記‧經解》。〈經解〉以之為教，以為能
如此而不亂，則是深於《春秋》。所謂教，即《春秋經》的知識功能，而此知
識為「屬辭比事」。然而所屬者何辭？所比者何事？鄭玄以為是「諸侯朝聘會
同時，相接之辭與罪辯之事」。孔穎達則釋鄭說為聚合會同之辭與褒貶之事，
且以此為人君之所應學習而化其民者。〔註1〕由此觀之，「屬辭比事」所具的
知識功能是政治的，它包含諸侯朝聘會同的知識與政治行為的價值判斷。

〔註1〕《禮記‧經解》：「入其國，其教可知也。其為人也，……屬辭比事，《春秋》
　　　　教也。……《春秋》之失亂。其為人也，……屬辭比事而不亂，則深於《春
　　　　秋》者也」。鄭注：「觀其風俗，則知其所以教」。「屬，猶合也。《春秋》多記
　　　　諸侯朝聘會同，有相接之辭，罪辯之事」。孔穎達疏：「屬辭比事，《春秋》教
　　　　也者。屬，合也。比，近也。《春秋》聚合會同之辭，是屬辭。比次褒貶之事，
　　　　是比事也。凡人君行此等六經之教，以化於下。在下染習其教，還有六經之
　　　　性，故云《詩》教、《書》教之等」。

　　然而吾人如何知道關於諸候朝聘會同的知識和關於這些政治行為的價值判斷及其理據？簡約的《春秋》經文並未明顯的解答上述問題，只是隱寓經文之間，此即傳統所說的「微言大義」。透過戰國時代儒者的解釋經驗，《禮記‧經解》將此經驗凝聚為「屬辭比事」一語，則「屬辭比事」是理解《春秋》微言大義的途徑，如果釐清「屬辭比事」的含意，後代學者如何理解微言大義將清晰可辨。

　　唐、宋以前研究《春秋》的學者，謹守漢以來師法、家法的專門之學，多為注疏之作，對於「屬辭比事」所涵蘊的解經法未暇深究。晉范甯以下，學者深思三傳同解《春秋》，而所解互有同異，與經是常法互相矛盾。所以想要在三傳所傳的解經法之外，另求新的解經方法。「屬辭比事」在此解經觀念的轉變中，受到研究《春秋》學者的注意。所以本文在第一章論屬辭比事的意義和范甯所開啓的「經傳互考」、「捨傳解經」二種解經途徑。第二章、第三章討論這二種解經途徑的觀念和作法。第四章論屬辭比事解經在元、明、清的發展。結論則論屬辭比事法的可能和缺陷。

　　本文在取材上以《四庫全書‧經部》春秋類所著錄的書籍為主，為便利取用，但不免疏略。《四庫全書》編就於乾隆年間，其後的《春秋》著述仍多，未能採用，實因難以找到合適的書目引導，《續修四庫全書‧經部‧提要》體例雜亂，甚而有些文字責任不明，難以為用。故《四庫》以後的《春秋》著述，只有留待日後再行探討。

　　寫作這個題目是因緣於王初慶老師在三傳課程的引導和啓發。寫作過程中，經常領略到的是我的指導老師王金凌先生在多年的課程中，所給予思想啓蒙、引導和治學訓練，王金凌老師並花了大量的心力幫助我對論題做深入與提昇。所以這本論文能夠完成，首先要感謝王初慶老師和王金凌老師。

第一章　解經觀念的突破

第一節　屬辭比事的意義

　　司馬遷在《史記·孔子世家》中說，孔子因魯史而作《春秋》，游夏之徒不能贊一辭。所不能贊者為褒貶之語，因其中有大義。此《春秋》大義，孔子之後經儒者互相口授，歷數代始著於竹帛，至東漢班固《漢書·藝文志》著錄有《公羊》、《穀梁》、鄒氏、夾氏四家口授傳者和左丘明論《春秋》本事，所作的《左氏傳》。孔子所立的大義，經口授而有家數之別，何故？儒者以其思想附益，固然有以致之。但儒者之所以能附益，又有賴《春秋》有容納附益的條件。孟子在〈離婁〉篇中說：「其事則齊桓晉文，其文則史。『其義則丘竊取之』」。自史事中取義，則義在事之外，又足以解說諸事應然之理。然而史事所蘊涵之理，隨取事的角度、層面而異。取事角度與層面既不同，則對《春秋》大義亦有不同的領悟。因此儒者對《春秋》大義有不同的解釋，實肇因於儒者之附益與史事可取不同角度、層面而解釋。雖然如此，由事見義仍是理解《春秋》的不二法門，而《禮記·經解》首次將此解經的方法凝為「屬辭比事」一語，並指陳其弊在於「亂」。所謂亂者，乃指學者解釋《春秋》經，有易流於穿鑿附會之失。

　　關於屬辭比事的意義，鄭玄說：

　　　屬，猶合也。《春秋》多記諸侯朝聘會同，有相接之辭，罪辯之事。

　　〔註1〕

〔註1〕見：《禮記·經解》鄭玄注。

孔穎達則說：

> 屬，合也。比，近也。《春秋》聚合會同之辭，是屬辭。比次褒貶之
> 事，是比事也。〔註2〕

鄭、孔皆以屬辭比事爲《春秋》經所載之內容，此內容有諸侯朝聘會同時的
對話，也有可褒或可貶之行事。但是經文簡約，如何從這些內容抽繹出大義，
誠爲理解《春秋》經的關鍵。

這個問題在宋儒之前，不太受重視。今觀《四庫全書·經部》春秋類所
著錄宋代以前的著述。除唐陸淳之《春秋集傳纂例》、《春秋微旨》、《春秋集
傳辨疑》外，多爲漢室專門之學及注釋之作。專門之學如三傳，漢董仲舒的
《春秋繁露》、晉杜預的《春秋釋例》。注疏之作則爲三傳的注疏。專門之學
有其謹守以解經之師法、家法。而注疏之作，除了范甯《春秋穀梁傳集解》
外，大體注傳而不駁傳。杜預自號「左傳癖」，〔註3〕更屈經而伸傳。〔註4〕
此外，鄭玄《鍼膏肓》、《起廢疾》、《發墨守》殘卷，是東漢今古文經學融合
之作，惜皆僅殘存一卷，難以窺見其要。蜀馮繼先《春秋名號歸一圖》則爲
輔讀《左氏》之作，不著撰人之《春秋年表》也是輔讀《春秋》之作，尚未
曾注意「屬辭比事」可能產生的問題。

自宋代始有以「屬辭」、「比事」名書者。如宋沈棐《春秋比事》，元趙汸

〔註2〕見：《禮記·經解》孔穎達疏。

〔註3〕杜預自稱有《左傳》癖，見《晉書·杜預傳》：「預嘗稱王濟有馬癖，和嶠有
錢癖。武帝聞之，謂預曰：『卿有何癖？』對曰：『臣有《左傳》癖』。」

〔註4〕關於杜預屈經而伸傳，杜預在《春秋經傳集解·自序》中說：「古今言《左氏
春秋》者多矣，今其遺文可見者十數家。大體轉相祖述，進不成爲錯綜經文，
以盡其變，退不守丘明之傳。於丘明之傳有所不通，皆沒而不說，而更膚引
《公羊》、《穀梁》，適足自亂。預今所以爲異，專脩丘明之傳以釋經。經之條
貫，必出於傳；傳之體例，總歸諸凡。推變例以正褒貶，簡二傳去其異端，
蓋丘明之志也」。觀杜預之言，前非他人注《左》引《公》、《穀》，後則又說
他注《左》也引《公》、《穀》，豈不矛盾？蓋杜預認爲經義在傳，注傳者在取
材時，應以合傳義爲取擇的標準，所以他非議注《左傳》引《公》、《穀》之
說而不合《左傳》之義者。至於他自己注《左傳》之說則必合於《左傳》之
義。又因他認爲注傳當以傳爲主，而至有屈折經義以合傳義的情形出現。諸
儒多有批評，如吳萊在序《春秋後傳》說：「杜元凱……說經多依違以就傳，
似不得爲《左氏》忠臣也」。晁公武《郡齊讀書志·卷三》也說：「晉杜預……
《春秋經傳集解》……其敝則棄經信傳，……於《左傳》之例皆不合，不曰
傳之繆，而猥稱經文闕漏，其尤甚者至如此」。趙汸《春秋師說·論古注得失》
也說：「杜元凱說《春秋》，……曲從《左氏》，多有違背經旨處」。

《春秋屬辭》，清毛奇齡《春秋屬辭比事記》。以屬辭比事名書，是注意由事顯義的表徵。宋陳亮序沈棐《春秋比事》說：

> 聖人經世之志，寓於屬辭比事之間，而讀者每患者其難通。其善讀則曰：「以傳考經之事跡，以經別傳之眞僞」，如此經果不可無傳矣，游夏之徒胡爲不能措一辭也？余嘗欲即經以類次其事之本末，考其事以論其時，庶幾抱遺經以見聖人之志。

陳亮見沈棐之作與其「即經以類次其事之本末」之意同，未再更作，於是將沈棐《春秋總論》更名爲《春秋比事》，則陳亮以屬辭比事爲解經的方法。這和鄭玄、孔穎達以屬辭比事爲《春秋》經所載之內容者不同。陳亮的方法是先將經文所載史事鉤稽出來，而藉傳以詳考此史事，進而論之。這種方法似紀事本末體。〔註5〕

毛奇齡對屬辭比事另有一解，他在《春秋屬辭比事記·卷一》說：

> 〈經解〉曰：「屬辭比事，《春秋》教也」。夫辭何以屬？謂夫史文之散滯者，宜合屬也。事何以比？謂夫史官所載之事畔亂參錯，而當爲之比以類也。此本夫子以前之《春秋》，而夫子解之如此。是以夫子之《春秋》，亦仍以四字爲之解。

毛奇齡以屬辭比事爲孔子編纂《春秋》經的方法，大凡史文、事跡散亂者重訂之，進而主張吾人也當以此方法解《春秋》。則毛奇齡應是認爲《春秋》編年，事不相屬，所以可再用屬辭比事的方法。

屬辭比事之意義，由《春秋》經所載錄的內容，轉爲解經之法。則應有一新解經法之需要。而此種需要係因解經觀念之不同。由現存討論《春秋》的著述觀之，此解經觀念的轉變初見於范甯《春秋穀梁傳集解·序》，經唐啖助、趙匡、陸淳及宋儒之深化與實踐，屬辭比事遂成爲新的解經方法。

第二節　范甯解經觀念的轉變

西漢經學謹守專門之師承、家法，東漢漸有打破宗派門戶，融合今古文經學之趨勢，如鄭玄《鍼膏肓》、《起廢疾》、《發墨守》諸作，係有見今古文

〔註5〕陳亮稱沈棐《春秋比事》的作法是「即經以類次其事之本末」，殆指《春秋比事》的前十卷從事的角度類聚《春秋》經文，故稱其頗似紀事本末體。若《春秋比事》的後十卷則以書法類聚，頗似言例者。但陳亮並未指出前十卷、後十卷的差異。

各家之長短，揚長棄短，而賈逵《春秋三傳異同說》乃歸納今古文經學家之
不同觀點，雖曰融合，所融合者乃今古文之爭議。〔註6〕這個現象也顯出學者
思考《春秋》三傳解經互有同異和如何對待同異之結果。惜其書已佚，無從
比較，考察其詳。

由於三傳說經互有同異，於是學者各宗師法，持一傳以解經，若所持之
傳無說，則採三傳之可從者，如杜預即是。〔註7〕至於平情以視三傳而疑之
者，首推晉范甯。

范甯於《春秋穀梁集解・自序》，提出其懷疑與解決之道：

> 《春秋》……信不易之宏軌，百王之通典也。……《春秋》之傳有
> 三，而為經之旨一。臧否不同，褒貶殊致，蓋九流分而微言隱，異
> 端作而大義乖。《左氏》以鬻拳兵諫為愛君，文公納幣為用禮。《穀
> 梁》以衛輒拒父為尊祖，不納子糾為內惡。《公羊》以祭仲廢君為行
> 權，妾母稱夫人為合正。以兵諫為愛君，是人君可得而脅也。以納
> 幣為用禮，是居喪可得而婚也。以拒父為尊祖，是為子可得而叛也。
> 以不納子糾為內惡，是仇讎可得而容也。以廢君為行權，是神器可
> 得而窺也。以妾母為夫人，是嫡庶可得而齊也。若此之類，傷教害
> 義，不可強通者也。凡傳以通經為主，經以必當為理，夫至當無二，
> 而三傳殊說，庸得不棄其所滯，擇善而從乎。既不俱當，則固容俱
> 失。若至言幽絕，擇善靡從，庸得不並捨以求宗，據理以通經。雖
> 我之所是，理未全當，安可以得當之難，而自絕於希通哉！

又說：

> 《左氏》豔而富，其失也巫；《穀梁》清而婉，其失也短；《公羊》
> 辯而裁，其失也俗。若能富而不巫，清而不短，裁而不俗，則深於
> 道者也，故君子之於《春秋》沒身而已矣。

《春秋》既為「不易之宏軌，百王之通典」，則可運之百代而無疑。范甯觀三
傳之解經，卻不免有疑。觀其所發之疑，乃以其所處時代之名教，較之三傳
解經所發之義，有所不合。三傳如此解經，則《春秋》疑於當代。范甯深信
《春秋》必可運之百代，則《春秋》之疑於當代必三傳致之，從而疑三傳解

〔註6〕關於東漢今古文經學之融合，詳見：俞啓定，《先秦兩漢儒家教育》（濟南：
　　　　齊魯書社，1987年9月第一版），頁212～223。

〔註7〕同註4。

經之不可全信。即使范甯注《穀梁》，也仍然懷疑《穀梁》的若干解釋。〔註8〕

　　范甯的懷疑開啓了後代解釋《春秋》的幾個途徑。首先，「傳以通經爲主」，則當主經而擇三傳之善者從之。故范甯主經而深較三傳之短長，所謂「《左氏》豔而富，其失也巫；《穀梁》清而婉，其失也短；《公羊》辯而裁，其失也俗」即是。選擇前，先瞭解三傳之長短，而後「棄其所滯，擇善而從」。這開啓了後人擇傳解經的途徑。

　　其次，若三傳皆無善可擇，無法推求經義，則捨棄三傳之解釋，所謂「既不俱當，則固容俱失」，轉而求之於「據理以通經」。范甯這個主張並不包含完全捨棄三傳，而只是就三傳若干解釋皆不通處而言。然而在據理以通經時，所據之理是什麼？若是經文的編纂規則，則開啓整理經文之例的途徑。經例既定，則不僅可以用之於三傳解釋俱不當之某事，也可以推廣而驗證三傳解釋俱當或一、二傳解釋恰當之某事。此即以經例驗傳或說傳。昔人稱爲經傳

〔註8〕范甯注《穀梁》而懷疑《穀梁》的說法，如莊公元年：
　　經：齊師遷紀、郱鄑郚。
　　傳：紀、國也。郱鄑郚、國也，或遷紀于郱鄑郚。
　　范注：或曰之説，甯所未詳。
　又如莊公三年：
　　經：五月，葬桓王。
　　傳：或曰，卻尸以求諸侯。
　　范注：停尸七年，以求諸侯會葬，非人情也。
　又如昭公十二年：
　　經：晉伐鮮虞。
　　傳：其曰晉，狄之也。其狄之何也？不正其與夷狄交伐中國，故狄稱之也。
　　范注：夷狄，謂楚也。何休曰：「《春秋》多與夷狄並伐，何以不狄也。」
　　　　　鄭君釋之曰：「晉不見因會，以綏諸夏，而伐同姓，貶之可也，狄之太重！晉爲厥愁之會，實謀救蔡，以八國之師而不能救，楚終滅蔡。今又伐徐，晉不糾合諸侯，以遂前志，舍而伐鮮虞，是楚而不如也，故狄稱之焉」。厥愁之會，《穀梁》無傳，鄭君之説，似依《左氏》，甯所未詳是《穀梁》意非。
　又如哀公二年：
　　經：晉趙鞅帥師納衛世子蒯聵于戚。
　　傳：納者，內弗受也。帥師而後納者，有伐也，何用弗受也？以輒不受也。以輒不受父之命，受之王父也。信父而辭王父，則是不尊王父也。其弗受，以尊王父也。
　　范注：甯不達此義。
　「非人情也」、「甯所未詳」、「甯未達此意」、「是《穀梁》意非」，見范甯注傳而駁傳。

互考。若所據之理是人心所同然之理，則將從捨棄三傳解釋某經文俱不通者，擴至全面懷疑三傳，進而捨棄三傳。這是捨傳解經的途徑。

在范甯所開啟的這三種解釋途徑中，擇傳解經實包含於經傳互考之內。因為經傳互考時，並不盡廢三傳，只是捨棄三傳俱不當者，至若三傳中有善可從者，則是採用擇傳解經的方式。

范甯雖以「據理以通經」為其擇傳、捨傳的原則，卻又說：「雖我之所是，理未全當」即不可因此而棄，仍須求通，豈不和他的原則相違背，且我之所是為何？蓋指擇、捨三傳解經之短長，此擇、捨在我。如此說來，我可與三傳並列，同解《春秋》，則我亦傳。范甯雖未直言我即傳，其意則如此。我即傳則我所言之理，亦如三傳，有可捨、可擇者。然而我所言之理有可擇、可捨，「理未全當」。范甯又以為不可因此而棄，仍須求通，經乃必當之理，則我將如何取信於人？范甯並未解答此問題。

雖然范甯懷疑三傳而開啟不同的解經途徑，並有將我與三傳等夷之意，但他的說法放在素受忽視之《穀梁傳》中，〔註9〕學者僅或善，或非其註傳而駁傳。〔註10〕而未見其於三傳解經外，所做之觀念突破。此有其故，一觀念之突破有待其後繼者，於其觀念之深化與實踐，方可見其突破之功。范甯解經之新觀念，有待啖、趙、陸氏及宋儒的開發。啖、趙、陸三人深化了范甯的觀念，宋儒則將范甯「我如何取信於人」的問題轉成「我心即聖心」。此觀念的深化與轉變及解經新途徑，分述於以下二章。

〔註9〕 關於《穀梁傳》素受忽視，可由王熙元《穀梁范注發微·導論·論「《穀梁》善於經」》中得知：「《穀梁傳》師說久微，漢世雖暫顯於宣、元之間，前此《公羊》盛行，明、章以後，《左氏》大興，終未能與二傳抗衡。逮及江左，元帝仍訾為膚淺，以為不足立學，故當時儒者，多不措懷，《穀梁》之學，遂日漸陵替。……至於隋唐，殆無師說，且三傳皆束高閣矣！於《穀梁》之學，幾成絕響，……宋人間有重視《穀梁》、而著為專書者，然勢微力孤，未能蔚成風氣，元、明兩代更不待言。」王熙元先生《穀梁范注發微》（台北：嘉新水泥公司文化基金會，1975 年 2 月），頁 2～4。

〔註10〕 同上註，頁 743。

第二章　經傳互考——屬辭比事的途徑之一

第一節　三傳解經地位下移

　　三傳解經有善可從時，固然可擇善而從，若俱不善，則不免附以己意，於是後世儒者之撰述與三傳等夷，范甯已有此意，然因注《穀梁傳》而未明言。陸淳則直名其書爲傳，以其書爲解經而作。陸淳《春秋集傳纂例・卷一・重修集傳義第七》說：

　　　　淳竊以爲，既自解經，理當爲傳，遂申己見，各附于經。

雖然劉宋時已有十經之說，且包含三傳，〔註1〕但陸淳並不以《左傳》、《公羊傳》、《穀梁傳》爲經。而以己說爲傳，並稱其書爲集傳。其所集之傳乃三傳及啖、趙、陸氏三家之說。這種作法，頗爲宋儒所傚效，如劉敞《春秋傳》、葉夢得《春秋傳》、胡安國《春秋傳》、陳傅良《春秋後傳》等書。清儒有非宋人以傳名書之作法。〔註2〕殊不知陸淳已導其先河，可見清儒與陸淳等人以

〔註1〕十經之說見《宋書・百官志》：「國人助教十人，《周易》、《尚書》、《毛詩》、《禮記》、《周官》、《儀禮》、《春秋左氏傳》、《公羊》、《穀梁》，各爲一經，《論語》、《孝經》，合爲一經，共十經，助教分掌」。

〔註2〕清儒非宋人以傳名自著之書的，如張尚瑗在《三傳折諸・自序》說：「傳經之書，厥名曰傳。《左》、《公》、《穀》三傳並列而爲十三經，以其有功于經也。《論》、《孟》四子之書，其初亦一傳耳。漢儒之注經並名曰傳，唐則曰疏，不敢當傳也。兩宋儒者，意薄漢唐，或自名爲傳，以遠追三代之經。唐陸伯沖創爲集傳，以駕孔疏。程子作《春秋傳》而未全。蘇穎濱、劉原父、呂朴鄉、張元德皆有傳，劉呂所著甚多，名傳者特其一。又有陳禾、林拱辰亦襲傳名，而康侯胡氏之傳，以朱子所推許，明初遂立之學官。夫以制舉所用，而群趨之可也。並三傳而名四傳，乃不學解事之徒，強爲之說耳」。

傳名書者，對經傳之看法，有所差異。陸淳等人將自己的著作與三傳等列，清儒則以經傳有等，不可僭越，三傳高於其後任一家解《春秋》者，不僅不可與之並列，且在提及三傳及諸家時，必以三傳置諸家之首。〔註3〕

第二節　擇傳解經

　　范甯注《穀梁》、除徵引《左氏》、《公羊》及杜、何二家注釋外，博採群書，徵引諸家，並及其門生故吏，兄弟子姪之說，〔註4〕劉師培於《國學發微》中說：

> 兩漢師法之亡，亦亡於魏晉。……如三傳各有師法，而劉兆作《春秋調人》以溝通三傳之說。《左傳》爲《春秋》古文學，而王接謂左氏自是一家言，不主說經。……大約魏晉經學與兩漢殊，尚排擊而鮮引申，演空理而遺實詁，尚捃拾而寡折衷，（劉自注：如何晏、江熙《論語集解》皆多採古人之說，范甯《穀梁集解》亦然，即杜預注《左氏傳》亦名《左傳集解》，惟乾沒古說耳。）遂開南朝經學之先，此經學之變也。〔註5〕

折衷必須以集傳爲基礎，方有疑、釋、捨之可能。范甯既開此風，陸淳效之，而作《春秋集傳纂例》、《春秋集傳辨疑》、《春秋微旨》。宋儒廣之，而有蘇轍《春秋集解》、呂本中《春秋集解》、高閌《春秋集注》、李明復《春秋集義》、張洽《春秋集注》、家鉉翁《春秋集傳詳說》。〔註6〕另劉敞《春秋權衡》、崔子方《春秋經解》、葉夢得《春秋傳》、《春秋考》、《春秋讞》等雖未以集傳名作，實亦集傳之作。

　　陸淳《春秋集傳纂例》、《春秋集傳辨疑》、《春秋微旨》，是集三傳、啖助、

〔註3〕關於經傳有等，三傳高於諸家之說，詳見第四章第三節《四庫提要》。

〔註4〕關於范甯注釋《穀梁傳》，所採之說極博，詳見《范注穀梁發微・范注釋穀梁經之依據》，頁78～334。

〔註5〕見：劉師培《國學發微》（台北：廣文，民59），頁44～45。

〔註6〕《四庫全書總目提要》著錄家鉉翁書名《春秋詳說》，《四庫全書》第一百五十八冊收錄其書，則題名《春秋集傳詳說》，以《春秋集傳詳說》可見其集傳的作法，所以採用此名。《四庫提要》春秋類所題書名與《四庫全書》收錄不同者，除《春秋詳說》外，還有宋洪咨夔《春秋說》、元李廉《春秋諸傳會通》、明石光霽《春秋鈞元》、清惠士奇《半農春秋說》，《四庫全書》收錄作《洪氏春秋說》、《春秋會通》、《春秋書法鈞元》、《惠氏春秋說》。

趙匡、和陸淳已說而成。啖、趙、陸三人在師友之間。《四庫全書‧卷二十六‧陸淳春秋集傳纂例‧提要》說：「案《二程遺書》、陳振孫《書錄解題》及朱臨作是編〈後序〉，皆云：『淳師助、匡』。《舊唐書》云：『淳師匡，匡師助』。《新唐書》則云：『趙匡、陸淳皆助高第（案：第疑當作弟）』。按《呂溫集》有〈代人進書表〉稱：『以啖助爲嚴師，趙匡爲益友』。又淳自作〈修傳終始記〉稱助爲啖先生，稱匡爲趙子，餘文或爲稱爲趙氏。〈重修集傳義〉又云：『淳秉筆執簡，侍於啖先生左右十有一年』，而不及匡。又柳宗元作淳墓表，亦稱助、匡爲淳友。當時序述，顯然明白。劉昫以下諸家，並傳聞之誤也」。《春秋集傳纂例‧卷一‧修傳終始記第八》則說：「淳痛師（啖助）學之不彰，乃與先生之子異，躬自繕寫。共載以詣趙子，趙子因損益焉，淳隨而纂會之」，《春秋集傳纂例‧卷一‧趙氏損益第五》即載明趙匡因啖助「經之大義或未標顯，傳之取捨或有過差，……隨而疏之」，則《四庫提要》於其書的作者，雖僅標陸淳，實是三子共同之論。

　　集諸傳雖是折衷解經的基礎，折衷也不是任意爲之，而有其標準，《春秋集傳纂例‧卷一‧啖子取舍三傳義例第六》說：

> 啖子曰：三傳文義雖異，意趣可合者，則演而通之。文意俱異，各有可取者，則立其義。……至於義指乖越，理例不合，浮辭流遁，事蹟近誣，及無經之傳，悉所不錄。其辭理害教，并繁碎委巷之談，調戲浮侈之言，及尋常小事，不足爲訓者，皆不錄。若須存以通經者，刪取其要，諫諍謀猷之言，有非切當，及成敗不由言者，亦皆略之。雖當存而浮辭多者，亦撮其要。……《公羊》、《穀梁》以日月爲例，一切不取。其有義者，則時或存之，亦非例也。……此經《春秋》也，此傳《春秋傳》也，非傳《春秋》之言，理自不錄耳。

啖助折衷之標準，除了「無經之傳」不錄一條，有客觀依據之外，其餘皆以己意裁奪。又說：

> 趙子曰：「三傳堪存之例或移于事首，或移於事同，各隨其宜也。……三傳及啖氏……其四家之義，各於句下註之，其不註者，則鄙意也。（鄙，趙子自謂也）……三傳經文不同，故傳文亦異。今既纂會詳定之，則傳文悉改定以一之，庶令學者免於疑誤也。《公》、《穀》說經多云：「隱之」、「閔之」、「喜之」之類，且《春秋》舉經邦大訓，

豈爲私情悲喜生文乎？何待《春秋》之淺也。如此之例，並不取。
……《左氏》所記，以一言一行，定其禍福，皆驗若符契，如此之
類，……固當擇其辭深理正者存之，浮淺者去之，庶乎中道也。

趙匡則刪《公》、《穀》之情感語和《左傳》所載事跡之浮淺者。

啖助、趙匡以三傳解經不善之處，可去、可移。宋人頗承之，如劉敞《春
秋傳》。但《四庫提要》則非薄其「好減損三傳字句，往往改竄失眞」，視「改
傳爲固然」，〔註7〕殊不知以三傳字句可去、可移，是擇傳解經者的特徵，而
啖助、趙匡早已爲之。

啖助、趙匡在折衷三傳之時，猶明言折衷之處，劉敞則僅指陳三傳須經
權衡。其《春秋權衡·自序》說：〔註8〕

權衡者，天下之公器也。權衡者，天下之至信也。凡議《春秋》亦
若此矣。《春秋》一也，而傳之者三家，是以其善惡相反，其褒貶相
戾，則是何也？非以其無準，失輕重耶！且昔者董仲舒、江公、劉
歆之徒，蓋嘗相爭此三家矣。上道堯舜，下據周禮，是非之義，不
可勝陳。至於今未決，則是何也？非以其低昂不平耶？故利臆說者，
害公義；便私學者，妨大道，此儒者之大禁也。誠準之以其權，則
童子不欺；平之以其衡，則市人不惑。念此新書之謂也。

劉敞的標準何在？未有說明。

劉敞之外，孫覺也是啖、趙一系，平三傳以解《春秋》者，他在《春秋
經解·自序》說：

作傳者既不解孔子所以作《春秋》之意，而注釋者又妄爲之說。至
今好怪之徒，更增引血書端門，諸讖緯之說，以解《春秋》，此啖氏
所謂宏綱既失，萬目從而大去者也。……三傳之出既已訛謬，諸儒
之說不可據依，但當取其是而舍其非爾。

孫覺認爲三傳不明孔子作《春秋》之意，而諸儒之說亦不可據依，當取其是
而舍其非也。故其《春秋經解》的作法即「以《穀梁》爲本」、「雜取三傳及
歷代諸儒，唐啖、趙、陸氏之說，長者從之。其所未聞，即以所聞安定先生

〔註7〕見：《四庫全書、（劉敞）春秋傳提要》。
〔註8〕文淵閣四庫全書本《春秋權衡》一書，未載劉敞〈自序〉，此引自朱彝尊《經
　　　義考·卷一百八十》所載。

之說解之」。〔註9〕安定先生即胡瑗也。〔註10〕胡瑗有《春秋口義》五卷,已佚,其說由孫覺書見。〔註11〕

唐啖助、趙匡,宋劉敞、孫覺,皆有見三傳長短,而以爲當擇其善者。但其善如何?宋孫覺、葉夢得、呂大圭、家鉉翁及元鄭玉,以事與義分判三傳長短。

孫覺《春秋經解》中說:

> 三傳之說既未可質其後先,但《左氏》多說事跡,而《公羊》亦存梗概,陸淳以爲斷義,即皆不如《穀梁之精》。今以三家之說,校其當否,而《穀梁》最爲精深,且以《穀梁》爲本者,其說是非褒貶,則雜取三傳及歷代諸儒,唐啖、趙、陸氏之說,長者從之。

葉夢得有《春秋讞》、《春秋考》、《春秋傳》三書,他以三傳之短在於「《左氏》傳事不傳義,是以詳於史,而事未必實,以不知經故也。《公羊》、《穀梁》傳義不傳事,是以詳於經,而義未必當,以不知史故也。」〔註12〕

因此有《春秋讞》、《春秋考》專門指陳三傳之非,其《春秋考·原序》:

> 經之不明也久矣,而說者汨之。說者之無與正也,久矣,而昧于古者惑之。世果無知經者歟?吾不得見也,必將有與吾同者,自其《讞》推之,知吾之所正爲不妄也,而後可以觀吾《考》。自其《考》推之,知吾之所擇爲不誣也,而後可以觀吾《傳》,是非吾之言也。

《四庫全書·經部·卷二十七·春秋讞·提要》說:

> 抉摘三傳是非,主於信經不信傳。

《四庫全書·經部·卷二十七·春秋考·提要》也說:

> 攻排三傳。

呂大圭在《春秋五論》中,也論及三傳短長,而認爲《左氏》熟於事,《公》、《穀》深於理,當合其長而觀之。〔註13〕

〔註9〕見:孫覺《春秋經解·自序》。

〔註10〕《宋元學案卷一·安定學案》:「胡瑗,字翼之,泰州如皋人。……以經術教授吳中……學者稱爲安定先生。始于蘇、湖,終于太學,出其門者無慮數千餘人。……帝曰:『其門人今在朝者爲誰?』對曰:『若錢之藻之淵篤,孫覺之純明,范純仁之直溫,錢公輔之簡諒,皆陛下之所知也。』」

〔註11〕《四庫全書·經部·卷二十六·春秋經解·提要》說:「今瑗《口義》五卷已佚,傳其緒論,惟見此書(《春秋經解》)。

〔註12〕見:葉夢得《春秋傳·原序》。

〔註13〕呂大圭《春秋五論·論五》說:「竊嘗思之,《左氏》熟於事,而《公》、《穀》深於理。蓋《左氏》曾見國史,故雖熟於事而理不明。而《公》、《穀》出於經生所傳,故雖深於理而事多繆,二者合而觀之可也。」

　　家鉉翁《春秋集傳詳說》也認為《春秋》二百四十二年之行事，恃《左傳》以傳，而聖人垂法之意則非《公》、《穀》不明，故當取三傳能得聖人之意者觀之。〔註14〕

　　鄭玉則以《左氏》長於敘事，合經則取之。《公》、《穀》深於立論，合理者取之。若經有脫誤，則闕而不論。若無脫誤，而經旨殘闕時，以傳補之。傳有偽舛時以經考之。〔註15〕

　　自啖、趙以迄鄭玉，雖然將三傳的地位下移，而與自己的著作等列，但仍然不廢三傳，而是比較三傳，擇善而從。若遇三傳皆不可從，始反求於經。也正因反求於經，進而有崔子方、趙鵬飛捨傳之說。

　　用經例以說傳外，還有家鉉翁《春秋集傳詳說》以比事說傳，蓋用同經文類聚的方式，著眼的地方卻有所不同。用經例者，以辭類聚，家鉉翁則以事類聚。家鉉翁不採用經例的理由是例之貶褒不足以明《春秋》，他在《春秋集傳詳說・綱領・明凡例》中說：

> 聖人之經有常法，而不可以定例求也。自三傳以來，諸儒百家不原書法以求聖人之意，每以凡例而律聖人之法，其失甚大，讀《春秋》者，當首辨也。……名之與字，千載之下，本不可深辨。傳者因名以求其貶；因字以求其褒，害義實甚。……名之與字，本不可深辨，乃以此而定《春秋》之褒貶，此說經之大弊也。……《公》、《穀》所謂月以謹之，日以信之者，皆拘也。《春秋》褒貶，初豈在是。……變例云者，先儒求以通其例之不可通者耳。……苟執例以求經，是猶有司執例以廢法，其可行乎？……《春秋》美惡不嫌同辭，有書法全同而不可據以為例者。有書法雖異，而可以為同者。若以書法

〔註14〕家鉉翁《春秋集傳詳說・評三傳上》：「何休治《公羊傳》，外多生支節，失《公羊》之本旨。范甯治《穀梁》，而知《穀梁》之非，視休為長，此則何范之優劣也。」〈評三傳下〉也說：「昔者夫子因魯史而修《春秋》，始《春秋》、魯史並傳於世。學者觀乎魯史，可以得聖人作經之意。其後立春秋而戰國，魯史散佚不傳。《左氏》採摭一時之事，以為之傳，將使後人因傳而求經也。……未能盡得聖人褒貶意，而《春秋》二百四十二年之行事，恃之以傳，何可廢也。」

〔註15〕鄭玉《春秋經傳闕疑・原序》說：「敘事則專於《左氏》，而附以《公》、《穀》，合於經者則取之。立論則先於《公》、《穀》，而參以歷代諸儒之說，合於理者則取之。其或經有脫誤，無從質證，則寧闕之，以俟知者，而不敢強為訓解。傳有不同，無所考據，則寧兩存之，而不敢妄為去取。」

同異而律《春秋》，抑又拘矣。此事之不同，不可以例求也。又有時
不同，不可以例觀者焉。

家鉉翁認爲用凡例、名字褒貶、日月例、變例求《春秋》都有失，因爲《春
秋》記事因時因事而書法或同或異，書法同者，事未必同；書法異者，事未
必異，所以不可以例求。既不可例求，則求於事。家鉉翁認爲「事」在《春
秋》中不屬於歷史而是屬於經。他在《春秋詳說・原序》中說：

《春秋》非史也。……昔夫子因魯史，修《春秋》，垂王法，以示後
世。魯史，史也。《春秋》則一王法也，而豈史之謂哉！……或曰《春
秋》與晉《乘》、楚《檮杌》並傳，皆史也。子何以知其非史而爲是
言乎？曰：「史者，備記當時事者也，《春秋》主乎垂法，不主乎記
事。如僖公二十八年，晉文始霸，是歲所書者皆晉事。……有自春
徂秋，止書一事者；自今年秋冬，迄明年春夏，閱三時之久，而僅
書二三事者。或一事而累數十言，或一事而屢書、特書，或著其首
不及其末，或有義而無其辭，大率皆予奪抑揚之所繫，而宏綱奧旨
絕出語言文字之外，皆聖人心法之所寓，夫豈史之謂哉！蓋晉《乘》、
楚《檮杌》、魯《春秋》，史也，聖人修之則爲經。

由此可見，《春秋》之事是經過選擇以彰大義的，而不似史事錄事以顯史實。
然家鉉翁認爲《春秋》是經，則有大義，於是他承繼胡安國的說法，用《孟
子・離婁下》所說：

王者之跡熄，而詩亡。詩亡，然後《春秋》作。晉之《乘》，楚之《檮
杌》，魯之《春秋》一也。其事則齊桓晉文，其文則史，孔子曰：「其
義則丘竊取之矣」。

認爲孔子在筆削中寄寓心法，而孟子發明之。

　　雖然孔子在魯史筆削中寓其心法，但是脫離史事，心法也無由得見。因
此家鉉翁並非捨史不觀，他在《春秋集傳詳說・綱領・評三傳下》說：

昔者夫子因魯史而修《春秋》，始者《春秋》、魯史並傳於世。學者
觀乎魯史，可以得聖人作經之意。其後立春秋而戰國，魯史散佚不
傳。《左氏》採摭一時之事，以爲之傳，將使後人因傳而求經也。……
雖未能盡得聖人褒貶意，而《春秋》二百四十二年之行事，恃之以
傳，何可廢也。

他認為《春秋》、魯史並傳之時，吾人觀魯史而比照《春秋》，就可以知道孔子作《春秋》之義。魯史亡佚，後人惟有藉《左傳》而知《春秋》二百四十二年之事。家鉉翁對三傳和諸儒之說的看法，是採擇善而從的態度，前已言之。

由上述可知家鉉翁在解《春秋》上，也是主張經傳互考，但他和以經例說傳者在用經文的角度上有所不同，經例者重辭，而家鉉翁重事，認為孔子書《春秋》諸事的方式，寄寓了孔子之義。

第三節　以經例說傳

《春秋》條例之作，傳《公羊傳》之胡毋生已有之，其書已佚，〔註 16〕漢代繼之者極夥，其書亦皆亡佚。〔註 17〕趙匡在擇善而從不可得時，不能不立經例。然趙匡經例實受杜預傳例影響。

杜預認為孔子藉魯史舊文，而脩《春秋》，用來明周公之法，以垂萬世。孔子修《春秋》，有筆有削，後人無法做任何更動，左丘明受經於孔子，作《左傳》以解經。杜預認為左丘明解經的方式是「或先經以始事，或後經以終義，或依經以辯理，或錯經以合異，隨義而發其例之所重。舊史遺文，略不盡舉，非聖人所脩之要故也」。〔註 18〕《左傳》主要記載《春秋》史事，將一事前因後果仔細記錄，所記有先於和後於經文之事。其論辯經所言之理，或隨經文而論之，或錯綜經文而論辯其異之詳。隨孔子所立大義，而說明所以書之旨，〔註 19〕即書法，亦即其所說的「例」。至於策書舊文，孔子未措意的則或略去。

〔註 16〕何休在《春秋公羊傳·序》說：「往者略依胡毋生條例，多得其正，故遂隱括使就繩墨焉」，可見胡毋生已有條例之作。

〔註 17〕馬勇《漢代春秋學研究·漢代春秋學著述考》所錄漢代條例之作極夥，有鄭眾《春秋牒例章句》、《春秋左氏傳條例》、《春秋難記條例》，穎容《春秋左氏條例》、《春秋釋例》，賈徽《春秋條例》，何休《春秋文諡例》、《春秋公羊傳條例》，荀爽《春秋條例》，應劭《決事比例》，劉陶《春秋條例》，孫炎《周易春秋例》等，書多亡佚不傳，或有少數殘卷見於集佚之書中。

〔註 18〕見：杜預《春秋春秋經傳集傳·序》。

〔註 19〕杜預序說「傳或先經以始事……或錯經以合異，隨義而發。其例之所重，舊史遺文，略不盡舉，非聖人所脩之要故也」，孔穎達〈疏〉用桓公元年「秋大水」有傳，而莊公七年「秋大水」無傳，說明係重覆之例，故左丘明不復發傳。王師初慶在〈春秋左傳杜氏義述要〉中辨析，《左傳》中有經無傳之處甚多，不待重覆者，「孔疏所舉二經傳書大水之例，不可執以為《左傳》中見經有例之所重，故略而不釋經之據」。並認為《春秋》所誌，必有深意，不可以舊史遺文視之。如此一來，「其例之所重」所指何意？仍有待索解。此處大膽

杜預認爲左丘明論例，所以見孔子褒貶之義，此正左丘明作《左傳》之志。〔註20〕至於左丘明所發孔子書《春秋》之例，杜預《春秋經傳集解·序》說：

> 其發凡以言例，皆經國之常制，周公之垂法，史書之舊章，仲尼從而修之，以成一經之通體。其微顯闡幽，裁成義類者，皆據舊例而發意旨行事，以正褒貶。諸稱書、不書、先書、故書、不言、不稱、書曰之類，皆所以起新舊、發大義，謂之變例。然亦有史所不書，即以爲義者，此蓋《春秋》新意，故傳不言凡，曲而暢之也。其經無義例，因行事而言，則傳直言其歸趣而已，非例也。故發傳之體有三，而爲例之情有五：一曰：微而顯。文見於此，而起義在彼。稱族尊君命，舍族尊夫人、梁亡、城緣陵之類是也。二曰：志而晦。約言示制，推以知例。參會不地、與謀曰及之類是也。三曰：婉而成章。曲從義訓，以示大順。諸所諱辟，璧假許田之類是也。四曰：盡而不汙。直書其事，具文見意。丹楹刻桷，天王求車，齊侯獻捷之類是也。五曰：懲惡而勸善。求名欲亡，欲蓋而章。書齊豹盜、三叛人名之類是也。推此五體以尋經傳，觸類而長之，附于二百四十二年行事，王道之正，人倫之紀，備矣。

杜預所謂「發傳之體有三」，是敘述《左傳》三類內容。第一類發凡正例爲傳統視爲常規之事。第二類新意變例爲史蹟可褒貶，而褒貶之依據爲傳統常規所含者，是爲變例。或史文不載其事，而《左氏》言其意者，皆新價值判斷。第三類歸趣非例則不涉價值判斷者，故直書其事。由此見杜預所謂「體」指《春秋》經文的內容。

至於其所說「爲例之情有五」，前已言杜預所謂「例」，乃指書法，此則說明書法表達方式。因杜預所說的例，是歸納《左傳》所發而來，所以杜預在說明書法的表達方式時，用「情」爲名。且其說法，用含有情狀的字眼，如微、晦、婉等。「微而顯」指舉一端而他端之義可知。「志而晦」指其用字

的假設孔〈疏〉的斷句是有問題的，而斷爲「……或錯經以合異，隨義而發其例之所重。舊史遺文略不盡……」，解爲左丘明隨孔子所立的大義，說明孔子所以書之旨，至於和孔子所欲發之義無關的策書記事，則略之。

〔註20〕杜預《春秋經傳集解·序》說：「預今所以爲異，專脩丘明之傳以釋經。經之條貫，必出於傳；傳之義例，總歸諸凡。推變例以正褒貶，簡二傳而去異端，蓋丘明之志也。」

的常規。「婉而成章」蓋以事有乖大義而不可以言見者，爲避諱之。「盡而不污」係指禮爲人所盡知，而又犯之，則直書之。禮制如「制宮廟之飾也，楹不丹、桷不刻」，「諸侯不貢車服，又子不私求財」，「諸侯不相遺俘」，若犯，則而經文書其事。案「婉而成章」、「盡而不污」皆指不合禮制者，書法卻截然有別，其故何在？或以「婉而成章」所書者係大義所存或事關君親，而《春秋》爲尊者諱，爲親者諱，爲賢者諱，故屈曲其辭以避諱。〔註21〕「懲惡而勸善」，善惡者，凡盜殺之類，千古皆以爲惡，禮則因時而異，故盡而不污之褒貶對象爲違悖禮制者；懲惡而勸善之褒貶對象行爲之屬道德者，二者皆顯言，與前三者之隱諱不同。

　　杜預並集諸例而成《春秋釋例》，則他所說的例除指書法外，尚含書法的產物，即類聚經傳之文而成的，其書是現存最早言例的書。其作法乃列書法相似的經文、傳文數條，而論述其義，故其所言乃《左傳》傳例。宋張大亨《春秋五禮例宗‧原序》有說：

　　　　昔杜元凱作《釋例》，以明《春秋》異同之義，事類相發，各爲條綱，使覽者用力少而見功多，可謂善矣。然其間雜以傳例，與經踳駁，而又摘數端，不能該盡，學者病之。唐陸淳乃因啖、趙之餘，別爲《纂例》，其所條例，一出於經。比於杜公詳顯完密，後之說者，謂之要例。

晁公武《郡齋讀書志‧卷一下‧春秋類‧春秋經傳集解三十卷》也說：

　　　　晉杜預……（《春秋經傳集解》），其發明甚多，古今稱之。然其敝則棄經信傳，……於《左傳》之例皆不合，不曰傳之謬，而猥稱經文闕漏，其尤甚者至如此。

杜預屈經而伸傳，所言之例爲《左傳》所發，張大亨也說他「間雜傳例」，而啖、趙、陸三氏之《春秋集傳纂例》則純以經文爲之。

　　啖、趙、陸氏類聚經文成例，其說經文與杜預依《左傳》不同，不從三傳舊說，另出其法。三氏認爲擇善從之，這和三傳之外別出解經之法，豈不衝突？這一點三氏並未說明，至宋崔子方才明白說之。啖、趙、陸氏說例之法見於《春秋集傳纂例‧趙氏損益義》：

　　　　予謂《春秋》因史制經，以明王道，其指大要，二端而已，興常典

〔註21〕「婉而成章」所書係大事所存或事關君親者，詳見：王師初慶〈春秋左傳杜氏義述要〉（《輔仁人文學報》第 4 期，民國 64 年 5 月），頁 47～48。

－18－

也，著權制也。故凡郊廟（郊廟常事，悉不書之）、喪紀（卒葬之外，雜喪事皆記，非禮也）、蒐狩、昏取（比二禮常事，亦不書）、皆違禮則譏之（據五禮皆依《周禮》），是興常典也（明不變《周禮》）。非常之事，典禮所不及，則裁之聖心，以定褒貶，所以窮精理也（謂變例也）。精理者，非權無以及之。（權衡所以辨輕重，言聖人深見是非之禮，有似於此）

又說：

褒貶之指在乎例（諸凡例是），綴敘之意在乎體。所謂體者，大概有三，而區分有十。所謂三者，凡即位、崩、薨、葬、朝、聘、盟、會，此常典所當載也，故悉書之，隨其邪正，而加褒貶，此其一也。祭祀、婚姻、賦稅、軍旅、蒐狩，皆國之大事，亦所當載也。其合禮者，夫子修經之時，悉皆不取，故《公》、《穀》云：「常事不書」是也。其非者及合於變之正者，乃取書之，而增損其文，以寄褒貶之意，此其二也。慶瑞、災異及君被殺、被執，及奔、放、逃、叛、歸入、納立，如此並非常之事，亦史冊所當載，夫子則因之而加褒貶焉，此其三也。此述作之大凡也。所謂十者，一曰，悉書以志實。（朝聘、用兵之類，一切書之，以著事實。）二曰，略常以明禮。（祭祀、婚姻等，合禮等，皆常事不書。）三曰，省辭以從簡。（經文貴從省，觸類盡然，諸前目後凡，帥師不言君使之類是也。）四曰，變文以示義。（但經文比常例變一字者，必有褒貶之義。）五曰，即辭以見義。（謂不成例者，但於辭中見褒貶之義，公追齊師至酅，齊人來歸公孫敖之喪之類是也。）六曰，記是以著非。（書子同生及葬諸侯之類是也。）七曰，示諱以存禮。（內惡事皆隱避其文，以示臣禮。）八曰，詳內以異外。（內卿卒皆書，被伐皆言某鄙之類是也。）九曰，闕略因舊史。（宣成以前人名及甲子，多不具是也。）十曰，損益以成辭。（如鄭渝平，若言鄭伯使人來渝平，即不成言辭，此損文也。如西狩常事，不合書。為獲麟，故書「西狩獲麟」，此蓋文也。）

知其體，推其例，觀其大意，然後可以議之耳。

「予」係趙匡自稱，《纂例》中論例皆趙匡，但啖助、趙匡、陸淳三人在師友之間，趙匡之說也代表啖、陸之意。趙匡認為孔子因史而制《春秋》，欲解經須知孔子書《春秋》之法，趙匡分別用「興常典」、「制權制」和三體十區分

說明。觀趙匡論三體十區分，依杜預之論「發傳之體三」和「為例之情五」，趙、杜二人論體皆指《春秋》經文的內容和書法，但杜預所言是歸納《左傳》之說而成，所以用「情」來描述書法表達的方式，趙匡因所言係經例，僅說書法達義的方式。

趙匡說「興常典」和三體中第二體同而略有小異。所同者在推衍《公》、《穀》常事不書，違禮始書之意，認為常事不書，書則譏之，見其違禮與褒貶，並因此而以知禮之從違而明禮。觀《公》、《穀》常事不書之說，分別見於《公羊傳》：

> 經：桓四年，春正月，公狩于郎。
>
> 傳：常事不書，此何以書？譏。何譏爾？遠也。

又：

> 經：桓八年，春正月，乙卯，烝。
>
> 傳：常事不書，此何以書？譏。何譏爾？譏亟也。

又：

> 經：桓十有四年，秋八月，壬申，御廩災。乙亥，嘗。
>
> 傳：常事不書，此何以書？譏。何譏爾？譏嘗也。

和范甯《春秋穀梁傳集解》：

> 經：隱元年，秋七月，天王使宰咺來歸惠公仲子之賵。
>
> 傳：其志，不及事也。
>
> 范注：常事不書。

常事不書之常事為何？《穀梁》因係范注，詳情待考。《公羊》則只用在狩、烝、嘗。趙匡之說則有三種，一為興常典的郊廟、喪紀、蒐狩、婚娶，一為小注中所說吉、凶、軍、賓、嘉五禮，一為三體之二的婚姻、賦稅、軍旅、蒐狩。其中喪紀和五禮中的賓禮又包含在三體之一，全書的常典中。由此可以推見趙匡所說的常典或常事有二種，一為必書，不論合禮、違禮；一為違禮才書。而常事之合禮、違禮皆須較以《周禮》方知，這是趙匡認為不依傍三傳的解經方式。前說趙匡對三傳是擇善而用，如此豈不衝突？其實不然。趙匡所說的不依傍三傳的作法是有前後階段的意思。蓋用經文類聚作例，由書法而對照《周禮》以見義，此時不用三傳，接著則可用三傳之善者，然何謂善者？前節說啖助有以己意為擇，而趙匡也有謂「三傳堪存之例」，但未言

其詳，在此或可以推論啖、趙之擇善，乃用經例較三傳之說而取擇之。

趙匡解經用三傳有階段性，也可以從《四庫提要》的批評中看到，《提要》有批評其盡廢三傳之論，如《四庫全書·經部·卷二十六·春秋集傳纂例·提要》說：

> 舍傳求經，實導宋人先路。生臆斷之弊，其過不掩。

又《四庫全書·經部·卷二十七·春秋後傳·提要》說：

> 自啖助廢三傳，而談《春秋》者日盛。

又《四庫全書·經部·卷二十九·御纂春秋直解·提要》說：

> 自啖助、趙匡創廢傳解經之說，使人人各以臆見私相揣度，務為新
> 奇以相勝，而《春秋》以荒。

但《四庫提要》也有啖、趙、陸氏以三傳有可擇，可捨之說，如《四庫全書·經部·卷二十七·春秋經筌·提要》說：

> 舍傳言經，談何容易，啖助、趙匡攻駁三傳，已開異說之萌，至孫
> 復而全棄舊文，遂貽《春秋》家無窮之弊。

又《四庫全書·經部·卷二十八·春秋三傳辨疑·提要》說：

> 不信三傳之說，創於趙匡。（按韓愈〈贈盧仝詩〉有「《春秋》三傳
> 束高閣，獨抱遺經究終始」之句，全與啖、趙同時，蓋亦宗二家之
> 說者，以所作《春秋摘微》已佚，故今據現存之書，惟稱啖、趙。）
> 其後析為三派，孫復《尊王發微》以下，棄傳而不駁傳者也。劉敞
> 《春秋權衡》以下，駁三傳之義例者也。葉夢得《春秋讞》以下，
> 駁三傳之典故者也。

三傳可擇，可捨之說，范甯已有之，而《四庫提要》未之見也。

第三章　捨傳解經──屬辭比事的
　　　　途徑之二

第一節　捨傳解經的理由

　　經傳互考的途徑中包含了擇傳解經和經例說傳兩種方法，如此則經與傳仍然無法截然分劃，於是一方面從我心與聖心的關係說明可以捨傳解經的理由，另一方面從經與傳的無關說明可以捨傳的理由，前者積極證明我心解經可以成立，後者消極證明解經不須依傍三傳。

　　范甯將我之說與三傳等夷，以三傳和我之說皆可擇、可捨，而須據理以求通經，然范甯又認爲我之說或有未當於理，此時范甯並不以其可捨，反而認爲仍須求以通經，於是產生了「我如何取信於人」的問題，宋崔子方也面臨同樣的問題，他在《春秋經解・自序》中設問說：

　　　　或曰：「舍三傳則《春秋》之事不見，不見其事而自爲之說，是誣也。」
此說若然，則三傳不可捨。但崔子方並不以此爲的論，他說：

　　　　古今雖異時，然情之歸則一也；聖賢雖異用，然理之致則一也。合
　　　　情與理，舉而錯諸天下之事無難矣，且嘗謂：「聖人之辭至約也，然
　　　　而不懼後之人惑者，何也？」恃情與理以託其言，而傳之於後世。
　　　　後之賢者，亦恃情與理，而能知聖人於千百世之上，而不疑六經之
　　　　傳，由此道也。
崔子方用「情理說」來說明無傳仍可以求經。蓋時移事異，人亦不同，六經

作於上古，其時事人物皆已滅失，若非情理可上通聖人，下達百世，則六經何以傳。六經恃情理而傳，我自爲之說亦恃情理而通於聖人，故爲可信，趙鵬飛、胡安國則將情理約言爲「心」。

趙鵬飛在《春秋經筌・序》中說：

> 魚可以筌求，而經不可以筌求。……蓋吾所謂筌，心也。求魚之所謂筌，器也。道不可以器圍，而可以心求，求經當求聖人之心，此吾《經筌》之所以作也。

筌喻我心，魚喻聖人之心。然則聖人之心爲何？他在〈序〉又說：

> 聖人馭天下之柄，威福而已。二帝三王之道行，則所謂威福者，爲賞、爲罰、爲黜陟。吾夫子之道否，則所謂威福者，爲褒、爲貶、爲勸懲。……若夫仲尼則以是柄寓之空言，褒而伸忠魄，貶而誅姦魂。其文見于片言隻字之間，而威福與二帝三王同其用。

趙鵬飛認爲孔子是素王，因此以褒貶代替威福，而聖人之褒貶懲勸在經文之中，故可由經文中而求聖人之心。然聖人之心如何求？趙鵬飛認爲學者當在解經文的過程中，以我心默會聖人之心。〔註1〕

我心可會聖心，而聖心在經文之中，則我心可明經。胡安國則直言我心即聖心，他在《春秋傳・序》說：

> 《春秋》，魯史爾。仲尼就加筆削，乃史外傳心之要典也。而孟氏發明宗旨，目爲天子之事者。……世有先後，人心之所同然，一爾。苟得其所同然者，雖越宇宙，若見聖人親炙之也，而《春秋》之權度在我矣。

胡安國認爲《春秋》是孔子史外傳心之作，而人心可貫穿宇宙，使古今之人相互感通，則我之心即聖人之心，聖人之作可由我心而索解。自范甯出「我」以解經，至此則由心可相通於古往今來，使我之理可同聖人之理，使我理解經，可取信於人。

吾心既可上通聖人，下達百世，則以我心解經有了保證，此外，崔子方、趙鵬飛、陳亮、李琪又從經傳無關說明三傳可捨。

崔子方由閱讀三傳的經驗中而有捨傳的想法，他在《春秋經解・自序》中說：

〔註1〕趙鵬飛在《春秋經筌・序》說：「學者當於無傳明《春秋》，不可以有傳求《春秋》，謂《春秋》無傳之前，其旨安在？當默以心會矣」。

　　始余讀《左氏》，愛其文辭，知有《左氏》，不知有《春秋》也，其後益讀《公羊》、《穀梁》，愛其論說，又知有二書，而不知有《春秋》也。《左氏》之證於前，二家之例明於後，以爲當世之事與聖人之意舉在乎是矣。然考其事則於情有不合，稽其意則於理有不通，意者傳之妄而求之過歟！乃取《春秋》之經治之，伏讀三年，然後知所書之事與所以書之意，是非成敗褒貶勸戒之說，具在夫萬有八千言之間。雖無傳者，一言之辭，而《春秋》了可知也。

崔子方初眩於三傳的特長，繼而見三傳之罅隙，終則捨傳而直治《春秋》。他又說：

　　今日考之經而無見，必待傳者之說而後明，是聖人之經徒爲虛文而已。且聖人豈必後世有三家者爲之傳乎？其無傳則《春秋》遂無用於世矣。假如聖人知後世必有爲之傳者，豈不曰：「吾經之不明，則傳者得爲異說，以紛者論吾辭，吾辭將不信於後世」，安得不爲此慮也耶？

崔子方從邏輯上推論聖人作經時，不知後世將有傳，經義必自足。這否定司馬遷在《史記·十二諸侯年表序》所說的「七十子之徒，口受其傳指，爲有所刺譏褒諱挹損之文辭，不可以書見」。經既不待傳而明，則由經文即可求聖人之意。

　　趙鵬飛捨傳之論，與崔子方頗似，蓋以《春秋》因三傳而異說紛紜，而《春秋》豈必有傳才可解？趙鵬飛在《春秋經筌·序》中說：

　　五經鮮異論，而《春秋》多異說。麟筆一絕，而三家鼎峙，董之《繁露》、劉之《調人》，紛然雜出，幾成訟矣。後學何所從耶？及何休、杜預之注興，又各護所師而不知經。……然世之說者，例以爲非傳而經不可曉。嗚呼！聖人作經之初，豈意後世有三家者爲之傳邪？若三傳不作，則經遂不可明邪！聖人寓王道，以示萬世，豈故爲是不可曉之義，以罔後世哉！……學者當以無傳明《春秋》，不可以有傳求《春秋》，謂《春秋》無傳之前，其旨安在？當默與心會矣。

趙鵬飛以傳可捨，建立在「《春秋》無傳之前，其旨安在」一問。蓋聖人作經，其意必明於經中，因聖人未可知後有三家傳以明其意。並以聖人必不爲不可曉之義，迷惑後世。所以解經不待傳。

　　陳亮亦以經無待傳而求，學者之「以傳考經之事跡，以經考傳之眞僞」，

實非善讀《春秋》，而有抱遺經以見聖人之志。見沈棐《春秋總論》之作法，與其志相同，於是爲之作序，而改其書名爲《春秋比事》。〔註2〕

經義完具在經文之中，無待傳而可求，故三傳可捨。我心可通聖心，故捨傳自爲之說有可信。但《春秋》經文簡約，如何由經文而求聖人之義呢？

第二節　以經例說經和立禮說經

捨傳解經者，認爲《春秋》之義，可由經文中求得，無待乎傳的說解，並以「我心即聖心」，做爲其自爲之說可以明經且可信的保證，但《春秋》經文簡約，難以見義，是客觀存在的事實，故如何直從經文中求義，成爲捨傳者最大的難題。宋代捨傳解經者面對這個難題提出兩種化解之道，一爲用屬辭比事的方法，類聚經文成經例，如擇傳者之經例。一爲在經文之上，立一個觀念，以解讀經文，並通用全經。以下就以此二類分敘。

一、以經例說經

捨傳者用屬辭比事的方法類聚《春秋》經文成例的，有崔子方、張大亨、沈棐。

崔子方由閱讀三傳及《春秋》之經驗，疑三傳之不可信，認爲經之本身當有自明之法，無待乎傳而解經。經自明之法，則在經文之中，他在《春秋經解・自序》說：

> 知所書之事與所書之意，是非成敗、褒貶勸戒之說，具在夫萬八千言之間。雖無傳者，一言之辭，而《春秋》了可知也。……其辭必完具於一經之間，其事必完具於一辭之中。

《春秋》經文簡約明，崔子方知之亦詳，他認爲要從簡約的經文中求孔子之義，必類聚經文成例才行，故在《春秋經解・自序》中又說：

> 聖人豈敢以一辭之約，而使後世之人曉然知吾所喻哉！故辭之難明者，則著例以見之。

他在《春秋經解・附春秋例要・序》也說：

> 《春秋》之爲書，辭約而例繁。欲其嚴也，故其辭約；欲其明也，故其例繁。例者，辭之情也，然則學者當比例而索辭，然後可也。

〔註 2〕見：陳亮序《春秋比事》。

崔子方認爲《春秋》經文簡約，是孔子筆削以見褒貶的嚴謹，所以說游夏之
徒，不能贊一辭。經文之義由例而見，故例極多以明經義。崔子方並認爲解
讀經例時，必須比較諸例而見孔子筆削經文之義，所謂「比例索辭」，姑舉一
例以見其「比例索辭」之法：

　　君見曰朝。諱朝曰如。公朝于外曰如。某朝于京師，亦曰如某。凡
　　如某而不目其事者，朝也。外諸侯朝曰某侯來朝。王在外，曰公朝
　　于王所。公在外，曰某朝公。公世子朝，曰某使其世子某來朝。內
　　女與其子俱，曰來朝其子。諸侯同時俱至，兼言之；同時異至，殊
　　言之。諸侯朝而名之者，失地之君也。〔註3〕

崔子方於此集「朝」、「如」而說明不同的情況的用法，所謂「比例」也。學
者知此例之用法，而讀《春秋》經文，則知其事的情況，而可推見其義，所
謂「索辭」也。

　　崔子方認爲諸例中，以日月之例爲本，蓋《春秋》乃因史制經，史之諸事
皆有年時月日之記，集經文以爲例，諸例皆與年時月日有關，而聖人以年時月
日的詳略表示事情的輕重，故作《春秋本例》專論日月例。〔註4〕他認爲《春
秋》由日月例表示內外、大小、尊卑、疏戚、君臣之義，《春秋本例·序》說：

　　《春秋》之法，以爲天下有中外，侯國有大小、位有尊卑、情有疏
　　戚，不可得而齊也。是故詳中夏而略外域，詳大國而略小國，詳內
　　而略外，詳君而略臣，此《春秋》之義而日月之例所從生也。著日
　　以爲詳，著時以爲略，又以詳略之中而著月焉，此例之常也。然而
　　事固有輕重矣，安可不詳所重而略所輕乎？其概所重者日，其次者
　　月，又其次者時，此亦易明爾。

崔子方認爲日月例表事之輕重，大概所記日月越詳則其事越重大，但觀《春
秋》經文之用日月，或未必如崔子方所說的詳略輕重，崔子方認爲日月例所
以有不合詳略輕重之故，在於《春秋》有變例，對於變例，須逐條細論。〔註5〕

〔註3〕見：崔子方《春秋經解附春秋例要》。
〔註4〕崔子方《春秋本例·序》說：「聖人之書，編年以爲體，舉時以爲名，著日月
　　　以爲例。《春秋》固有例也，而日月之例，蓋其本也，故號本例。」
〔註5〕崔子方《春秋本例·序》說：「以事之輕重，錯於大小尊卑疏戚之間，又有變
　　　例以爲言者，此日月之例至於參差不齊，而後世之論所以不能合也。今考之
　　　《春秋》之法，權事之輕重而著爲之例，分其類而條次之，可以具見而不疑。
　　　若夫事有疑於其例者，則備論焉。」

　　觀崔子方所說經例，有例、日月例、變例，以說《春秋》經文之義，但崔子方並不以如此則《春秋》之義完足。他認爲孔子作《春秋》以垂法百世，例雖可見義，但欲垂法百世，則尚賴情理以貫通古往今來的差異。〔註6〕崔子方並用文質說明辭例和情理在求《春秋》大義的關係，《春秋經解·自序》說：

> 聖人以辭與例成其書，以情與理自託其言，則所以慮後世者亦至矣。辭與例，其文也；情與理，其質也。文質不備，君子不爲完人，《春秋》不爲完經。世之學者舍情理而專求乎辭例之間，是以多惑而至於失也。

辭與例是語文，語文有其語意，語意又本於心意，即情理。情理在聖人與我心皆具，則崔子方求《春秋》大義不只限於語意，但是情理究竟是什麼又未說明。

　　張大亨也是用經例來解經，解讀經例時的方法與崔子方頗有不同。《四庫全書》著錄了張大亨《春秋五禮例宗》、《春秋通訓》二書，這裡所討論的經例是《春秋五禮例宗》，因爲張大亨解經的觀念，從《春秋五禮例宗》到《春秋通訓》有所轉變，從捨傳依經例解經轉成重《左傳》之事以解經。

　　張大亨《春秋五禮例宗》是因革杜預《春秋釋例》、陸淳《春秋集傳纂例》而作，他在《春秋五禮例宗·原序》中說：

> 昔杜元凱作《釋例》，以明《春秋》異同之義。事類相發，各爲條綱，使覽者用力少，而見功多，可謂善矣。然其間雜以傳例，與經踦駁，而又摘數端，不能該盡，學者病之。唐陸淳乃因啖、趙之餘，別爲《纂例》，其所條列，一出於經。比於杜公，詳顯完密，後之說者，謂之要例。然淳拘於微文，捨事從例，故事有相濟以成，而反裂爲數門者，非特差失其始終，抑亦汨昏其義趣，經大旨支離失眞，迷眩後生，莫此爲盛。

張大亨認爲杜預用例來說《春秋》，學者閱讀起來非常方便，且容易得知《春秋》所表達的義。但杜預《釋例》係歸納《左傳》所發經例，其中不免雜有《左傳》自爲之例，而與經不相侔，所以張大亨用陸淳《纂例》純以經文類聚成例的方法，以免卻杜預之失。然陸淳《纂例》也有所缺失，蓋陸淳以經文之辭同者類聚成例，而沒有考慮到一件事情的始末，往往不只用一個辭，辭與辭之間的關係也當考量，才不會失之破碎，如「至」自一例、「歸」自一

〔註6〕崔子方情理說，詳見第三章第一節。

例、「納」自一例、「入」自一例,《纂例》卻以「至歸入納例」合而言之。又「弒殺」、「奔逃」、「諸叛」則或一事之先後,《纂例》則析為「弒殺」、「奔逃」、「諸叛」三例,〔註7〕所以張大亨批評《纂例》「或一事而析為數科,或眾科而束為一例」。〔註8〕

例與例之間或析或合的關係是張大亨在以經例解經中最注意的問題,觀《纂例》之聚「至」、「歸」、「入」、「納」為一例,析「弒殺」、「奔逃」、「諸叛」為三例,或也有所以為例與例之關係,故或析或合。然僅觀其歸類,實不易知其考量。張大亨則不然,他直以《周禮》中之五禮,即吉、凶、軍、賓、嘉,做為例與例之間或析或合的歸類標準,此由其《春秋五禮例宗》本文可見。他在《春秋五禮例宗・原序》中又說:

> 蓋周禮盡在魯矣,聖人以為法。凡欲求經之軌範,非五禮何以質其從違。

則張大亨亦以五禮比照《春秋》經文,而知經文所載事之合禮、違禮,以知孔子之所取義。此蓋有見經文類聚成例,仍須一解讀方法,張大亨不似崔子方於例中分說而濟之以情理,乃用趙匡「興常典」,常事違禮才書,而常事皆依《周禮》以見從違。〔註9〕

張大亨說「《周禮》盡在魯矣」,是《左傳》昭公二年,韓宣子適魯之言,張大亨此是承杜預《春秋經傳集解・序》的說法,後人多謂《春秋》與禮相表裡,這種說法也多來自杜預。但韓宣子所說的「周禮」並非張大亨所說的《周禮》一書,雖然杜預之言韓宣子之「周禮」可以是《周禮》此書,〔註10〕

〔註7〕 見:陸淳《春秋集傳纂例・卷七》。

〔註8〕 見:張大亨《春秋通訓・後敍》。

〔註9〕 趙匡興常典之說見於《春秋集傳纂例・趙氏損益義》。他說:「故凡郊廟(郊廟常事悉不書之)、喪紀(卒葬之外,雜喪事皆記,非禮也)、朝聘、蒐狩、昏取(此二禮,常事亦不書)、皆違禮則譏之(據五禮皆依《周禮》,變文者,譏非禮也。杞柏姬來朝其子之類是也。),是興常典也(明不變《周禮》)。」趙匡因《公羊》、《穀梁》范注常事不書之說,認為《春秋》對郊廟,喪紀等常事不書,違禮才書,所以「興常典」。小注中則說:「此二禮,常事不書也」,蓋以「昏取」為禮。又說:「據五禮皆依《周禮》」、「明不變《周禮》」,則其捨三傳而以經文為例,其中有關常典者,違禮才記。其所違之禮,即趙匡以經文所較之禮是《周禮》。

〔註10〕 「周禮盡在魯矣」,是《左傳》昭公二年,韓宣子適魯之言:「晉侯使韓宣子來聘,且告為政而來見,禮也。觀書於太史氏,見《易象》與魯《春秋》,曰:『周禮盡在魯矣』。」韓宣子所謂「周禮」未必是《周禮》。但杜預用韓宣子

這或因劉歆認為《周禮》是周公所作之致，但宋人已有疑之者。〔註11〕如葉夢得也用韓宣子事而認為《春秋》與禮有密切的關係，觀周代禮制，今可詳見為《周禮》，所以葉夢得也有以《周禮》比較《春秋》的念頭，但見《周禮》的來源有問題，所以作罷。蓋以禮較《春秋》是三傳之外，可用來解《春秋》經的方法之一，但取用何種禮書，必須詳加考慮。

《春秋五禮例宗》是張大亨早期所作，後來因其師蘇軾的啟發，〔註12〕而有《春秋通訓》糾例之作。他在《春秋通訓・後敘》說：

> 予少聞《春秋》於趙郡和仲先生。……先生曰：「此書自有妙用，學者罕能領會，多求之繩約中，乃近於法家者流，苛細繳繞，竟亦何用。惟邱明識其用，然不肯盡談，微見端兆，欲使學者自得之，未可輕論也。」

蘇軾認為以例說《春秋》，有若法家之苛細繳繞，張大亨因慕例之功，而疑蘇軾之說，故復問之：

> 邱明凡例與《公》、《穀》無殊，用以考經，率多不合，而獨謂之識此經之用，亦信乎？先生曰：「邱明因事發凡，不專為經，是以或合或否。其書蓋依經以比事，即事以顯義。不專為例，是以或言或不言。夫惟如此，故能修先王之志，為經世之法，以訓天下後世，又曷嘗拘於繩約中哉！」

之說，卻有可能指《周禮》，杜預注《左》昭二年：「魯《春秋》，史記之策書。《春秋》遵周公之典以序事，故曰：『周禮盡在魯矣』。且杜預〈序〉又說：「韓子所見，蓋周之舊典禮經也。周德既衰，官失其守。上之人不能使《春秋》昭明。赴告策書，諸所記注，多違舊章，仲尼因魯史策書成文，考其真偽，而志其典禮。上以遵周公之遺制，下以明將來之法。」杜預認為魯史策書和孔子《春秋》中都存有周公之典，即周禮。而漢劉歆始以《周禮》是周公所作，則杜預所謂「周禮」可能指《周禮》。且杜〈序〉中說：「周禮有史官，掌邦國四方之事，達四方之志」與《周禮》所載史官之職頗似，《周禮・春官宗伯》：「小史掌邦國之志。……凡四方之書事，內史讀之。」

〔註11〕見：王師靜芝《經學通論》上冊，頁342～347。

〔註12〕張大亨師事蘇軾，《春秋通訓・後敘》說：「予少聞於趙郡和仲先生」。趙郡和仲先生，即蘇軾也。朱彝尊《經義考》卷一百八十三，引陳振孫曰：「直秘閣吳興張大亨嘉父撰其〈自序〉言：『予少聞《春秋》於趙郡和仲先生』。東坡，一字和仲，所謂「趙郡和仲」，其東坡乎？（朱彝尊）按《蘇籀雙溪集》載：「嘉父以《春秋》義問東坡，東坡答書云：『《春秋》儒者之本務，然此書有妙用，……欲使學者自求之，故僕以為難，未敢輕論也。」其書今載續集中，嘉父〈自序〉稱：「少聞《春秋》於趙郡和仲先生」者，蓋此書也。

張大亨因蘇軾說《左傳》凡例乃隨事而發，不專為例，所以有所不合，且《左傳》是依經文而敘其事之詳，由事而有大義，深思十餘年，而有「以義視事，以事求經，曲而通之，觸類而長之」之解經法，〔註13〕他在《春秋通訓·後敘》中說：

> 事與經同，則引事以釋經。例與義合，則假例以明義。經雖不同而事同，則相從。例雖不合而義合，則相比。庶幾經無空言，例非執一。所謂去例以求經，略微文而視大體者。

用經與義，做為事與例的取捨標準，而相從相比，不拘執於例，而多用事求經。張大亨此時已由捨傳解經者，轉為擇傳解經者，其所以如此，有見徒例無事實難以解經，而以例求經又往往失之拘執。觀張大亨的轉變，實與屬辭比事的發展相合，後繼之屬辭比事者，往往有非例拘之論，並以經例乃解經之一端而已，當須合三傳之長，尤其不可失《左傳》之事以解經。前章所論之家鉉翁，即是如此。

沈棐《春秋比事》原名《春秋總論》，《比事》之名為陳亮所更，陳亮序《春秋比事》說：

> 余嘗欲即經以類次其事之始末，考其事以論其時，庶幾抱遺經以見聖人之志。

陳亮認為可用一事之始末為類聚經文的標準，頗似紀事本末。觀陸淳、崔子方、張大亨皆以辭同者為類聚的標準，可見屬辭比事因所取經文角度不同，而呈現不同的體例，故其適用程度極廣，所見《春秋》之義層次也多。如沈棐《春秋比事》前十卷的作法，以諸國為綱，而以同者類聚其下，此陳亮所言之比事也。後十卷，亦以《春秋》經文之辭同者類聚，故有〈盟〉、〈會〉、〈侵伐〉、〈戰〉、〈救〉、〈遂〉等例，是用經例解也，所以《四庫全書·經部·卷二十七·春秋比事·提要》說沈棐的作法是「比例為之」。

李琪《春秋王霸列國世紀編》，以周，齊、魯十三伯及其他諸國為類聚經文之主題，而參諸傳為解，他在《春秋王霸列國世紀編·原序》說：

> 敘東周十有四王之統，合齊晉十有三伯之目，舉諸侯數十大國之系，皆世為之紀，不失全經之文，略備各代之實。每紀之後，序其事變之由，得失之異，參諸傳之記載，以明經之所書。

李琪以其書所解並非《春秋》大義，僅藉經文而說明事變所以發生的原因及

〔註13〕見：張大亨《春秋通訓·後敘》。

得失。〔註14〕由李琪之說可見用經文屬辭比事尚未足以見《春秋》之大義，欲見大義，須用三傳求義之法，或於經文之上懸一禮或其他觀念，做為對照比較，才能求得《春秋》大義。

二、立禮說經

　　屬辭比事是一種類聚經文的方式，欲求大義尚須藉三傳說解，或在經文之上懸一禮或一觀念以做較論，陸淳《春秋集傳纂例》用禮及三傳，張大亨《春秋五禮例宗》也用禮。孫復、胡安國則藉《公》、《穀》常事不書，違禮始書而譏之之說，推衍出《春秋》有貶無褒，以解讀經文而求義。這樣的方法和張大亨懸禮比照頗似，而沒有張大亨用《周禮》或與《春秋》禮制不相侔之失。蓋凡書皆貶，可推見《春秋》於諸事，或諸禮的主張。

　　孫復有貶無褒之論是《四庫提要》所說的，〔註15〕觀孫復《春秋尊王發微》中則不見其論，或是論出自於《春秋總論》三卷，惜此《春秋總論》三卷已軼，〔註16〕而《四庫提要》對宋代捨傳解經者最非議孫復，所以姑用《四庫提要》的批評來推見孫復有貶無褒之論。

　　《四庫提要》非議孫復，主要有二端，其一：

　　　北宋以來出新意解《春秋》者，自孫復與啖始，復沿啖、趙之餘波，幾於盡廢三傳。啖則不盡從傳，亦不盡廢傳，故所訓釋為遠勝於復焉。〔註17〕

其二：

　　　宋自孫復以後，人人以臆見說《春秋》。惡舊說之害已，則舉三傳義例而廢之，又惡《左氏》所載證據分明，不能縱橫顛倒，惟所欲言也，則併舉《左傳》事跡而廢之。〔註18〕

《四庫提要》解經宗漢學、崇古義、重考據、貴徵實，並認為解經以「切實

〔註14〕李琪《春秋王霸列國世紀編·原序》說：「序其事變之由，得失之異。……若夫《春秋》微旨奧義，則不在是。」

〔註15〕見：《四庫全書·經部·卷二十六·春秋尊王發微·提要》：「復之論，上祖陸淳，而下開胡安國，謂《春秋》有貶無褒，大抵以深刻為主。」

〔註16〕《四庫全書·經部·卷二十六·春秋尊王發微·提要》說：「考中興書目，別有復《春秋總論》三卷，蓋合之共為十五卷爾，今《總論》已佚」。

〔註17〕見：《四庫全書·經部·卷二十六·春秋傳·提要》。

〔註18〕見：《四庫全書·經部·卷二十七·春秋分紀·提要》。

有徵，平易近理」爲本，對於《春秋》則認爲孔子有筆有削，須合《左傳》
的事與《公》、《穀》的義理，才可得全解。〔註 19〕所以宋人所用的「新意」
與清人的古義是相對之詞，〔註 20〕此可以推見孫復是捨傳解經一系。

　　但是孫復的捨傳或許是像陸淳，有階段性，其實是擇傳解經者。蓋歐陽
修〈孫先生墓誌銘〉說：

　　　　先生治《春秋》，不惑傳注，不爲曲說以亂經。其言簡易，明于諸侯
　　　　大夫之功罪，以考時之盛衰，而推見王道之治亂，得於經之本義爲
　　　　多。

「不惑傳注」，並非不取傳注。若晁公武《郡齋讀書志》引歐陽修此言，則改
「不惑傳注」爲「不取傳注」：

　　　　史臣言明復治《春秋》，不取傳注，其言簡而義詳，著諸大夫之功罪，
　　　　以考時之盛衰，而推治亂之跡，故得經之意爲多。

《四庫全書・經部・卷二十六・春秋尊王發微・提要》雖引歐陽修「不惑傳
注」之說，卻也用晁公武引常秩論孫復說《春秋》有似法家苛酷之說，故孫
復之捨傳是否有階段性之意，有可商榷之處。

　　《四庫提要》非議孫復的另一點是他的「有貶無褒」之論：

〔註 19〕關於《四庫提要》解《春秋經》的立場，詳見第四章第三節《四庫提要》。
〔註 20〕《四庫提要》認爲解經貴古說、古義，蓋以古說有據。且其重考證，所據以
　　　　考以證者，都是前人之論，如《四庫全書・經部・卷二十九・欽定春秋傳說
　　　　彙纂・提要》：「指授儒臣，詳爲考證。凡其中有乖經義者，一一駁正，多所
　　　　刊除。至於先儒舊說，世以不合《胡傳》，擯棄弗習者，亦一一採錄，表彰闡
　　　　明古學。」又《四庫全書・經部・卷二十八・左傳屬事・提要》說：「又云：
　　　　『元凱無漢儒不能爲《集解》，遂無元凱無不能爲此註』，其用心深至，推讓
　　　　古人，勝於文人相輕者多矣。」《四庫全書・經部・卷二十八・春秋諸傳會通・
　　　　提要》說：「潛心古義，不同於科舉之學也。」又《四庫全書・經部・卷二十
　　　　八・春秋四傳質・提要》說：「明之末造，經傳俱荒，介之尚能援據古義，糾
　　　　胡安國之失，亦可拔俗千尋矣。」故頗非不依傍前人的捨傳自爲之說，而目
　　　　之爲「新意」，如《四庫全書・經部・卷二十六・春秋集解・提要》：「先是劉
　　　　敞作《春秋意林》，多出新意，孫復作《春秋尊王發微》，更舍傳以求經，古
　　　　說於是漸廢。」又《四庫全書・經部・卷二十七・春秋後傳・提要》說：「其
　　　　書雖多出新意，而每傳之下必注曰：『此據某說』、『此據某文』、其徵引可爲
　　　　至博，以是立制，世之梏腹而談褒貶者，庶有豸乎？」又《四庫全書・經部・
　　　　卷二十九・御纂春秋直解提要》說：「自啖助、趙匡倡廢傳解經之說，使人人
　　　　各以臆見私相揣度，務爲新奇以相勝，而《春秋》以荒。」「臆見」、「梏腹」
　　　　是《四庫提要》對「新意」者的批評，蓋新意者的解經主張與《四庫提要》
　　　　正好相反，所以《四庫提要》用「新意」與「古義」相對而辨析之。

復之論，上祖陸淳，下開胡安國，謂《春秋》有貶無褒，大抵以深刻爲主。〔註21〕

自孫復倡爲貶無褒之説，説《春秋》者，必事事求其所以貶。求其所以貶而不得，鍛鍊周內，以成其罪，而《春秋》益荒。〔註22〕

自《穀梁》發常事不書之例，孫復衍有貶無褒之文，後代承流，轉相模仿，務以刻酷爲經義。二百四十二年之中，上至天王，下至列國，無一人得免於彈刺，遂使游夏贊之而不能者，申韓爲之而有餘。流弊所極，乃有貶及天道者（呂柟《春秋説志》謂：「書季孫意如卒，所以見天道之左。」）《春秋》于是乎亂矣。〔註23〕

純以經文求經，若不用經例，則須另立一觀念而解讀經文。孫復據趙匡「興常典」而取《公》、《穀》常事不書、違禮則書之説，推衍之則所書皆違禮，違禮則貶斥之，所以說《春秋》「有貶無褒」。用此法則《春秋》全經之文不待任何其他已有說解而可求其義，用有貶無褒之法，則《春秋》二百四十二年之中，無一人一事不受貶斥。觀《公》、《穀》常事不書之説，僅用於《春秋》之部分而已，趙匡的用法雖比《公》、《穀》爲廣，也是部分。孫復推用全經，則或有事非貶斥者，則須曲爲解說，以求其貶，故有貶無褒之説，以可適用全經爲優，也以全經必合其法爲失。《四庫提要》認爲解經以「平易近理」爲本，對有貶無褒之法，貶及《春秋》二百四十二年之任一人、任一事和其可能爲合其法而曲爲說者頗非之，而稱其法「深刻」、「刻酷」和「鍛鍊周內」。

《四庫提要》又評其及其貶及天王，有違君臣之分際，《四庫提要》撰人處滿人稱制之時，貶及天王是大忌諱，不能不大加撻伐。應是政治立場使然，不足以作爲學術駁論的依據。

胡安國的解經觀念承襲了啖、趙、陸氏、我說與三傳等夷，解經就是傳的說法，而名其書爲《春秋傳》。胡安國更爲解經可捨傳找到了積極的理由——我心即聖心，所以他在解經方法上，也由趙匡的說法中，推衍出無須依傍三傳的有貶無褒。他在〈進春秋傳表〉說：〔註24〕

〔註21〕見《四庫全書・經部・卷二十六・春秋尊王發微・提要》。

〔註22〕見《四庫全書・經部・卷二十九・御纂春秋直解・提要》。

〔註23〕見《四庫全書・經部・卷二十九・春秋闕如編・提要》。

〔註24〕胡安國〈進春秋傳表〉文淵閣四庫全書本《春秋傳》中未載，但李廉《春秋會通》和汪克寬《春秋胡傳附錄纂疏》都有載錄。

仲尼……改法創制，不襲虞夏商周之跡。蓋洪水滔天，下民昏墊，
與蕭韶九成，百獸率舞，並載於虞書。大木斯拔，與嘉禾合穎。鄙
我周邦，與六服承德，同垂乎周史，此上世帝王紀事之例。至《春
秋》則凡慶瑞之符，禮文常事，皆削而不書。而災異之變，事關闕
失，則悉書之，以示後世。

胡安國認爲孔子作《春秋》是「因事屬辭」，〔註25〕對於違禮的事筆之，就是
「著權制」；對於合禮的常事削之，就是「興常典」。〔註26〕但「興常典」和
「著權制」包括那些事，胡安國卻未加說明。因其承自趙匡，所以用趙匡的
說法，大略推求。趙匡在《春秋集傳纂例・趙氏損益義》說：

予謂《春秋》因史制經，以明王道，其指大要，二端而已，興常典
也，著權制也。故凡郊廟（郊廟常事，悉不書之）、喪紀（卒葬之外，
雜喪事皆記，非禮也）、朝聘（變文者，譏非禮也。杞伯姬來朝其子
之類也。）、蒐狩、昏取（此二禮常事，亦不書），皆違禮則譏之（據
五禮皆依《周禮》），是興常典也（明不變《周禮》）。非常之事，典
禮所不及，則裁之聖心，以定褒貶，所以窮精理也（謂變例也）。精
理者，非權無以及之。（權衡所以辨輕重，言聖人深見是非之禮，有
似於此。）

趙匡認爲合於五禮的事不記，違禮才記，其目的是利用譏刺的方式使常典明
於人心，這是將《公羊》和《穀梁》范注「常事不書」的說法加以推廣。至
於「著權制」則指五禮所無法範圍的非常之事，非常之事本身就極醒目，孔
子記錄這種人人會注意的非常之事來闡明《春秋》大義的精微之處。

趙匡指明《春秋》大要在「興常典」和「著權制」，但他解經則在此二大
要上，再加一個常事而孔子也載記的（詳見第二章第三節），所以他用「常事
不書」解經只是部分，但比《公羊》和范注稍廣。胡安國則全用常事不書，
違禮才書。違禮是非常，和不在五禮範圍的非常之事結合，則《春秋》所記
皆非常事，非常之事則譏之，所以說《春秋》有貶無褒。

〔註25〕《春秋胡傳附錄纂疏・進春秋表》：「伏觀《春秋》二百四十二年，其行事備
矣。仲尼因事屬辭，深切著明，非五經比也。」
〔註26〕胡安國《春秋傳・自序》「《春秋》見諸行事，非空言比也。公好惡則發乎詩
之情，酌古今則貫乎書之事，興常典則禮乎禮之經，本忠恕導乎樂之和，著
權制則盡乎易之變，百王之法度，萬世之準繩皆在此書，故君子以謂『五經
之有《春秋》，猶法律之有斷例』」。

有貶無褒之論讓求《春秋》之義不待任何說解，使捨傳解經成爲可能，但胡安國卻非捨傳不由的人，汪克寬《春秋胡傳附錄纂疏·卷首下·敘傳授》說：

> 今所傳，事按《左氏》、義採《公羊》、《穀梁》之精者，大綱本孟子，而微辭多以程氏之說爲證。

由此見胡安國在解經上應是經傳互考一系，但因其提供捨傳解經一系在理論和方法上的可行性，加以和孫復同主「有貶無褒」，所以放在這裡說明。

胡安國《春秋傳》在元、明定爲科考用書，〔註27〕並與三傳並稱爲四傳，汪克寬以三傳自有註疏，獨《胡傳》無有，所以爲作疏而成《春秋胡傳附錄纂疏》，〔註28〕其地位之崇可見一斑。也因科考的專用《胡傳》，所以《胡傳》對元、明的《春秋》研究有極大的影響（詳見第四章）。

〔註27〕 胡安國書元、明定爲科舉用書。《元史選舉志·科目》說：「《春秋》許用三傳及《胡氏傳》。」《明史·選舉志》則說：「《春秋》主《左氏》、《公羊》、《穀梁》三傳及胡安國、張洽《傳》。……永樂間頒四書、五經大全，廢註疏不用。其後《春秋》亦不用張洽《傳》。」

〔註28〕 《春秋胡傳附錄纂疏·凡例》說：「近代諸儒惟胡氏發明程子之意最詳，朱子稱其義理正當，是以國家設科專用三傳及《胡傳》。然三傳自有註疏、全文，故今《纂疏》以胡氏爲主，而於經下分註附錄三傳要語及《程子傳》，併采止齋陳氏《後傳》事變始終，附之經文之下。諸侯見於經者，皆旁注證號，以備參考。地名、人名則引杜氏、張氏等註。或諸家註義，於經有所發明，而不可附於傳者，亦附於下。」

第四章　屬辭比事法的發展

　　元、明、清儒者用「屬辭比事」名解經法的，多承宋人經傳互考的途徑。其中以元代為最盛，有吳澄《春秋纂言總例》，程端學《春秋本義》、《春秋或問》、《春秋三傳辨疑》，李廉《春秋諸傳會通》，趙汸《春秋集傳》、《春秋師說》、《春秋左傳補注》、《春秋金鎖匙》、《春秋屬辭》。明代有石光霽《春秋書法鉤玄》。清代有毛奇齡《春秋毛氏傳》、《春秋簡書刊誤》、《春秋屬辭比事記》，方苞《春秋通論》、《春秋比事目錄》。〔註1〕

〔註1〕　《四庫全書》收錄方苞《春秋》作，僅《春秋通論》。《春秋比事目錄》則見於〈存目〉。〈存目〉中所收錄作品，以屬辭比事法解《春秋》者，尚有元、黃復祖《春秋經疑問對》，《提要》云：「其書以經傳之事同辭異者，求其常變，察其詳略。以經覈傳，以傳考經蓋亦屬辭比事之遺意」。又明、王鴻大《春秋說》，《提要》云：「其首為諸家考，……次比事四十二則」。又清、湯秀琦《春秋志》，《提要》云：「其書……為書法者四：曰書法精義、曰書法條例、曰書法比事、曰書法遺旨。表以考事。書法以考義也。……書法精義，皆依違胡安國之文。書法條例，亦剽竊崔子方之式。惟書法比事，謂有順文上下以為比者，有分別事類以為比者。……又書法遺旨，自抒己論。雖不免閒有騎牆，而駁正處時有特見，其長亦不可沒耳。」又清、孫嘉淦《春秋義》，《提要》云：「嘉淦以《春秋》一書，比事屬辭，經本甚明，無藉於傳，乃盡去各傳，反覆經文，就事之前後，比而屬之。尋其起止，通其脈絡，其事俱存，義亦可見，至日月名氏爵謚之間，則不復為之穿鑿。然大抵以《公羊》常事不書之說為根本」。《提要》論黃復祖、王鴻大之屬辭比事，難知其法。若湯秀琦之說，或可略推其與沈棐《春秋比事》以經文類聚之法頗似，惟其於事類之外，更有以不同之事，因前後順序而見義者。孫嘉淦則乃捨傳，以經文類聚，而以常事不書之觀念解《春秋》者。然因〈存目〉之書，不易知諸家屬辭比事法之詳，故未錄於本文。若方苞，則因《四庫》著錄有其《春秋通論》，尚可考見其屬辭比事法於其文中，故附述於清代中。

第一節　元代的屬辭比事

一、吳澄

　　吳澄《春秋纂言總例》是依陸淳《春秋集傳纂例》類聚經文成例的作法，他在〈序〉中說：

> 屬辭比事，《春秋》教也。唐啖助、趙匡集《春秋傳》，門人陸淳又類聚事辭成《纂例》十卷。今澄既采摭諸家之言，各麗于經。乃分所異，合所同，仿《纂例》爲〈總例〉七篇。初一、天道，次二、人紀，次三、嘉禮，次四、賓禮，次五、軍禮，次六、凶禮，次七、吉禮。例之綱七，例之目八十有八。

雖然吳澄自言承襲陸淳類聚事辭的方法，但是歸類方式和陸淳有所不同，陸淳以《春秋》經文辭同者類聚，並以其辭爲名，吳澄因之而有八十八例，卻更進一步將八十八例歸聚成天道、人紀和五禮共七篇。這是注意到例和例之間的關係而在其上立一準則，以統攝諸例。任何以經例解經者，在類聚經文時，都會注意到某些例在用法上特別相近。例如，「朝、聘、如」，「會、盟」，「戰、伐、侵」等。或者有語法上相連的關係，例如，「公至自某」之前當有「公如某」等，這都是立例時必須斟酌的。因爲不同的結合基礎，會呈現不同的意義。而吳澄用天道、人紀、五禮爲諸例聚合的標準，使經例除三傳和諸家說解外，另有一個參考依據。

　　雖然吳澄自言仿陸淳《春秋集傳纂例》，但用五禮爲例之歸聚標準和張大亨《春秋五禮例宗》的作法甚爲相似。吳澄是否承襲自張大亨？關於這個問題，可自師承和學風辨析。

　　《四庫提要》認爲吳澄因師承、學派和張大亨不同，未見張大亨之作，因此與之闇合而不知。〔註2〕吳澄或未見張大亨之作，但是否因爲師承、學派之不同所致，則有待商榷。《四庫提要》在解經上，宗漢學、崇古義、重考據、貴徵實，所以對師承、學派極爲重視。但吳澄在解經上，則頗承范甯以下以新意解經的風氣，除自言仿啖、趙、陸氏外，對諸以新意解經者也頗推崇，

〔註2〕《四庫全書・經部・卷二十八・春秋纂言總例・提要》說：「〈天道〉、〈人紀〉二例澄所創作，餘〈吉〉、〈凶〉、〈軍〉、〈賓〉、〈嘉〉五例與宋張大亨《春秋五禮例宗》互相出入，似乎蹈襲。然澄非蹈襲人書者，蓋大亨學派出於眉山蘇氏，澄之學派兼出於金谿、新安之間。門戶不同，師傳各異，未睹大亨之書，故與之闇合而不知也。」

他在序齊履謙《春秋諸國統紀》一書時說：

> 唐啖、趙，宋孫、劉而下，不泥於傳，有功於經者，奚啻數十家。

啖助、趙匡、孫復、劉敞都是主張解《春秋》以經為主，於諸家之傳可按經而或擇、或捨，或出己意以解經。既然集諸家之傳而擇其長，則學派、師承非其所考量之重點。觀吳澄以經文類聚成例，而且集傳解經，這正是元代屬辭比事者因革於宋人之處，蓋取新意者用經文及集傳解經的特點，而棄其廢置三傳之激烈。所以《四庫提要》從師承學派上論吳澄未見張大亨之作，實與當時的學風相左。

雖然《四庫提要》辨吳澄與張大亨無關，所舉的理由不夠堅強，其論斷則是正確的。自杜預以來，以禮說《春秋》蔚為風氣，趙匡在《春秋集傳纂例・趙氏損益義》「興常典」中，已有用《周禮》中的五禮來比照《春秋》某些例，如蒐狩，婚娶等是否違禮，如果違禮則譏斥之，藉譏斥以明其禮的作法。且吳澄自言〈總例〉是依仿《纂例》而分合其例之異同者，則吳澄以五禮為諸例之大類實不必出於張大亨。

二、程端學

家鉉翁認為例、褒貶不足以明《春秋》，求《春秋》須用常法，即屬辭比事。程端學也認為凡例、褒貶不足以明《春秋》，求《春秋》要用自然之法，也就是屬辭比事。二人解《春秋》之法，看似大同，卻也有小異。

首先程端學並不以凡例、褒貶全無可取，只是認為用凡例，褒貶解《春秋》，不免狹隘，只知議人罪惡，他在《春秋本義・通論》說：

> 議其罪，將以懲其惡；懲其惡，將使之反其無惡而已矣，故曰：「克己復禮」。克己，所以復禮，不克己，則不能以復禮；不懲惡，則不能以遷善，故《春秋》為克己復禮之書。而後世但知聖人議人罪惡而已，此凡例、褒貶之所由興也。……此說《春秋》之大弊也。

程端學認為《春秋》議人是非的目的，在於使人知是而去非，所以說《春秋》是「克己復禮」之書，這是用《論語》顏淵問仁，孔子答以克己復禮的說法。但是自己有何須克？所復之禮是什麼？吾人所須克的是錯誤的行事，而錯誤的行事有其肇端，積累而至錯誤。避免錯誤的方法是善於借鑑歷史，從錯誤的歷史事件中領悟正確的道理，而所復之禮也就是正確的道理。因此程端學在《春秋本義・通論》說：

　　《春秋》有自然之法，因是事而著是理，以爲法於天下。

因是事而著是理就是克己復禮的歷史解釋。而此理乃天下之規範。既然，事有其肇端，積漸而致誤，則程端學在用屬辭比事解釋《春秋》時，必須詳事之本末。所以他在《通論》說：

> 傳稱屬辭比事者，《春秋》之大法。此必孔門傳授之格言，而漢儒記之耳。

又：

> 弒君之賊，夫人所能知也。然致弒之由，則有漸，自某君之失道，而肆意侵伐入滅，民困而財耗也，馴而至於戕其身。自某君之家不齊，妻淫而子奢也，馴而至於滅其家。……《春秋》皆歷書之，以爲天下之大戒，使凡爲君者，防微慎始，兢兢業業而不敢肆，此正所謂屬辭比事之法。

又：

> 夫《春秋》有大屬辭比事，有小屬辭比事。其大者合二百四十二年之事而比觀之。《春秋》之始，諸侯無王未若是之甚也，終則天王不若一列國之君。始也諸侯之大夫未若如此之張也，終則專國而無諸侯。始也吳楚未若是之橫也，終則伯中國、滅諸侯。始也諸侯之伐國未甚也，終則至於同列之國。其小者，合數十年之事而比觀之。始也大夫執一國之權，終則至於弒其君。始也子弟預一國之政，終則至於篡其位。始也諸侯專恣而妄動，終則至於滅其身。始也夫人昏姻不正，終則至於淫亂而奔亡。

又：

> 所謂前後始末者，一事必有首尾，必合數十年之通而後見，或自《春秋》之始至中，中至終，而總論之，正所謂屬辭比事者也。大凡春秋一事爲一事者，常少；一事而前後相聯者，常多。其事自微而至著，自輕而至重。始之不慎，至卒之不可救者，往往皆是。

程端學所謂屬辭比事，乃合屬《春秋》經文所載之事，比其事而見其事發生之由。蓋一事之發生，常起自微小，從微小處杜絕則易，因此「克己復禮」自微小處著手。如他在〈通論〉說「莊公忘父之讎，主王姬昏，與齊人狩。文姜喪之未除，而如齊納幣，書子同生於前，至三十七年而始娶。又如公如齊逆女，先至而後夫人入，其終卒有姜氏弒閔遜邾之亂」。魯莊公夫人姜氏弒

閔公而奔于邾是一已知的事。但致其事之由，則莊公時已見其萌。程端學屬比莊公至僖公數十年事，而見禍事之兆，此爲知漸。弒君禍事極大，然其始則微，防之杜之，則不致生此弒君之事。這就是程端學所謂克己復禮的意義。

　　知漸是程端學屬辭比事法的重心，若由三傳，尤其《左傳》對《春秋》事件的敘述，自然可以推知事件發生之由，但程端學對諸傳的取擇是以經爲去取的，知漸也必須由經文本身，他在《春秋本義・通論》說：

> 大凡先儒傳此一經，必有一得。特以褒貶、凡例之說汩其心思，故不得盡善耳。是以先儒之說不敢妄加去取，必究其指歸，而取其所長。……非敢自執己見，凡非己意者，一切去之也。所以敢爾者，以其有經爲之主也。經意本渾成明白，因傳而益明者，固有之矣。因傳而晦且鑿者，亦不少也。故說之合於經者取之，其不合者去之，其法甚約也。……其或必附己意云者，亦以先儒之說與經相違云爾。非敢舍先儒之說，而主一己之見。

如果諸儒之說皆無法合於經意，程端學則附以己說，所以經意是取擇諸傳及衡量己說的標準，但經意由何而見，程端學在這方面採用了孫復、胡安國依禮說經的辦法，他在《春秋本義・通論》說：

> 《春秋》二百四十二年皆非常之事。此說自三傳至於今，凡說《春秋》者，皆能言之。其亦孔門弟子聞於聖師之言歟！然而三傳卒不能守其言，《左氏》多以《春秋》之事爲禮。《公》、《穀》亦有以爲喜之，嘉之者。夫既得禮矣，喜之、嘉之矣，則是常事也。豈有非常之事，而聖人以爲禮、爲可喜、爲可嘉哉！諸儒踵三傳之謬而不察，同然一辭，甚可怪也。

《春秋》常事不書，《公羊》、《穀梁》范注、趙匡都只將常事不書限於局部經文。孫復、胡安國則推衍至全經，而有《春秋》有貶無褒之論。程端學與孫、胡同用之全經，所以《四庫全書・經部・卷二十八・春秋本義・提要》說：

> 其大旨仍主常事不書，有貶無褒之義。故所徵引，大抵孫復以後之說，往往繳繞支離，橫加推衍，事事求其所以貶。

但常事不書只是程端學屬辭比事法的一環，用來不依傳以解讀經文，蓋《春秋》所書皆非常之事，即與禮有違，而可逆推其所是，所當爲而合禮者，合諸事而觀之則知其所違禮之事、而可推知其事發生之由，此即知漸。知漸當防微杜漸而返其可知合於禮的行爲，所謂「克己復禮」。至於合於禮的行爲則

可以作爲天下的規範，所以程端學說「《春秋》有自然之法，因是事而著是理，以爲法於天下」。

三、李廉

李廉《春秋集傳會通》，用范甯以來主經、擇傳之說，以啖、趙爲小成，程、胡爲大成。他在〈序〉說：

> 傳《春秋》者三家，《左氏》事詳而義疏，《公》、《穀》義精而事略，有不能相通。兩漢專門，各守師說，至唐啖、趙氏，始合三家所長，務以通經爲主。陸氏纂集已爲小成。宋河南程夫子始以廣大精微之學，發明奧義，眞有以得筆削之心，而深有取於啖、趙，良有以也。高宗紹興初，武夷胡氏進講，篤意此經，於是承詔作傳，事案《左氏》、義取《公》、《穀》之精，大綱本孟子，主程氏，而集大成矣。方今取士用三傳及胡氏，誠不易之法也。……盡取諸傳，會粹成編。先《左氏》，事之案也。次《公》、《穀》，傳經之始也。次杜氏、何氏、范氏，三傳專門也。次義疏，釋所疑也。總之以胡氏，貴乎斷也。陳、張並列，擇所長也。而又備采諸儒成說及諸傳記，略加梳剔，於異同、是非、始末之際，每究心焉，謂之《春秋諸傳會通》。

李廉雖重啖助、趙匡用三傳之長以通經，卻仍以啖、趙依經例以擇傳爲小成，而宗胡安國爲大成。並認爲胡安國《春秋傳》與三傳並稱「四傳」極爲的當。〔註3〕

但是啖、趙何以爲小成，而胡安國爲大成？他在《春秋集傳會通・凡例》說：

> 此經大概在屬辭比事。故於例之異同，事之首尾，或辭同而事異，或事同而辭異。皆通經提掇大意，使前後貫通。一事之疑，一字之異，皆發明之，並用先儒議論。

李廉認爲不論用經文類聚成例，如啖、趙、陸氏、崔子方等，或以事類聚經

〔註3〕 胡安國《春秋傳》和三傳並稱「四傳」始於吳澄序俞皋的《春秋集傳釋義大成》。吳澄說：「新安俞皋……備載三傳、《胡氏傳》，以今日所尚也。玩經下所釋，則四傳之是非不待辨而自明，可謂專門而通者矣。」《四庫全書・經部・卷二十八・春秋集傳釋義大成・提要》說：「皋……是書經文之下備例三傳，其《胡安國傳》亦與同列，吳澄〈序〉謂，兼列胡氏，以從時尚，而四傳之名亦權輿於澄〈序〉中，《胡傳》日尊，此其漸也。」

文，如家鉉翁、程端學，都不免會遇到書法相同，事卻不同，或事同，書法卻不同，而難以通解的。因此不能不有一更高的宗趣使之貫通。這個宗趣就是訴諸於天理。而天理流行於聖人與我心之間。啖、趙諸人集合眾說而擇之，離此宗趣猶有一間，因此是小成，程、胡則主張立此宗趣，因此李廉在會通諸家之說之後，以胡安國之說為斷。

四、趙汸

趙汸由於集傳的經驗，見三傳解經各有所偏，致諸儒紛爭不斷。《左氏》有見於史，但是不知筆削之義，《公》、《穀》有見於經義，卻不知其文則史。〔註4〕後世儒者承三傳之長與弊，說經不出二途：褒貶與實錄。尚褒貶者，文苟例密，出入無準；崇實錄者，僅是史家之事而不知《春秋》大義。〔註5〕

對於三傳與後儒解釋《春秋》的偏弊，趙汸從孟子之言得到化解之道。他在《春秋集傳·原序》說：

> 《春秋》聖人經世之書也。……書成一歲而孔子卒，當時高第弟子，蓋僅有得其傳者。歷戰國秦漢以及近代說者，殆數十百家，其深知聖人制作之原者，鄒孟氏而已矣。蓋夫孟氏之言曰：「王者之跡熄而

〔註4〕 趙汸對三傳的批評見於《春秋集傳·原序》，他說：「其失自三傳始，《左氏》有見於史，其所發皆史例也，故常主史以釋經，是不知筆削之有義也。《公羊》、《穀梁》有見於經，其所傳者猶有經之佚義焉，故據經以生義，是不知其文則史也。後世學者，三傳無所師承，故主《左氏》則非《公》、《穀》，主《公》、《穀》則非《左氏》，二者莫能相一。其有兼取三傳者，則臆決無據，流遁中失。其厭於尋繹者，則欲盡舍三傳，直究遺經，分異乖離，莫知統紀。」他在《春秋屬辭·原序》也說：「《左氏》……雖博覽遺文，略見本末，而於筆削之旨無所發明。所謂知不足以知聖人，而又不由《春秋》之教者也。《公羊》、《穀梁》以不書發義。啖、趙二氏《纂例》以釋經，猶有屬辭遺意。而陳君舉得之為多，庶幾知有《春秋》之教者。然皆泥於褒貶，不能推見始終，則聖人之志豈易知乎！若夫程張邵朱四君子者，可謂知足以知聖人矣，而於屬辭比事，有未暇數數焉者。」

〔註5〕 趙汸對諸家解經的批評見《春秋左氏傳補注·原序》，他說：「況其說經大旨不出二途，曰褒貶，曰實錄而已。然尚褒貶者，文苟例密，出入無準，非所以論聖人。其以為實錄者，僅史氏之事，而豈所以言《春秋》哉！」又他在《春秋屬辭·自序》也說：「莊周氏之言曰：『《春秋》經世，先王之志，聖人議而弗辯，此制作之本意也。微言既絕，教義弗彰，於是自議而成為譏刺，自譏刺而為褒貶，自褒貶而賞罰。厭其深刻者，又為實錄之說以矯之，而先王經世之志荒矣。」

詩亡,詩亡然後《春秋》作。其事則齊桓晉文,其文則史,孔子曰:
『其義則丘竊取之矣。』」此孔門傳《春秋》學者之微言也。

孟子所揭示的事、文、義,趙汸別有深入的說明,他在《春秋集傳・原序》有說:

隱桓之世,王室日卑,齊伯肇興,《春秋》之所由始也。定哀之世,
中國日衰,晉伯攸廢,《春秋》之所由終也。方天命在周未改,而上
無天子,下無方伯,桓文之事,不可誣也。是以聖人詳焉,故曰:「其
事則齊桓晉文」。古者列國皆史官掌記一國之事,《春秋》魯史策書
也。事之得書不得書,有周公遺法焉。太史氏掌之,非夫人之所得
議也。吾魯司寇也。一旦取太史氏所職而修之,魯之君臣其能無惑
志歟?然則將如之何?凡史所書有筆有削,史所不書,吾不加益也。
故曰:「其文則史」,史主實錄而已。《春秋》志存撥亂,筆則筆、削
削,游夏不能贊一辭,非史氏所及也。故曰:「其義則丘竊取之矣」,
此制作之原也。學者即是求之,思過半矣。

趙汸看出魯史有史法,孔子根據魯史而筆削成《春秋》時,也有其法。如果
能比較魯史和孔子的《春秋》,則可看出孔子筆削之法,從而推求《春秋》大
義。但是沒有魯史舊文,將從何比較?趙汸深知困難所在,他在《春秋師說・
論魯史策書遺法》說:

《春秋》所以難看,乃是失卻不修《春秋》,若有不修《春秋》互相
比證,則史官記載,仲尼所以筆削者,亦自顯然易見。

既然不修《春秋》不可得,只得從既有的文獻鉤稽魯史,於是趙汸因其師黃
澤之說,及其對三傳所長的了解,加以杜預注和宋陳傅良《春秋後傳》之說,
苦思二十年,〔註6〕終於悟得求魯史策書記載之法及孔子筆削之法。

趙汸師黃澤,題其自作爲《春秋師說》以誌,〔註7〕黃澤認爲欲求聖人筆

〔註6〕 宋廉序趙汸《春秋屬辭》說:「子常蚤受《春秋》於九江黃先生楚望,先生之
志以六經明晦爲己任,其學以積思自悟得聖人之心爲本。嘗語子常曰:『有魯
史之《春秋》,則自伯禽至於頃公是已,有孔子之《春秋》,則起隱公元年至
於哀公十四年是已。必先考史法,然聖人之筆削可得而求矣。子常受其說以
歸,晝夜以思,忽有所得,稽之《左傳杜註》備見魯史舊法,粲然可舉,亟
往質諸先生,先生歿已久矣。子常益竭精畢慮,幾廢寢食,如是者二十年,
一旦豁然有悟入,且謂《春秋》之法,在乎屬辭比事而已。」

〔註7〕 《四庫全書・經部・卷二十八・春秋師說・提要》說:「汸嘗師九江黃澤,其
初,一再登門,得六經疑義十餘條以歸已,復往留二載,得口授六十四卦大
義與魯《春秋》之要,故題曰《師說》,明不忘所自也。」

削之法，必先考史法，而史法在《左傳》有脈絡可尋。〔註8〕其脈絡在於策書皆秉君命而書，其事甚重，而書皆在太廟，《春秋師說・卷上・論春秋述作本旨》說：

> 丘明論本事而作傳，明夫子不以空言說經，此說尤當。杜氏云：「凡策書皆有君命」，謂如諸國之事，應書于策，須先稟命於君，然後書。如此則應登策書，事體甚重。又書則皆在太廟，如孟獻子書勞于廟，亦其例也。

趙汸根據「凡策書皆有君命」而推行魯史策書遺法。首先他以韓宣子贊頌「周禮盡在魯」，證明魯史與他國不同，有其史法、即凡例。〔註9〕依此凡例，在春秋以前禮法未廢，史所書皆常事。春秋以後，違禮的常事既多，策書常法不足盡其善惡之情，史官難以記載，以致史法不明。〔註10〕於是

〔註8〕 趙汸《春秋師說・附錄下・黃楚望先生行狀》說：「其於《春秋》以事實爲先，以通書法爲主，其大要在考覈三傳，以求向上之工，而其脈絡則盡在《左傳》。作《三傳義例考》以《春秋》有魯史書法，有聖人書法。」趙汸在《春秋左氏傳補注・原序》：「至資中黃先生之教，乃謂《春秋》有魯史書法，有聖人書法，必先考史法，而後聖人之法可求。若其本原脈絡，則盡在《左傳》。蓋因孟子之言，而致其思，亦已積矣。汸自始受學，則取《左氏傳注》諸書伏而讀之，數年，然後知魯史舊章猶賴《左氏傳》存其梗概。」

〔註9〕 趙汸論魯史史法與他國不同，見於《春秋師說・卷上・論魯史策書遺法》：「《春秋》凡例，本周公之遺法，故韓宣子適魯，見易象與魯《春秋》曰：『周禮盡在魯矣，吾乃今知周公之德，與周之所以王，此時未經夫子筆削，而韓宣子乃如此稱贊者，見得魯之史與諸國迥然不同，故也。』」又趙汸在《春秋屬辭・卷一・存策書之大體第一》也說：「策書者，國之正史也。傳述祝佗之言謂：『魯公分物，有備物典策而韓宣子見易象與魯《春秋》曰：『周禮盡在魯矣』。班固〈藝文志〉因謂：『魯周公之國，禮文備物，史官有法』。杜元凱亦以備物典策，爲《春秋》之制；孔穎達以爲若今官程品式之類，皆謂魯之舊史，有周公遺法在焉。自伯禽以來，無大喪亂，史官前後相蒙，有非他國可及者。」

〔註10〕 趙汸論東遷以後策書常法不足以盡善惡之情見於《春秋師說・卷上・論魯史策書遺法》：「舊史固是周公之遺法，然常法也。王政不綱，而後怪誕百出。弒父與君，無所不有，而紀綱法度俱已蕩然。分限既踰，無一合於古者，而史法始難乎紀載矣。……春秋以前禮法未廢，史所書者，不過君即位，君薨、葬、逆夫人，夫人薨、葬，大夫卒，有年、無年，天時之變，郊廟之禮，諸侯卒、葬、交聘、會朝，大抵不過如此爾。無有伐國、滅國、圍城、入某國、某邑等事也。其後禮法既壞，史法始淆亂。如隱公元年，除書及邾、宋盟，公子益卒外，其餘皆失禮之事。如不書即位，是先君失禮，爲魯亂之本。鄭伯克段，是兄不兄、弟不弟。天王歸仲子之賵，則失禮顯然。祭伯來，則不稱使，舉一年如此，則二百四十二年可知。」他在《春秋屬辭・卷一・存策

趙汸伏讀《左傳》及杜注，〔註11〕而論列策書之例十五。〔註12〕

　　策書之例既得，轉求筆削之法。趙汸認爲國史有一定的體例，孔子難以寄寓其撥亂之志，於是利用書不書來表達，書就是《史記》所說的筆，不書就是削，〔註13〕然不修《春秋》不存，何由得知孰爲夫子所筆？孰爲夫子所削？趙汸因陳傅良之說而悟得求筆削之法，他在《春秋屬辭・卷八・假筆削以行權第二》中說：

> 其能參考經傳，以其所書推見其所不書，以其所不書推見其所書者，永嘉陳氏一人而已。但《左氏》書首所發不書之例，皆史例也，而陳氏誤以爲筆削之法，故凡傳之所錄，皆以爲魯史舊文，而無經之傳，皆爲夫子所削。不知策書有體，夫子所據以施筆削者，《左氏》初未之見。二家與《左氏》異師，其難疑以不書發義，亦非《左氏》例也。陳氏合而求之，失其本矣，是以其說不能皆合。故今特考有書、有不書者，自爲一類。

書之大體第一》也說：「東遷以來，王室益微，諸侯背叛，伯業又衰，外裔縱橫，大夫專政，陪臣擅命。於是伐國、滅國、圍、入、遷、取之禍交作，弒君、殺大夫、奔、放、納、入之變相尋，而策書常法始不足盡其善惡之情矣。」

〔註11〕同註8。

〔註12〕趙汸的筆削之例十五見於《春秋集傳・原序》，他說：「一曰，君舉，必書。非君命，不書。二曰，公即位，不行其禮，不書。三曰，納幣、逆夫人、夫人至、夫人歸，皆書之。四曰，君夫人薨，不成喪，不書。葬不用夫人禮，則書。辛君見弒，則諱而書薨。五曰，適子生，則書之。公子、大夫在位，書卒。六曰，公女嫁爲諸侯夫人，納幣、來逆、女歸、娣歸、來媵、致女、辛、葬、來歸，皆書。爲大夫妻，書來逆而已。七曰，時祀、時田，苟過時，越禮，則書之。軍賦改作，踰制，亦書於策。此史事之錄乎內者也。八曰，諸侯有命告，則書。崩、辛不赴，則不書。禍福不告，亦不書。雖及滅國，滅不告，敗勝不告克，不書於策。九曰，雖伯主之役令，不及魯，亦不書。十曰，凡諸侯之女行，惟王后書適。諸侯雖告，不書。十一曰，諸侯之夫夫奔，有玉帛之使則告，告則書。此史氏之錄乎外者也。十二曰，凡天子之命，無不書。王臣有事爲諸侯，則以內辭書之。十三曰，大夫已命，書名氏。未命、書名。微者、名氏不書，書其事而已。外微者，書人。十四曰，將尊師少，稱將。將卑帥眾，稱師。將尊師眾，稱某帥師。君將不言帥師。十五曰，凡天災、物異，無不書。外災告，則書之。此史氏之通錄乎內外者也。」

〔註13〕《春秋屬辭・卷八・假筆削以行權第二》說：「古者汗竹爲簡，編簡爲策，故有筆削之事。孔子作《春秋》，以寓其撥亂之志，而國史有恆體，無辭可以寄文，於是有書、有不書，以互顯其義。其所書者則筆之，不書者則削之。《史記・世家》論孔子爲《春秋》筆則筆、削則削，子夏之徒不能贊一辭，正謂此也。」

趙汸認爲陳傅良因《左傳》中錄有經不書的事，同時說明所以不書之故，而《公羊》、《穀梁》中，則常用「何以書」、「何以不書」設問，於是用三傳的書、不書互相推考，而求得孔子筆削之法。陳傅良之說主要存於《左氏章指》，惜其書已佚失，〔註14〕僅能藉宋樓鑰序陳氏《春秋後傳》和陳振孫《直齋書錄解題》稍見其意。樓鑰《春秋後傳左氏章指‧原序》說：

> 首止之盟，鄭伯逃歸不盟，則書，以其背夏盟也。屬之役，鄭伯逃歸，不書，蓋逃楚也，中外之辨嚴矣。……若《左氏》或以爲非爲經而作，惟公以爲著其不書，以見《春秋》之所書者，皆《左氏》之力。

陳振孫《直齋書錄解題‧卷三‧止齋春秋後傳十二卷、左氏章指三十卷》說：

> 陳傅良撰，樓參政鑰大防爲之序。大略謂《左氏》存其所不書，以實其所書。《公羊》、《穀梁》以其所書，推見其所不書，而《左氏》實錄矣，此《章指》之所以作。若其他發明多新說，序文略見之。

趙汸認爲陳傅良失在誤認《左傳》就是魯史策書舊文，孔子所據以筆削的，故認爲《左傳》中有傳無經之文，都是孔子所削。趙汸則認爲《左傳》只是略存史法而已，但也因陳傅良的啓發，利用所得策書之例十五，進考三傳所載書、不書之意，利用屬辭比事類聚經文的辦法，而得筆削之義八。〔註15〕

〔註14〕《四庫全書‧經部‧卷二十七‧春秋後傳‧提要》說：「傅良別有《左氏章指》三十卷，樓鑰所序，蓋兼三書言之。朱彝尊《經義考‧注》曰：『未見』。今《永樂大典》中，尚存梗概，然已殘闕不能成帙，故不復裒錄焉。」

〔註15〕筆削之義八，見於《春秋集傳‧原序》和《春秋屬辭‧原序》。今錄《春秋集傳‧原序》所載下：「一曰，存策書之大體，凡策書之大體，曰、天道。曰、王事。曰、土功。曰、公即位。曰、逆夫人，夫人至，世子生。曰，公夫人外如。曰、薨、葬。曰、遜。曰、夫人歸。曰、內女卒、葬。曰、來歸。曰、大夫、公子卒。曰、公大夫出疆。曰、盟、會。曰、出師。曰、國受兵。曰、祭祀、蒐狩越禮，軍賦改作踰制，外諸侯卒葬。曰、兩君之好。曰、玉帛之使。凡此之類，其書於策者，皆不削也。《春秋》魯史也，策書之大體，吾不與易焉，以爲猶魯《春秋》也。二曰，假筆削以行權。《春秋》撥亂經世，而國史有恆體，無辭可以寄文，於是有書、有不書，以顯其義。書者、筆之。不書者、削之。其筆削大凡有五：或略同以存異，公行不書致之類也。或略常以明變，釋不朝正，內女歸寧之類也。或略彼以見此，以來歸爲義，則不書歸。以出奔爲義，則殺之不書之類也。或略是以著非，諸侯有罪及勤王復辟不書之類也。或略輕以明重，非有關於天下之故，不悉書是也。三曰，變文以示義。《春秋》雖有筆、有削，而所書者，皆從主人之辭。然有事同而文異者，有文同而事異者，則予奪無章，而是非不著於是，有變文法焉。將使學者即其文之異同、詳略以求之，則可別嫌疑、明是非矣。四曰，辨名實之

　　趙汸的筆削之義八，可以書即筆和不書即削一分爲二，屬於有筆無削的
是：「存策書之大體」、「因日月以明類」、「辭從主人」。屬於有筆有削的是：
「假筆削以行權」、「變文以示義」、「辨名實之際」、「謹華夷之辨」、「特筆以
正名」。趙汸認爲「有筆有削以行權，有筆無削以存實。實存而權益達，權
達而實亦明，相錯以暢其文，相易以成其義」，〔註 16〕從筆削的相互錯雜之
間，使《春秋》大義更顯著。同時不會有諸儒或偏筆的實錄之說，或偏削的
褒貶之見。〔註 17〕

　　趙汸用屬辭比事法類聚經文成筆削之義八篇，卻沒有直接爲屬辭比事下
定義，只能從他自己的作法和論六經之教、他人屬辭比事的作法時，稍稍推
見。趙汸在《春秋屬辭·原序》中，論六經之教說：「六經同出於聖人，《易》、
《詩》、《書》、《禮》、《樂》之旨，近代說者，皆得其宗，《春秋》獨未定於一，
何也？學者知不足以知聖人，而又不由《春秋》之教也。昔者聖人既作，六

際，亦變文也。正必書王，諸侯稱爵，大夫稱名氏，四夷大者稱子，此《春
秋》之名也。諸侯不王而伯者興，國無伯而夷狄橫，大夫專兵而諸侯散，此
《春秋》之名實如此，可無辨乎？於是有去名以全實者：征伐在諸侯，則大
夫將，不稱名氏。中國有伯，則楚君侵伐，不稱君。又有去名以責實者。諸
侯無王，則正不書王。中國無伯，則諸候不序君。大夫將，略有恆稱，則稱
人。五曰，謹華夷之辨，亦變文也。楚至東周，強於四夷，僭王猾夏。故伯
者之興，以攘卻爲功。然則自晉伯中衰，楚益侵陵中國。俄而，入陳、圍鄭、
平宋、盟于蜀、盟于宋、會于申。甚至伐吳、滅陳、滅蔡、假討賊之義，號
於天下，天下知有楚而已。故《春秋》書楚事，無不一致其嚴者。而書吳越
與徐、亦必與中國異辭，所以信大義於天下也。六曰，特筆以正名。筆削不
足以盡義，而後有變文。然禍亂既極，大分不明，事有非常，情有特異，雖
變文猶不足以盡義。而後聖人特筆是正之，所以正其名分也。夫變文雖有損
益，猶曰，史氏恆辭。若特筆，則辭旨卓異，非復史氏恆辭矣。七曰，因日
月以明類。上下內外之無別，天道人事之反常，六者尚不能盡見，則又假日
之法區而別之。大抵以日爲詳，則以不日爲略。以月爲詳，則以不月爲略。
其以日爲恆，則以不日爲變。以不日爲恆，則以日爲變。甚則以不月爲異。
其以月爲恆，則以不月爲變。以不月爲恆，則以月爲變。甚則以日爲異。將
使屬辭比事以求之，則筆削、變文、特筆、既各以類明，而日月又相爲經緯，
無微不顯矣。八曰，辭從主人。主人。謂魯君也。《春秋》本魯史成書。夫子
作經，唯以筆削見義。自非有所是正，皆從史氏舊文，而所是正，亦不多見。
故曰，辭從主人。此八者，實制作之權衡也。然聖人議而弗辨，是非之心，
人皆有之。善而見錄，則爲褒。惡而見錄，則爲貶。其褒貶以千萬世人心之
公而已，聖人何容心哉，辭足以明義斯已矣。」

〔註 16〕見：《春秋屬辭·卷一·存策書之大體第一》。
〔註 17〕筆削之義八糾諸儒解經之法，見《春秋屬辭》筆削之義八各卷前小序。

經以成，教於天下，而《春秋》教有其法，獨與五經不同，所謂屬辭比事是
也。蓋《詩》、《書》、《禮》、《樂》者，帝王盛德成功已然之跡。《易》觀陰陽
消息，以見吉凶，聖人皆述而傳之而已。《春秋》斷截魯史，有筆有削，以寓
其撥亂之權，與述而不作者事異。自弟子高第者，如游夏，尚不能贊一辭，
苟非聖人爲法以教人，使考其異同之故以求之，則筆削之意，何由可見乎？
此屬辭比事，所以爲《春秋》之教，不得與五經同也。然而聖人之志，則有
未易知者，或屬焉而不精，比焉而不詳，則義類弗倫，而《春秋》之旨亂，
故曰：『屬辭比事而不亂者，深於春秋者也』。」趙汸認爲《禮記・經解》中
所載六經之教，《春秋》之教屬辭比事含有求聖人筆削之法，獨與餘五經之但
言教化功能不同，故儒者之說紛紜未定。則趙汸以屬辭比事實寓有解經之法。
至於什麼是屬辭比事所寓的解經法呢？趙汸在《春秋屬辭・原序》說：

> 有志是經者，其可舍此而他求乎？《左氏》去七十子之徒未遠，而
> 不得聞此，故雖博覽遺文，略見本末，而於筆削之旨，無所發明。
> 此所謂知不足以知聖人，而又不由《春秋》之教者也。《公羊》、《穀
> 梁》以不書發義。啖、趙二氏《纂例》以釋經，猶有屬辭遺意。而
> 陳君舉得之爲多，庶幾知有《春秋》之教者。然皆泥於褒貶，不能
> 推見始終，則聖人之志豈易知乎？若夫程、張、邵、朱四君子者，
> 可謂知足以知聖人矣，而於屬辭比事，有未暇數數焉者。

趙汸認爲求《春秋》有二端，由知識和屬辭比事。程、張、邵、朱諸家論智
識足以知聖人之意，但未成《春秋》之作，數論之而已。用屬辭比事法以求
《春秋》者，如啖助、趙匡《纂例》類聚經文成例，是得屬辭遺意。陳傅良
得是法爲多，當指其《左氏章指》，其書已佚，難見其詳。

　　趙汸所謂比事，須從他的《春秋金鎖匙》推究。此書無序，作法以《春
秋》經文或二、或三、或四、或五條聚，其事則或同或異，間及書法蓋以事
相比而論其義。《四庫全書・經部・卷二十八・春秋金鎖匙・提要》說：

> 是書撮舉聖人之特筆，與《春秋》之大例，以事之相類者，互相推
> 勘，考究其異同，蓋合屬辭比事而一之。……考宋沈棐嘗有《春秋
> 比事》一書，與此書大旨相近。疑汸未見其本，故有此作。然二書
> 體例各殊，沈詳而盡，趙簡而明。

則從事之相類而比較是其特點。

　　由上述趙汸屬辭比辭的定義言之，其大略乃一以辭，一以事爲主題，類

聚經文以求義之解經法。至於策書之例十五和筆削之義八，事實上是經文類聚的一種分類方式，只是在屬辭比事得此策書之例十五與筆削之義八之後，須用孟子其事、其文，求其義的方法，求《春秋》之義。

趙汸之論屬辭比事解經法，使三傳因其特點而融入，爲用其中。使孟子之論其事、其文、其義，有所附麗。並使《春秋》教，出於五經之上，而籠括諸儒解經之法。究其實則《春秋》經文之其事、其文、其史、其書法、其辭類聚而已。事實史也，文實辭也，以著書法也。則三傳之史、書法，孟子之事、文，〈經解〉之辭、事，其結合豈偶然哉！

故學者欲求《春秋》之義，實難卻此法，從《公》、《穀》者，以辭類聚經文，而有言例之說。從《左氏》者以事類聚，而有《左傳屬事》，〔註18〕《左傳事緯》，〔註19〕所用雖是《左氏》傳文，也是屬辭比事之法。捨傳用經文類聚者，以辭，則《春秋集傳纂例》、《春秋本例》、《春秋五禮例宗》、《春秋提綱》，〔註20〕皆用屬辭比事之法，前章或已言之。以事，則《春秋王霸列國世紀編》〔註21〕、《春秋諸國統紀》。〔註22〕以上諸家雖未以屬辭比事名其解經之法，實用屬辭比事之意。也因此明卓爾康在《春秋辯義‧卷首三‧傳義自述》評漢以來研究《春秋》者之得失，尤推趙汸之作，謂其集《春秋》之大成，卓爾康說：

> 元末黃楚望先生，胸中精澈，識見典正，以近代理明義精之學，用

〔註18〕 明、傳遜《左傳屬事》，仿袁樞《通鑑紀事本末》之體，更《左傳》編年爲紀事本末。其〈自序〉云：「袁氏復因之（《通鑑》）以纂紀事本末，使每事成敗始終之跡，一覽而得。讀史者咸便而葆之，遜嘗欲祖其法，以纂《左傳》事。……故於諸國事，各以國分屬，而仍次第之」。觀傳遜之作，乃以事而分國類聚傳文，頗似後之分國之作。

〔註19〕 清、馬驌《左傳事緯》，以史視《左傳》，其〈例略〉云：「易編年爲敍事」，使「讀者一覽即解，且無遺忘之病」。其書依編年之次序，而以事題，類聚傳文。

〔註20〕 《四庫全書‧經部‧卷二十七‧春秋提綱‧提要》云：「是書綜論《春秋》大旨，分門凡四：曰、征伐。曰、朝聘。曰、盟會。曰、雜例。每門中又區分其事，以類相從，題之曰：『例』。然大抵參校其事之始終，而考究其成敗得失之由。」

〔註21〕 《四庫全書‧經部‧卷二十八‧春秋王霸列國世紀編‧提要》云：「其書……以諸國爲綱，而以《春秋》所載事跡類編爲目，前有序，後有論斷。第一卷爲王朝及霸國。……二卷爲周同姓之國，而特附以三恪。三卷皆周異姓之國。而列秦楚吳越於諸小國後」

〔註22〕 元‧齊履謙《春秋諸國統紀》是以《春秋》所載二十國爲題，而類聚經文於其下，詳見〈吳澄序〉。其〈目錄序〉雖說：「孔子曰：『屬辭比事，《春秋》教也』」，然其未自覺其法即屬辭比事之法。

漢博物考古之功，其見于《師說》者果是，足參聖旨，先得我心。
惜乎不著全書，微旨未暢，其弟子趙子常汸爲洪武時人，著爲《屬
辭》、《集傳》一書。蓋先時吳興沈文伯棐著《春秋比事》，已爲萌芽。
而陳君舉以書考不書之旨，千古獨創。子常究此二法，本以師傳，
其所謂存策書之大體，假筆削以行權，特筆以正名，辨名實之際，
謹華夷之辨等篇，呼吸全經，貫串一代，文贍事核，體大思精，眞
可謂集《春秋》之大成，成一經之鉅製矣。

五、小結

《四庫全書·經部》所著錄元代研究《春秋》的作品，共有十家、十六
本。俞皐《春秋集傳釋義大成》集四傳爲說，是尙《胡傳》之作。王元杰《春
秋讞義》集程、朱之說，而刪《胡傳》。汪克寬《春秋胡傳附錄纂疏》爲疏胡
之作，皆受《胡傳》爲科考用書的影響。其餘七家皆承范氏以來、集傳、擇
傳之作。屬比五家，前已說之，若鄭玉《春秋經傳闕疑》，乃擇傳而出經有闕
疑觀點。陳則通《春秋綱》則以經文類聚成例、而用《左傳》之事及諸儒之
說解經。可見集傳、擇傳之作，是元代《春秋》學的特點之一。同時捨傳求
經之說，學者只取其用經文及依理解經的方法，而不取其捨傳的激烈觀點。

元代《春秋》學的另一特點是屬辭比事法的蓬勃發展。有承唐、宋用經
例解經的，如吳澄。有用事之始末的，如程端學。有經例、比事都用，而號
爲集大成的，如趙汸。由於他們的開發，屬辭比事成爲一個適用性極廣、包
容性極大的解經法，幾乎可囊括歷來所有的解經法，同時只要合於經意即可
取用歷來所有學者之說。屬辭比事法蓬勃發展之時，也見其因《胡傳》定爲
科考用書，局限了其法取材與發展的範圍，逐漸破壞屬辭比事法著生的諸傳
等夷，合經意皆可爲用的集傳、擇傳土壤，而見其消長之跡。

第二節　明代的屬辭比事

明代以屬辭比事爲《春秋經》解釋法的只有石光霽《春秋書法鉤玄》。〔註
23〕雖然卓爾康《春秋辨義》，推崇趙汸用屬辭比事之法解經，譽之爲集《春秋》
之大成。但他並未用屬辭比事來稱自己的解經法。

〔註23〕同註1。

石光霽有《五禮類要》與《春秋書法鉤元》二書。《五禮類要》已佚，〔註
24〕《春秋書法鉤元》是因《五禮類要》文辭浩瀚而改作，他在《春秋書法鉤
元·原序》說：

> 竊擬陸氏所纂之例，輯諸儒至當之論，編《五禮類要》六卷。以二
> 百四十二年之書法，彙而分之，萃而會之，俾原始要終，易以探討。
> 然文辭浩汗，學者未易得其指歸。復擬要言大書以爲綱，采精義細
> 書以爲目，名曰：《書法鉤元》。蓋欲便於初學，使開卷即知一經大
> 旨，而無多歧之惑，冀少裨育材之萬一也。

由此可知《五禮類要》是用陸淳《纂例》類聚經文成例方法，將《春秋》二百
四十二年的書法，類聚成例，再依五禮吉、凶、軍、賓、嘉歸聚，五禮無法歸
併的經文，則另立雜書法。〔註 25〕石光霽的作法和張大亨《春秋五禮例宗》、
吳澄《春秋纂言總例》相似，皆依五禮而類聚《春秋》經文，且俱言效陸淳《纂
例》。但石光霽在禮和《春秋》的關係上，較張大亨、吳澄有進一步的說明。
石光霽認爲《春秋》往往因失禮而書，書則譏其違禮。但是考慮到初學者不知
五禮條目，因此取《周禮》經注的相關文辭比附，使人知失禮者何在。〔註 26〕
石光霽用禮的觀念和有貶無褒者頗爲相似，都是以《春秋》失禮始書，書則表
示譏貶。有貶無褒者以此逆推《春秋》所贊許的行事。石光霽則不用逆推的方
式，而用《周禮》經注與《春秋》比較，以顯褒貶之處何在。

　　屬辭比事解經在元代有長足進展，使屬辭比事幾可盡括歷來的解經法，
但是明代《春秋》研究卻無甚新意，屬辭比事的發展也幾告停頓。這是因爲
科考專用《胡傳》的緣故，《明史·選舉志》說：

> 《春秋》主《左氏》、《公羊》、《穀梁》三傳及胡安國、張洽傳。……

〔註24〕 石光霽在《春秋書鉤元·原序》說：「竊擬陸氏所纂之例，輯諸儒至當之論，
編《五禮類要》六卷，……然文辭浩汗，學者未易得其指歸，復擬要言大書
以爲綱，采精義細書以爲目，名曰：『書法鉤玄』。蓋欲便於初學，使開卷即
知一經大旨，而無多歧之惑」，則《春秋書法鉤元》實脫胎自《五禮類要》。
然朱彝尊《經義考》和《四庫全書》春秋類都未載是書，其書或已佚失。

〔註25〕 石光霽歸類《春秋》二百四十二年書法之詳，見《春秋書法鉤元·明凡例》
說：「是編書法，大抵分屬五禮。蓋以《春秋》一經，往往因失禮而書，以示
譏貶。出乎禮，則入乎《春秋》也。五禮括未盡者，別爲雜書法，以冠于首，
餘則皆以吉、凶、軍、賓、嘉，別其類焉。庶幾屬辭比事是非易知也。猶慮
初學未聞五禮條目，復載《周禮》經注，使知其概云。」

〔註26〕 同註 25。

永樂間頒四書、五經大全，廢註疏不用。其後，《春秋》亦不用張
洽傳。

透過科考，胡安國《春秋傳》成為顯學，以《胡傳》或四傳為對象的研究，
佔《四庫全書・經部》所著錄明代《春秋》學著述之近半。永樂年間詔頒《五
經大全》，《春秋大全》幾乎全襲元汪克寬《春秋胡傳附錄纂疏》。從二書凡例
的比照，可見其抄襲的情況。《春秋胡傳附錄纂疏・凡例》說：

三傳經文互有同異，……今所編經文，胡氏為據，詳註各傳同異，
增損於經文之下。

近代諸儒，惟胡氏發明程子之意最詳，朱子稱其義理正當，是以國
家設科專用三傳及《胡傳》。然三傳自有注疏全文，故今《纂疏》以
胡氏為主。

《春秋大全・凡例》則說：

紀年依汪克寬《纂疏》。

經文以胡氏為據，詳註各傳異同增損於下。

諸傳以胡氏為主。

程子、朱子說，并三傳注疏，有發明經意者，繼三傳後。諸儒之說
與《胡傳》合而有相補益者，附註《胡傳》下。文異旨同者去之，
其或意義雖殊，而例理可通，則別附于後。

《春秋大全》雖然也援引其他儒者的解釋，但是必須與《胡傳》相合，這和
汪克寬之疏胡有甚差異？所以朱彝尊在《經義考》卷二百說：

吳任臣曰：「永樂中敕修《春秋大全》，纂修官四十二人。翰林院學
士兼左春坊大學士奉政大夫胡廣……其發凡云，紀年依汪克寬《纂
疏》，地名依李氏《會通》，經文以胡氏為據，例依林氏，其實全襲
《纂疏》成書。雖奉勅纂修，而實未纂修也。」

《四庫提要》也批評官修《春秋大全》，用《胡傳》定去取，加以科考的推
波助瀾，《胡傳》的傳義在明代有凌越經義的趨勢，使《春秋》大義日漸荒
蕪。〔註27〕

〔註27〕《四庫全書・經部・卷二十八・春秋大全・提要》：「其書所採諸說，惟憑胡
氏定去取，而不復考論是非。有明二百餘年，雖以經文命題，實則屈經以從
傳。至於割傳中一字一句，牽連比附，謂之合題。紛紜糾結，使《春秋》大
義日就榛蕪，皆廣等導其波也。」

　　雖然《胡傳》在明代爲顯學，但是並非未受質疑。陸粲認爲胡安國用「有貶無褒」求《春秋》，不免失於過求。〔註28〕袁仁認爲胡安國感時而解《春秋》，多有未合《春秋》之義者，且在昭定之後，疏闕頗多。〔註29〕姜寶則以《胡傳》在成襄之後無傳者多。〔註30〕袁仁、姜寶都認爲《胡傳》是未完成的書，只是未完成的部分無法確知。《四庫全書・經部・卷二十八・春秋胡傳考誤・提要》則有不同的看法：

> 至謂安國之傳非全書，則不盡然。安國是編自紹興乙卯奉敕纂修，
>
> 至紹興庚申，而後繕本進御，豈有未完之理哉！

胡安國《春秋傳》是否爲完書，有待進一步考察。至於楊于庭認爲《胡傳》之說有失之者，尤其有貶無褒之論，須重加商榷。〔註31〕張以寧則駁胡安國「夏時冠周月」之說。〔註32〕

〔註28〕陸粲《春秋胡氏傳辨疑・原序》說：「昔仲尼作《春秋》，旨微而顯。至胡氏說經，庶幾得之，或失於過求，辭不厭繁委，而聖人之意愈晦矣。……今……披誦其傳，遇有疑處，輒書焉，久而成帙。……吾爲此非敢異於胡氏也，實不敢異於孔子爾。」

〔註29〕袁仁《春秋胡傳考誤・原序》說：「宋胡安憤王氏之不立《春秋》也。承君命而作傳，志在匡時，供經以申其說。其意則忠矣，於經未必盡合也。況自昭定而後，疏闕尤多，歲中不啻十餘事，止一傳或二傳焉。其間「公如晉」、「如齊」、「公會吳于鄖」之類，皆匪細事，皆棄而不傳，則非全書也明矣。」

〔註30〕姜寶《春秋事義全考・自序》說：「胡氏自成襄而後，多無傳，今悉纂著之。」

〔註31〕楊于庭《春秋質疑・原序》說：「自《公羊》、《穀梁》氏出，而《左氏》絀，自《胡氏》列之學官，而《公》、《穀》亦絀。……胡氏矻矻摘三傳之類，而頡其菁華，多創獲其于筆削之義週矣。然其議論務異，而其責人近奇，間有勒《公》、《穀》而失之者，……亦有自爲之說而失之者。……庭少而受讀，嘗竊疑之，……益得臚列而虛心權焉。權之而合者什七，不合者什三，則筆而識之，而《質疑》所由編矣。」

〔註32〕胡安國「夏時冠周月」之說，見於其《春秋傳》隱公元年「春王正月」下的注解：「按《左氏》曰：『王周正月』，周人以建子爲歲首，則冬十月一月是也。前乎周者，以丑爲正，其書始即位曰：『惟元祀十有二月』，則知月不易也。後乎周者，以亥爲正，其書始建國曰：『元月冬十月』，則知時不易也。建子非春亦明矣。乃夏時冠周月。周月何哉？聖人語顏回以爲邦則曰：『行夏之時』，作《春秋》以經世，則曰『春王正月』，此見諸行事之驗也。或曰：『非天子不議禮，仲尼有盛德無其位，而改正朔可乎？』曰：『有是言也。不曰：『《春秋》，天子之事』乎！以夏時冠月，垂法後世。以周正紀事，示其無位，不敢自專也，其旨微矣』。」程子、胡安國前，學者於「春王正月」，大率依《左氏》「王周正月」之說。胡安國依程子之說，得《論語・顏淵篇》：「顏淵問爲邦，子曰：『行夏之時』」之證，而有「夏時冠周月」之說。張以寧則用考據的方式，證明《左傳》王周正月爲是，而批駁胡安國之說。

由上可知明代學者對胡安國的批評，主要集中在有貶無褒、以經寓時事和「夏時冠周月」。明人繼之而起的解經法，則用程子「以傳考經之事跡，以經別傳之眞僞」，〔註33〕或朱子《春秋》「但據事直書」二說爲依據。〔註34〕

主用程子者，如童品《春秋經傳辨疑》。他在〈序〉中說：

> 聖人之經，詞義嚴正，本末詳明，固無可疑，因傳而有所疑耳。曷爲因傳而有所疑？《左氏》得本末之詳，不能無附會之誣。《公》、《穀》得義例之精，不能無穿鑿之弊。故文中子謂「三傳作而《春秋》散」，豈虛語哉！然學者於傳將奚從善乎？程子有言曰：「因傳以考經之事實，因經以別傳之眞僞」，斯爲至言矣。

童品用程子「因傳以考經之事實，因經以別傳之眞僞」擇取三傳之長而解經。朱朝瑛《讀春秋略記》則以爲傳之擇，在於通經，不可通，則傳可捨。〔註35〕

用朱子說者，如姜寶《春秋事義全考》。他在〈自序〉說：

> 聖人因史爲文，文在也，而事與義，往往失之當。時桓文以有功王室，稱霸主，故事屬二公。將以二公該他公，非謂二公之事，即可盡《春秋》之事也。事貴詳、貴核。詳且核，又貴連絡而通貫。《左氏》詳矣，中有浮誇失實，前後不相蒙者，是固待後之人因事以考其全義。而謂之竊取，蓋其寓褒貶於筆削。……義在褒善貶惡，而經世之法……蓋多直書而義自見。即有筆削，其褒貶亦多於直書中概見焉。……有待後之人因文以求事，因文與事以求義。

姜寶用孟子：「其事齊桓晉文，其文則史，……『其義則丘竊取之矣』」之說，而以文、事、義求《春秋》。文則經文，事則經文所載之事，而可以《左氏》考之。文與事所以可考求《春秋》之義，是因孔子《春秋》據事直書而已，所以特重《左氏》。徐學謨《春秋億》，亦主孔子乃據事直書，《春秋》事辭傳於千載之下，難以質信，必賴《左氏》爲輔車。〔註36〕湛若水《春秋正傳》

〔註33〕程子說見《二程全書·河南程氏遺書第二十》。
〔註34〕朱子說見《朱子語類卷八十三·春秋綱領》。
〔註35〕是書輯錄舊文，補以己意。所採上自啖助、趙匡，下及季本郝敬。大抵多自出新義，不肯傍三傳以說經者。
〔註36〕徐學謨《春秋億·序》說：「即以《春秋》之本文，獨行於世，千載之下，雖聖人復起，不能指其詞之所之也。故學者不得不據傳以求經。夫經之爲言，常也，簡易明達之謂也。聖人作之，將以垂憲于無窮，而乃故爲微曖難明之詞，若置覆焉，而須傳以爲之射，則何異于日月之借光於爝光乎？必不然矣。按班固〈藝文志〉云：「仲尼傷杞、宋之亡，微以魯周公之國，

也以孔子《春秋》據事直書而善惡自見，而事見於《左氏》。〔註37〕

明人因用朱子《春秋》「據事直書」之說，頗重言事之《左傳》。而專研《左傳》者，有漸增之趨勢。如：陸粲《左傳附注》，傅遜《左傳屬辭》，馮時可《左氏釋》，王道焜、趙如源《左傳杜林合注》。

明人主孔子《春秋》據事直書，對於《史記・孔子世家》：「孔子……為《春秋》，筆則筆，削則削，子夏之徒不能贊一辭」中筆削之義，不能不有所疏解。湛若水於此筆削、直書之疑，疏解最明，他在《春秋正傳・自序》說：

> 筆以言乎其所書也，削以言乎其所去也。

他在《春秋正傳・春秋脩後魯史舊文》也說：

> 右自獲麟而後，至孔子卒，凡二十五條，皆魯史舊文，孔子所未筆于經者也。杜預云：「弟子欲存孔子卒，故錄以續修經之後」。今觀其文詞、書法與經何異。由是言之，則經為因魯史舊文而筆之，孔子未嘗有所損益，而義則竊取焉，斷乎而無疑矣。

湛若水認為孔子「作《春秋》」的作，是筆而書之的意思，所以「筆」就是依魯史舊文而書之，「削」就是捨去魯史舊文而不書。求《春秋》之義，只要合事和文，即合《左傳》所載齊桓晉文之事和經文就可得。〔註38〕故言例、褒貶之說是穿鑿，他在《春秋正傳・春秋脩後魯史舊文》說：

> 後之儒者，乃以為一字即存褒貶，皆經聖人之手所筆，是以創為義例之說，而聖經始晦，其違聖人灑然之心始遠矣。

在〈自序〉也說：

禮文備物。與左丘明共觀史記而脩《春秋》。當其時，祇以口授弟子，左氏懼其異言失真，乃因本事以作傳，信斯言也。則經與傳有輔車之倚焉，不當獨推孔氏矣。即令附《春秋》，而作其事詞，已無不可信，而又何有于《公》、《穀》二家。」

〔註37〕湛若水《春秋正傳・自序》說：「夫子曰：「吾志在《春秋》」，聖人之心存乎義，聖心之義存乎事，《春秋》之事存乎傳。夫經，識其大者也。夫傳，識其小者也。夫經竊取得失之義，則孔子之事也。夫傳明載乎得失之跡，則《左氏》之事也。……夫《春秋》者，魯史之文而列國之報也。故觀經以知聖人之取義，觀傳以知聖人所以取義之指，夫然後聖人之心可得也。」

〔註38〕《春秋正傳・自序》說：「得天之道，而契聖人之心者，莫如孟子。故後之知《春秋》者，亦莫如孟子。孟子曰：「晉之《乘》、楚之《檮杌》，魯之《春秋》一也。其事則齊桓晉文，其文則史，孔子曰：『其義則丘竊取之矣』。夫其文則史，經之謂也。其事則齊桓晉文，傳之謂也。合文與事，而義存乎其中矣，竊取之謂也。」

自三氏百家以及胡氏之傳，多相沿襲于義例之蔽，而不知義例非聖
人立也，《公》、《穀》穿鑿之屬階也。

又：

乃謂聖人拘拘焉，某字褒、某字貶，非聖人之心也。

明代《春秋》學，因科考主胡安國《春秋傳》，學者用力於此，對於解《春
秋經》之方法，少有新意。對於元人所發展之屬辭比事法，也少有繼承。
或用程子「以傳考經之事跡，以經別傳之眞僞」的擇傳之法，或用朱子「據
事直書」之說，而重視《左傳》，雖有新意者主經、擇傳的痕跡，但擇傳的
範圍因三傳和《胡傳》地位提高而受到限制。主據事直書者，對於經例則
因其反對言例之說而不加採用。對宋人以我心可權度《春秋》之說頗不以
爲然。〔註39〕

浸假而有聖人已亡，其意不可知，《春秋》不可求的極端說法，如朱朝瑛
《讀春秋略記‧總論》說：

今姑釋其義之可通者，而置其所不可通者，不敢信傳以害經，亦不
敢執一辭以害全旨。據吾意之所可，以度聖人之所可，未必聖人之
可之也。據吾意之所否，以度聖人之所否，未必聖人之否之也。

這段話道出解經的最終依據的難題。對於《春秋》經之尙無法解釋者，既不
敢信傳，又不敢信經例，又不知以吾意度之是否合於聖人之意，既然如此，
又如何斷定所謂《春秋經》之已可通釋者爲正確。二十世紀文學理論中「意
向的謬誤」一說和解釋學，也都是面臨同樣的困境。

第三節　清代的屬辭比事

《四庫全書‧經部》春秋類所著錄清代著述，以屬辭比事名其解經法的
有毛奇齡《春秋毛氏傳》、《春秋簡書刊誤》、《春秋屬辭比事記》和方苞《春
秋通論》。其他著述多以《左傳》和杜注爲主。至於《四庫提要》本身採擇傳
解經，而特重《左傳》事跡的解經立場。

〔註39〕湛若水《春秋正傳‧春秋脩後魯史舊文》：「是故治《春秋》者，不必泥之於
經，而考之於事。不必鑿之於文，而求之於心。大其心以觀之事得，而後聖
人之心、《春秋》之義可得矣。予生千載之下，痛斯經之無傳，諸儒又從而紛
紛各以己見臆說而汨之，聖人竊取之心、之義，遂隱而不可見。」

一、毛奇齡

　　毛奇齡認爲好的解經方法必須可以通用全經，無法通用於全經的方法不僅不能解經，反而使人懷疑《春秋經》，〔註40〕所以必須尋求一種可以通用全經的解經法。毛奇齡認爲要解《春秋》必須對經文有深刻的認識，〔註41〕於是用《禮記・經解》：「屬辭比事，《春秋》教也」，合《孟子・離婁》篇：「其事則齊桓晉文，其文則史，……『其義則丘竊取之矣』」之論，參較《左傳》昭公二年，韓宣子適魯，見魯史《春秋》之言，「周禮盡在魯」，而將《春秋》一千八百餘條經文統合成四例二十二門，可通用全經的屬辭比事解經法。

　　毛奇齡在《春秋屬辭比事記・卷一》中辭釋「屬辭比事」，的意義說：

　　〈經解〉曰：「屬辭比事，《春秋》教也」。夫辭何以屬？謂夫史文之
　　散濾者，宜合屬也。事何以比？謂夫史官所載之事畔亂參錯，而當
　　爲之比以類也。此本夫子以前之《春秋》，而夫子解之如此。是以夫
　　子之《春秋》，亦仍以四字爲之解。……昔者孟子解《春秋》曰：「其
　　事」，則事當比也。曰：「其文」，則其辭當屬合也。

毛奇齡認爲「屬辭比事」是孔子解（理解、編纂）魯史《春秋》的方法，對於孔子的《春秋》，吾人也應當用這個方法解釋。則理解《春秋》是從史學編纂的方法入手。在史學編纂法中，辭如何屬？事如何比？毛奇齡以四例二十二門說明。

　　史官面對每日紛然雜陳的事，首先遇到的問題是要記什麼？於是不能沒有依據，這個依據就是事情所歸屬的門類。毛奇齡稱之爲門部，他在《春秋毛氏傳・卷一》說：

　　誠以《春秋》記事，原有門部。而作志者，因門爲題，就事立誌，
　　謂之籤題，不謂之綱領。蓋綱領必概括其事，而取其要領以爲文。
　　籤題則但誌其門名，而必藉按策以見其事不相侔也。（宋人以綱目擬

〔註40〕《春秋屬辭比事記・卷一》說：「好事者自造爲書例，謂辭有褒譏、事有功罪，皆於書法乎。例之書人、書爵、書名、書日，並有義例而較之全經，而一往不合，則於是重疑《春秋》，而《春秋》不傳。」

〔註41〕毛奇齡認爲解釋《春秋》要以經文爲主，他在《春秋毛氏傳・卷一》說：「不考經文則不能讀傳，不深覈簡書則不能檢校策書之事，凡釋《春秋》必當以經文爲主，而以傳佐之。先仲氏嘗曰，《春秋》諸侯大夫死法不一，而經文祇以一卒字盡之，……其中義例必有不在一卒字中者，而乃第書一卒字，而其義已備，此其故非深識經文者不能解也。」

《春秋》非是。）大抵《春秋》門部見於舊史官記事法式有二十二
門。……凡此門部先定之爲記事之則，而志名者，則又另立一籤題，
以爲門部之標識，至于事之始末詳略，皆所不問。

所謂「因門部爲題」意謂門與題是同一的，就分類本身而言稱門，就載錄事
件而言稱題。史官的第一項步驟是在策書上標識此策書所記事件的類別，毛
奇齡稱爲籤題。毛奇齡將《春秋》所記內容分爲二十二門，即先樹立史官記
事所依據的類別。〔註42〕

　　門部是史官記事驗累積而成，既有門部、有籤題，則進而將策書的內容
寫定。寫定需有一套規則，即記事之法，稱爲文法或書法，毛奇齡稱爲文例，
《春秋毛氏傳・卷一》說：

文例，則史文之法也。孟子曰：「其文則史」，大凡史官記事，從列
國來者，謂之赴告。從本國登者，謂之記注。而合而成爲策書，則
謂之文。第文有文法，《左傳》定四年稱：「備物典策，以賜伯禽」。
註謂：「典策，即史官記事之法」。是史官記事，另有法式，名爲文
法，亦名爲書法，而統以文字概之。杜氏〈序〉所云：「文之所害，
則刊而正之」是也。

〔註42〕毛奇齡將《春秋》分成二十二門，見《春秋毛氏傳・卷一》：「大抵《春秋》
門部見於舊史官記事法式有二十二門：改元（十二公元年），即位（十二公即
位），生子（桓六年子同生），立君（隱四年衛人立晉），朝聘（朝、來朝、聘、
來聘、歸賑、錫命），盟會（會、盟、來盟、蒞盟、不盟、逃盟、遇、胥命、
平、成），侵伐（侵、伐、克、入、圍、襲、取、戍、救、帥師、乞師、取師、
棄師、戰、次、追、降、敗、敗績、潰、獲、師還、歸俘、獻捷），遷滅（遷、
滅、殲、墮、亡），昏覯（納幣、逆女、逆婦、求婦、歸、送、致女、來媵、
婦至、覯），享唁（享、唁），喪葬（崩、薨、卒、葬、會葬、歸喪、奔喪、
賵、賻、含、襚、求金、錫命），祭祀（烝、嘗、禘、郊、社、望、雩、作主、
有事、大事、朝廟、告朔、視朔、繹、從祀、獻、萬），蒐狩（蒐、狩、觀、
焚觀社、大閱），興作（立官、築臺、作門觀、丹楹、刻桷、屋壞、毀臺、新
廄、築城、城郭、浚渠、築囿），甲兵（治甲兵、作丘甲、作三軍、舍中軍），
田賦（稅畝、用田賦、求車、假田、取田、歸田），豐凶（有年、饑、告糴、
無麥苗、無麥禾），災祥（日食、螟、螽蝝、雨雪、雷電、震、雹、星隕、大
水、無水、災、火、蜮、蜚、多麋、眚、不雨、沙鹿崩、山崩、旱、地震、
星孛、六鷁退飛、隕霜殺菽、隕霜不殺草、鸜鵒來巢、獲麟），出國（如、孫、
出奔、出、大去），入國（至、入、納、歸、來歸、復歸、來、來奔、逃歸），
盜弒（盜殺、盜、弒、殺），刑戮（殺、刺、戕、放、執、歸、用、釋、畀、
肆眚）。凡此門部先定之爲記事之則，而志名者，則又另立一籤題，以爲門部
之標識，至于事之始末詳略，皆所不問。」

杜預說「文之所害，則刊而正之」指的是孔子刊正魯史策書成文的書法。毛奇齡認爲孔子所刊正的是魯史簡書，左丘明脩《左傳》則據尚未完備的魯史策書，與杜預在簡策的看法不同。〔註43〕則毛奇齡所說文例又指孔子刊正魯史簡書的書法。蓋史官編纂策書有其法，孔子據魯史而作《春秋》亦有其法。文例如何得知？毛奇齡認爲要「屬辭」。

　　毛奇齡在《春秋屬辭比事・卷一》中說：「史文之散漶者，宜合屬也」，《春秋屬辭比事記》即依二十二門而合屬經文，他由合屬經文而得知《春秋》的文例。《春秋毛氏傳・卷一》說：

> 但舊亦以文爲例，而此云文例，則以無例爲一例，如舊謂書國、書爵、書人、書氏、書時、書日，皆例也，而今皆無之。以史爲例，可書國，可不書國。可書人、書爵、書日，並可不書人、書爵、書日。何則？例固然也。又以有例爲一例，如鄭伯伐衛，本討滑之亂，而鄭莊不忍誅滑，但伐衛而返。則史祇書「伐衛」，而不書討亂。齊人伐衛，本奉惠王命，而齊桓身不親軍，但遣師而還。則史只書「伐衛」，而不書奉命。至於宣公奔齊喪，而史書「公如齊」，所以諱國。王使人來徵聘，而史書「仲孫蔑如京師」，所以諱王。從文起例，而予奪自明，並非齊人、鄭伯、書公、書蔑之所可優劣，以爲文例如是，文之以無例爲有例又如是也。

毛奇齡認爲諸儒所說的書國、書名、書氏、書時、書日都不是文例，因爲從史的立場說，書固是例，不書又何嘗不也是例之故，這是他所說的「以無例爲一例」。至於「以有例爲一例」則指《春秋》經文雖同用一辭，如卒、如伐衛，所指的卻是不同的例，所以要從經文中的動詞起例，而參酌其事的詳情。事的詳情在策書之中，《左傳》雖依策書而修，卻依策書之未備者，故有左丘明用己意彌縫而違背經旨的地方，〔註44〕所以毛奇齡立事例而作《春秋條貫篇》來

〔註43〕毛奇齡對簡書、策書的分辨，見《春秋毛氏傳卷一・總論》：「特志簡而記煩，簡則書之於簡，謂之簡書。簡者，簡也，以竹爲之，但寫一行字者。煩則書之於策，謂之策書。〈聘禮〉所云，「百名書於策」，謂百字以上皆書之。……是以夫子脩《春秋》第脩簡書，而左丘明作傳，則取策書而脩之。……特《左氏》所據策書，猶是魯史之未備者，往往與簡書互有闕落。……是以舊史有闕，而《左氏》以己意補之，即與經悖。」

〔註44〕同註5。

解決這個問題，〔註45〕蓋以經文自有條貫，不待於傳，傳的作用只在佐輔。

《春秋》經文所載無一非事，這些事有何意義？毛奇齡在《春秋毛氏傳·卷一》說：

> 以二十二門、一千八百餘條，無非事也。……漢史亦云：「右史記事，事爲《春秋》」，是孟子論《春秋》特開一例曰：「其事齊桓晉文」，謂就事而計其寡多，較其大小輕重，而是非可驗。

從所記之事的多寡、大小、輕重，可知是非，於是史事的意義就顯出來。而事件的寡多，大小、輕重等規則就是毛奇齡所定的四例之二——事例。但事件的寡多，大小、輕重由何而見，毛奇齡認爲要「比事」，他在《春秋毛氏傳·卷一》說：

> 今齊晉之事，皆重大事也。莊僖之間，其所記亦惟齊晉之事爲較多也。重與大，則責備嚴。多則前後氐仰，而未易以輕定。故鄭伯克段，齊鄭入郕，事關名教，則雖屬一節，而實繫重大。終隱桓莊三世，專記紀國之存亡，凡二十一條，則雖細而必不可忽。終《春秋》二百四十二年，雜記宋、鄭、陳三國，東西奔命之節，無一刻之閒，則雖動舉璱璱，亦必備核之，而不敢略。他如郭亡、梁亡，事有闕漏。尹氏、子氏事有訛謬。圍成圍郈，事有混同。去樂、去籥，事有蒙昧。則概從而檢較之，又其餘也。此又一例也。

毛奇齡由此類經文所載事件而知《春秋》記事與魯史不同，它根據事件在禮制上的意義來挑選史事。因此，齊晉大國，有名教責任，故多記。紀小國，但滅亡，值得警惕，宋、鄭、陳常亂亦然，故多記。毛奇齡有《春秋條貫篇》將《春秋》經文事相因者移附首條之下，有如類事本末，此書當可見其所謂事之多寡，大小輕重之意，惜《四庫提要》僅存其目而未著錄。

從文例和事例雖可見事之輕重、予奪，但《春秋》大義則尚賴禮例以明，毛奇齡在《春秋屬辭比事記·卷一》說：

> 在夫子以前，晉韓起聘魯，見魯史《春秋》，即嘆曰：「周禮盡在魯矣」。則魯史記事全以周禮爲表志，而策書相傳謂之禮經，凡其事其文，一準乎禮，而從而比之、屬之。

〔註45〕《四庫提要》以毛奇齡《春秋條貫篇》更動經文次第，所以不收錄，但僅存其目《四庫提要卷三十一·春秋條貫篇提要》說：「奇齡以爲經文自有條貫，不待於傳。乃排比經文，標識端委，使自相聯絡，以成此書。……十二公事仍其舊第，但以事之相因者，移附首條之下，又每條各附論説，以闡發比事屬辭之義」

《春秋毛氏傳‧卷一》也說：

> 晉韓宣子觀魯《春秋》曰：「周禮盡在魯矣」。言《春秋》一書以禮
> 爲例。故《左傳》于隱七年書名例云：「諸侯策告，謂之禮經」。而
> 杜註與孔疏皆云：「發凡起例，悉本周制」，所謂禮經，即《春秋》
> 例也。

毛奇齡因韓宣子之言而推知《春秋》以禮爲例，但什麼是以禮爲例呢？他在
《春秋毛氏傳‧卷一》說：

> 孔疏又云：「合典法者，即在褒例。違禮度者，即在貶例」。凡所褒
> 貶，皆據禮以斷，並不在字句之間，故曰禮例。今試觀《春秋》二
> 十二門，有一非典禮所固有者乎？毋論改元、即位、朝聘、盟會，
> 以至征伐、喪祭、蒐狩、興作、豐凶、災祥，無非吉、凶、軍、賓、
> 嘉五禮成數，即公行告至，討賊征亂，及司寇刑辟，刺放赦宥，有
> 何一非《周禮》中事，而《春秋》一千八百餘條櫛比皆是，是非禮
> 乎？故讀《春秋》者，但據禮以定筆削，而夫子所爲褒、所爲貶，
> 概可見也。

《春秋》經一千八百餘條皆是與禮有關的事，所以合禮則褒，違禮則貶。在
《春秋》經文之上懸一禮，以爲褒貶定奪，自唐啖助、趙匡、陸淳已有之，
宋、元、明學者踵繼者亦所在多有，但都未如毛奇齡直言以合違定褒貶。觀
毛奇齡所謂「周禮」當指《周官》，〔註46〕可見他尚未考慮到《周官》的作者
和時代問題。

　　以禮爲準，其事其文從而屬之、比之則義見，毛奇齡稱此爲「義例」，他
在《春秋毛氏傳‧卷一》說：

> 義例，則直通貫乎禮與事與文之間。天下有禮與事與文而無義者
> 乎。……義者，意也，亦旨也，即予奪進退褒譏美刺之微旨也。是

〔註46〕毛奇齡所說「周禮」殆指《周官》，《春秋毛氏傳‧卷一》說：「乃《徐仲山日
　　記》又曰：，曩時《春秋》記事而已，夫子之《春秋》則但志其名，而不記
　　其事。按《周禮》『內史讀四方之書事』，謂書四方之事而讀於王前，此記事
　　也。若『外史掌四方之志』，則志解作誌，又解作幟，謂標幟其名而列作題目，
　　以告于四方，故又曰『外史掌書名，達於四方』。其所爲記，即《春秋》之傳
　　也，所爲志，即《春秋》經也。」觀「外史掌書名，達於四方」乃杜預〈序〉
　　之言。杜預所說的「周禮」可以是《周官》，前已辨之。若毛奇齡則直引《周
　　官》爲說，同一文中用同一名稱「周禮」而未加說明，則毛奇齡說韓宣子事
　　之「周禮」，也應爲《周官》。

以禮有違合，事有善惡，文有隱顯，而褒譏美刺皆得以直行其間，
孟子曰：「其義丘竊取之矣」，蓋取此例矣。

義例之說，起自程子。元俞皋在《春秋集傳釋義大成·凡例》說：

自晉杜氏注《左傳》，始有凡例之說，取經之事同辭同者，計其數凡
若干，而不考其義。唐陸氏學於啖、趙，作《纂例》之事，雖分析
詳備，然亦未嘗以義言之。逮程子為傳，分別義例，而學者始得聞
焉。愚今遵程子說，以事同義同辭同者定而為例十六條。凡書經之
事義如此者，是所謂例也。

杜預、陸淳以經文事同辭同者為例，程子則以事同辭同義同者為例，而稱為
義例。程子在事同辭同之外，加以義同，目的在破學者言例之拘，俞皋〈凡
例〉又說：

其有義不同而辭同，事同而辭不同者，則見各事之下，非可以例拘
也。

毛奇齡用程子「義例」之說，然只取義同之義，他在《春秋屬辭比事記·卷
一》說：

凡其事其文一準乎禮，而從而比之屬之，雖前後所書偶有異同，而
義無不同。並無書人、書爵、書名，書日之瀆亂乎其間，而遍校之
十二公二百四十二年之《春秋》，而無往不合，則真《春秋》矣。

毛奇齡以史事類別為記事的前提，故有二十二門之說。又從史官編纂策書
必有其法而立文例，因此孔子據魯史而作《春秋》，亦必有文例。有門部、
有文例，《春秋》經進而挑選有重大影響的事而記之，故有事例。門部、文
例、事例之上，更懸一禮，以作為褒貶的定奪，故有禮例。以禮為準而其
事、其文屬之比之，則《春秋》之大義見，此即義例。毛奇齡稱此用四例
二十二門而可通用全經的方法為「屬辭比事」，他在《春秋屬辭比事記·卷
一》說：

以禮為志，而其事、其文，以次比屬，而其義即行乎禮與事與文
之中，謂之四例，亦謂之二十二志，而總名之曰：「春秋屬辭比事
記」。

屬辭比事法主要是以經文比屬，《春秋》經文見於三傳，而三傳所載經文各不
相同，依何傳之經文為是，實在是一大問題。宋人也注意到這個問題，用經

文時主依《左氏》而間用《公》、《穀》。〔註47〕毛奇齡作《春秋毛氏傳》時，依胡安國《春秋傳》所載經文，後來因李紫翔問疑，而重新考訂，以《左傳》所載經文，才是簡書原本。於是以《左傳》所載經文爲主，各記三傳之所誤，而作《春秋簡書刊誤》。〔註48〕

二、方苞

方苞和新意解經者在解經上有相似的看法，認爲經不待傳而解，日月、爵次、名氏、特文非孔子所以表示褒貶之義的所在，以爲策書既定，孔子無由更改，所謂筆削，但指「舊史所載事之煩細及立文不當者」，孔子刊正之而已。故吾人解經當由經文，而辨其孰爲筆削？孰爲舊文？〔註49〕然筆削、舊文如何辨？對於這個問題，趙汸用其師之言，由《左傳》和陳傅良之說推之，方苞則以爲要用《春秋》教「屬辭比事」，他在《春秋通論·通例》說：

> 比事屬辭，《春秋》教也。先儒褒貶之例，多不可通，以未嘗按全經
> 之辭，而比其事耳。

> 《春秋》因事屬辭，各得其實，而是非善惡無遁情焉。

何謂「按全經之辭，而比其事」？在《春秋通論》中，方苞以《春秋》經文

〔註47〕 宋儒注意到《春秋》經文三傳所載各不相同，而主依《左氏》，間用《公》、《穀》
　　　　詳見：《四庫全書·經部·卷二十七·春秋經解·提要》、《四庫全書·經部·
　　　　二十七·春秋集注·提要》、《四庫全書·經部·卷二十七·春秋講義·提要》、
　　　　《四庫全書·經部·卷二十七·洪氏春秋說·提要》等。

〔註48〕 毛奇齡作《春秋簡書刊誤》之緣由，其《春秋簡書刊誤·卷一》有說：「夫《左
　　　　氏》之傳，即是策書。《左氏》之經，即是簡書。故夫子筆削，祇襲魯國之簡
　　　　書，以爲之本，即絕筆。以後猶有舊簡書一十七條，見于《左傳》，則哀十四
　　　　年獲麟以前，其爲真簡書而以之作夫子之聖經，《公羊》、《穀梁》俱無與也。……
　　　　予著《春秋傳》，念不及此，亦仍以胡氏所載爲聖經原本，而反標三傳諸子同
　　　　異于其下。東陽李生紫翔者，著《春秋紀傳》，早已行世。及之官嶺表，疑予
　　　　傳聖經之有未愨，屬王生虎文問及之，予乃命猶子文輝取三傳聖經之各異者，
　　　　以簡書爲主，而各註所誤，而明標之。名曰：『刊誤』。」

〔註49〕 方苞序《春秋直解》說：「蓋屈摺經義以附傳事者，諸儒之蔽也。執舊史之文，
　　　　爲《春秋》之法者，傳者之蔽也。聖人作經，豈預知後必有傳哉！使去傳而
　　　　經之義遂不可求，則作經之志荒矣。舊史所載事之煩細及立文不當者，孔子
　　　　削而正之可也。其月日、爵次、名氏，或略或詳，或同或異，策書既定，雖
　　　　欲更之，其道無由，而乃用此爲褒貶乎？於是脫去傳者、諸儒之說，必義具
　　　　於經文，始用焉，而可通者十四五矣。然後以義理爲權衡，辨其孰爲舊文，
　　　　孰爲孔子所筆削，而可通者十六七矣。」

類聚成類，如「逆后歸王姬」、「戰伐會盟」、「諸國伐魯」等共九十九章，在
各章中則論其書法，並與其他的事相比較而見義，並辨魯史舊文和《春秋》
書法之不同。如《春秋通論‧逆后歸王姬》：

> 逆后王姬歸，魯爲主，則書者，舊史之法也。失禮然後書者，《春秋》
> 之法也。

在此章方苞用《公羊》、《穀梁》范注「常事不書」之說，而論《春秋》之法，
失禮始書，辨其與魯史不同之處。其他章也各因書法異同而辨析，未必用「常
事不書」，則其用「常事不書」之說和《公羊》、《穀梁》范注相同，都只用在
部份的經文而已。所以方苞在序《春秋直解》說：

> 於是脫去傳者、諸儒之說，必義具於經文，始用焉，而可通者十四
> 五矣。然後以義理爲權衡，辨其孰爲舊文，孰爲孔子所筆削，而可
> 通者十六七矣。

觀其《春秋通論》各章，論書法頗爲明晰，只是他在各章中所較論之諸事難
以從編年的經文中尋得。及見《四庫存目提要》，才知方苞早已考慮到這種情
況，所以作《春秋比事目錄》。《四庫提要》因其書和沈棐《春秋比事》、趙汸
《春秋屬辭》同，所以沒有收錄。〔註50〕今難見是書，只能從《四庫存目提
要》略見其概，《四庫全書‧經部‧卷三十一‧春秋比事目錄‧提要》：

> 苞既作《春秋通論》，恐學者三傳未熟，不能驟尋其端緒，乃取其事
> 同而書法互異者，分類彙錄，凡八十有五類。

《四庫提要》因方苞《春秋比事目錄》與沈棐《春秋比事》、趙汸《春秋屬辭》
相同，而沒有收錄。觀沈棐、趙汸之書所同在以經文類聚，則其指方苞書與二者
相同之處亦當在此。但一以「屬辭」，一以「比事」稱此類聚經文的作法，其故
安在？沈棐書是陳亮命名，比事指「即經以類次其事之本末」，趙汸《屬辭》則
用經文依筆削之義八種而類聚，二者在取經文的角度上有所差異，一重事之本
末，一則重書法，而這二者都包含在經文之中，也就是吳澄所說的《春秋》經文
包含事和辭，所以雖同用經文類聚而成，因取義的角度不同而有不同的命名。

三、《四庫提要》

　　《四庫提要》在解《春秋經》是擇傳解經一系，認爲《春秋》有孔子筆

〔註50〕詳見：《四庫全書‧經部‧卷三十一‧春秋比事目錄‧提要》。

削，有魯史舊文，須合二者，方能得經義。執於一偏，皆非善解。〔註51〕三傳中，《左傳》長於事跡，《公羊》、《穀梁》精於義理，當用三傳之長以解經。〔註52〕但是《提要》對同主擇傳解經的啖助、趙匡、陸淳卻迭有批評，如《四庫全書・經部・卷二十九・御纂春秋直解・提要》：

> 自啖助、趙匡倡廢傳解經之說，使人人各以臆見私相揣度，務為新
> 奇以相勝，而《春秋》以荒。

這是因為《提要》和范甯以下用新意解經者，在解經觀念上的差異所致。

范甯以下用新意解經者的解經觀念，出於三傳有異說，而主張解經時以經為主，傳若有可解經者，則依經而擇之。傳若有不可解，則可去之，而以我說為解。推而廣之，全面懷疑三傳，進而捨傳解經（詳見一、二章）。《提要》的解經與此極大的差異，歸納《提要》對春秋類著述的批評，略有數端。

首先《提要》認為解經以「切實有徵，平易近理者為本」，〔註53〕所以用考據典核與否做為評論諸書的標準。

《四庫全書・經部・卷二十九・春秋類提要案語》說：

> 三家皆源出聖門，何其所見之異哉？《左氏》親見國史，古人之始
> 末具存，故據事而言，即其識有不逮者，亦不至大有所出入。《公羊》、
> 《穀梁》則前後經師遞相附益，推尋於字句之間，故憑心而斷，各
> 循其意見之所偏也。然則徵實跡者，其失小；騁虛論者，其失大矣。
> 後來諸家之是非，均持此斷之可也。

所以《提要》中屢見用徵實與否做為考斷諸書的依據，如《四庫全書・經部・卷二十八・春秋屬辭・提要》說：

> 其書淹通貫串，據傳求經，多由考證得之，終不似他家之臆說。故
> 附會穿鑿雖不能盡免，而宏綱大旨則可取者為多。

〔註51〕《四庫提要》認為《春秋》有孔子筆削，有魯史舊文，解經須合此二者，而不可偏執一端，屢見於諸書〈提要〉中，如《卷二十八・春秋經傳闕疑・提要》、《卷二十八・春秋正傳・提要》、《卷三十・春秋億・提要》、《卷三十・春秋說・提要》等。

〔註52〕《四庫提要》認為《左傳》長於事，《公》、《穀》精於理，解《春秋》當合三傳之長，亦屢見諸書〈提要〉中，如《卷二十七・春秋或問・提要》、《卷二十七・春秋集傳詳說・提要》、《卷二十八・春秋經傳闕疑・提要》、《卷二十八・春秋正傳・提要》、《卷二十九・日講春秋解義・提要》、《卷二十九・春秋事緯・提要》等。

〔註53〕見：《四庫全書・經部・卷二十六・春秋類序》。

又如《四庫全書・經部・卷二十七・春秋分紀・提要》：

> 宋自孫復以後，人人以臆見說《春秋》。惡舊說之害己也，則舉三傳
> 義例而廢之，又惡《左氏》所載證據分明，不能縱橫顛倒，惟所欲
> 言也，則併舉《左傳》事跡而廢之。〔註54〕

《提要》並以考據詳略做爲著錄其書或僅存其目的標準，如明朱之俊《春秋
纂》「罕所根據」，僅存其目，明王湻大《春秋說》以「考證少」，僅存其目。
〔註55〕

　　《提要》重考據，在三傳中則特重事跡可考的《左傳》。以爲《左傳》是
左丘明所作，而左丘明身爲國史，受經於孔子，所以所載《春秋》事跡可信，
同時詳於典章制度，可以考見三代的文章禮樂。〔註56〕解經有事跡，而是非
可知，知是非而褒貶可行，所以《左傳》是解《春秋》的基礎。《四庫全書》
所收清代研究《春秋》的著述中，重考據而宗《左氏》者佔有大牛。〔註57〕

〔註54〕《四庫提要》用考證之詳略評斷諸書，除文中二例外，尚有贊考據典核的，
　　　　如《四庫全書・經部・卷二十六・春秋權衡・提要》、《四庫全書・經部・卷
　　　　二十七・春秋考・提要》、《四庫全書・經部・卷二十七・春秋考・提要》、《四
　　　　庫全書・經部・卷二十七・春秋左傳義・提要》、《四庫全書・經部・卷二
　　　　十七・春秋後傳・提要》、《四庫全書・經部・卷二十八・春秋師說・提要》、
　　　　《四庫全書・經部・卷二十八・春秋屬辭・提要》、《四庫全書・經部・卷二
　　　　十九・春秋左氏傳・提要》、《四庫全書・經部・卷二十九・春秋屬辭比事記・
　　　　提要》、《四庫全書・經部・卷二十九・春秋大事表・提要》。有非考證稍疏的，
　　　　如《四庫全書・經部・卷二十九・三傳折諸・提要》。
〔註55〕《四庫提要》以考據疏略，爲不著錄之條件，而僅存其目的，除朱之俊《春
　　　　秋纂》、王湻大《春秋說》外，尚有傳遜的《左傳注解辨誤》、黃正憲的《春
　　　　秋翼附》、冉覲祖的《春秋詳說》等。
〔註56〕《四庫提要》數論《左傳》的歷史、長於事的優點，如《四庫全書・經部・
　　　　卷二十六・春秋左傳正義・提要》、《四庫全書・經部・卷二十六・春秋釋例・
　　　　提要》、《四庫全書・經部・卷二十六・春秋皇綱論・提要》、《四庫全書・經
　　　　部・卷二十六・春秋集解・提要》、《四庫全書・經部・卷二十七・春秋左傳
　　　　要義・提要》、《四庫全書・經部・卷二十七・春秋或問・提要》、《四庫全書・
　　　　經部・卷二十九・左傳事緯・提要》。
〔註57〕《四庫全書》收錄清代《春秋》著述共二十八部，其中有十四部是以《左傳》
　　　　做中心，其中以《左傳》爲名的，有顧炎武的《左傳杜解補正》、朱鶴齡的《讀
　　　　左日鈔補》、馬驌的《左傳事緯》、惠棟的《左傳補注》、沈彤的《春秋左氏傳
　　　　小疏》。沿杜預《春秋釋例》之作的，有高士奇的《春秋地名考略》、陳厚耀
　　　　的《春秋世族譜》、《春秋長曆》、顧棟高的《春秋大事表》、程廷祚的《春秋
　　　　識小錄》、江永的《春秋地理考實》，另毛奇齡的《春秋簡書刊誤》、張尚瑗的
　　　　《三傳折諸》亦主《左氏》。

《四庫提要》並批評研究《春秋》而懷疑《左傳》所載事跡者，如《四庫全書·經部·卷二十七·讀春秋編·提要》說：

> 《左氏》身爲魯史，言必有據，非《公羊》、《穀梁》傳聞疑似者比。自宋人喜以空言說《春秋》，遂併其事實而疑之，幾於束諸高閣。〔註58〕

《提要》重《左傳》，除因其重考據的立場外，並因與二傳相比，《左傳》是古學，〔註59〕與其表彰闡明古學的立場相合，《四庫全書·經部·卷二十九·欽定春秋傳說彙纂·提要》說：

> 指授儒臣，詳爲考證。凡其中有乖經義者，一一駁正，多所刊除。至於先儒舊說，世以爲不合《胡傳》，擯棄弗習者，亦一一採錄，表彰闡明古學。

故《提要》屢推崇徵引舊文、古說之著述，如《四庫全書·經部·卷二十八·春秋四傳質·提要》：

> 明之末造，經傳俱荒，介之尚能援據古義，糾胡安國之失，可謂拔俗千尋矣。〔註60〕

《提要》並以前人之說已確，即成定論，當從之而不可非駁，如《四庫全書·經部·卷三十·左氏春秋鑷·提要》：

> 《左氏》釋經之謬，闢之可也。至記事、記言，但各從其實，事乖言繆，咎在古人，與記載者無與也。

又如《四庫全書·經部·卷三十·春秋疑問·提要》：

> 列國之事，承告則書，《左氏》實爲定說。〔註61〕

《提要》重考據，以言而有徵於古人之說爲可信，所以貴古說，並以前人之說已爲定論者，則當從而不可再有非駁之論。這樣的看法表現於說經，則主

〔註58〕 《四庫提要》批評擬及《左傳》所載事跡者，尚可見於《卷二十七·春秋分紀·提要》、《卷二十八·春秋本義·提要》、《卷二十九·春秋究遺·提要》、《卷三十·左氏春秋鑷·提要》、《卷三十一·春秋蓄疑·提要》等。

〔註59〕 《四庫提要》認爲《左傳》是古學，見《卷二十六·春秋左傳正義·提要》說：「徐彥《公羊傳》疏曰：『《左氏》先著竹帛，故漢儒謂之古學』，則所謂古經十二篇，即所傳之經，故謂之古刻。《漢書》誤連二條爲一耳。」

〔註60〕 《四庫提要》推崇徵引舊文、古說之論，尚可見於《卷二十八·春秋諸傳會通·提要》、《卷二十八·左傳屬事·提要》、《卷二十八·春秋四傳質·提要》、《卷二十九·春秋平義·提要》、《卷二十九·三傳折諸·提要》。

〔註61〕 《四庫提要》認爲說經有定說，尚可見於《卷三十·春秋疑問·提要》、《卷三十一·學春秋隨筆·提要》、《卷三十一·春秋遵經集說·提要》。

張經傳的原文不可更易，經傳的次第有一定。《提要》極力反對改動經文，如
《四庫全書‧經部‧卷二十六‧春秋傳‧提要》：

> 其經文雜用三傳，不主一家，每以經傳連書，不復區畫，頗病混淆。
> 又好減損三傳字句，往往改竄失眞。……黃伯思《東觀餘論》稱：「考
> 正書武成，實始於敞」，則宋代改經之弊，敞導其先，宜其視改傳爲
> 固然矣。

《提要》認爲劉敞減損三傳字句爲改傳，此改傳之舉唐代的趙匡早已有之，
〔註62〕不待乎劉敞導宋人之先。《提要》甚而認爲即使是體例上的需要，也不
可以更動經文的前後次序，《四庫全書‧經部‧卷三十一‧春秋條貫篇‧提要》
說：

> 以其體例而論，既於經文之首，各題與某事相因，則何不仍經文舊
> 第，而逐條標識其故，脈絡亦自可尋，又何必移後綴前，使相凌亂。
> 奇齡說《春秋》諸書頗有可觀，惟此一編，則欲理之，而反棼之，
> 殆無取焉。〔註63〕

《提要》因《春秋條貫篇》變易經文的次第而僅存其目。

　　不止經傳原文不可更易，經傳之間的排列也有一定的次第，如《提要》
非明人以《胡傳》爲經。〔註64〕又如元代以四傳爲科考用書以來，四傳的地
位凌越在其他諸傳之上，不復范甯以下，我傳可與諸傳等夷的想法。

〔註62〕啖助、趙匡、陸淳在解經上採擇傳立場，並且認爲我傳與三傳等夷，同爲解
　　　經而作，故亦依經而取捨。三傳之合於經者取之，不合於經者去之，並因解
　　　經之便利而移動三傳之文於所解經文之下。其詳見《春秋集傳纂例‧啖子取
　　　舍三傳義例》。

〔註63〕《四庫提要》非議刪節或變動經文、傳文之論，尚可見於《四庫全書‧經部‧
　　　卷二十八‧春秋纂言總例‧提要》、《四庫全書‧經部‧卷三十‧春秋左傳句
　　　解‧提要》、《四庫全書‧經部‧卷三十‧春秋四傳私考‧提要》、《四庫全書‧
　　　經部‧卷三十一‧春秋正業經傳刪本‧提要》、《四庫全書‧經部‧卷三十一‧
　　　春秋志‧提要》。

〔註64〕《四庫提要》非明人以胡安國傳爲經，《四庫全書‧經部‧卷二十七‧春秋傳‧
　　　提要》說：「明初定科舉之制，大略承元舊式，宗法程朱，……以安國之學出
　　　程氏，張洽之學出朱氏，故《春秋》定用二家，……後洽傳漸不行用，遂獨
　　　用安國書。漸乃棄經不讀，惟以安國之傳爲主，當時所謂經義者，實安國之
　　　傳義而已，故有明一代《春秋》之學爲最弊」。又《四庫全書‧經部‧卷二十
　　　八‧春秋集傳釋義大成提要》說：「蓋其師之學本出於程子，特以程傳未有成
　　　書，而《胡傳》方爲當代所傳習，故取與三傳並論之，統核全書大旨可以概
　　　見，固末嘗如明代諸人竟尊《胡傳》爲經也」。

《提要》則認爲三傳高於其後諸傳、四傳之說爲僭越，《四庫全書・經部・卷三十・春秋四傳・提要》說：

考元俞皋《春秋集傳釋義大成》，始於三傳之後附錄《胡傳》，吳澄〈序〉稱其「兼列《胡傳》，以從時尚」，而四傳之稱，亦即見於澄〈序〉中。知《胡傳》躐躋三傳之列，自元初已然。

《提要》並批評升《胡傳》於西漢諸儒之前者。〔註 65〕可見經傳之間與傳傳之間各有一定之次序，爲說經時所必須注意的，且說經有一定的方式，議論、文章非說經的正軌。

《提要》所謂說經的正軌，蓋指重義理而言有所據，且論說平易，注意經傳次第，故對於講學家以議論說經，及科舉時文以文章說經，頗有非議。其非議論的，如《四庫全書・經部・卷二十八・春秋輯傳・提要》

明人之說《春秋》大抵範圍於《胡傳》，其爲科舉之計者庸濫，固不足言。其好持議論者，又因仍苛說，彌用推求，巧詆深文，爭爲刻酷，尤失筆削之微旨。

又如《四庫全書・經部・卷三十一・春秋家說・提要》：

多詞勝於意，全如論體，非說經之正軌。〔註 66〕

非科舉時文的，如《四庫全書・經部・卷三十・春秋合題著說・提要》：

其書究爲科舉而作，非通經者所尚也。〔註 67〕

非以文章說經的，如《四庫全書・經部・卷三十一・或庵評春秋三傳・提要》：

經義、文章雖非二事，三傳要以經義傳，不僅以文章傳也。置經義而論文章，末矣。以文章之法，點論而去取之，抑又末矣。

由上所述，得知《提要》認爲經有其尊榮地位，而解經有一定的體例，絕對

〔註 65〕《四庫全書・經部・卷三十・春秋說・提要》說：「其諸家考中，升《胡傳》於西漢諸儒之前，已爲無識。」

〔註 66〕《四庫提要》非以議論說經的，尚可見於《四庫全書・經部・卷二十六・春秋公羊傳注疏・提要》、《四庫全書・經部・卷二十八・春秋輯傳・提要》、《四庫全書・經部・卷二十九・三傳折諸・提要》、《四庫全書・經部・卷三十・春秋經傳問對・提要》、《四庫全書・經部・卷三十・春秋私考・提要》、《四庫全書・經部・卷三十一・春秋家說・提要》等。

〔註 67〕《四庫提要》非以科舉時文或文章論經者，尚可見於《四庫全書・經部・卷三十一・或庵評春秋三傳提要》、《四庫全書・經部・卷三十一・春秋說提要》、《四庫全書・經部・卷三十一・左繡提要》、《四庫全書・經部・卷三十一・讀左補義提要》、《四庫全書・經部・卷三十一・左傳評提要》等。

不可更易經文，即使只是行款或次第，也最好不要有所更動。三傳的地位高於其後諸傳，所以不可以有諸傳與之並列的情況和說法。三傳各有所長，其中《左傳》長於史事，《公羊》、《穀梁》長於義理，解《春秋》當合三傳之長，此爲定說，不可再議。

將《提要》的解經觀念比之范甯以下的新意者，可得幾項差異。首先，三傳地位高下不同，《提要》認爲三傳有所承，非諸儒之說可比，所以高於諸傳，其實已頗有以三傳爲經的意思，所以對改傳之舉，亦頗不以爲然。新意者則以三傳、諸儒之傳和我說同爲解經，故地位相同，都是傳，所以改傳只是取擇長短之意。其次，擇傳的標準不同，新意者擇傳的標準在通經，不論三傳、諸儒之說或我自爲之說，皆以通經爲擇。《提要》擇諸傳的標準，或也是通經，但三傳則不然，三傳的取擇，《提要》用的是定論，蓋以《左傳》長於事跡，而《公》、《穀》精於義理，此說法宋代擇傳解經者，早已有之。所不同之處，在於宋代擇傳者以此說爲一概說，仍以通經爲主，保有對三傳懷疑的可能，《提要》則以此說乃定論，不可懷疑。又其次，《提要》認爲解經有一定體例，重考據，貴古說，尚平易，非議論、文章。新意者因以我說與三傳等夷，古說、今說俱以通經爲擇，無貴賤高下之別。又因其以我心可通聖心，故亦頗發議論。

由於解經觀念的差異，《提要》對新意者頗加批評，尤其對捨傳解經一系。其批評主要有二：一爲非捨傳之論，二爲非有貶無褒之說。

《提要》對捨三傳而以經文解經者，評之爲「臆斷」、「臆見」、「空談」、「枵腹」。〔註68〕對於因捨傳而致意造事跡之流弊，更大加撻伐。〔註69〕捨傳求經者雖有其邏輯上說得通的理路，同時有凸顯經文在解經中的作用及對解經層面的開發，如依理說經等。但就實際解經而言，元代的屬辭比事者已見

〔註68〕《四庫提要》批評捨傳求經爲「臆斷」、「臆見」，如《卷二十六·春秋集傳纂例·提要》、《卷二十七·春秋本例·提要》、《卷二十七·春秋分紀·提要》、《卷二十七·春秋經筌·提要》、《卷二十八·春秋孔義·提要》、《卷二十九·御纂春秋直解·提要》。評爲「空談」、「空言」，如《卷二十七·春秋後傳·提要》、《卷二十七·春秋左氏傳續說·提要》。評爲「枵腹」的，如《卷二十七·春秋後傳·提要》、《卷二十八·春秋屬辭·提要》、《卷二十九·半農春秋說·提要》。

〔註69〕《四庫提要》對捨傳而致意造事跡的批評，在《卷二十八·春秋志錄·提要》有說：「大抵務黜三傳如程端學，端學不過疑傳，過乃至意造事跡，其弊甚於端學。」

其弊，所以只取其用經文、依理說經等，而不用其捨傳之論，蓋因其不免《提要》所譏之失。

　　有貶無褒之論是捨傳解經者在三傳之外，所研究出來的解經法，其貢獻在使研究《春秋》者於解經方法上，可以有不受三傳之限的想法。《提要》以爲有貶無褒之論，對《春秋》二百四十二年之中，無一人一事不加貶斥，失之「深刻」、「刻酷」。〔註70〕而二百四十二年之中，必求貶及每一人、每一事，不免失之「穿鑿」。〔註71〕此亦深中有貶無褒之論者捨傳不從之弊。

〔註70〕《四庫提要》評有貶無褒之論爲「深刻」、「刻酷」的，如《卷二十六·春秋
　　　　尊王發微·提要》、《卷二十八·春秋或問·提要》、《卷二十九·春秋管窺·
　　　　提要》、《卷二十九·春秋闕如編·提要》等。
〔註71〕《四庫提要》評有貶無褒之論爲「穿鑿」的，如《卷二十八·春秋或問·提
　　　　要》、《卷三十·春秋四傳私考·提要》。

結　論

　　屬辭比事，根據鄭玄的解釋，是指《春秋》所載錄的內容。自從范甯因三傳解經有互異的情形，而提出以己意解經，復經唐、宋人推闡，屬辭比事就成為解釋《春秋》的方法。這種方法分化出兩條途徑，一是經傳互考，二是捨傳解經。經傳互考並未捨棄三傳之說，而是以擇傳解經為基礎，進而承繼杜預的傳例而樹立經例，藉以衡定三傳異說的經文，或考驗三傳同說的經文。捨傳解經則受宋代心學的影響，認為可用人心之所同然之理作為解釋經義的基礎，而且經作於前，傳成於後，以為經義不待傳而明。然經文簡約，既捨傳，就必須另立新法，於是有經例說經和依禮說經二途。這種解釋方法終難不援事而說經，元代以後仍然回到不廢傳的主張。至清初，受樸學影響，一方面抨擊唐、宋人的空疏，另一方面則力振漢學，而恢復三傳（尤其《左傳》）的解經地位。這是屬辭比事法所展開的發展。屬辭比事的發展顯出解釋《春秋》所遭遇的困難與突破。從語言組成的角度來看，屬辭比事的確隱含若干可能的途徑。

　　從語言組成的角度來看，辭在連屬時，也同時在選擇。經過選擇和連屬，辭組合句，句組合成章，以至於篇，它指涉一樁事件，一片情感，或一項道理。以《春秋》而言，屬辭的結果是指涉一樁事件，而且是極為簡略的一樁事件。如「鄭伯克段於鄢」，若僅止於經文，則鄭伯是誰？段是誰？鄢在何處？鄭伯為什麼要克段？如何克段？這些疑問都無從解答。再者，當屬辭成句而指涉一樁事件時，為什麼要載錄這樁事件，而不載錄別的事件？個中理由涉及孔子的價值判斷（即大義）和表達此價值判斷的方法（即筆削之法或書法）。從語言組成來看，史事、書法和大義成為理解《春秋》的三大焦點，由此更

可看出孟子「其事則齊桓晉文，其文則史，……『其義則丘竊取之矣』」一語的精當無比。

從發生的歷程來看，理解《春秋》的三大焦點中應以史事爲基礎。有此史事而後有此載錄，有此價值判斷（褒貶）。但是《春秋》史事與魯史史事是否完全吻合？魯史事與人物活動是否完全吻合？這是另一問題。據「所見異辭、所聞異辭、所傳聞異辭」一語，昔人已知載錄的史事和人物活動無法完全吻合。如此則史事載錄的知識性質成爲一大問題。它是眞實的嗎？若不是，它是怎樣的知識？這個問題，古人並未注意。古人只知載錄的史事要儘量吻合實際發生的事件，所以有「實錄」一詞。正因如此，解釋《春秋》首先遭遇的困難就是三傳異說如何抉擇。

本來，三傳異說不至於成爲理解《春秋》的困擾。如果懷著「天下一致而百慮，殊途而同歸」的態度，只要解釋能持之有故，言之成理，三傳異說不是困擾，每一種解釋都會在實踐中被保存或捨棄。但是每一時代總要有人人信奉的思想和信仰。基於這種需要，學說不能不落入現實世界，因相競而成爲爭取權威解釋的地位，於是三傳異說的抉擇就成爲一大困擾，它成爲理解《春秋》首先遭遇的困難。范甯首先將此困難正式提出。

這個困難的解決方法首先是從中選出恰當而合理的解釋，即擇傳解經，從三傳中擇其善者而解釋《春秋》。陸淳的《春秋集傳纂例》、《春秋集傳辨疑》、《春秋微旨》，劉敞的《春秋傳》、《春秋意林》，孫覺的《春秋經解》，葉夢得的《春秋讞》、《春秋考》、《春秋傳》，呂大圭的《春秋或問附春秋五論》，家鉉翁的《春秋集傳詳說》，鄭玉的《春秋經傳闕疑》等都採擇傳而解《春秋》。然而三傳中恰當而合理（善）的解釋如何得知？如何判斷？這個問題有兩種解決途徑：一是訴諸經文，一是訴諸我心的主觀見解。

訴諸經文以判斷三傳的解釋何者爲「善」時，首先必須問：訴諸經文的什麼？在史事、大義和書法中，當然訴諸大義，以判斷三傳的解釋何者爲「善」，但是大義並未顯現在經文的字句意義上，經文字句只指涉一段簡略的史事。那麼將如何得知經文大義？

價值判斷（大義）的呈現有兩種方式：顯和隱。顯是在字句意義上直接表露出來，如「里仁爲美」、「以力假仁者霸，以德行仁者王」，隱是此字句意義和實際情況不符的方式表達出來，尤其在貶和諱言其惡時更是如此。如歷代大臣上奏諫諍時，總在首段揄揚皇帝，當代著述也有不少在序言表明受某

主義、某思想的領導。《春秋》大義是以隱的方式表達，既然如此，如何透過經文得知大義？

　　由於隱的方式涉及字句意義和實際情況，經文只有字句意義及其所指涉的簡略史事，沒有實際狀況可資比較二者是否相符，因此不得不反求於三傳所載錄的實際情況，從經辭和傳文所載的史事比較中觀其是否不符，以考察大義（價值判斷）所在。這就是藉經傳互考以建立經例，從經例中顯出大義，亦即在經傳互考中建立書法，從書法顯大義。如陸淳的《春秋集傳纂例》即用此法。但是這種方法有一困難。雖然三傳中《左傳》詳於事，而《公》、《穀》精於義，但是《公》、《穀》也並非全不載錄史事。如果三傳敘史事一致，就沒有問題，一旦三傳所敘史事有衝突，當如何選擇？再者，這種方法使三傳缺乏獨立性，三傳變成了為經例（書法）而存在，這將使《春秋》大義缺乏歷史的發展性，使三傳在《春秋》學史中沒有繼承與創新的地位，而這和學術發展的特性違背。

　　由於藉經辭與傳文所載史事，觀其不符而立經例（書法），以考大義的方法有其困難，使三傳異說的問題仍然是理解經義的障礙，於是不得不採另一途徑：不顧傳文而逕從經文尋求經義。

　　從經文尋求經義的有效基礎與經傳互考不同。經傳互考的有效基礎是經辭意義與實際情況不符（隱晦的表達方式所致），捨傳而逕從經文尋求經義的有效基礎是魯史（不修《春秋》）和《春秋》各有不同的史法（「其文則史」）。魯史的史法是周代史官的傳統，《春秋》的史法是孔子新創，經比較兩者相異之處，則可知孔子史法（書法），從而求其大義。趙汸的《春秋傳》、《春秋左氏傳補注》、《春秋金鎖匙》、《春秋屬辭》和方苞的《春秋通論》、《春秋比事目錄》即從魯史和《春秋》書法的差異，求《春秋》的大義。

　　根據前述有效基礎而求《春秋》書法時，遭遇的困難是魯史已不存，無從比較。若不得已取《左傳》充當魯史時，假設三傳所載魯史相同，則沒有問題。假設三傳異說，將如何選擇？於是問題回到原點，吾人仍然沒有判斷三傳異說何者為善的依據。

　　由前述的兩種方法可知：比較經辭和傳文所載史事以求經例（書法）是犯了循環論證的弊病。Ａ（經辭）未知，須藉 Ｂ（傳文）而知；Ｂ（傳文）意義不定（異說），須藉 Ａ（經辭）而定。但是 Ａ 卻未知。

　　若要跳出循環論證，必須捨棄一端，即必須捨傳解經。但是經文不顯大

義，仍然必須透過書法（經例）考察大義，亦即透過經文的使用規則（例：辭例或句例）考察大義。如此首先將遭遇兩個困難：第一，經例的有效基礎何在？如何列出經例？第二，如何得知經例（書法）的意義（大義）？第一個問題較易解答。由於《春秋》經孔子筆削，嚴格說來，不應有多辭共義的情形，而是一個意義只有一種屬辭方式，包括選擇和組合。因此每一類屬辭方式就是一個例。如崔子方的《春秋經解》、《春秋本例》、《春秋例要》，張大亨的《春秋五禮例宗》，沈棐的《春秋比事》。但是這時歸納而得的經例包含非褒貶意義和褒貶意義（即敘述的表達方式和價值判斷的表達方式），那麼吾人將如何區別出那一種例具有褒貶意義？區別出來之後，如何知道此例的意義（大義）。如果回到和魯史（或《左傳》）比較，將又陷入循環論證。如果要避免陷入循環論證，則只能在經外另立一理做為解讀經例的方式，如張大亨《春秋五禮例宗》，吳澄《春秋纂言總例》，石光霽《春秋書法鉤元》、毛奇齡《春秋毛氏傳》、《春秋屬辭比事記》用禮做為標準，比較《春秋》中所載的事跡。或訴諸我心的判斷。這就是崔子方、趙鵬飛、胡安國等人的解經路子。

　　用禮做為判斷《春秋》經例大義的標準，可以清楚的區別出何種經例具有大義和大義的內容，但也開啟了另一個難題，為何可以用禮來做為判斷經例大義的標準？要用什麼禮或者什麼時候的禮來做為標準？《春秋》經文所載是當時人的行事和當時發生的事，從禮做為整個生活規範的角度來看，用禮來做為判斷經例的標準，在道理上是說得通的。只是這麼一來，《春秋》就失去了獨立性。而且當用什麼禮？或什麼時候的禮？《春秋》所記載的是個禮崩樂壞的時期，禮制無法規範人們的行事，而且現存的禮書中也沒有專為當時而做的。所以在《春秋》之外，另尋一禮做為解釋的依據，事實上也沒有解決問題。如果因禮受時空限制，而想從「禮」之中抽繹出「理」，也就是即事（禮為一事實）言理，則吾人已預設了「理」在「禮」（事）之內。然而此「理」是本在「禮」之內而為客觀之「理」？或此「理」由人心所賦予而為主觀之「理」？宋儒對此似乎未詳加分別，而肯定此「理」存在，並且我心能知之。

　　當訴諸我心以判斷經例何者具有大義（褒貶意義）和此大義的內容時，如何證明我心的解釋合於孔子所隱示的大義？此時，我心有兩個層次的意義：一是認知心，一是道德心。認知心含藏知識，道德心則是人所以能作道

德判斷的根源（基礎、或原理）。如果我心指認知心，以此判斷那一個經例具有大義（褒貶意義）和此大義的內容，則我心中的知識仍是從傳統文化而來，放在《春秋》的解釋中來看，我心中的知識依然源自三傳，於是又陷入經傳互考的循環論證中。因此，我心必須指道德心。唯有道德心是我心與聖人所共有，此即孟子心學要旨。

　　但是我心指道德心時，只爲吾人能作道德判斷（褒貶、大義）提供依據，實際的褒貶和大義究竟是什麼？仍然需要仰仗認知心的判斷。放在《春秋》的解釋來看，仍然不能不依賴三傳，即使三傳有異說亦然。因此，胡安國等人倡我心與聖人之心通固然甚有貢獻，爲褒貶、大義樹立最終的依據，使褒貶不致淪於相對主義，以傳統語言言之，不致淪於任情好惡，黨同伐異。若離此一步，一切道德判斷將變成只是隨時空環境而異的道德規範，今日之所是爲昔日之所非，今日之所非爲來日之所是，則是非不是根於人心之仁、之善端，而依傍於外力。因此，樹立我心與聖人之心同，是《春秋》褒貶大義所以能夠成立的關鍵。但是道德心卻不能涉入實際的褒貶，涉入實際褒貶屬於認知心的範圍。胡安國等人以我心解經時，仍不免抑賴傳記之說，而混淆了兩個層次。

　　既然如此，三傳異說的選擇，仍不能不從其間尋求恰當而合理的解釋。而所謂恰當與合理分兩方面，一指三傳對史事的載錄恰當而合理，一指三傳對大義、褒貶的解說恰當而合理。前者有賴歷史考證，後者賴經傳互考（此時之傳已經通過歷史考證而知）之後所得的經例參驗。至於歷史考證仍無法得知其詳的史實與經例，惟有付諸闕如。

參考書目

著　述

1. 〔漢〕鄭玄注；〔唐〕孔穎達疏，《禮記正義》，《影印文淵閣四庫全書》，臺北市：臺灣商務，1986 初版。

2. 〔周〕左丘明傳；〔晉〕杜預注；〔唐〕孔穎達疏，陸德明音義，《春秋左傳正義》，《影印文淵閣四庫全書》，臺北市：臺灣商務，1986 初版。

3. 〔漢〕公羊壽傳，何休解詁；〔唐〕徐彥疏，陸德明音義，《春秋公羊傳註疏》，《影印文淵閣四庫全書》，臺北市：臺灣商務，1986 初版。

4. 《春秋穀梁傳註疏》，晉・范甯集解，唐・楊士勛疏，陸德明音義，《影印文淵閣四庫全書》，臺北市：臺灣商務，1986 初版。

5. 〔漢〕董仲舒，《春秋繁露》，《影印文淵閣四庫全書》，臺北市：臺灣商務，1986 初版。

6. 〔漢〕鄭玄撰，《箴膏肓》，《影印文淵閣四庫全書》，臺北市：臺灣商務，1986 初版。

7. 〔漢〕鄭玄撰，《起廢疾》，《影印文淵閣四庫全書》，臺北市：臺灣商務，1986 初版。

8. 〔漢〕鄭玄撰，《發墨守》，《影印文淵閣四庫全書》，臺北市：臺灣商務，1986 初版。

9. 〔晉〕杜預撰，《春秋釋例》，《影印文淵閣四庫全書》，臺北市：臺灣商務，1986 初版。

10. 〔唐〕陸淳撰，《春秋集傳纂例》，《影印文淵閣四庫全書》，臺北市：臺灣商務，1986 初版。

11. 〔唐〕陸淳撰，《春秋微旨》，《影印文淵閣四庫全書》，臺北市：臺灣商務，1986 初版。

12. 〔唐〕陸淳撰,《春秋集傳辨疑》,《影印文淵閣四庫全書》,臺北市:臺灣商務,1986 初版。

13. 〔蜀〕馮繼先撰《春秋名號歸一圖》,《影印文淵閣四庫全書》,臺北市:臺灣商務,1986 初版。

14. 不著撰人,《春秋年表》,《影印文淵閣四庫全書》,臺北市:臺灣商務,1986 初版。

15. 〔宋〕孫復撰,《春秋尊王發微》,《影印文淵閣四庫全書》,臺北市:臺灣商務,1986 初版。

16. 〔宋〕王晳撰,《春秋皇綱論》,《影印文淵閣四庫全書》,臺北市:臺灣商務,1986 初版。

17. 不著撰人,《春秋通義》,《影印文淵閣四庫全書》,臺北市:臺灣商務,1986 初版。

18. 〔宋〕劉敞撰,《春秋權衡》,《影印文淵閣四庫全書》,臺北市:臺灣商務,1986 初版。

19. 〔宋〕劉敞撰,《春秋傳》,《影印文淵閣四庫全書》,臺北市:臺灣商務,1986 初版。

20. 〔宋〕劉敞撰,《春秋意林》,《影印文淵閣四庫全書》,臺北市:臺灣商務,1986 初版。

21. 〔宋〕劉敞撰,《春秋傳説例》,《影印文淵閣四庫全書》,臺北市:臺灣商務,1986 初版。

22. 〔宋〕孫覺撰,《春秋經解》,《影印文淵閣四庫全書》,臺北市:臺灣商務,1986 初版。

23. 〔宋〕蘇轍撰,《春秋集解》,《影印文淵閣四庫全書》,臺北市:臺灣商務,1986 初版。

24. 〔宋〕蕭楚撰,《春秋辨疑》,《影印文淵閣四庫全書》,臺北市:臺灣商務,1986 初版。

25. 〔宋〕崔子方撰,《春秋經解》,《影印文淵閣四庫全書》,臺北市:臺灣商務,1986 初版。

26. 〔宋〕崔子方撰,《春秋本例》,《影印文淵閣四庫全書》,臺北市:臺灣商務,1986 初版。

27. 〔宋〕崔子方撰,《春秋例要》,《影印文淵閣四庫全書》,臺北市:臺灣商務,1986 初版。

28. 〔宋〕張大亨撰,《春秋五禮例宗》,《影印文淵閣四庫全書》,臺北市:臺灣商務,1986 初版。

29. 〔宋〕張大亨撰,《春秋通訓》,《影印文淵閣四庫全書》,臺北市:臺灣商務,1986 初版。

30. 〔宋〕葉夢得撰,《春秋傳》,《影印文淵閣四庫全書》,臺北市:臺灣商務,1986 初版。

31. 〔宋〕葉夢得撰,《春秋考》,《影印文淵閣四庫全書》,臺北市:臺灣商務,1986 初版。

32. 〔宋〕葉夢得,《春秋左傳讞》,《影印文淵閣四庫全書》,台北市:台灣商務,1986 初版

33. 〔宋〕葉夢得,《春秋公羊傳讞》,《影印文淵閣四庫全書》,台北市:台灣商務,1986 初版

34. 〔宋〕葉夢得,《春秋穀梁傳讞》,《影印文淵閣四庫全書》,台北市:台灣商務,1986 初版

35. 〔宋〕呂本中撰,《春秋集解》,《影印文淵閣四庫全書》,臺北市:臺灣商務,1986 初版。

36. 〔宋〕胡安國撰,《春秋傳》,《影印文淵閣四庫全書》,臺北市:臺灣商務,1986 初版。

37. 〔宋〕高閌撰,《春秋集注》,《影印文淵閣四庫全書》,臺北市:臺灣商務,1986 初版。

38. 〔宋〕陳傅良撰,《春秋後傳》,《影印文淵閣四庫全書》,臺北市:臺灣商務,1986 初版。

39. 〔宋〕呂祖謙撰,《春秋傳說》,《影印文淵閣四庫全書》,臺北市:臺灣商務,1986 初版。

40. 〔宋〕呂祖謙撰,《左氏傳續說》,《影印文淵閣四庫全書》,臺北市:臺灣商務,1986 初版。

41. 〔宋〕呂祖謙撰,《左氏博議》,《影印文淵閣四庫全書》,臺北市:臺灣商務,1986 初版。

42. 〔宋〕沈棐撰,《春秋比事》,《影印文淵閣四庫全書》,臺北市:臺灣商務,1986 初版。

43. 〔宋〕魏了翁撰,《春秋左傳要義》,《影印文淵閣四庫全書》,臺北市:臺灣商務,1986 初版。

44. 《春秋分紀》,〔宋〕程公說撰,《影印文淵閣四庫全書》,臺北市:臺灣商務,1986 初版。

45. 〔宋〕戴溪撰,《春秋講義》,《影印文淵閣四庫全書》,臺北市:臺灣商務,1986 初版。

46. 〔宋〕李明復撰,《春秋集義》,《影印文淵閣四庫全書》,臺北市:臺灣商務,1986 初版。

47. 〔宋〕張洽撰,《春秋集注》,《影印文淵閣四庫全書》,臺北市:臺灣商務,1986 初版。

48.〔宋〕李琪撰，《春秋王霸列國世紀編》，《影印文淵閣四庫全書》，臺北市：臺灣商務，1986 初版。

49.〔宋〕黃仲炎撰，《春秋通說》，《影印文淵閣四庫全書》，臺北市：臺灣商務，1986 初版。

50.〔宋〕洪咨夔撰，《春秋說》，《影印文淵閣四庫全書》，臺北市：臺灣商務，1986 初版。

51.〔宋〕趙鵬飛撰，《春秋經筌》，《影印文淵閣四庫全書》，臺北市：臺灣商務，1986 初版。

52.〔宋〕呂大圭撰，《春秋或問》，《影印文淵閣四庫全書》，臺北市：臺灣商務，1986 初版。

53.〔宋〕家鉉翁撰，《春秋詳說》，《影印文淵閣四庫全書》，臺北市：臺灣商務，1986 初版。

54.〔宋〕陳深撰，《讀春秋編》，《影印文淵閣四庫全書》，臺北市：臺灣商務，1986 初版。

55.〔元〕俞皋撰，《春秋集傳釋義大成》，《影印文淵閣四庫全書》，臺北市：臺灣商務，1986 初版。

56.〔元〕吳澄撰，《春秋纂言總例》，《影印文淵閣四庫全書》，臺北市：臺灣商務，1986 初版。

57.〔元〕陳則通撰，《春秋提綱》，《影印文淵閣四庫全書》，臺北市：臺灣商務，1986 初版。

58.〔元〕齊履謙撰，《春秋諸國統紀》，《影印文淵閣四庫全書》，臺北市：臺灣商務，1986 初版。

59.〔元〕程端學撰，《春秋本義》，《影印文淵閣四庫全書》，臺北市：臺灣商務，1986 初版。

60.〔元〕程端學撰，《春秋或問》，《影印文淵閣四庫全書》，臺北市：臺灣商務，1986 初版。

61.〔元〕程端學撰，《春秋三傳辨疑》，《影印文淵閣四庫全書》，臺北市：臺灣商務，1986 初版。

62.〔元〕王元杰撰，《春秋讞義》，《影印文淵閣四庫全書》，臺北市：臺灣商務，1986 初版。

63.〔元〕李廉撰，《春秋諸傳會通》，《影印文淵閣四庫全書》，臺北市：臺灣商務，1986 初版。

64.〔元〕鄭玉撰，《春秋闕疑》，《影印文淵閣四庫全書》，臺北市：臺灣商務，1986 初版。

65.〔元〕趙汸撰，《春秋集傳》，《影印文淵閣四庫全書》，臺北市：臺灣商務，1986 初版。

66. 〔元〕趙汸撰，《春秋師說》，《影印文淵閣四庫全書》，臺北市：臺灣商務，1986 初版。

67. 〔元〕趙汸撰，《春秋左氏傳補注》，《影印文淵閣四庫全書》，臺北市：臺灣商務，1986 初版。

68. 〔元〕趙汸撰，《春秋金鎖匙》，《影印文淵閣四庫全書》，臺北市：臺灣商務，1986 初版。

69. 〔元〕趙汸撰，《春秋屬辭》，《影印文淵閣四庫全書》，臺北市：臺灣商務，1986 初版。

70. 〔元〕汪克寬撰，《春秋胡傳附錄纂疏》，《影印文淵閣四庫全書》，臺北市：臺灣商務，1986 初版。

71. 〔明〕張以寧撰，《春秋春王正月考》，《影印文淵閣四庫全書》，臺北市：臺灣商務，1986 初版。

72. 〔明〕石光霽撰，《春秋書法鈎元》，《影印文淵閣四庫全書》，臺北市：臺灣商務，1986 初版。

73. 〔明〕胡廣等撰，《春秋大全》，《影印文淵閣四庫全書》，臺北市：臺灣商務，1986 初版。

74. 〔明〕童品撰，《春秋經傳辨疑》，《影印文淵閣四庫全書》，臺北市：臺灣商務，1986 初版。

75. 〔明〕湛若水撰，《春秋正傳》，《影印文淵閣四庫全書》，臺北市：臺灣商務，1986 初版。

76. 〔明〕陸粲撰，《左傳附注》，《影印文淵閣四庫全書》，臺北市：臺灣商務，1986 初版。

77. 〔明〕陸粲撰，《春秋胡氏傳辨疑》，《影印文淵閣四庫全書》，臺北市：臺灣商務，1986 初版。

78. 〔明〕熊過撰，《春秋明志錄》，《影印文淵閣四庫全書》，臺北市：臺灣商務，1986 初版。

79. 〔明〕高拱撰，《春秋正旨》，《影印文淵閣四庫全書》，臺北市：臺灣商務，1986 初版。

80. 〔明〕王樵撰，《春秋輯傳》，《影印文淵閣四庫全書》，臺北市：臺灣商務，1986 初版。

81. 〔明〕徐學謨撰，《春秋億》，《影印文淵閣四庫全書》，臺北市：臺灣商務，1986 初版。

82. 〔明〕姜寶撰，《春秋事義全考》，《影印文淵閣四庫全書》，臺北市：臺灣商務，1986 初版。

83. 〔明〕傅遜撰，《春秋左傳屬事》，《影印文淵閣四庫全書》，臺北市：臺灣商務，1986 初版。

84.〔明〕袁仁撰,《春秋胡傳考誤》,《影印文淵閣四庫全書》,臺北市:臺灣商務,1986 初版。

85.〔明〕馮時可撰,《左氏釋》,《影印文淵閣四庫全書》,臺北市:臺灣商務,1986 初版。

86.〔明〕楊于庭撰,《春秋質疑》,《影印文淵閣四庫全書》,臺北市:臺灣商務,1986 初版。

87.〔明〕高攀龍撰,《春秋孔義》,《影印文淵閣四庫全書》,臺北市:臺灣商務,1986 初版。

88.〔明〕卓爾康撰,《春秋辯義》,《影印文淵閣四庫全書》,臺北市:臺灣商務,1986 初版。

89.〔明〕朱朝瑛撰,《讀春秋略記》,《影印文淵閣四庫全書》,臺北市:臺灣商務,1986 初版。

90.〔明〕王介之撰,《春秋四傳質》,《影印文淵閣四庫全書》,臺北市:臺灣商務,1986 初版。

91.〔明〕王道焜、趙如源同編,《左傳杜林合注》,《影印文淵閣四庫全書》,臺北市:臺灣商務,1986 初版。

92.〔清〕庫納勒、李光地撰,《日講春秋解義》,《影印文淵閣四庫全書》,臺北市:臺灣商務,1986 初版。

93.〔清〕王掞、張廷玉撰,《欽定春秋傳說彙纂》,《影印文淵閣四庫全書》,臺北市:臺灣商務,1986 初版。

94.〔清〕傅恆等撰,《御纂春秋直解》,《影印文淵閣四庫全書》,臺北市:臺灣商務,1986 初版。

95.〔清〕顧炎武撰,《左傳杜解補正》,《影印文淵閣四庫全書》,臺北市:臺灣商務,1986 初版。

96.〔清〕王夫之撰,《春秋稗疏》,《影印文淵閣四庫全書》,臺北市:臺灣商務,1986 初版。

97.〔清〕俞汝言撰,《春秋四傳糾正》,《影印文淵閣四庫全書》,臺北市:臺灣商務,1986 初版。

98.〔清〕俞汝言撰,《春秋平義》,《影印文淵閣四庫全書》,臺北市:臺灣商務,1986 初版。

99.〔清〕朱鶴齡撰,《讀左日鈔》,《影印文淵閣四庫全書》,臺北市:臺灣商務,1986 初版。

100.〔清〕馬驌撰,《左傳事緯》,《影印文淵閣四庫全書》,臺北市:臺灣商務,1986 初版。

101.〔清〕毛奇齡撰,《春秋毛氏傳》,《影印文淵閣四庫全書》,臺北市:臺灣商務,1986 初版。

102. 〔清〕毛奇齡撰,《春秋簡書刊誤》,《影印文淵閣四庫全書》,臺北市:臺灣商務,1986 初版。

103. 〔清〕毛奇齡撰,《春秋屬辭比事記》,《影印文淵閣四庫全書》,臺北市:臺灣商務,1986 初版。

104. 〔清〕高士奇撰,《春秋地名考略》,《影印文淵閣四庫全書》,臺北市:臺灣商務,1986 初版。

105. 〔清〕徐庭垣撰,《春秋管窺》,《影印文淵閣四庫全書》,臺北市:臺灣商務,1986 初版。

106. 〔清〕張尚瑗撰,《左傳折諸》,《影印文淵閣四庫全書》,台北市:台灣商務,1986 初版

107. 〔清〕張尚瑗撰,《公羊折諸》,《影印文淵閣四庫全書》,台北市:台灣商務,1986 初版

108. 〔清〕張尚瑗撰,《穀梁折諸》,《影印文淵閣四庫全書》,台北市:台灣商務,1986 初版

109. 〔清〕焦袁熹撰,《春秋闕如編》,《影印文淵閣四庫全書》,臺北市:臺灣商務,1986 初版。

110. 〔清〕張自超撰,《春秋宗朱辨義》,《影印文淵閣四庫全書》,臺北市:臺灣商務,1986 初版。

111. 〔清〕方苞撰,《春秋通論》,《影印文淵閣四庫全書》,臺北市:臺灣商務,1986 初版。

112. 〔清〕陳厚耀撰,《春秋世族譜》,《影印文淵閣四庫全書》,臺北市:臺灣商務,1986 初版。

113. 〔清〕陳厚耀撰,《春秋長曆》,《影印文淵閣四庫全書》,臺北市:臺灣商務,1986 初版。

114. 〔清〕惠士奇撰,《惠氏春秋說》,《影印文淵閣四庫全書》,臺北市:臺灣商務,1986 初版。

115. 〔清〕顧棟高撰,《春秋大事表》,《影印文淵閣四庫全書》,臺北市:臺灣商務,1986 初版。

116. 〔清〕程廷祚撰,《春秋識小錄》,《影印文淵閣四庫全書》,臺北市:臺灣商務,1986 初版。

117. 〔清〕惠棟撰,《春秋左傳補注》,《影印文淵閣四庫全書》,臺北市:臺灣商務,1986 初版。

118. 〔清〕沈彤撰,《春秋左傳小疏》,《影印文淵閣四庫全書》,臺北市:臺灣商務,1986 初版。

119. 〔清〕江永撰,《春秋地理考實》,《影印文淵閣四庫全書》,臺北市:臺灣商務,1986 初版。

120.〔清〕吳鼐撰，《三正考》，《影印文淵閣四庫全書》，臺北市：臺灣商務，1986 初版。

121.〔清〕葉酉撰，《春秋究遺》，《影印文淵閣四庫全書》，臺北市：臺灣商務，1986 初版。

122.〔清〕顧奎光撰，《春秋隨筆》，《影印文淵閣四庫全書》，臺北市：臺灣商務，1986 初版。

123.《四書章句集注》，宋・朱熹撰，臺北：世界書局，民國 75 年。

124.《經學通論》，清・皮錫瑞著，臺北：臺灣商務，民國 58 年臺一版。

125.《經學歷史》，清・皮錫瑞著、周予同註，臺北：漢京文化事業，72 年 9 月初版。

126.《經學通論》，王靜芝著，臺北：環球書局，民國 71 年 2 月再版。

127.《宋代經學之研究》，汪惠敏著，臺北：師大書苑，民國 78 年 4 月初版。

128.《漢代春秋學研究》，馬勇著，成都：四川人民出版社，1992 年 9 月第一版。

129.《春秋宋學發微》，宋鼎宗，臺北：文史哲出版社，75 年 9 月增訂再版。

130.《元史》，明・宋濂等撰，文淵閣四庫全書，臺北：臺灣商務，1986 初版。

131.《明史》，清・張廷玉等撰，文淵閣四庫全書，臺北：臺灣商務，1986 初版。

132.《宋元學案》，清・黃宗羲著，全祖望補，臺北：廣文書局，民國 61 年。

133.《郡齋讀書志》，宋・晁公武編，日本京都：中文出版社，1978 年 7 月。

134.《直齋書錄解題》，宋・陳振孫編，日本京都：中文出版社，1978 年 7 月。

135.《經義考》，清・朱彝尊編，日本京都：中文出版社，1978 年 7 月。

136.《四庫全書・經部總目提要經部》，清・永瑢、紀昀等撰，文淵閣四庫全書，臺北：臺灣商務，1986 初版。

137.《元人傳記資料索引》，王德毅，李榮村，潘伯澄編，臺北：新文豐出版公司，民國 68 年 11 月初版。

138.《明人傳記資料索引》，臺北：國立中央圖書館編，文史哲出版社，民國 67 年。

139.《清儒傳略》，嚴文郁編，臺北：臺灣商務，民國 79 年 7 月初版。

140.《四庫全書・經部傳記資料索引》，四庫全書編纂小組，臺北：臺灣商務，民國 80 年 6 月初版。

141.《四庫全書・經部纂修研究》，黃愛平著，北京：中國人民大學出版社，1989 年 1 月第一版。

142.《二程全書》，宋・程顥、程頤著，臺北：臺灣中華書局，民國 55 年 3 月台一版。

143. 《朱子語錄》，宋·朱熹著，文淵閣四庫全書，臺北：臺灣商務，1986 初版。

144. 《范注穀梁發微》，王熙元著，台北：嘉新水泥公司文化基金會，1972 初版。

145. 《四庫全書總目提要研究》，莊清輝著，國立政治大學中國文學研究所碩士論文，民 76 年。

146. 文淵閣四庫全書電子版〔線上資料庫〕＝Electronic version of Siku Quanshu ／ 迪志文化出版公司製作香港：迪志文化公司出版，臺北市：大鐸資訊股份有限公司經銷，1999。

期刊論文

1. 〈春秋左傳杜氏義述要〉，王初慶著，《輔仁人文學報》第 4 期，民國 64 年 5 月。

2. 〈試析公羊傳穀梁傳對語序的訓釋〉，朱永平，《陝西大學學報》（哲學社會科學版）第 3 期，1987 年 8 月。

3. 〈左傳屬辭比事的成就——以記晉惠公與晉文公為例〉，簡宗梧著，《東方雜誌復刊》第二十一卷第 10 期，民國 77 年 4 月。

附錄：《春秋》名家小傳 [註1]

漢　代

胡毋生（？），字子都，齊人。治《公羊春秋》，爲景帝博士，董仲舒著書稱
　　其德。

董仲舒（文帝六年？～太初元年？；西元前 179 年？～104 年？）廣川人。
　　以治《春秋》，景帝時爲博士。武帝即位，爲江都相。以《春秋》災
　　異之變推陰陽所以錯行，故求雨閉諸陽，縱諸陰，其止雨反是，反
　　行之一國，未嘗不得所欲。中廢爲中大夫，居舍著《災異之論》。後
　　又相膠西王，恐久獲罪，疾免居家。至卒，以修學著書爲事。故漢
　　興至于五世之間，唯董仲舒明于《春秋》，其所傳《公羊》氏也。

鄭　玄（永建二年～建安四年；西元 127～200 年），字康成，北海高密人。
　　造太學受業，師事京兆第五元先，始通《京氏易》、《公羊春秋》、《三
　　統曆》、《九章算術》。又從東郡張恭祖受《周官》、《禮記》、《左氏春
　　秋》、《韓詩》、《古文尙書》。以山東無足問者，乃西入關，因盧植，
　　事馬融。玄自游學，十餘年乃歸鄉里。學徒相隨已數百千人。及黨
　　錮事起，被禁錮，遂經業，杜門不出。時何休好《公羊》學，遂著
　　《公羊墨守》、《左氏膏肓》、《穀梁廢疾》；玄乃發《墨守》、箴《膏
　　肓》、起《廢疾》。休見而嘆曰：「康成入吾室，操吾矛，以伐我乎！」

〔註 1〕　〈《春秋》名家小傳〉資料摘自：《元人傳記資料索引》、《明人傳記資料索引》、
　　　　　《清儒傳略》、《四庫全書傳記資料索引》等書。

清人輯有鄭玄《箴膏肓》一卷,《起廢疾》一卷,《發墨守》一卷。
凡玄所注《周易》、《尚書》、《毛詩》、《儀禮》、《禮記》等,凡百餘
萬言。經傳洽熟,稱為純儒,齊魯間宗之。

賈　逵(建武六年～永元十三年;西元 30～101 年),字景伯,扶風平陵人。
父徽,逵傳父業,弱冠能誦《左氏傳》及五經本文,以《大夏候尚
書》教授,雖為古學,兼通五家《穀梁》之說,尤明《左氏傳》、《國
語》,為之《解詁》五十一篇,永平中,上疏獻之。建初元年,詔入
講北宮白虎觀、南宮雲臺。帝善其說,使發《左氏傳》大義長于二
傳者。書奏,帝嘉之,令逵自選《公羊》嚴、顏諸生高材者二十人,
教以《左氏》。八年,乃召諸儒各選高材生,受《左氏》、《穀梁春秋》、
《古文尚書》、《毛詩》,由是四經遂行於世。逵所著經傳義詁及論難
百餘萬言,學者示之,後世稱為通儒。

何　休(永建四年～光和五年;西元 129～182 年),字邵公,任城樊人。精
研六經,世儒無及者。太傅陳藩辟之,參與政事。藩敗,休坐廢錮,
乃作《春秋公羊解詁》,覃思不窺門十有七年。又注訓《孝經》、《論
語》、鳳角七分,皆緯典謨,不與守文同說。又以《春秋》議漢事六
百餘條,妙得《公羊》本意。善曆算,與其師博士羊弼,據李育意
以難二傳,作《公羊墨守》、《左氏膏肓》、《穀梁廢疾》。黨解禁,又
辟司徒,拜議郎,再遷諫議大夫,年五十四,光和五年卒。

晉　代

杜　預(章武二年～太康五年;西元 222～284 年),字元凱,京兆杜陵人。
咸寧中,拜鎮南大將軍,都督荊州諸軍事,屯守南陽。預乃修召信
臣遺跡,激用滍淯諸水,以浸原田萬餘頃,分疆刻石,使有定分,
公私同利,眾庶賴之,號為杜父。歌之曰:「後世無叛由杜翁,誰識
智名與勇功」,後徵為司隸校尉,加位特進行次鄧縣,卒年時六十三,
追贈開府儀同三司,諡曰成。自稱有「《左傳》癖」,著有《春秋左
氏經傳集解》。

范　甯(咸康五年～隆安五年;西元 339～401 年),字武子,順陽人。父汪
博學有幹略,仕至都督葆兗二州刺史。甯少孤貧,執喪盡禮,廬於

外家園中，燃薪寫書，遍誦讀。初官徐袞，以忤桓溫廢。溫死起，為餘杭令，興學校，養生徒期年風化大行。後為豫章太守，遣議曹下屬城取邵大姓子弟充學徒，課五經。甯以傳《春秋》者多互異，漢何休守《公羊》最嚴，晉杜預特尊《左氏》，而《穀梁》無能發明，因沉思積年，商略名例，著為《集解》，傳於世，從祀文廟。

唐　代

啖　助（天寶元年～大曆五年；西元 742～770 年），字叔佐，趙州人，後徙關中。淹該經術。天寶末，調臨海尉，丹陽主簿，善為《春秋》，考三家短長，縫綻漏闕，號《集傳》。復攝其綱條為例統，門人趙匡、陸淳其高弟也。助卒，淳與其子異錄助所為《春秋集註總例》，請匡損益，淳纂會之，號《纂例》。

趙　匡（？）字伯循，河東人。歷洋州刺史。淳所稱為趙夫子者。

陸　淳（？～貞元二十一年；？～西元 805 年），吳郡人。避憲宗諱，改名質。有經學，尤深於《春秋》。師事啖助，頗傳其學，由是知名。陳少遊知揚州，愛其才，辟為從事。後薦於朝，拜左拾遺，轉太常博士，累遷左司郎中。坐細故，改國子博士，歷信台二州刺史。順宗即位，徵為給事中，改賜名質。遭韋執誼譖，未幾病卒。著有《春秋集傳纂例》、《春秋微旨》、《春秋辨疑》。

孔穎達（太建六年～貞觀，二十二年；西元 574～648 年），字仲遠。孔子三十二代孫，貞觀初，為國子司業加散騎常侍曲阜男，常諍諫，太子闕失，夫人曰：「太子年長，不宜面折其過。」對曰：「受國厚深，盡職以報。」拜祭酒，帝幸太學，命穎達講經。受詔撰五經義訓，凡百餘篇，號「義贊」，詔改為「正義」。列於學宮，進封子爵。

宋　代

孫　復（淳化三年～嘉祐二年；西元 992～1057 年），字明復，平陽人。舉進士不第，退居泰山，學《春秋》，稱泰山先生。范仲淹、富弼言復有經術，除秘書省校書郎、國子監直講，累遷殿中丞。嘉祐二年卒，年六十六。復既病，韓琦言於仁宗，選書吏給紙筆，命其門人祖無

擇就其家得書十有五篇，錄藏祕閣。著《春秋尊王發微》及《睢陽小集》。

劉　敞（天禧三年－熙寧元年；西元 1019～1068 年），字原父，號公是，臨江新喻人，立之子。慶曆六年進士，歷右正言，知制誥。奉使契丹，素知山川道徑及異獸形狀，遼人歎服。改集賢院學士，判御史臺。敞學問淵博，爲文敏贍，嘗草制，時將下直，會追封王主九人，立馬卻坐，頃之，即成。歐陽修每有所疑，輒以書問之，修服其博。熙寧元年四月卒，年五十。長於《春秋》，有《春秋權衡》、《春秋傳》、《春秋意林》、《春秋說例》合四十一卷，又有《七經小傳》五卷、《公是弟子記》五卷，《公是集》六十卷。

孫　覺（天聖六年～元祐五年；西元 1028～1090 年），字莘老，高郵人。師事胡瑗，登皇祐元年進士第，累擢至右正言。王安石早與覺善，驟引用之，將援以爲助。而覺與異議，條奏青苗法病民，由是知廣德軍。哲宗立，累遷御史中丞，以疾請罷，除龍圖閣學士，奉祠歸，元祐五年二月卒，年六十三。有文集、奏義六十卷、《春秋經社要義》六十卷、《春秋經解》十五卷、《春秋學纂》十二卷。初覺爲安石所逐，及安石退居鍾山，乃肩舟造訪，及安石卒，作文誄之，人服其德量。

※胡瑗（淳化四年～嘉祐四年；西元 993～1059 年），字翼之，泰州如皋人，祖籍安定，故學者稱爲安定先生。以經術教授吳中，景祐初更定雅樂。范仲淹薦之，以白衣對崇政殿，授校書郎，以保寧節度推官教授湖州，弟子數百人，置經義治事二齋，諸生各就其志，以類群居。慶曆中興太學，下湖州取其法，著爲令。後在太學，其徒益眾，禮部所得士，瑗弟子十居四五，隨材高下而修飾之。人遇之，雖不識，皆知爲瑗弟子也。以太常博士致仕歸，嘉祐四年六月卒，年六十七，諡文昭。有《周易口義》，《洪範口義》，及《資聖集》十五卷。

蘇　轍（寶元二年～政和二年；西元 1039～1112 年），字子由，一字同叔，眉山人，軾弟。與軾同登嘉祐二年進士，又同策制舉，以直言置下等，授商州軍事推官。神宗朝王安石以執政領三司條例，命轍爲之屬，安石行青苗法，轍力陳其不可，出爲河南推官。哲宗召爲右司諫，蔡確、韓縝、辛惇皆在位，窺伺得失，轍皆論去之。又論竇呂

惠卿，累遷御史中丞，拜尚書右丞，進門下侍郎。紹聖初廷試進士，中書舍人李清臣撰策題，爲紹述之說，轍疏諫，哲宗不悅，落職知汝州。累謫雷州安置，移循州。徽宗立，徙永州岳州，已而復大中大夫致仕。築室於許，號潁濱遺老。政和二年卒，年七十四，諡文定。轍性沉靜簡潔，爲文汪洋澹泊，似其爲人。有《詩傳》、《春秋傳》、《論語拾遺》、《孟子解》、《古史》、《老子解》、《龍川志略》、《欒城前後集》。

崔子方（？），字彥直，一字伯直，號西疇居士，涪陵人。通《春秋》學，與蘇軾、黃庭堅游，紹聖間三上疏乞置《春秋》博士，不報。乃隱居眞州六合縣，杜門著書。有《春秋經解》十二卷、《春秋本例》二十卷、《春秋例要》一卷。

張大亨（？），字嘉父，湖州。登元豐八年進士乙科，官至直秘，有《春秋五禮例宗》十卷、《春秋通訓》十六卷。

※蘇軾（景祐三年～建中靖國元年；西元 1036～1101 年），字子瞻，號東坡居士，眉山人，洵長子。博通經史，隨父來京師，受知於歐陽修，嘉祐二年試禮部第二，遂中進士，再中六年制科優等，除大理評事，簽書鳳翔府判官。召試直史館，丁父憂，服除，攝開封府推官。熙寧中王安石創行新法，軾上書論其不便，安石怒，使御史謝景溫論奏其過，窮治無所得，軾遂請外，通判杭州。再徙知湖州，言者摭其詩語以爲訕謗，逮赴臺獄，欲實之死，鍛鍊久不決，以黃州團練副使安置，移汝州。哲宗即位，起知登州，召爲起居舍人，遷中書舍人，拜翰林學士兼侍讀，尋以龍圖閣學士知杭州。召爲翰林承旨，歷端明殿翰林侍讀兩學士，出知惠州。紹聖中累貶瓊州別駕，敕還，提擧玉局觀。復朝奉郎，建中靖國元年七月卒，年六十六，諡文忠。試師父洵爲文，既而得之於天，嘗自謂作文如行雲流水，初無定質，其體涵渾光芒，雄視百代。有《易傳》、《書傳》、《論語說》、《仇池筆記》、《東坡志林》、《東坡七集》、《東坡詞》等凡數百卷。又善書，兼工繪事。

葉夢得（熙寧七年～人慶五年；西元 1074～1148 年），字少蘊，號肖翁，又號石林，吳縣人，清臣從曾孫。紹聖四年進，徽宗朝累遷翰林學士，數上書極論時事。高宗駐蹕揚州，除戶部尚書，陳待敵之計有三，

日形，日勢，日氣。因請南巡，阻江爲險，以備不虞。紹興初爲江東安撫大使，上章請老，拜崇信軍節度使。紹興十八年卒，年七十二。夢得嗜學早成，多識前言往行，尤工於詞。有《石林春秋傳》、《石林居士建康集》、《石林詞》、《避暑錄話》、《石林燕語》、《石林詩話》。

呂本中（元豐七年～紹興十五年；西元 1084～1145 年），初名大中，字居仁，壽州人，徙居京師，好問子。紹興六年賜進士，以蔭補承務郎，累遷中書舍人兼直學士院。本中初與秦檜同爲郎，相得甚歡，檜既相，私有引用，本中封還除目。趙鼎素主元祐之學謂本中公著後，故深相知。檜怒，風御史蕭振劾罷之，提舉太平觀。紹興十五年卒，年六十二。諡文清。學者稱東萊先生。著有《春秋集解》、《童蒙訓》、《師友淵源錄》、《東萊詩集》、《紫薇詩話》、《紫薇雜說》。其詩得黃庭堅、陳師道句法。

胡安國（咸雍十年～紹興八年；西元 1074～1138 年），字康侯，建寧崇安人，淵子。紹聖四年進士，擢太學博士，足不躡權門。父沒終喪，遂不仕。靖康初除太常少卿、起居舍人，皆辭。高宗時以張浚薦，除中書舍人兼侍講，獻〈時政論〉二十一篇，尋以疾求出，留兼侍講。王安石廢《春秋》，安國曰：「先聖傳心要期，乃使人主不得聞，學士不得聞，可乎？」遂潛心專講《春秋》。累官給事中，朱勝非相，安國竟歸，卒於紹興八年四月，年六十五，諡文定。謝良佐嘗稱其如大冬嚴雪，百草萎死而松柏獨秀，學者稱武夷先生。有《文集》十五卷，《春秋傳》三十卷，《通鑑舉要補遺》一百卷。又有《上蔡語錄》。

※程頤（明道二年～大觀一年；西元 1033～1107 年），正叔，河南人，顥弟。與顥同受學於周敦頤，年十八，游太學，著〈顏子好學論〉，胡瑗大驚異之，即延見，處以學職。召爲秘書省校書郎，哲宗初，擢崇政殿說書，每進講，色甚莊，繼以諷諫，出勾管西京國子監，紹聖中削籍，竄涪州。徽宗即位，徙峽州，俄而復官，崇寧中致仕。大觀元年卒，年七十五。頤學本於誠，以《大學》、《語孟》、《中庸》爲標指，而達於六經，動止語默，一以聖人爲師。世稱伊川先生。嘉定十三年賜諡正。有《易傳》、《春秋傳》、《語錄》、及文集。

高　閌（紹聖四年～紹興二十三年；西元 1097 年～西元 1153 年），字抑崇，
　　號息齋，鄞人。八歲通經史大義，紹興元年以上舍選賜進士第，召
　　為秘書省正字，累官國子司業。時興太學，閌奏宜先經術，帝然之。
　　中興以後，學制多閌所建立，除禮侍郎，秦檜疑有他，被劾出知筠
　　州，不赴，紹興二十三年正月卒，年五十七，謚憲敏。有《春秋集
　　傳》。

陳傅良（紹興七年～嘉泰三年；西元 1137～1203 年），字君舉，號止齋，溫
　　州瑞安人。少為文自成一家，後師事鄭伯熊、薛季宣，傳永嘉之學。
　　乾道八年登進士甲科，累遷起居舍人，時光宗以疾不朝重華宮，傅
　　良抗疏忠懇，至引帝裾。不聽，掛冠徑行。寧宗即位，召為中書舍
　　人，兼侍讀，直學士院。嘉泰初知泉州，進寶謨閣待制致仕。嘉泰
　　三年卒，年六十七。謚文節。有《詩解詁》、《周禮說》、《春秋後傳》、
　　《左氏章旨》、《歷代兵制》、《永嘉八面鋒》、《止齋論祖》、《止齋文
　　集》等書。

沈　棐（？），字文伯，湖州人。著有《春秋比事》二十卷。是書本名《春
　　秋總論》，陳亮為更其名而序之。

※陳亮（紹興十三年～紹熙五年；西元 1143～1194 年），字同甫，一字同父，
　　號龍川，婺州永康人，益孫。自幼穎異，才氣超邁，喜談兵，志存
　　經濟。隆興初上〈中興五論〉，不報，退益力學著書。其學自孟子後，
　　惟推王通。淳熙中更名同，詣闕上書，極言時事，帝將官之，亮即
　　渡江而歸。紹熙四年，光宗策進士，問禮樂刑政之要，亮以君道師
　　道對，光宗大悅，御筆擢為第一，授簽書建康府判官。未之官踰年
　　卒，年五十二。端平初追謚文毅。有《三國紀年》、《歐陽文粹》、《龍
　　川文集》、《龍川詞》等。

程公說（乾道七年～應天二年；西元 1171～1207 年），字伯剛，號克齋，眉
　　山人，公許兄。積學苦志，第進士，官邛州教授，值吳曦以蜀叛，
　　毀車，抱經逃歸，奉父入山，開禧三年三月，悒悒而沒，年僅三十
　　七。有《左氏始終》三十六卷，《通例》二十卷、《比事》十卷、《詩
　　古文辭》二十卷及《語錄士訓》等書，已散佚，存者有《春秋分紀》
　　九十卷。

李明復（？），改名明俞，字伯勇，合陽人。嘉定中太學生。有《春秋集義》
　　五十卷、《春秋綱領》三卷。

張　洽（天盛三十一年～嘉熙元年；西元 1161～1237 年），漢州人，徙居衡
　　陽，栻孫。官揚州司理參軍，有兄弟爭財者，諭之曰：「訟于官是吏
　　胥之利，冒法求勝，孰若全手足之愛」，訟者感悟。後爲白鹿洞書院
　　山長，倡明家學。著有《春秋集注》。

※朱熹（建炎四年～慶元六年；西元 1130～1200 年），字元晦，一字仲晦，
　　號晦庵，晚號晦翁，婺源人，寓建州，松子。紹興十八年進士，授
　　泉州同安主簿。孝宗初，召爲武學博士，未就。淳熙初，以薦召爲
　　秘書郎，擢知南康軍，講求荒政，全活無算。遷提舉江西常平茶鹽
　　公事，歷江西提刑，入爲侍講。光宗末，除寶文閣待制知江陵府。
　　旋以煥章閣待制提舉南京鴻慶宮。慶元二年爲御史所劾，落職罷祠。
　　六年三月卒，年七十一。嘉定初諡曰文。寶慶中贈太師，追封信國
　　公，淳祐中從祀孔廟。熹歷仕高孝光寧四朝，凡所奏聞，皆正心誠
　　意修齊治平之道。平生好古敏求，每以所學教人。居崇安時，榜廳
　　事曰紫陽書堂，故稱紫陽。又草堂於建陽之雲谷，自稱雲谷老人。
　　晚卜築於建陽考亭，作滄州精舍，自號滄洲病叟，又號遯翁。考亭
　　爲講學之所，故人稱考亭學派。其學出於李侗、羅從彥，盡得程氏
　　之傳。大抵窮理以致其知，反躬以踐其實，而以居敬爲主。所著有
　　《易本義啓蒙》、《著卦考誤》、《詩集傳》、《大學中庸章句或問》、《論
　　語孟子集注》、《太極圖通書西銘解》、《楚辭集注辨證》、《韓文考異》。
　　所編次有《論孟集議》、《孟子指要》、《中庸輯略》、《孝經刊誤》、《小
　　學書》、《通鑑綱目》、《三朝五朝名臣言行錄》、《家禮》、《近思錄》、
　　《河南程氏遺書》、《伊洛淵源錄》。又有《文集》一百卷，《生徒問
　　答》凡八十卷，《別錄》十卷，多傳於世。

李　琪（？）字孟（夢）開，亦字開伯，吳郡人，彌遜孫。慶元二年進士，
　　官國子司業。著有《春秋王霸列國世紀編》三卷，書成於嘉定四年，
　　每國紀後有序論。

洪咨夔（淳熙三年～端平三年；西元 1176～1236 年），字舜俞，號平齋，於
　　潛人，鉽子。嘉泰二年進士，以薦歷成都通判，毀鄧艾祠，更祠諸
　　葛亮。告其民曰：「毋事仇讎而忘父母」。應詔陳言，父見其疏曰：「吾

能喫茄子飯，汝無憂」。歷官監察御史，劾罷樞密使薛極，朝綱大振。久之，言不能悉用，遂乞祠，不許，官至刑部尚書、翰林學士。端平三年卒，年六十一，諡忠文。有《春秋說》三十卷，《平齋文集》三十二卷，《兩漢詔令》三十卷。

趙鵬飛（？），字企明，號木訥子，綿州人。爲孫復先生之續傳。著有《春秋經荃》十六卷。

呂大圭（寶慶三年～德祐元年；西元 1227～1275 年），字圭叔，號樸鄉，南安人。楊昭復弟子，淳祐七年進士，累官國子編修實錄檢討官，知漳州軍，節制左翼屯戍軍馬。未行，蒲壽庚降元，令大圭署降表，大圭變服逃入海，爲壽庚所追殺，時德祐元年，年四十九。有《易經集解》、《學易管見》、《春秋或問》、《春秋五論》、《論孟集解》。

家鉉翁（嘉定六年～？；西元 1213 年～？），號則堂，眉山人，大酉孫。身長七尺，狀貌奇偉。學問賅博，尤邃於《春秋》。累官端明殿學士，簽書樞密院事。元兵次近郊，丞相檄告天下守令以城降，鉉翁獨不署。奉命使元，留館中，聞宋亡，旦夕哭涕不食，元欲官之，不受。元成宗即位，放還，賜號處士，賚金帛不受，以壽終。有《春秋詳說》，《則堂集》。

元 代

俞 皋（？），字心遠，婺源人。從趙良鈞學，著有《春秋集傳釋義大成》十二卷。

吳 澄（淳祐九年～元統元年；西元 1249～1333 年），字幼清，晚字伯清，撫州崇仁人。宋咸淳六年領鄉薦，春試不利，還構草屋，講學著書其中，人稱草廬先生。至元二十三年程鉅夫訪賢江南，挽之入京，明年以母老辭歸。大德末除江西儒學副提舉，尋以疾去。至大間授國子監丞，陞司業，未幾辭歸。至治三年超拜翰林學士，泰定元年任經筵講官，修英宗實錄畢，復棄歸。元統元年卒，年八十五。諡文正。著有《吳文正集》一百卷、《易纂言》十卷、《易纂言外翼》八卷、《書纂言》四卷，《儀禮逸經傳》二卷、《禮記纂言》三十六卷、《春秋纂言》十二卷、《孝經定本》一卷、《道德眞經》註四卷。

陳則通（？）號鐵山，著有《春秋提綱》十卷。

齊履謙（景定四年～天曆二年；西元 1263～1329 年），字伯恆，大名人。至
　　元十六年補星曆生，二十九年授星曆教授，大德二年遷保章正，至
　　大三年陞秋官正，延祐元年累除國子司業，至治元年拜太史院使。
　　天曆二年卒，年六十七。諡文懿。著有《春秋諸國統紀》六卷。

程端學（祥興元年～元統二年；西元 1278～1334 年），字時叔，號積齋，鄞縣
　　人，端禮弟。通《春秋》，泰定元年登進士第，授國子助教，遷翰林編
　　修，出爲瑞州路經歷。元統二年卒，年五十七。著有《春秋本義》三
　　十卷、《春秋或問》十卷、《春秋三傳辨疑》二十卷、《積齋集》五卷。

王元杰（？）吳江人。學邃行潔，至正間領薦，值兵興，不復仕，教授於鄉。
　　所著有《春秋讞義》、《貞白英華集》、《水雲清泉集》。

李　廉（？），字行簡，安福人。至正二年進士，授龍興路錄事，官至信豐
　　縣尹，遇寇亂，戰敗守節死。著有《春秋諸傳會通》二十四卷。

鄭　玉（至元二十六年～至正十八年；西元 1298～1358 年），字子美，號師
　　山，歙縣人。覃思六經，尤邃於《春秋》，家居講授，學者盈門。至
　　正十四年詔徵爲翰林侍制，不起，十七年明兵下徽州，守將邀致之，
　　曰：「吾豈事二姓者？」因被拘囚，明年自縊死，年六十一。著有《春
　　秋經傳闕疑》四十五卷、《師山文集》八卷、《遺文》五卷。

趙　汸（延祐六年～洪武二年；西元 1319～1369 年），字子常，號東山，休
　　寧人，象元孫。從學於黃澤，通諸經，尤邃於《春秋》。明初與修元
　　史，洪武二年卒，年五十一。著有《周易文詮》四卷、《春秋集傳》
　　十五卷、《春秋師說》三卷、《春秋屬辭》十五卷、《春秋左氏傳補注》
　　十卷、《春秋金鎖匙》一卷、《東山存稿》七卷。

※黃澤（景定元年～至正六年；西元 1260～1346 年），字楚望，九江人。以
　　明經學道爲志，大德中署江州景星書院山長，遷長豫章東湖書院，
　　秩滿不復仕，家居授徒。至正六年卒，年八十七。著有《易學濫觴》
　　一卷、《春秋師說》三卷、《附錄》二卷。

汪克寬（大德八年～洪武五年；西元 1304～1372 年），字德輔，一字仲裕，祁
　　門人。泰定三年領鄉薦，明年下第，家居著書講學，號環谷先生。明洪
　　武三年徵入朝，與修《元史》成，以老疾辭歸，五年卒，年六十九。著
　　有《經禮補逸》九卷、《春秋胡傳附錄纂疏》三十卷、《環谷集》八卷。

明 代

張以寧（大德五年～洪武三年；西元 1301～1370 年）；字志道，古田人。元泰定四年以《春秋》舉進士，官至翰林侍讀學士。博學強記，擅名於時，人呼小張學士。明師取元都，復授侍講學士。洪武三年使安南，及還，道卒。以寧家古田翠屏山下，學者稱翠屏先生。有《春王正月考》、《翠屏集》。

石光霽（？）字仲濂，泰州人。受學於張以寧。洪武中以明經舉，授國子學正，進博士，作《春秋鉤元》，能傳以寧之學。

胡　廣（洪武三年～永樂十六年；西元 1370～1418 年），字光大，號晃菴，吉水人，子祺子。建文二年舉進士第一，授翰林修撰，賜名靖。成祖即位，廣迎降，復名廣，累官至文淵閣大學士，兼左春坊大學士。兩從帝北征，以醇謹見幸，時人以方漢胡廣，然頗能持大體。善書，每勒石，皆令書之，永樂十六年卒，贈禮部尚書，諡文穆，洪熙初，加贈少師。嘗奉詔纂修《五經四書性理大全》，有《胡文穆集》。

童　品（？）字廷式，蘭谿人。弘治丙辰進士，官兵部員外郎。所著有《周易翼義》、《春秋經傳辨疑》、《禮記大旨》。

湛若水（成化二年～嘉靖三十九年；西元 1466～1560 年），字元易，號甘泉，增城人。少從陳獻章游，弘治十八年登進士，授編修。母喪，廬墓三年。嘉靖時歷南京兵部尚書。王守仁在吏部講學，若水與相應和，築西樵講舍，學者稱甘泉先生。年九十五卒，諡文簡。有《二禮經傳測》、《春秋正傳》、《古樂經傳》、《格物通》、《心性書》、《揚子折衷》、《遵道錄》、《甘泉新論》、《白沙詩教解註》、《甘泉集》等。

陸　粲（弘治七年～嘉靖三十年；西元 1494 年～西元 1551 年），字子餘，一字浚明，號貞山，長洲人。嘉靖五年進士，選庶吉士，補工科給事中，挺勁敢言，以爭張福達獄，下詔獄廷杖。尋草疏論張璁、桂萼，謫貴州都鎮驛丞，遷水新知縣，善治盜，以念母乞歸。母沒，未終喪卒，年五十八。有《左傳附註》、《春秋胡氏傳辨疑》、《左氏春秋鑴》、《陸子餘集》。

徐學謨（嘉靖元年～萬曆二十一年；西元 1522～1593 年），字叔明，一字子言，號太室山人，初名學詩，後更名，嘉定人。嘉靖廿九年進士，授兵部主事，歷湖廣布政使，累官至禮部尚書，卒年七十二。有《春

秋億》、《世廟識餘錄》、《萬曆湖廣總志》、《春秋稿》、《徐氏海隅集》、
《歸有園稿》。

姜　寶（正德九年～萬曆二十一年；西元 1514～1593 年），字廷善（一作惟
　　　善），號鳳阿，丹陽人。嘉靖卅二年進士，授編修，以不附嚴嵩，出
　　　爲四川提學僉事。再遷國子監祭酒，復積分法以造就人才，累官南
　　　京禮部尚書，致仕卒，年八十。清修淳行，不競於物。有《周易傳
　　　義補疑》、《春秋事義全考》、《姜鳳阿文集》。

傅　遜（？）字元凱，嘉定歲貢，以節義自負，善論古今成敗。師事崑山歸
　　　有光，倭寇崑山，請縋城出詣軍府告急，得兵以解圍，人皆壯其義。
　　　所著有《左傳屬事》。

袁　仁（？），字良貴，嘉善人。父祥、祖顯皆有經濟學，仁於天文地理曆
　　　律書數兵法水利之屬，靡不諳習，謂醫雖賤業，可以藏身濟人，遂
　　　寓意於醫。崑山魏校疾召仁，使者三至，弗往，謝曰：「君以心疾召，
　　　當含咀仁義，炮治禮樂，以暢君之精神，不然雖十至無益也。」校
　　　疾愈訪仁，與語三日，大驚，遂定交焉，顯嘗作《春秋傳》三十卷，
　　　祥作《春秋或問》八卷，以發其旨，仁復作《鍼胡編》以闡之。

馮時可（？），字敏卿，號元成，松江華亭人，恩次子。隆慶五年進士，累
　　　官至湖廣參政，所至有治績，尤以著述爲海內所重。著有《易說》、
　　　《詩意》、《左氏釋》、《左氏討》、《上池雜識》、《天地》、《茹茹》等
　　　稿。

楊于庭（？），字道行，全椒人。萬曆八年進士，官至兵部職方司郎中。所
　　　著《春秋質疑》，議論至精確。又工詩，有《楊道行集》。

卓爾康（隆慶四年～順治元年；西元 1570～1644 年），字去病，仁和人。萬
　　　曆舉人，爲大同諫官，遷兩淮分司，罷歸。賊陷京師，悲憤卒，年
　　　七十五。官大同時，盧象昇方爲總督，延之上座咨兵事，爾康抗談，
　　　渥漏下乃已，象昇用其策多效。著有《易說》、《詩學》、《春秋辨義》
　　　諸書。

朱朝瑛（？），字美之，海寧人，崇禎庚辰進士，知旌德縣以外艱歸，遂不
　　　復仕。博稽六藝，各有論著，謂《春秋》闕文錯簡不特郭公夏五，
　　　觀於日食之先時後時可知矣。有《讀春秋略記》，所著《罍菴雜述》、
　　　《金陵遊草》行世，《五經略記》文集藏於家。

王道焜（？），字昭平，錢塘人，天啓元年舉於鄉，崇禎時歷南平知縣，遷
　　南雄同知。會光澤寇發，改邵武同知，知光澤縣事，勦撫兼施，境
　　內底定。後南還，杭州陷，自縊死。嘗與趙如源同編《左傳杜林合
　　注》五十卷。

清　代

馬　驌（泰昌元年～康熙十二年；西元 1620～1673 年），字驪御，又字宛斯，
　　山東鄒平人。官淮安推官，改靈壁知縣，有惠政，歿祀名宦。時人
　　稱爲馬三代。聖祖命大學士張玉書購取其書板入內庫。亭林謁孟廟
　　過鄒平，與之訂交，同訪碑郊外，稱所著書爲必傳之作。著有《左
　　傳事緯》十二卷、《附錄》八卷、《繹史》一百六十卷、《十三代緯書》、
　　《春秋列國表》。

毛奇齡（天啓三年～康熙五十五年；西元 1623～1716 年），又名甡，字大可，
　　號西河，浙江蕭山人。四歲母口授大學即成誦。總角陳子龍爲推官，
　　拔之冠童子軍，遂補諸生。康熙十八年應試博學鴻辭科，列二等，
　　授翰林院檢討，充明史纂修官。後以假歸，得疾不復出。卒後門人
　　蔣樞編輯遺集，分經集文集二部。經集自《仲氏易》以下凡五十種，
　　文集合詩賦序記及他雜著凡二百三十四卷。《四庫全書·經部》收先
　　生所著書多至六十餘部。先生淹貫群經，所自負者在經學。有關《春
　　秋》著述爲《春秋屬辭比事記》四卷、《春秋條貫篇》十一卷、《春
　　秋毛氏傳三十六卷》、《春秋簡書刊誤》二卷。

高士奇（順治元年～康熙四十二年；西元 1644～1703 年），字澹人，號江村。
　　由諸生入太學，以書法稱，旨注翰林，授詹事府錄事，歷陞少歸里，
　　尋召赴史局，又以養母假歸，晉詹事復即家拜禮部侍郎兼學士。士
　　奇性耽書，凡秘府典籍悉資討論，然性極謹密，侍直數十年，出入
　　扈從，未嘗一語及溫室之對，才情敏妙，侍對詩文應聲立就，邑有
　　馮氏舊圃構江村草堂居焉。卒諡文恪，子輿庚辰進士，官翰林院編
　　修。著有《春秋地理考略》。

張尙瑗（？）字宏蘧，江蘇吳江人。康熙二十七年進士，改庶吉士，散館外
　　補江西興國縣知縣。初從朱鶴齡游，講《春秋》之學，作《三傳折

諸》。曰折諸者，取揚雄群言淆亂，折諸聖人語也。凡《左傳》三十卷，《公羊》、《穀梁》各七卷，而用力於《左傳》尤多。取材既廣，儲蓄遂宏，先儒微言大義，亦多錯見其中。所謂披沙揀金，往往見寶，固未可以其糠秕，而盡棄其精英也。著有《三傳折諸》四十四卷。

方　苞（康熙七年～乾隆十四年；西元 1668～1749 年），字鳳九，號靈皋，晚號望溪，安徽桐城人。康熙四十五年貢士補諸生，後游京師，入太學，安溪李文貞（光地）見其文曰：「韓歐復出，北宋後無此作也。」萬斯同降齒與之交，於是一意求經義，好讀宋儒書。舉鄉試第一，成進士後，聞母病歸侍，家居三年。以載名世《南山集》之獄牽連被逮，在繫經歲，研經不輟。李文貞力救之免死。聖祖命入直南書房，又移直蒙養齋，編校樂曆律算諸書，皇子皆呼之曰先生。雍正間三遷為內閣學士，專司書局教習庶吉士。先生性亢直，遇會議屢有爭執，為時所忌，以老病自請解任，仍留教習庶吉士，充經史館總裁。後因事被劾落職，仍在《三禮》館修書，洎《周禮義疏》成，乞解書局，賜侍講銜回籍。嘗論為學宗旨曰：「學行繼程朱之後，文章在歐韓之間。」衛道尤力，遇人攻程朱者，反覆剖辨，必伸其說而後已。於諸經尤深於《三禮》、《春秋》。其《春秋》著述有《春秋通論》四卷、《春秋比事目錄》四卷、《左傳義法舉要》一卷。

陳厚耀（順治五年～康熙四十五年；西元 1648～1722 年），字泗源，號曙峰，江蘇泰州人。康熙時進士，大學士李光地薦其通天文算法召見，以母老就蘇州教授。未踰年召入南書房，授內閣中書。尋命與梅穀成修書蒙養齋，賜算法諸書及西洋儀器。書成授翰林院編修。康熙五十七年充會試同考官，次年以老乞歸。先生以天算之法治《春秋》，因明於曆，所推較杜預為密。其《春秋》著述有《春秋長曆》十卷、《春秋戰國異辭》五十四卷、《春秋世族譜》一卷、《增訂春秋世族源流圖考》六卷。

惠士奇（康熙十年～乾隆六年；西元 1671～1741 年），字仲儒，號半農，江蘇吳縣人。研谿（周惕）子。成進士改庶吉士，授編修。康熙庚子典試湖南，尋督學廣東。雍正癸卯命留任，洊升侍讀學士。後罷官。乾隆丁巳補侍讀，戊午以病告歸。先生盛年兼治經史，晚尤邃於經

學。幼讀史，於〈天文〉、〈樂律〉二志，未盡通曉；及官翰林，因新法究推步之原。有《春秋說》十五卷。

顧棟高（康熙十八～乾隆二十四年；西元 1679～1759 年），字複初，又字震滄，號左畬，江蘇無錫人。康熙時進士，授內閣中書，雍正中罷職。乾隆十五年，詔中外大臣薦舉經明行脩之士，所舉凡四十餘人，先生爲鄒侍郎一桂所舉。高宗嚴其選，惟先生及陳祖范、吳鼎、梁錫與四人被擢，並授國子監司業。先生以年老不任職，卒於家。先生學出於紫超高氏，治經於《春秋》最深。其《春秋》著述有《春秋大事表》五十卷、《輿圖》一卷、附錄一卷。

程廷祚（康熙三十年～乾隆三十二年；西元 1691～1767 年），初名石開，字啓生，號綿莊，又號青溪居士，原籍安徽休寧，後徙江蘇上元。少好辭賦。從外舅陶氏，得顏（元）、李（塨）之書，讀而好之。時習齋已歿，上書恕谷，致願學之意。既而恕谷南游，先生過從問學。其學出入於黃梨洲（宗羲）、顧亭林（炎武），而以習齋爲主。讀書極博，皆歸於實用。乾隆初徵試博學鴻詞。十六年薦舉經學，皆報罷。自試鴻博後，不再應科舉。其《春秋》著述有《春秋識小錄》。

惠　棟（康熙三十六年～乾隆二十三年；西元 1697～1758 年），字定宇，號松崖，江蘇吳縣人半農（士奇）七子，先生最著。自幼篤志向學，家多藏書，日夜講誦於經史諸子、稗官野乘及七經瑟緯之學，無所不通。家貧，課徒自給，行義至高。年五十後，專心經術，於諸經熟洽貫串，尤虔於易。錢大昕謂擬諸前儒，當在何休、服虔之間，馬融、趙岐輩不及也。其《春秋》著述有《春秋左傳補注》六卷。

沈　彤（康熙二十七年～乾隆十七年；西元 1688～1752 年），字冠雲，號果堂，江蘇吳江人。從何學士義門游。雍正間至京師，方侍郎望溪（苞）絕重之。乾隆元年召試博學鴻詞報罷，預修三禮及一統志，後以親它歸。生平敦孝友，撫育諸弟，與人交以至情相感，不侵然諾。先生爲人醇篤，盡洗吳中名士之習。讀書以窮經爲事，貫穿古人之異同，而求其至是。爲文章不務辭華，獨抒心得。其《春秋》著述有《春秋左氏傳疏》一卷。

江　永（康熙二十年～乾隆二十七年；西元 1681～1762 年），字慎修，安徽婺源人。數十年槬戶授徒。爲人和易，處鄉黨以孝悌仁讓爲先，人

多化之。朝廷求經術之儒，有欲進其所爲書且舉之者，則以頹老辭。
先生爲學長於比勘，明於步算、鐘律、聲韻，而於《三禮》尤深。
婺源江氏與元和惠氏同時並起，其後治漢學者皆奉爲先河。婺源之
學，一傳而爲休寧，再傳而後金壇高郵，其學派傳衍比於惠氏爲尤
光大矣。其《春秋》著述有《春秋地理考實》。

（※代表所錄之人是前一人之師或與前一人之著述相關者。）

後　記

　　《論春秋的屬辭比事》重新出版編輯期間，恩師　王金凌教授驟逝。老師過世前一週（2011 年 10 月 09 日）寫了一封電子郵件勉勵在人生頓挫中的我：

　　秀富學棣：人生過程中的順逆、際遇多數是人無法主宰的，能夠自主的是自己的素養。人所需要的在維生方面並不多，衣食足以維持健康的身體就夠了，剩下的都是讓此心愜意、愉快。而讓此心愜意、愉快的方式，在己是知識的思索和心境的遨遊，知識的思索須進入各學門的知識，而心境的遨遊則從事各種藝術、娛樂活動，在人則是為善助人。不論在己或在人，根本處是恬淡。這些內外的活動就是學道的活動。

王金凌

由學習知識到學道，這樣的師生緣份是從大三上老師的「各體文習作」課開始的。大三，啟蒙的開端，老師上曹植〈求自試表〉，為我開啟了生命經驗與知識的連結，讀書變成一件有意義的事。

　　大四、大五上「文學理論」與「文心雕龍」，習慣把老師上課說的話一字不漏筆記的習慣，在老師講話邏輯一貫、條理組織分明的訓練下，我的腦袋也跟著分明了起來。老師慣於引用西方學術成果，來體解中國傳統的文本，因此也養成閱讀各種不同領域學術思想的習慣。我常年閱讀榮格心理學的著作，並在生命中體驗、觀察、思考，即來自老師的啟迪。

　　研一上「治學方法」，研二請老師指導碩士論文的寫作。我的筆很笨，但也因為笨所以有福，老師一字一句的看，一字一句的修，調整段落結構，寫

好後又重新調整章節結構。學力不足卡住的地方，老師還要幫我寫。老師百日時，與同門師兄弟上山，在老師樹葬的園子中，我們仍較量著當年老師修改碩士論文的盛況。

18 年後，回所裡讀博士班，再度回到老師的課堂，上「先秦學術專題」、「魏晉玄學專題」。有了生活與工作的經歷，每一堂課都是感動，每一堂課都是幸福，每一堂課都覺得往上提一層。老師邏輯依然清晰準確，老師最愛在黑板上圖解說明，從人類欲望的不會滿足特性說起，將中文系所有課程的學問一個一個放進去，讓我們知道儒家、諸子的位置在那裡，解決什麼問題。放在現代的學術分類中，是屬於什麼範疇，位置在那裡，它們彼此的關係是什麼。文學、藝術的位置在那裡，解決什麼問題。宗教的位置在那裡，人類的學問在那一個位置上是互通、融合的。老師常說他要寫一篇文章，讓老子、孔子、莊子、達摩、亞理斯多得等一起來開研討會，他則擔任翻譯工作，讓他們彼此能溝通。

偶爾，老師會分享他靜坐、練氣功的體驗，分享他學道的門徑，老師總會說這在學術上是不談，但古人因祭祀經驗，體會過這種境界，《道德經》從境界中發言，但不談過程，佛經則將過程的每一個階段都談得很清楚。坐在課堂中，如沐春風，生命的問題，又豈是學術研究所能盡知的呢！

此刻，坐在書齋中，聞著河畔傳來陣陣苦楝紫花的香氣，想起　恩師，更覺生命緣起聚散是如此的深奧、難以想像。……

林秀富於蘭陽 20130315

《左傳》辭令研究

李青苗　著

作者簡介

　　李青苗：1976 年出生於吉林省白城市。東北師大文學院，本科，碩士，博士；吉林大學文學院，博士後。東北師範大學文學院教師，副教授。專業：古代文學與文獻；語言學及應用語言學。

　　主持或參與國家社科項目，教育部等部委項目，吉林省社科項目，東北師大青年基金項目、青年團隊項目等 10 餘項。近年發表 CSSCI、核心期刊等論文 10 餘篇。主編、參編教材兩部。

　　獲得省級、校級獎勵多項。

提　　要

　　《左傳》中的辭令極富特色，多年來，人們從不同的角度對其進行分析和研究。《左傳》中的辭令主要是外交辭令，主體以行人外交家為主，但也有臨時發揮作用的商人，平民等；另外，還有一些言辭，並非發生在外交場合，只是一些非正式的交流，但也是經過深思熟慮的語言，我們也把它算作辭令。

　　本書第一章先從形式上對《左傳》的辭令進行了分類：辭令可以從多個角度進行分類，首先因為它發生的主體是不同的；其次，辭令發生的場合也不相同；辭令之所以達到了一種文采斐然、典雅豔麗的效果，很大程度是因為運用了多種修辭手法。

　　第二章談的是辭令展開的敘事視角。本章裏我們擬用烏斯賓斯基的視角理論來探討《左傳》辭令賴以展開的敘述視角問題。

　　第三章從符號學角度來談《左傳》的辭令問題。首先談的是象徵系統和隱喻，然後談引用問題，主要談引《詩》、引《易》和引謠諺的問題。

　　第四章要說的是《左傳》辭令中賦詩與禮的關係和辭令的價值取向。賦詩是《左傳》辭令中一種獨特的形式。賦詩的產生、發展以及最後的消亡都與禮有著密切的關係。《左傳》辭令體現出一種懲惡揚善的價值取向。

　　第五章討論的是《左傳》辭令中崇禮的風尚。作為中國古代一部著名的文史著作，《左傳》毫無疑問會體現出中國傳統文化的特點，書中的辭令集中體現了這一點。

序　言

傅亞庶

　　青苗博士的著作《左傳辭令研究》就要出版了，要我在書稿前面寫一段文字。當初，我是青苗這篇博士學位論文的第一個讀者，此時，爲她的成功，感到由衷的高興。

　　歷史上，從東漢開始至清代，關於《春秋左傳》的研究，一直是各時期學術研究中的顯學。據正、續《皇清經解》所收與《左傳》有關的著作，共有一百一十八種。這些著作，基本上都是輯佚、校勘、訓詁方面的，先是輯前人所著，如清代馬宗璉《輯春秋左傳賈服注》，或是疏解前人之說，如清朱振采《服氏左傳解義疏證》。晉代的杜預《春秋左傳正義》出現後，關於《春秋左傳》的研究，大都以杜注爲基礎而展開，研究的體例和視角，也呈多元的特點，大致上有說例、本例、君子例、詩如例、王霸、皇綱、道統、權衡、意林、比事、博義、綱領、要義、講義、集義、本義、或問、纂言、師說、分紀、統紀、會通等。宋、元以來，各種關於《春秋左傳》的專題的研究，也多角度展開，或見於專門性的傳世著作，或見於學術筆記中的專題性的文章，題目涉及到五禮、握奇、正月考、鈞元、地名錄、地理考、釋地、疆域、年考、長曆、占筮、明堂、宮室、禘說、觀象授時、朔閏、日食曆、歲次、車制、翼服、飲食、風俗、氏族志、名字、爵姓、官制、列女、亂賊等，涵蓋了古代傳統分類的天道、地理、人倫、物類各個方面，這些豐富的研究的成果，可以謂之「春秋左傳學」。

　　在訓詁方面，清代的漢學家已經給我們做了不少的鋪路的工作，然而時代思想以及多種條件的限制，使他們仍有所蔽。近代以來，古文字學、古聲韻學、古語法學都有了長足的發展，我們如果能夠全部消化了這三門學術所

收穫的新成果，更洗去觀念上的蔽障，對於古代的典籍瞭解的分量，將會增加很多。但是更進一步，當現代的邏輯和基於心理學的語義學的理念和知識滲透到我們的腦子裏以後，我們對於傳統的「訓詁文例」的精密程度和合理與否的問題，換句話說，對於它的舊殼子裏給予了意義的限制問題，是不是有加一番考慮的必要？

《左傳》紀事中的人物語言，具有鮮明的特色，前人或謂之辭令，或謂之屬詞。這方面的研究，有清一代，出現了《春秋屬辭比事》、《春秋屬辭會義》、《左傳連珠》等，雖然數量不多，但卻開啟了真正的語言與語義範疇的研究。我們今天所說的春秋時期的辭令現象，從傳世文獻的角度看，大量地、集中地出現在《左傳》裏，這就為我們從專書角度研究辭令問題提供了豐富的材料。

首先是外交與戰爭場合的辭令

這類辭令既要婉轉含蓄，又要表現出一定的文采。在《成公二年》記載的齊晉鞌之戰中，齊景公戰敗，逃跑中被晉軍的司馬韓厥追上。韓厥在準備俘虜齊景公之前，為表示君臣之禮，面對齊景公跪下叩頭，捧著酒杯加上玉璧進獻，表達了一段相當委婉的辭令：「寡君使群臣為魯、衛請，曰無令輿師陷入君地，下臣不幸，屬當戎行，無所逃隱，且懼奔辟而忝兩君。臣辱戎士，敢告不敏，攝官承乏。」這段話用現代語言理解，是說：我們的國君派我們為魯、衛二國請求，說「不要讓軍隊進入齊國的土地」，我的運氣不好，正好在軍隊裏服役，無法逃避。而且也害怕臨時逃跑會給雙方的國君帶來恥辱。我勉強充當一名戰士，僅向國君報告我的無能。但是由於人才缺乏，只好由我來承擔俘虜您這個差事。這番話不卑不亢，在合乎禮儀的情況下表達出自己的意願，可以稱得上是《左傳》中典型的外交辭令。

其次是日常社會活動中的辭令

這一類大量的是賦詩。在社會交往的各種場合，談話的雙方為極力表現出自己的學識、才華，往往用賦詩的形式來間接表達。其所賦之詩，或為流傳至今的篇章，或為逸詩，賦詩者不求達詁，乃各取所賦之意。

賦詩可以抒情。《成公九年》：「二月，伯姬歸於宋。……夏，季文子如宋致女，複命，公享之。……穆姜出於房，再拜曰：『大夫勤辱，不忘先君，以及嗣君，施及未亡人，先君猶有望也，敢拜大夫之重勤。』又賦《綠衣》之卒章而入。」此先君指已死的魯宣公，是穆薑之夫、伯姬之父。穆姜此時是

為了感謝季文子將女兒送回宋國而出來。其所賦之《綠衣》，在《詩經·邶風》。
這是一首悼亡詩，其卒章爲「絺兮綌兮，淒淒以風。我思古人，實獲我心」，
原意是說，秋天穿著葛布衣，好像有風吹來，感覺有了寒意。睹物傷情，想
到了亡妻早時的體貼之情。穆姜在此是借卒章之義，抒發對亡夫的思念之情。
賦詩可以泄憂。《閔公二年》：「初，惠公之即位也少，齊人使昭伯蒸于宣姜，
不可，強之。生齊子、戴公、文公、宋桓夫人、許穆夫人。文公爲衛之多患
也，先適齊。及敗，宋桓公逆諸河，宵濟。衛之遺民，男女七百有三十人，
益之以共滕之民爲五千人，立戴公以廬于曹，許穆夫人賦《載馳》，齊侯使公
子無虧帥車三百乘、甲士三千人，以戍曹。」許穆夫人是衛宣公之子公子頑
和後母宣姜私通所生之女，她有兩位兄長，戴公和文公。有兩個妹妹，齊子
與宋桓夫人。成年之後，衛懿公將她嫁給許穆公。後來衛國被狄人所破，國
人逃散，衛懿公戰死。宋桓公迎接衛國的遺民渡過黃河，住在漕邑，立戴公，
後又立文公。許穆夫人聽到衛國滅亡的消息，立即趕到漕邑吊唁，提出聯合
齊國抗狄的主張，但遭到舊許國大夫的反對，這引起許穆夫人的憤怒和憂傷，
在這種心境下，爲泄憂而賦《載馳》。賦詩可用於應酬。《襄公二十六年》：「衛
侯如晉，晉人執而囚之士弱氏。秋七月，齊侯、鄭伯爲衛侯故如晉，晉侯兼
享之。晉侯賦《嘉樂》。國景子相齊侯，賦《蓼蕭》。子產相鄭伯，賦《緇衣》。」
衛侯由於侵戚之事與晉侯相爭，晉侯趁衛侯來訪之際囚禁了他。齊侯、鄭伯
爲衛侯之事來晉國，晉侯爲此而設宴招待。《嘉樂》是君主宴會群臣，群臣歌
功頌德的詩。此取其「假樂君子，顯顯令德。宜民宜人，受祿於天」之句，
寓讚美齊侯、鄭伯之意。國景子所賦之《蓼蕭》，在《小雅》，是諸侯在宴會
中祝頌周王的詩，此取其「既見君子，孔燕豈弟。宜其兄弟，令德壽豈」諸
句之意，謂晉、鄭二國爲兄弟之邦，應結同好。子產所賦之《緇衣》，在《鄭
風》，取其「適子之館兮，還，予授子之粲兮」諸句之意，暗寓感謝晉侯的招
待之情，並希望晉侯能准其所求之事。賦詩可用於責備之意。《襄公十六年》：
「冬，穆叔如晉聘，且言齊故。晉人曰：『以寡君未禘祀，與民之未息，不然，
不敢忘。』穆叔曰：『以齊人之朝夕釋憾於敝邑之地，是以大請。敝邑之急，
朝不及夕，引領而西望曰：「庶幾乎！」比執事之間，恐無及也。』見中行獻
子，賦《圻父》。獻子曰：『偃知罪矣，敢不從執事以同恤社稷，而使魯及此。』」
魯國的穆叔出使晉國，言齊再次伐魯，求晉國出兵相救。晉國以未向先君行
大祭之禮和軍隊沒有得到修整爲理由來推脫。穆叔強調齊人進攻很急，魯國

已朝不保夕。這是委婉地強調魯國目前的局勢。後來見到中行獻子，則賦《圻父》。《圻父》在《小雅》，本是王都衛士斥責司馬的詩。詩中每章開篇都呼圻父，前人謂其「三呼而責之，末始漏情」，此處穆叔借賦《圻父》，含有譴責之意。

在《左傳》中，辭令運用得如此生動、如此靈活，其中所反映的是思想與語言形式之間的關係，它與當時社會觀念中的禮、德、道、仁、義、忠、孝等有著直接聯繫。《左傳·昭公二年》：「忠信，禮之器也；卑讓，禮之宗也。」《昭公十年》：「讓，德之主也。」《文公元年》：「忠，德之正也；信，德之固也；卑讓，德之基也。」《襄公十三年》：「讓，禮之主也。」《隱公十一年》：「怒而行之，德之則也，禮之經也。」在這種社會觀念中形成的人與人之間的交接禮儀，規範著人們的交接行為，因此，在儒家的典籍中這種禮讓精神得到了充分的表述。《禮記·鄉飲酒義》：「尊讓、潔、敬也者，君子之所以相接也。君子尊讓則不爭，潔、敬則不慢。不慢不爭，則遠於鬥、辨矣，不鬥、辨，則無暴亂之禍矣，斯君子之所以免于人禍也。故聖人制之以道。」《禮記·聘義》：「敬讓也者，君子之所以相接也。故諸侯相接以敬讓，則不相侵淩。」在《儀禮》中有士相見禮、鄉飲酒禮、燕禮、聘禮、公食大夫禮、覲禮、士虞禮等，這些禮俗，對貴族、士大夫的日常生活、行為準則都有詳細的規定，一旦有所違背，將要受到相應的指責。《論語·先進》中曾講到孔子與弟子的談話，孔子要他們各自談談自己的志向，其中子路輕率而急忙地搶先回答，孔子對他的態度是「夫子哂之」。後來曾晳問為何哂笑子路，孔子回答說：「為國以禮，其言不讓，是故哂之。」在這樣的社會氛圍中，即使是敵對的雙方，相互交往時，表面上還要保持一些形式上的禮儀，因此我們對韓厥在俘虜齊景公之前講的那一番精彩的外交辭令，就可以理解了。在社會交往中，如何使用辭令，辭令運用是否得當，這不僅是受整個社會禮文化氛圍所影響，同時也是個人文化修養、知識水平的直接反映。

青苗博士的這部《左傳辭令研究》，首先對《左傳》辭令的形式，歸納為譬喻、引用、委婉、設問、對仗、排比、頂針、忌諱、反問等九大類，每一大類下面，還有具體的小類，如譬喻這部分，還具體地分解為明顯的譬喻、沒有標誌的譬喻、加強的譬喻、推進的譬喻、融合的譬喻、寄託的譬喻等，這是我們目前所看到的，從專書研究的層面進行的最詳細的歸納與分類，作者結合大量的文獻實例，條分縷析，進行了很好的闡釋與研究，從中凸顯出

了堅實的文獻功底與嚴謹的邏輯思維的能力。其次，作者將研究的視角延伸到辭令的背後，看辭令與當時社會思想文化的關係，具體闡釋辭令與社會的禮、德、道、仁、義、忠、孝、信與敬、正與貞、神與民等範疇與觀念的內在聯繫，看思想的邏輯，看思想與語言形式之間的關係，這實際上已經超出了語義學範疇，而是通過特定的研究，力圖從某一角度反映當時的社會文化的一些特色，這部書稿的學術價值，亦在於此。這部書稿，飽含著作者研讀、搜集資料時的糾結、寫作中的心有所悟與長時期夜不能寐的心血。祝願她在以後的學術研究中，有更多的高質量的成果問世。

傅亞庶

二〇一三年夏日於東北師範大學

目

次

引　言

一、「辭令」的含義

　　《左傳》中的辭令十分精彩雋永，它伴隨著各種美譽流傳千古，是春秋時期的一道情彩兼具的風景，更是後人仰慕的社會氣象和文化風韻。多年來，人們從不同的角度對其進行分析和研究，體味它的典雅和巧妙。

　　所謂「辭令」，是指經過修飾和斟酌的言辭，一般用於應對往來使者或議論政事，但辭令不僅限於在外交場合使用，它廣泛地運用於各種領域，只是用在外交場合的數量較多而且比較典型。經過加工的言辭能夠使對方更好地理解話中的含義，這種加工本來需要事先完成，如《左傳·襄公三十一年》：

> 子產之從政也，擇能而使之。馮簡子能斷大事，子大叔美秀而文，
> 公孫揮能知四國之爲，而辨於其大夫之族姓、班位、貴賤、能否，
> 而又善爲辭令，裨諶能謀，謀於野則獲，謀於邑則否。鄭國將有諸
> 侯之事，子產乃問四國之爲於子羽，且使多爲辭令。與裨諶乘以適
> 野，使謀可否。而告馮簡子，使斷之。事成，乃授子大叔使行之，
> 以應對賓客。是以鮮有敗事。北宮文子所謂有禮也。〔註1〕

這段文字說明辭令需要認眞雕琢，一段辭令經過不同人的草創、加工、討論、修飾和潤色，最後才能運用於某些場合。《論語·爲政篇》有：「子曰：『爲命，裨諶草創之，世叔討論之，行人子羽修飾之，東里子產潤色之。』」也說的是

〔註　1〕　本文所引左傳中的例句均出自十三經注疏本〔M〕，北京：中華書局，1980 年；
　　　　　標點參照楊伯峻，春秋左傳注〔M〕，北京：中華書局，1990 年。

辭令需要認真雕琢這一情況。當然，即興發揮的也有，同樣具有講究表述的方式和富有文采的特點。辭令通常含蓄溫婉，有禮有力，使對方能夠通過話語權衡利弊，做出恰切的反應。因此，它較一般的表達更富有表現力。

《說文解字》中說：「辭，訟也。」〔註2〕「辭」的本義是說在爭訟中如果想要佔據優勢，一定得修飾語言；「令」在《說文解字》中是發出命令的意思，「令，發號也。」〔註3〕但「辭令」這一復合詞的意義主要由「辭」來充當，重點是說「辭」而非「令」。辭令與一般言辭的區別就在於它是經過精心修飾後的話語，令人回味或者給對手以重擊，富於哲理性和思辨性。

辭令經歷了一個由事神階段向事人階段的轉變。西周時期的禮和之前的殷禮更重視的是人神之禮，負責人神溝通的史官要修飾言辭，使神愉悅，才能獲得神的庇祐，因此這時的辭令主要是事神的辭令，《周禮·春官·大祝》載「大祝掌六祝之辭」，〔註4〕「六祝」是六種為國家求福和避免天災人禍的祈禱，大祝是掌管這類事物的人，金文中「祝」的字形為「祝」，人的口部放大而突出，彰顯其掌言辭之事。他們的職責是通過一定的言辭，借助莊重的祭祀儀式與神靈溝通，希望以此獲得神靈的庇祐；到了周代，各種禮樂制度逐漸完備，人類的主體意識逐漸加強，人們更注重的是人類自身的發展和交流，因此，原來大祝的呼告之辭逐漸轉向製作事人之辭，掌管此事務者也開始有一定的專職官員，據《周禮》記載，西周時期由大行人、小行人、司儀和象胥等官員負責辭令的製作。公元前 770 年～公元前 453 年，中國歷史進入春秋時期，〔註5〕這一時期，齊、晉、楚等大國實力不斷膨脹，社會局勢動蕩，兼併戰爭不斷，各國間聘問會盟活動頻繁，而相形之下，像衛國這樣的小國不得不想辦法謀求本國的生存，無論是大國之間的紛爭，還是小國與大國的周旋，包括國家內部事務的處理，都需要恰當的辭令，辭令在這些領域發揮了巨大的作用。

《左傳》中的辭令，主要是外交辭令，即說話者為了維護國家利益而與對方進行辯解、商議、應酬、感謝、責備等的言辭。辭令主體以行人外交家為主，但也有臨時發揮作用的商人、平民等，因為他們仔細斟酌的言辭達到

〔註2〕許慎，說文解字〔M〕，北京：中華書局 1963 年，第 309 頁。
〔註3〕許慎，說文解字〔M〕，北京：中華書局 1963 年，第 430 頁。
〔註4〕十三經注疏本〔M〕，北京：中華書局，1980 年。
〔註5〕金景芳，中國奴隸社會史〔M〕，上海：上海人民出版社，1983 年，第 200 頁。

了專業人士所賦辭令的水準，而且也發揮了同樣重要的作用，因此，也應當算作辭令，如鄭國商人弦高的犒師辭令；另外，還有一些言辭，並非發生在外交場合，只是一些非正式的類似日常的交流，但也是經過深思熟慮的語言，使聽話者理解得更加深刻，或者聽出話語的言外之意，我們也把它算作辭令，如一些女性的言辭，像穆嬴對趙盾的申訴，她爲了子嗣的繼承權大聲疾呼，爲了達到目的據理力爭，講究說話的語氣和力度，終於如願以償，也應該算作辭令。

　　因此，本書以「辭令」爲題，而不是單純的「外交辭令」，因爲後者不能概括全部辭令現象；更不能以「行人辭令」代替，因其範圍更小，只是外交辭令的一部分。辭令的主體可以是官方代表，外交家，也可以是家臣，國君夫人，商人和平民；不僅公開的場合有辭令，私下裏的談話，書信形式，只要是爲了達到一定的交際目的，修飾自己的言辭，就應該算做辭令。因爲不全是外交上的辭令，因此就不應該有主權國家或者官方身份的限定。

二、《左傳》辭令研究的意義和現狀

　　據統計，《左傳》中辭令的字數約占全書總字數的十分之一，這個比例是很大的。〔註 6〕書中的辭令描寫也是非常具有特色的，贏得了《左傳》「工於記言」的美譽。〔註 7〕當然，這是當時諸侯國交往密切，外交活動頻繁的直接結果。春秋時期的社會現實是：王室大權旁落，諸侯國早已不再聽其使喚，爲了維護自身利益，周王只好去籠絡諸侯霸主；諸侯爭霸，兼併戰爭頻繁，小國在戰爭中爲求得自保而不得不與大國周旋。在這種形勢之下，形形色色的外交活動便展開了，於是衍生出了許多精彩的外交辭令。除此之外，書中還有很多其他類型的辭令。雖然很多人都對《左傳》的辭令進行了研究，但因爲觀察的角度不同，因此直到今天，辭令仍然具有很大的研究空間。辭令的語言特色和表現技巧，一直是語言文學研究者關注的問題；外交辭令所反映出來的史學價值和外交策略，至今還具有重要的研究和借鑒意義。

　　歷史上對《左傳》進行研究的著述不勝枚舉，涉及《左傳》語言研究的歷代著作也十分豐富，學者們一直都很關注《左傳》的記言、修辭、語法，以及布局謀篇技巧等問題。較爲久遠的如南朝時劉勰的《文心雕龍》，書中「聖

〔註 6〕武惠華，左傳外交辭令探析〔J〕，中國人民大學學報，1994 年（4）。
〔註 7〕錢鍾書，管錐編〔M〕，北京：中華書局 1986 年，第 164 頁。

文之羽翮，記籍之冠冕」就是對《左傳》這部著作的讚譽，還有唐代劉知己的《史通》，「其文曲而美，其語博而奧」是該書中談《左傳》的名句，另外，清代有劉熙載的《藝概》，較近的還有錢鍾書的《管錐編》等等。

直到 20 世紀上半葉，對《左傳》的研究都是以該書的真偽問題為核心的，附帶也有對《左傳》是否傳《春秋經》，成書年代，作者究竟是何人等問題的討論。如楊伯峻在《文史》第六輯發表的《左傳成書年代論述》，胡念貽在《文史》第 11 輯上發表的《左傳的真偽和寫作時代問題考辨》等。

建國後從文學角度對《左傳》進行研究較之前有了很大進展，但大部分都是先分析其民本思想，愛國主義思想，揭露腐朽的統治者和歌頌開明的統治者，然後歸納其藝術成就，也多數是從敘事生動，語言精練，戰爭描寫傳神等方面入手，形成了一些定式。

文革後，研究《左傳》的文章在數量和質量上都有了很大提高，研究方法和思想上也呈現出了多元的特點。1979 年，中華書局出版了錢鍾書的《管錐編》，書中關於《左傳正義》有 67 條札記，從書法義例，思想，訓詁，風俗等方面對《左傳》進行了探討，學術目光獨到，給後學以很大的啟示。新時期出版和發表的研究《左傳》的著作和文章主要集中在思想傾向，敘事體例，人物描寫，戰爭描寫，語言特點等方面。

然而，直到 80 年代末 90 年代初，人們對辭令進行直接研究的著述卻並不多見，一般是把辭令放在相關的軍事和戰爭描寫當中去研究，如劉正民《春秋外交簡論》（荊州師專學報 1985 年 1 期），介紹了春秋時期外交的基本狀況和歷史影響，其間談到了一些辭令現象；朱鳳翰、徐勇《先秦史研究概要》（天津教育出版社 1996），提供了「軍事與戰爭」題材的先秦史研究論著 31 篇，另有 20 篇「會盟與爭霸」題材的論著，與辭令有一定的關係。

「國立」臺南師範學院《語文教育學系專題研究》2001 年 5 月刊載陳琬婷《九十年來春秋左氏傳之研究概況探析》，她整理了九十年來研究《左傳》的專著、論文，包括碩士、博士論文，共計 838 種（篇），書中分成六大類，其中的「分類研究」中包括「軍事與外交」，與辭令研究相對密切，只列有 38 篇。

除了「軍事與戰爭」，另外談到辭令的著作或文章主要是關於《左傳》語言特點方面的，如聶國棟《略談左傳的語言藝術》（四川大學學報 1979 年 3 期），戴偉華《左傳「言語」對戰國諸子散文的影響》（江西社會科學 1985 年 3 期）等。

　　90 年代中後期，人們對春秋時期的外交問題予以了較爲廣泛的關注，同時也對外交辭令問題進行了直接研究，文章如：王守謙《略論左傳中行人與行人辭令》（松遼學刊 1990 年 2 期）、武惠華《左傳外交辭令探析》（中國人民大學學報 1994 年 4 期）、劉竹《春秋發微言戰國饒辯士——先秦公關外交辭令藝術綜論》（雲南師大學報 1994 年 6 期）、謝其祥《巧言妙語勝卻雄兵百萬——小議〈左傳〉的行人辭令》（廣西師範學院學報 1996 年 4 期），關序華《左傳析疑（五）：所謂行人辭令之美》（荊門大學學報 1997 年 1 期）等。

　　有的研究者發表了一系列相關文章，如：胡安順：《左傳辭令與戰國策士辭令論說方法之比較》（青海師大學報 1999 年 4 期）、胡安順：《左傳的辭令》上、下（西安教育學院學報 1996 年 3 期和 1996 年 4 期）；陳敦荃《左傳外交辭令臆說——諸侯大國爭奪霸權的工具》（外交學院學報 1994 年 2 期）、陳敦荃《左傳外交辭令臆說——諸侯小國向大國抗爭的重要武器》（外交學院學報 1995 年 2 期）等等。

　　到了本世紀初，研究《左傳》辭令的文章開始出現雨後春筍般的發展勢頭。陳才訓《左傳行人辭令與戰國策策士辯辭比較》（社科縱橫 2001 年 4 期）、付亞庶《論左傳中的委婉語》（東北師大學報 2002 年 1 期）、胡安蓮《論左傳「行人」及辭令》（周口師範學院學報 2003 年 4 期）、賀陶樂《左傳諫說應對的策略藝術》（西北農林科技大學學報 2003 年 5 期）、羅建新：《左傳諫說、外交行爲藝術探驪》（西安文理學院學報 2006 年 5 期）等，學者們還從語言、修辭等不同方面入手進行研究，如：李豔紅、鍾如雄的《左傳盟誓語言研究》（西南民族大學學報 2006 年 10 期）、劉松來、王芳《左傳修辭方式初探》（中國古代文學研究 2007 年 2 期）、李程、王龍飛《禮與左傳行人辭令之美》（文教資料 2007 年 8 期）等。

　　還有的文章深入挖掘辭令內部的構成和特點：查清蘭：《淺析左傳外交辭令的產生及其發展》（江西科技師範學院學報 2006 年 4 期）、查清蘭：《淺議左傳外交辭令的民族特色》（科技信息 2006 年 4 期）、鄭大轉：《左傳的行人辭令美：利、禮、德的和諧統一》（中國古代文學研究 2007 年 3 期）、劉成榮《左傳行人辭令的生成機制及其美學特徵》（蘭州學刊 2007 年 3 期）。

　　這一時期，還有更加微觀的研究，例如，引用是辭令的一種特定形式，這一時期發表了大量關於《左傳》引《詩》、引《易》和引謠諺方面的文章，例如：張宇恕《春秋宴會賦詩研究》（管子學刊 1998 年 1 期）、王清珍《左傳

中的楚人引詩》（文學遺產 2003 年 2 期）、張紅《左傳引詩新探》（成都教育學院學報 2005 年 4 期）、周玉波《左傳引用謠諺現象略說》（淮陰師範學院學報 2003 年 4 期），胡萍《左傳謠諺的語言特點》（黃山學院學報 2007 年 1 期）等等。

本世紀，研究《左傳》的著作出版了不少，內容涉及研究《左傳》的研究發展史、敘述方式、詞彙、人物等方方面面，但直接研究辭令的只有陳彥輝的《春秋辭令研究》（中華書局 2006）。這是一部直接研究辭令的專著，是作者的博士論文，作者將辭令與春秋的時代特點聯繫了起來，力圖通過寫辭令進而寫出春秋時代的時代精神和文化風貌，書中將辭令發生的時代背景放大，並將春秋辭令與戰國辭令相比較，分析了春秋辭令的歷史意識和審美意義。

另外與之相關的專著還有徐傑令的《春秋邦交研究》（中國社會科學出版社 2004），潘萬木著《左傳敘述模式論》（華中師範大學出版社 2004），還有一部值得一提的是沈立岩的《先秦語言活動之形態觀念及其文學意義》（人民出版社 2005），這部著作是作者的博士論文。作者認為，文學的質料說到底是語言，因此，文學的問題不能無視這一基礎性的觀照角度。這部著作對商代之卜辭，周代之筮辭、禮辭、諱制等都進行了研究，並對春秋行人辭令以及孔子思想中的語言觀念等材料進行了處理，對先秦時期語言活動及其觀念的發生、演變作了描述和概括，並由此考察它們對中國文學的影響。追本溯源，理論高深。

從目前搜集的資料來看，人們對《左傳》外交辭令的研究主要是從文學和史學的角度展開的，其中文學角度佔了主體，人們大多研究辭令的語言特點、運用的遣詞技巧等。外交辭令應該放入戰爭描寫當中來考慮的觀點很顯然無法囊括所有的辭令現象，辭令的形式十分豐富，比如引用是其典型的形式之一，引用又可分為引《詩》、引《易》、引謠諺、引名人名言等等；辭令並不總在戰爭中發生，還有朝聘和日常交際場合的辭令；另外，辭令也並不總是由行人使者來完成，還有一些是由非官方代表包括女性來完成的。

本書首先將辭令的範圍界定在一個較大的範圍內，既然大家都認可修飾的言辭為辭令，辭令並不限於在外交場合使用，因此便不應該再把辭令視為有主權的國家的官方代表說的話，而應該把具有這一意義的言辭都算在內；其次，在辭令的分類上，從辭令的發出者、運用的場合以及修辭手段等方面

逐步進行考察；本書的另一個思考是引入了烏斯賓斯基的視角理論來研究《左傳》中的辭令問題，從前人們分別談到過《左傳》辭令的話語反映出的男性視角，談到過《左傳》的時間順序和空間聚焦，以及道德觀念，但是將這些問題放到一起，找到一個恰當的理論來統攝，是本書的一個嘗試；此外，本書還用符號學的初步理論來探討《左傳》的辭令問題，當然，是比較粗淺的認識；《左傳》辭令崇禮、含蓄溫婉的特點，以及懲惡揚善的價值取向都反映出中國古代文化的特點；對於《左傳》中的禮，人們已經積纍了許多前期成果，本書力圖將其進行梳理。

三、本書的研究思路和框架

本書針對《左傳》辭令問題，主要還是用傳統的描寫研究方法，在其基礎上適當提出一些自己的觀點，分析一些問題。書中本著由表層到內在的邏輯順序安排內容：首先，在引言部分交代「辭令」的含義，辭令是一些經過修飾和揣摩的言辭，外交辭令是其主要的構成。引言部分還交代了《左傳》辭令目前的研究現狀，這一問題目前正是學術界研究的熱點問題。

對《左傳》的辭令進行分類，本文並非首創，但可以補充以前研究的不足。辭令可以從多個角度進行分類，因為它發生的主體是不同的，上下等級之間由於各自的地位和交際目的不同，說出的辭令風格當然也就大不相同。比如周王本來高高在上，但是王室衰微，為了籠絡諸侯王，他的辭令也是彬彬有禮，對其君主和大臣關懷備至，例如《左傳·僖公九年》周襄王對齊桓公的辭令；而擁有強盛的國力掌握了絕對優勢的諸侯王就不免帶有盛氣凌人的優越感，如《左傳·僖公四年》齊侯對屈完的辭令。具有廣博知識和高雅涵養的行人說出的辭令一般具有很高的文化含量，他們博古通今，言語中廣徵博引，例如《左傳·僖公五年》宮之奇勸諫虞公不要借道與晉的辭令；還有戰敗國求和的卑微的辭令，例如鄭伯肉袒牽羊示降的辭令等等。

辭令發生的場合也不相同，在宴享朝聘的場合，觥籌交錯之中，人們常賦詩相對，溫文爾雅又含蓄委婉；在戰爭急迫的情勢之下，辭令則一般短小，簡明，長篇大論的談論某個問題通常是有著某種原因或者目的的。

從修辭的角度來看，辭令之所以達到了一種文采斐然、典雅豔麗的效果，很大程度上就是因為運用了多種修辭手法。比如對偶的運用可以增強節奏感和音樂美，運用排比和反問可以達到一種加強語勢的效果，譬喻辭格能夠化平

淡、深奧、抽象為生動、淺顯、具體；借代的使用能夠使辭令委婉含蓄等等。

《左傳》的敘事成就為學術界所公認，辭令的展開也要借助敘述背景才行，因此，辭令的敘事視角問題是不能夠迴避的。烏斯賓斯基在《結構詩學》一書中明確提出了視點包含多層含義，他將其分為四個層面：意識形態層面，話語層面，空間——時間層面以及心理層面。我們擬用烏斯賓斯基的這一理論來探討《左傳》辭令賴以展開的敘述視角問題。《左傳》意識形態和話語層面的視角表現之一為辭令的敘述話語與性別意識，首先是以男性為主體的前提下主體意識的加強。人們在和自然相處的漫長歷史過程中，逐漸對原來的神秘力量開始懷疑，並且認識到了自身的力量和價值。比如鄭國外交家子產曾經發表過「天道遠，人道邇」的論點（《左傳·昭公十八年》），還有很多人也都表達了神意依人而行的言論，例如《左傳·桓公六年》，隨國大夫季梁提出「夫民，神之主也，是以聖人先成民而後致力於神」的說法；《左傳·僖公五年》虞國大夫宮之奇提出「鬼神非人實親，惟德是依」，「神所馮依，將在德矣」的觀念；在這種社會化的文化中，所謂的「天道」和現實的人倫道德之間沒有什麼截然的界限，天德與人德是統一的。人如果違反了道德，也就是違反了「天道」，上天就會懲罰他。天命神授，有明德的天子會受上帝保祐，無德的天子將會失去民心和天下。另外，以重視人民力量為表現的民本思想的增強也是當時人們主體意識提高的一個表現。

縱觀《左傳》辭令，我們會發現，女性的聲音寥寥無幾，辭令一直是以男性的視角來進行敘述的，這是由當時女性附屬的社會地位所決定的。《左傳》所處的社會雖為奴隸制向封建制過渡時期，但早已是以男性為中心的男權意識統治的時代，女性由女性氏族時的主導地位變成了附屬地位，對她們的佔有是男性權力和家族財產的象徵。在父權制的社會當中，女人的地位是與家族利益緊密聯繫在一起的。她們作為所屬家、族的財產和交換工具，嫁入到丈夫的家族中去，又變成了丈夫所在家族的財產。她們在不同階段可以由不同的監護人像商品一樣轉讓、交換和饋贈。《左傳》辭令中，絕大多數都是男性的聲音，女性很少，即便有，也常常以男性為依託，話語的方式還多以勸諫、議論、申訴等形式來展開，通過對國君產生影響，從而起到干預政治的作用。因此她們在外交事務中所起的作用是十分有限的，女性敘述聲音的缺失便折射出了敘述者的性別意識。

接下來談的是《左傳》辭令展開的時間視角。《左傳》是一部編年體的史

書，歷史具有連續性，實錄歷史的性質決定了它的主要敘述方式應該爲順敘，即記錄歷史事實自然固有的順序，它能夠體現時間的一維性。從魯隱公元年到魯哀公二十七年春秋二百五十五年的歷史，《左傳》的作者逐年記述其間發生的歷史事件，諸如：諸侯爭霸、後宮爭鬥、卿大夫賦詩風雅、武士精忠效力，還有天象，農時，預言卜筮等等。順敘的深層文化原因是農業文明基礎上的天道有常哲學觀念。從根源上說，某些諸侯國最初是一個有遠近的大家庭，農民和奴隸在土地上耕作，希望風調雨順，不希望發生太多的意外，祈求上天賜予他們一個好的收成。因此，大家（包括貴族統治者）抱有的是一種謙卑和柔順的心態，是平靜而非激烈的，單一而非曲折的。順應自然本來的順序，等待和祈求，並與之融爲一體，這種心態之下採用順敘的敘述方式在某種程度上是一種自然性的必然。

　　《左傳》的作者出於敘事盡可能完整的目的，在順敘的過程中，常常打破時間的限制，採用倒敘、預敘、插敘等形式，對包括戰爭在內的歷史進行多角度的敘寫，繼承了《春秋》編年體的形式，同時又進行了匠心獨運的剪裁和布局，這是左氏的創造，也是他的貢獻。

　　心理層面的視角在《左傳》中首先體現爲作者對筆下的人物傾注了豐富的思想感情，或愛或憎，或褒或貶。另外，《左傳》當中作者一直秉承尊禮尙德的立場，其德義視角體現了作者的價值傾向。

　　本書嘗試運用符號學的初步理論來分析《左傳》的辭令問題。

　　首先談的是象徵系統。《左傳》中多處引用了《周易》中的例子，這說明《易經》中約定的每個卦象符號所象徵的含義在當時已經深入人心。《周易》中的一個基本範疇就是「象」，指的是客觀存在的事物，也指卦象，古人從客觀事物中抽象出各種卦象，又以卦象來象徵各種人間禍福和宇宙變遷。古人認爲，主客觀之間存在著契合關係，客觀事物之象必然與人事道理相通。爻的圖象便是仿傚天下萬物變化運動而創造的。《周易・繫辭下》說：「爻也者，效天下動者也」，「爻象動乎內，吉凶見乎外。」唐孔穎達疏：「每卦六爻，皆仿傚天下之物而發動也。」〔註8〕《周易》中的「象」是具有高度象徵意義的圖式符號，它是以 ▬▬（陰）▬▬▬（陽）二爻爲基本元素，以數的奇偶排列組合而成六十四卦，喻天地人文於其結構當中，具有無所不包的廣泛的象

〔註 8〕 周易・繫辭下，清阮元校刻十三經注疏影印本〔M〕，北京：中華書局，1980
　　　年，第 86～87 頁。

徵和指涉意義。在其基礎上發展出的卦爻辭就是對「象」的提示。

《左傳》象徵系統的另一個系列就是各種禮儀。禮儀是禮的外在表現形式，即符號形體（索緒爾所說的能指），由它可以透露出禮的實質內容。禮儀包括各種儀式的禮節，還包括祭祀的不同物品及其擺放的順序，盟祭者的順序等等，賦詩作為儀節的一個組成，也應算在其中。我們常常忽略了一點，以為符號要表達的內容才是最重要的，符號形式是次要因素，實際上恰恰相反，在很多時候符號形式才是最重要的。例如，韓信忍受了胯下之辱，被當時人認為是奇恥大辱，這便是一種符號形式；《左傳》中記載多處人們不敢接受超出自己身份等級的禮樂形式的例子，也證明了符號形式決定了問題的關鍵。

《左傳》象徵系統的另一個重要組成即該書中表述的各種理念，如德、信、忠、敬等等，還包括許多先秦典籍中都存在的「正名」思想。《左傳》中許多關於德、義或者近似的思想、觀念貫穿始終，作者陳述的目的是用他所指稱的事物產生一種感情或者態度。將語言符號作為能指，賦予的感情或態度就是所指。《左傳》中，作者一直在褒揚忠君、重德、守信的思想感情，作者這種懲惡揚善的態度一定是希望引起讀者的共鳴，是為符號的所指。符號的意義就是符號通過符號形體所傳達的關於符號對象的訊息。

接下來談隱喻。隱喻和轉喻是符號學中重要的概念，在傳統語言學中，隱喻和轉喻被視為語言裝飾的手段，是修辭學、文體學以及文學的研究對象。隨著研究的不斷深入，人們認識到隱喻不僅是語言現象，更是一種重要的認知模式，是新的語言意義產生的根源。隨著研究的不斷深入，人們也在不斷發現語言中存在的隱喻和轉喻現象，《左傳》中就有很多這類現象，本文想談的是其在辭令中委婉語方面的表現。

《左傳》中的委婉語大體上表現為以下幾個方面：

一是特定的稱謂。例如諸侯之使常用以卑達尊的方式尊稱天子，這便是一種轉喻。以卑達尊就是不直指對方，為了表示自己地位卑微而不堪與對方直接交往，代以其身邊辦事之人，如《左傳·哀公十六年》，衛侯使鄢武子告於周曰：「使下臣肸敢告執事。」其中的「執事」本意為身邊的辦事人員，言者要通過其左右以相接。

楊正翠、李曉紅在《淺析隱喻的顯式和隱式》中提出隱喻主要分為「顯

式」和「隱式」，〔註 9〕《左傳》中委婉語的隱喻類型主要表現為隱式隱喻，僅出現喻體，主體隱去，例如表示「死亡」義的「崩」，本義是山崩塌，隱喻極重要的人物死去，突出的是一種震撼不凡的效果；「薨」和「弒」也都是對人物身份地位的隱喻，運用這些詞的同時隱喻的主體都沒有出現。

委婉語的構成方式雖然各異，但委婉的機制大體上相同，即通過隱喻和轉喻機制來實現，通過突顯目標域積極的、肯定的方面，掩藏或削弱了源域中消極的、否定的方面，達到委婉的目的。因此，委婉並不是符號本身的特點，而是通過與其他事物的關係對目標域進行概念化的過程，它具有鮮明的民族文化特點，是一種認知心理過程。

《左傳》中辭令的形式豐富多樣，極富特色，其中引用是一種典型的形式。根據索緒爾和皮爾斯的理論，符號是能指和所指構成的二元關係，或者符號是由符號形體、符號對象和符號解釋組成的三元關係理論，我們以此來說明《左傳》中的引用問題。在用詩的初期，詩是作為一種禮儀形式的組成部分，完成其儀式功能而存在的，因此，在這一時期，詩作為一種符號，其符號形體是客觀的「詩」，但符號對象卻是各類禮儀形式，解釋項則是其承擔的禮儀功能。

東周以降，周王室日漸衰微，形成了大國爭霸、小國圖存的紛亂局面。典禮性用詩已不再適應政治外交的需要，《詩》的禮儀性功能便日漸衰微，代之以《詩》的實用性功能，包括政治性功能。賦詩可以「言志」，亦可以「觀志」。賦詩還可以表達多種情感，亦可用於政治諷戒、勸諫。對於前兩類，《詩》作為言志、抒情的符號，其符號對象已經由禮儀形式變成了語言文字，透過優美豐富的文字，人們藉以表達心中的感情或志向、理想，是為符號解釋，詩文作為一種物質實體，是符號形體；而作為後面一類，《詩》的符號性進一步加強，其文字隱喻的意義為符號對象，符號形體不變，表達的某種目的即解釋項。

《左傳》中引有 19 條春秋時用《周易》占事論事的記錄，與賦詩不同，引《易》在實際運用過程中雖然也有一定的儀式，但其現實作用是直接的，其工具性顯而易見。卦象為符號形體，卦辭為符號對象，卦象表達的信息為解釋項。還可以看到，《左傳》的作者利用《周易》卦象爻辭，表達了一種重

〔註 9〕 楊正翠、李曉紅，淺析隱喻的顯式和隱式〔J〕，阿壩師範高等專科學校學報，
　　　　2008 年（2）。

視德義、懲惡揚善的思想傾向，並且，這種思想傾向貫穿《左傳》全篇。如果大而化之，則這種思想傾向爲作者要表達的語意內容，即所指，而他運用的所有手段都可以視爲能指，即符號的形式。在《左傳》辭令當中，還引用了大量格言謠諺。謠諺與《詩》都是作者爲了更生動有力地表達某種思想感情而借助的一種外在手段。由於格言謠諺的作用，使要論證的內容具有或清新活潑或典雅凝重的風格。符號形體爲謠諺格言這種語言形式，符號對象爲文字，解釋項爲要表達的意義。《左傳》中引用的格言謠諺主要爲了下面的符號解釋：一是爲了直接陳述歷史事件，這一類謠諺並沒有負載更多的寓意，而是對客觀事件進行直接的介紹；另外一個，就是《左傳》引用格言謠諺進行美刺，寓褒貶於其中。這一方面更能顯示謠諺的符號解釋功能。

賦詩是《左傳》辭令中的一種獨特形式。《左傳》辭令中賦詩與禮的關係十分密切。這種辭令形式在外交中不僅能委婉含蓄地表達意思、解決矛盾，同時還能體現出個人的學識修養，因此，賦詩這種辭令形式爲各國諸侯、大夫、外交行人等一致認同，在當時形成了一種社會風氣。賦詩的產生、發展以及最後的消亡都與禮有著密切的關係。「禮」是賦詩產生的淵源；禮的規約之下賦詩具有多種功能；禮崩樂壞後賦詩風氣逐漸消亡。

《左傳》辭令中還體現出一種懲惡揚善的價值取向。辭令是一種經過修飾的多在外交場合發揮作用的語言表達方式，在外交場合你來我往的唇槍舌劍中要想立於不敗之地，就一定要以理服人，因此，外交家們往往選擇重禮、重信、重德的立場來展開辭令。在對待一些人和事情時，辭令顯露出鮮明的善惡觀念，例如在對一些詞語的選擇上：同樣是死，臣殺君，子殺父被記作「弒」，君殺臣則被稱爲「殺」。懲惡揚善的價值取向有著多方面的來源，首先是文化來源，中國人的價值之源不是寄託在人格化的上帝身上，而是源於內心世界，人們相信「道之大源出於天」，「道」完全可以支持人倫，屬於一種內向超越的文化類型，和西方走外在超越的路線形成鮮明的對照。因此，中國人自古就重視自我解剖，注重自我的道德修養。儒家哲學是中國哲學文化的主幹，儒家思想在整個中國文化思想、意識形態、風俗傳統、生活習慣上都可見其痕跡，它是《左傳》辭令中懲惡揚善價值取向的哲學來源。中國人傳統的思維特點呈現出團圓或圓滿的心理預期，人們總是希望善惡能有相應的報應，《左傳》的作者也一直在重申和強調善惡有終是社會歷史發展的必然結果。另外，懲惡揚善、宣傳道德教化也是社會對文學作品的要求。

　　《左傳》辭令中一直貫穿著崇禮的風尚，這一點體現出中國傳統文化的特點。全書中禮一直作為評價人和事件的標準。春秋後期，對禮的論述更加系統化和理論化，禮治思想漸趨成熟，標誌之一就是禮、儀之辨。《左傳》中昭公五年和昭公二十五年有兩處辭令探討了對禮和儀關係的認識。無論對禮的論述有多麼完備，禮的實質其實一言以蔽之就是維護等級制度。晏子強調即使是施善之舉，也要有一定的限度，不能超出自己所在的地位和權限，否則也是僭越禮制（《左傳·昭公二十六年》）。禮是人之為人的標誌，是華夏民族的特徵。禮是中華民族價值觀和行為方式的體現。禮所涉及的範圍十分廣泛，幾乎滲透於古代社會生活的各個方面。禮是治理國家的根本，這一點為當時許多政治家所認識到，《左傳》中此類觀點有多處闡述。可以說，禮的作用在《左傳》中被空前強調。禮是外交的手段，雖然說「春秋無義戰」，但是一旦交戰，就要找個冠冕堂皇的理由，使自己在輿論上處於一個有利於自己的地位。列國之間征戰有很多原因，其中之一便是以對方「無禮」為藉口。例如《左傳·僖公四年》，管仲與楚使者進行交涉，找了兩個楚國無禮的理由，言說者即便找的是藉口，也要讓大家覺得對方是無禮的，自己才是正義的一方。春秋時代，人們注意到並開始高度重視禮對於個人的重要意義。禮是人格高低的評判標準。「禮，人之幹也。無禮，無以立。」（《左傳·昭公七年》）一個人如果不守禮，就會遭到人們的批評，甚至影響到他的前途和命運。禮的堅持使辭令表現出典雅、含蓄的特點；另外，禮的約束作用也使辭令具有某些固定的特點，形成了一定的定式。

第一章　辭令的分類

　　《左傳》中的辭令可以從多個角度進行分類，本書主要從辭令的主體、辭令運用的場合以及辭令使用的修辭手段三個角度對其進行劃分。

第一節　不同主體之間的辭令

　　根據辭令主體的不同，我們將辭令大體分為以下幾類：君臣之間的辭令，諸侯之間的辭令，大臣行人之間的辭令等，辭令在不同主體間反映出的言說特點各不相同：

一、君臣之間的辭令

　　《左傳》中的大量辭令發生於君臣之間，這是一種上下級之間的辭令，由於主體雙方地位的不同，又可以分為：

（一）周王和諸侯國國君及大臣之間的辭令

　　大而言之，諸侯國國君算得上是周王的大臣，因此，二者之間的辭令可以視為君臣關係的辭令。由於春秋時期還十分重禮，即重視等級的劃分，因此，這些辭令體現出下對上的尊重，上對下的安撫；隨著周王室的日漸衰微，下對上的尊重裏隱藏著幾許虛假，上對下也開始注意拉攏。

　　不管周王室如何衰微，名義上周王還是天下共主，諸侯稱霸，也要以尊王為旗號，在輿論上佔據有利地位，這樣才能具有表面上的正義性和號召力。比如齊桓公稱霸，一直打著尊王攘夷的旗號，而周王對其也是極盡拉攏。《左傳·僖公九年》：

　　　　王使宰孔賜齊侯胙，曰：「天子有事於文、武，使孔賜伯舅胙。」齊

侯將下拜。孔曰：「且有後命——天子使孔曰：『以伯舅耋老，加勞，
賜一級，無下拜！』」對曰：「天威不違顏咫尺，小白，余敢貪天子
之命，無下拜？——恐隕越於下，以遺天子羞。敢不下拜？」下拜；
登受。〔註1〕

周王派宰孔來賜給齊桓公祭肉，這在當時是一種隆重的賞賜，因為胙肉都是
賜予同姓，今周王賜給齊桓公，是賜予異姓，示其對齊桓公的拉攏之意。更
為恩寵的做法是以其年老和功高為由特許其在接受祭肉時可以不用下拜，齊
桓公最終還是沒有失禮。而同時，齊桓公與諸侯在葵丘又盟會修好，進行著
他的稱霸大業。

　　和齊桓公一樣，晉文公稱霸的戰略同樣也是打著尊王攘夷的旗號。對於
晉文公稱霸具有決定性意義的是晉楚「城濮之戰」。晉、楚兩軍在城濮決戰，
晉軍大勝，奠定了其稱霸中原的基礎。戰爭勝利後，晉文公為周襄王在踐地
建起一座行宮，舉行向周襄王獻俘的盛大儀式。周襄王冊封厚賞，從此晉文
公成為了春秋時代的又一位霸主，而晉文公也是嚴格遵照禮制的規定，再三
拜謝，《左傳·僖公二十八年》：

王命尹氏及王子虎、內史叔興父策命晉侯為侯伯，賜之大輅之服、
戎輅之服，彤弓一，彤矢百，玈弓矢千，秬鬯一卣，虎賁三百人。
曰：「王謂叔父：『敬服王命，以綏四國，糾逖王慝。』」晉侯三辭，
從命，曰：「重耳敢再拜稽首，奉揚天子之丕顯休命。」受策以出。
出入三覲。

《左傳·桓公五年》，周王剝奪了鄭莊公的卿士之位，鄭莊公也不去朝見周王，
周王出兵攻打鄭國，但以失敗告終：

戰於繻葛。……鄭師合以攻之，王卒大敗。祝聃射王中肩，王亦能
軍。祝聃請從之。公曰：「君子不欲多上人，況敢陵天子乎？苟自救
也，社稷無隕，多矣。」夜，鄭伯使祭足勞王，且問左右。

鄭莊公在抗議周王對自己的不恭和抵抗周王武力的時候，已經表現出十足的
霸氣，內心充滿了憤怒和不滿，但也只是點到為止，以「自救」為原則示人，
事後還派人前去慰問周王。

　　大臣遇事時也會竭力勸諫，《左傳·僖公二十四年》，富辰勸諫周襄王勿
以狄伐鄭：

――――――――――――――――――――――――
〔註 1〕此處注釋標點在楊伯峻本基礎上根據文意有所調整。

富辰諫曰：「不可。臣聞之，大上以德撫民，其次親親，以相及也。
昔周公弔二叔之不咸，故封建親戚以蕃屏周。管、蔡、郕、霍、魯、
衛、毛、聃、郜、雍、曹、滕、畢、原、酆、郇，文之昭也。邘、
晉、應、韓，武之穆也。凡、蔣、刑、茅、胙、祭，周公之胤也。
召穆公思周德之不類，故糾合宗族于成周而作詩，曰：『常棣之華，
鄂不韡韡。凡今之人，莫如兄弟。』其四章曰：『兄弟鬩于牆，外禦
其侮。』如是，則兄弟雖有小忿，不廢懿親。今天子不忍小忿以棄
鄭親，其若之何？庸勳、親親、暱近、尊賢，德之大者也。即聾、
從昧、與頑、用嚚，姦之大者也。棄德、崇姦，禍之大者也。鄭有
平、惠之勳，又有屬、宣之親，棄嬖寵而用三良，於諸姬爲近，四
德具矣。耳不聽五聲之和爲聾，目不別五色之章爲昧，心不則德義
之經爲頑，口不道忠信之言爲嚚。狄皆則之，四姦具矣。周之有懿
德也，猶曰『莫如兄弟』，故封建之。其懷柔天下也，猶懼有外侮；
扞禦侮者，莫如親親，故以親屏周。召穆公亦云。今周德既衰，於
是乎又渝周、召，以從諸姦，無乃不可乎？民未忘禍，王又興之，
其若文、武何？」

富辰用以往周公分封諸侯建立周的屏障，召穆公作詩集合宗族到成周的例
子，並引用其中第四章「兄弟在家雖爭吵，卻能同心抵抗外來的欺侮」勸諫
周王不能廢棄鄭國；勸諫周王遠離大禍，力行大德；鄭國有輔佐平王、惠王
的功勳，又有同周的親戚關係，捨棄寵臣任用三個良臣，又是同姓中最近的
國家，是爲四德；同時用比喻的方法說明狄人卻傚仿四種邪惡的做法。富辰
還說周室在具有美好的德行時尚且還用親戚作爲屏障，如今德行已經衰敗，
卻要捨棄這種做法，這恐怕是不可以的，這樣做對文王、武王創下的基業也
無法交待，如此引經據典，竭力勸說，只可惜沒有被採納。

（二）本國國君與大臣之間的辭令

1. 責怪與辯解

《左傳・僖公二十二年》：宋楚泓之戰中宋國由於宋襄公之仁而失利，國
人責怪宋襄公，宋襄公爲自己辯解，子魚與其爭論：

國人皆咎公。公曰：「君子不重傷，不禽二毛。古之爲軍也，不以阻
隘也。寡人雖亡國之餘，不鼓不成列。」子魚曰：「君未知戰。勍敵

之人，隘而不列，天贊我也；阻而鼓之，不亦可乎？猶有懼焉。且今之勍者，皆吾敵也。雖及胡耇，獲則取之，何有於二毛？明恥、教戰，求殺敵也，傷未及死，如何勿重？若愛重傷，則如勿傷；愛其二毛，則如服焉。三軍以利用也，金鼓以聲氣也。利而用之，阻隘可也；聲盛致志，鼓儳可也。」

宋襄公認為君子不能去傷害已經受傷的人和擒捉頭髮花白的人，古人甚至也不能憑藉險要地勢去攻擊敵人，因此自己是不會攻擊還沒有排好隊伍的人的。子魚反駁他說戰爭中佔據有利的地形和條件是上天的幫助，即使這樣也不見得會取得戰爭的勝利；對待敵人不能夠憐惜，可憐他們受傷還不如起初就不要動手，可憐老者不如去向他們屈服，戰爭就是要抓住有利機會去進攻。

2. 鼓動與勸阻

《左傳・桓公六年》，楚鬪伯比以軍事策略鼓動楚武王，而隨季梁則阻止了隨侯出師的念頭：

楚武王侵隨，使薳章求成焉，軍於瑕以待之。隨人使少師董成。鬪伯比言於楚子曰：「吾不得志於漢東也，我則使然。我張吾三軍，而被吾甲兵，以武臨之，彼則懼而協以謀我，故難間也。漢東之國，隨為大。隨張，必棄小國。小國離，楚之利也。少師侈，請羸師以張之。」熊率且比曰：「季梁在，何益？」鬪伯比曰：「以為後圖，少師得其君。」王毀軍而納少師。少師歸，請追楚師。隨侯將許之。季梁止之，曰：「天方授楚，楚之羸，其誘我也。君何急焉？臣聞小之能敵大也，小道大淫。所謂道，忠於民而信於神也。上思利民，忠也；祝史正辭，信也。今民餒而君逞欲，祝史矯舉以祭，臣不知其可也。」

楚武王聽從楚鬪伯比的鼓動，有意使軍容不整接待自大的隨國少師，讓少師回去勸隨侯出兵。少師果然這樣做，季梁勸阻隨侯，認為楚軍的疲弱只是誘惑，小國能夠抗拒大國是因為小國得道而大國亂政，而所謂道，就是忠於人民而取信於鬼神。

3. 逼迫與「認罪」

《左傳・莊公十四年》，鄭厲公先出而後復辟，回國後就殺了傅瑕，並以此「勸」其伯父原繁認罪：

使謂原繁曰：「傅瑕貳，周有常刑，既伏其罪矣。納我而無二心者，

> 吾皆許之上大夫之事。吾願與伯父圖之。且寡人出，伯父吾里言；
> 入，又不念寡人，寡人憾焉。」對曰：「先君桓公命我先人典司宗祐。
> 社稷有主，而外其心，其何貳如之？苟主社稷，國內之民，其誰不
> 爲臣？臣無二心，天之制也。子儀在位，十四年矣；而謀召君者，
> 庸非二乎？莊公之子猶有八人，若皆以官爵行賂勸貳而可以濟事，
> 君其若之何？臣聞命矣。」乃縊而死。

這段君臣之間的辭令，表面上文質彬彬，但雙方勢不兩立，君認爲臣沒有親附自己，大臣受到逼迫最後自縊而死。

4. 囑託、利用與反利用

君主信任有責任感的大臣，有大事即囑託他們，如《左傳・僖公九年》，晉獻公病危，託孤於大臣荀息，荀息也不負諾言，盡忠到最後：

> 初，獻公使荀息傅奚齊。公疾，召之，曰：「以是藐諸孤辱在大夫，
> 其若之何？」稽首而對曰：「臣竭其股肱之力，加之以忠、貞。其濟，
> 君之靈也；不濟，則以死繼之。」公曰：「何謂忠、貞？」對曰：「公
> 家之利，知無不爲，忠也；送往事居，耦俱無猜，貞也。」及里克
> 將殺奚齊，先告荀息曰：「三怨將作，秦、晉輔之，子將何如？」荀
> 息曰：「將死之。」里克曰：「無益也。」荀叔曰：「吾與先君言矣，
> 不可以貳。能欲復言而愛身乎？雖無益也，將焉辟之？且人之欲善，
> 誰不如我？我欲無貳，而能謂人已乎？」

晉獻公死後，里克準備殺死公子奚齊，荀息無力助奚齊登上君位，準備自殺以盡忠。

《左傳・僖公十年》，晉獻公死後，晉大夫里克先後殺公子奚齊、公子卓及大夫荀息，新君晉惠公因大臣里克而得以即位，本來應該感激他，但又心存忌憚，即位後便殺了里克。將殺里克時，派使臣對他說：

> 「微子，則不及此。雖然，子殺二君與一大夫，爲子君者，不亦難
> 乎？」對曰：「不有廢也，君何以興？欲加之罪，其無辭乎？臣聞命
> 矣。」伏劍而死。

於冠冕堂皇的言辭背後是無情無義的過河拆橋。

不僅君王利用臣子，有時候他們也會被奸臣反爲利用，《左傳・成公二年》：

> 楚之討陳夏氏也，莊王欲納夏姬，申公巫臣曰：「不可。君召諸侯，

以討罪也；今納夏姬，貪其色也。貪色爲淫。淫爲大罰。《周書》曰：
『明德慎罰。』文王所以造周也。明德，務崇之之謂也；慎罰，務
去之之謂也。若興諸侯，以取大罰，非慎之也。君其圖之！」王乃
止。

申公巫臣工於心計，引經據典勸告楚莊王不要娶夏姬，實際是自己想娶她。
相對於君用臣，這裏應該是臣對君的反利用。

（三）本國國君與他國大臣之間的辭令

春秋時期，禮是衡量事件的尺度，各國間的外交活動也要遵守當時的禮
制，外交語言首先要符合「禮」，對待他國國君，要像對待本國國君一樣有禮
有節，即便是俘虜了對方國君，也要如此，例如《左傳·成公二年》，晉國大
將韓厥俘獲了齊侯，他向齊侯行君臣大禮，以一番精彩的外交辭令極盡一個
臣子對君王的禮節：

韓厥執繫馬前，再拜稽首，奉觴加璧以進，曰：「寡君使群臣爲魯、
衛請，曰：『無令輿師陷入君地。』下臣不幸，屬當戎行，無所逃隱。
且懼奔辟，而忝兩君。臣辱戎士，敢告不敏，攝官承乏。」

在稱呼上還要做到尊對方而貶自己，稱呼對方用「君」，稱呼自己一方則用「寡
君」、「下臣」、「臣」等，達到辭令語氣謙卑、和緩、莊重的目的。再如《左
傳·莊公十一年》：

秋，宋大水。公使弔焉，曰：「天作淫雨，害於粢盛，若之何不弔？」
對曰：「孤實不敬，天降之災，又以爲君憂，拜命之辱。」

稱自己一方爲「孤」，稱對方爲「君」，本國國君與他國大臣之間的辭令總體
上用詞謹慎，語氣謙遜，守禮有分寸，如《左傳·昭公二年》：

叔弓聘於晉，報宣子也。晉侯使郊勞，辭曰：「寡君使弓來繼舊好，
固曰：『女無敢爲賓』，徹命於執事，敝邑弘矣，敢辱郊使？請辭。」
致館，辭曰：「寡君命下臣來繼舊好，好合使成，臣之祿也。敢辱大
館！」叔向曰：「子叔子知禮哉！吾聞之曰：『忠信，禮之器也；卑
讓，禮之宗也。』辭不忘國，忠信也；先國後己，卑讓也。《詩》曰：
『敬慎威儀，以近有德。』夫子近德矣。」

《左傳·僖公二十八年》還有：子玉使鬥勃請戰，曰：「請與君之士戲，君馮
軾而觀之，得臣與寓目焉。」以「禮」爲據是《左傳》中外交辭令最爲突出
的特點。當然，也有些在外交場上用語不遜的，例如《左傳·成公三年》，晉

楚兩國要交換戰俘，楚共王擺出一副居高臨下的姿態，問知罃：「子其怨我乎？」「然則德我乎？」面對驕傲的楚君，知罃不卑不亢，回答說「二國有好，臣不與及，其誰敢德？」「臣不任受怨，君亦不任受德，無怨無德，不知所報。」楚王因此心生敬重，感歎道：「晉未可與爭。」並爲他舉行了隆重的儀式，然後送他回國。

二、諸侯之間的辭令

　　諸侯之間發生的辭令相對少些，因爲他們通常派出使者代表自己與對方進行交涉，自己並不出面，諸侯之間的辭令如《左傳·宣公十二年》，楚國攻打鄭國，並攻克了鄭的都城，在這種緊急關頭，鄭伯採用「肉袒牽羊」的古禮以示臣服，並加上一段恰當的外交辭令，使楚軍退兵，由此事可以看出「禮」在維護國家利益方面的巨大作用。再如諸侯之間爭霸的辭令：《左傳·昭公十二年》：

> 晉侯以齊侯宴，中行穆子相。投壺，晉侯先，穆子曰：「有酒如淮，有肉如坻。寡君中此，爲諸侯師。」中之。齊侯舉矢，曰：「有酒如澠，有肉如陵。寡人中此，與君代興。」亦中之。伯瑕謂穆子曰：「子失辭。吾固師諸侯矣，壺何爲焉，其以中儁也？齊君弱吾君，歸弗來矣。」穆子曰：「吾軍帥強禦，卒、乘競勸，今猶古也，齊將何事？」公孫傁趨進曰：「日旰君勤，可以出矣！」以齊侯出。

晉昭公與齊景公宴飲，席間投壺，兩國都爭相以投中作爲諸侯的首領，言語間差點引起衝突。

　　但更多的，還是通過使臣對話來展開辭令，如《左傳·僖公十五年》：

> 九月，晉侯逆秦師，使韓簡視師。復曰：「師少於我，鬥士倍我。」公曰：「何故？」對曰：「出因其資，入用其寵，饑食其粟，三施而無報，是以來也。今又擊之，我怠、秦奮，倍猶未也。」公曰：「一夫不可狃，況國乎？」遂使請戰，曰：「寡人不佞，能合其眾而不能離也。君若不還，無所逃命。」秦伯使公孫枝對曰：「君之未入，寡人懼之；入而未定列，猶吾憂也。苟列定矣，敢不承命。」韓簡退曰：「吾幸而得囚。」

晉惠公派韓簡去與秦國定戰期，秦穆公則派公孫枝前去回答。再如《左傳·成公二年》，齊侯派臣子前去請戰，晉郤克應戰，話語間還流露出必勝的語氣：

> 齊侯使請戰，曰：「子以君師辱於敝邑，不腆敝賦，詰朝請見。」對
> 曰：「晉與魯、衛，兄弟也，來告曰：『大國朝夕釋憾於敝邑之地。』
> 寡君不忍，使群臣請於大國，無令輿師淹於君地。能進不能退，君
> 無所辱命。」齊侯曰：「大夫之許，寡人之願也；若其不許，亦將見
> 也。」齊高固入晉師，桀石以投人，禽之而乘其車，繫桑本焉，以
> 徇齊壘，曰：「欲勇者賈余餘勇！」

齊國使者請戰，但說「詰朝請見」，血腥的廝殺彷彿變成了朋友的會面，晉國
使者也同樣如此，表達了晉國將速戰速決，「無令輿師淹於君地」，並且表露
了進攻的決心：「能進不能退」。明明是兩軍對陣，互相示威，然而行人的辭
令卻如此委婉，表達的意義又是分外的明確。

《左傳·襄公十一年》，鄭國使者代表國君領命前去楚國，遭至了扣留：

> 九月，諸侯悉師以復伐鄭，鄭人使……告將服於晉，曰：「孤以社稷
> 之故，不能懷君。君若能以玉帛綏晉，不然，則武震以攝威之，孤
> 之願也。」

諸侯的軍隊再次攻打晉國，鄭派兩位使臣去報告鄭將順服晉國，二人以一番
辭令履行任務，但是被楚國人拘禁。

三、大臣行人之間的辭令

大臣行人肩負為國效忠的使命，因此對外他們代表國家出使，為自己的
國家謀求利益；在國內，為本國事務出謀劃策，他們之間互相商量，咨詢，
當然也有持不同意見因而爭辯甚或爭吵的。《左傳·襄公八年》，晉國范宣子
出使魯國，希望魯國及時出兵助晉，魯國同意了，雙方賦詩應答，行人於言
辭之間含蓄交涉：

> 晉范宣子來聘，且拜公之辱，告將用師於鄭。公享之。宣子賦《摽
> 有梅》。季武子曰：「誰敢哉？今譬於草木，寡君在君，君之臭味也。
> 歡以承命，何時之有？」武子賦《角弓》。賓將出，武子賦《彤弓》。
> 宣子曰：「城濮之役，我先君文公獻功於衡雍，受彤弓於襄王，以為
> 子孫藏。匄也，先君守官之嗣也，敢不承命？」君子以為知禮。

范宣子到魯國聘問並報告將要對鄭國用兵，席間賦詩《摽有梅》，以男女及時
婚嫁為喻希望魯國及時出兵；季武子答應了他的請求，並賦《角弓》，意思是
兄弟之國互相親近；范宣子退出時又賦《彤弓》，意思是晉國將承襲霸業。雙

方辭令十分委婉。事過八年，魯國也到晉國求援，魯穆叔以一番恰當的辭令使晉國出兵相救。《左傳‧襄公十六年》：

> 冬，穆叔如晉聘，且言齊故。晉人曰：「以寡君之未禘祀，與民之未息。不然，不敢忘。」穆叔曰：「以齊人之朝夕釋憾於敝邑之地，是以大請。敝邑之急，朝不及夕，引領西望曰：『庶幾乎！』比執事之間，恐無及也。」見中行獻子，賦《圻父》。獻子曰：「偃知罪矣，敢不從執事以同恤社稷，而使魯及此！」見范宣子，賦《鴻雁》之卒章。宣子曰：「匄在此，敢使魯無鳩乎！」

魯國求救於晉，起初晉國想要推脫，穆叔述說了形勢的危急，並賦《圻父》譴責晉國，荀偃答應了魯國的請求，並賦《鴻雁》之卒章，以示不會使魯國困苦不堪。

《左傳‧文公六年》，晉國大臣商量立君之事，各抒己見：

> 八月乙亥，晉襄公卒。靈公少，晉人以難故，欲立長君。趙孟曰：「立公子雍。好善而長，先君愛之，且近於秦。秦，舊好也。置善則固，事長則順，立愛則孝，結舊則安。爲難故，故欲立長君。有此四德者，難必抒矣。」賈季曰：「不如立公子樂。辰嬴嬖於二君，立其子，民必安之。」趙孟曰：「辰嬴賤，班在九人，其子何震之有？且爲二嬖，淫也。爲先君子，不能求大，而出在小國，辟也。母淫子辟，無威；陳小而遠，無援，將何安焉？杜祁以君故，讓偪姞而上之；以狄故，讓季隗而己次之，故班在四。先君是以愛其子，而仕諸秦，爲亞卿焉。秦大而近，足以爲援；母義子愛，足以威民，立之，不亦可乎？」使先蔑、士會如秦逆公子雍。

晉襄公去世時靈公尚幼，晉國人便想立一個年長的人爲國君，趙盾主張立公子雍，因爲他樂善年長又得到秦國的親近；賈季主張立公子樂，因其母辰嬴受到兩個國君的寵愛；趙孟堅決反對，認爲受到兩個國君的寵愛就是淫蕩，母親地位卑微因而兒子就不會有什麼威望，因此還是立公子雍。並派人去秦國迎接。

爲了國家前途著想持不同意見，因而爭吵的，如《左傳‧襄公八年》：

> 庚寅，鄭子國、子耳侵蔡，獲蔡司馬公子燮。鄭人皆喜，唯子產不順，曰：「小國無文德，而有武功，禍莫大焉。楚人來討，能勿從乎？從之，晉師必至。晉、楚伐鄭，自今鄭國不四、五年弗得寧矣。」

子國怒之曰:「爾何知!國有大命,而有正卿,童子言焉,將爲戮矣!」

子產很小的時候就能夠看到問題的本質,認爲鄭國不能先立武功而不修文治德行,子國對他大發雷霆,認爲他是小孩子無知妄言。

也有心存詭計,別有用心進行勸說的,《左傳·成公二年》,子反欲娶夏姬,巫臣進行勸阻:

巫臣曰:「是不祥人也。是天子蠻,殺御叔,弒靈侯,戮夏南,出孔、儀,喪陳國,何不祥如是?人生實難,其有不獲死乎!天下多美婦人,何必是?」子反乃止。

巫臣說夏姬爲不吉利的人,因爲她導致多人遭難,何況天下美人多得是,勸子反遠離她。實際則是爲了自己的利益。

《左傳·昭公二十七年》,費無極使陰謀設計借刀殺人,他挑撥令尹子常和郤宛的關係,一面讓郤宛請子常喝酒,並讓其陳列兵器備子常欣賞;一面又告訴子常郤宛要假意請他喝酒實際想要殺害他,子常上了費無極的當,派人下令放火燒宅,郤宛於是自殺。

四、不同主體言說辭令的特點

發出辭令的主體不同,辭令的特點就會各異。比如大國向小國耀武揚威,他的語氣上一定是高傲而盛氣凌人的,如齊桓公與屈完之間向對方示威的話語;臣子即便俘虜了對方國君,也不能粗暴對待,而是按照君臣之禮進言,如韓厥俘虜齊景公的辭令;周天子雖然位置高高在上,但由於王綱解紐,他也不得不講究說話的方式,拉近與諸侯之間的距離,以籠絡他們,例如《左傳·僖公九年》周王對齊侯的言辭十分親切和緩,並予以他很多特權。總體說來,由於不同主體持有的權利不同,背後的實力各異,因此導致他們的辭令間的不平等。大國對小國可能責備,並且無禮,而小國則多數表示順從、恭敬,當然也有對大國的無禮要求表示拒絕,對其不滿而進行辯解的。但爲了自己的生存,小國還是不會輕易冒犯大國的。

辭令中還有一類是女性的言辭,例如《左傳·成公十四年》,衛定公不願見孫林父,定姜勸說他應該從大局著想,爲了國家的長治久安,還是應該見他。女性的辭令都是以男性的視角來展開的,因此才能得到男性的認可,最後意見才能被採納。女性的辭令另外一種常用的方式就是以死相威脅,一般危急情況之下才用,如《左傳·僖公十五年》,秦軍俘獲了晉惠公後回國,穆

姬聽說後，帶著子女登上高臺，說如果晉惠公入城，則以死見之。女性的辭令在第二章會詳細講到，因此這裏不再贅言。

第二節　不同社會活動場合下的辭令

一、宴饗、朝聘和盟誓場合下的辭令

（一）宴饗、朝聘場合

　　春秋時期，外交活動頻繁，諸侯王要定期到周王那裏朝聘，諸侯國之間也經常往來；周王和諸侯王則會經常設宴聯絡與臣子的感情，即饗禮。在這些場合發生的辭令當然會很多。如《左傳·僖公十二年》：

> 王以上卿之禮饗管仲。管仲辭曰：「臣，賤有司也。有天子之二守國、高在，若節春秋來承王命，何以禮焉？陪臣敢辭。」王曰：「舅氏！余嘉乃勳！應乃懿德，謂督不忘。往踐乃職，無逆朕命！」管仲受下卿之禮而還。

周襄王以上卿之禮設宴款待管仲，管仲以還有比自己爵位高的人為由進行推辭，在周王的堅持之下，管仲最後接受了款待下卿的禮節。

　　《左傳·文公九年》：

> 冬，楚子使椒來聘，執幣傲。叔仲惠伯曰：「是必滅若敖氏之宗。傲其先君，神弗福也。」

楚子來魯國聘問手執禮物時非常傲慢，叔仲惠伯斷定這個人一定會使若敖氏滅亡，因其對先君傲慢，便不會得到神靈的賜福。

　　《左傳·宣公十六年》：

> 冬，晉侯使士會平王室，定王享之。原襄公相禮。殽烝。武子私問其故。王聞之，召武子曰：「季氏！而弗聞乎？王享有體薦，宴有折俎。公當享，卿當宴。王室之禮也。」

晉士會去調和王室的爭鬥，問了一些關於禮的問題，周定王向他講解了一些不同階層宴饗的禮儀問題。也有設計陷害的「鴻門宴」，《左傳·宣公二年》，趙盾由於多次進諫晉靈公而使其厭煩，靈公便心生殺意，假託賜予趙盾酒而借機殺害他，被趙盾的車右發覺借機離開，晉靈公還放狗咬他，其車右最後為保護趙盾而死。

宴饗、朝聘場合，行人大臣常賦詩往來，《左傳‧襄公二十六年》，因爲衛獻公去晉國而被囚禁，齊侯、鄭伯因此去晉國商討釋放他。晉侯設宴款待他們。席間晉侯賦《嘉樂》以示歡迎，國景子賦《蓼蕭》、子展賦《緇衣》爲衛侯說情，但沒有獲准釋放衛侯，晉侯還歷數了衛侯之罪；緊接著國子賦《轡之柔矣》，意思是希望晉侯寬待諸侯，子展賦《將仲子兮》，告戒晉侯要注意輿論影響，最後晉侯准許釋放衛獻公。與這段辭令相比，《左傳‧昭公十六年》的賦詩顯得禮儀性更強一些：鄭國的六卿在郊外爲韓宣子餞行，宣子讓每個人賦詩，六卿賦的詩大體都是讚美韓宣子的美德或者表達與晉國交好的願望，宣子聽後很高興地也賦了首《我將》，表達了將要保護鄭國的意思。

（二）盟會場合

盟會是諸侯有大事商議的時候進行的集會，盟會場合常常有盟約和誓詞，「盟誓語言是古人爲約束雙方或多方言行而採取的一種儀式性且有約束內容的話。完整的盟誓語言包括兩點內容：該做什麼和不該做什麼；違背誓言會有什麼後果」〔註2〕因此，盟誓語言常常爲表示禁止的祈使句。當然，有的誓詞盟語和詛辭可能並不完整。如《左傳‧僖公二十八年》，王子虎盟諸侯於朝廷：

> 癸亥，王子虎盟諸侯於王庭，要言曰：「皆獎王室，無相害也！有渝
> 此盟，明神殛之，俾隊其師，無克祚國，及而玄孫，無有老幼。」

王子虎在王庭與諸侯約定：全都要輔佐王室，不要互相傷害。如有違反，無論老幼，神靈都會誅殺他，軍隊國家世代都不能保全。

盟誓語言是在特定的語境下使用的語言形式，盟會場合的誓詞語言一般直接、犀利，簡短有力，如《左傳‧襄公十九年》：

> 十九年春，諸侯還自沂上，盟於督揚，曰：「大毋侵小。」

諸侯結盟盟約說：大國不要侵犯小國。有時盟約或誓詞是強加給弱者的。如《左傳‧僖公九年》：

> 秋，齊侯盟諸侯於葵丘，曰：「凡我同盟之人，既盟之後，言歸於好。」

盟約說：凡是結盟之人，既然已經結盟，就歸於和好。當時齊桓公已經確立了霸主地位，因此，他提議的盟約別人即使有異議也是敢怒不敢言。又如《左傳‧宣公十五年》：

〔註2〕 李艷紅、鍾如雄，左傳盟誓語言研究〔J〕，西南民族大學學報，2006年（10）。

子反懼，與之盟，而告王。退三十里，宋及楚平。華元爲質。盟曰：
「我無爾詐，爾無我虞。」

宋國寧可使國家滅亡，也不肯與楚國簽訂城下之盟，子反畏懼宋國的決心便與之講和，華元作爲人質。雙方盟辭說互相之間誰也不欺騙誰，也是非常簡短。當然，有時爲了講大道理，也可能旁徵博引，大段進行論述，如《左傳·定公四年》：

萇弘曰：「……蔡叔，康叔之兄也，先衛，不亦可乎？」子魚曰：「以先王觀之，則尚德也。昔武王克商，成王定之，選建明德，以蕃屏周。故周公相王室，以尹天下，於周爲睦。……吾子欲覆文、武之略，而不正其德，將如之何？」萇弘說，告劉子，與范獻子謀之，乃長衛侯於盟。

針對結盟時蔡國和衛國的排序問題，萇弘和子魚展開了討論，最後決定衛國排在蔡國之前。

盟辭是正式的書面語形式，制訂盟辭的儀式較爲隆重，誓辭則是個人私下裏對自己的約束。如《左傳·昭三十一年》：

荀躒以晉侯之命唁公，且曰：「寡君使躒以君命討於意如，意如不敢逃死，君其入也！」公曰：「君惠顧先君之好，施及亡人，將使歸糞除宗祧以事君，則不能見夫人。己所能見夫人者，有如河！」

魯昭公發誓決不能見到季孫意如。

二、戰爭中的辭令

戰爭中的辭令書在《左傳》中記載了很多，在戰爭的不同階段，發生的辭令特點各不相同：

（一）對戰爭的打算和計劃與對戰爭結果的預見

《左傳·莊公十年》：

十年春，齊師伐我。公將戰。曹劌請見。……乃入見，問何以戰。公曰：「衣食所安，弗敢專也，必以分人。」對曰：「小惠未徧，民弗從也。」公曰：「犧牲、玉帛，弗敢加也。必以信。」對曰：「小信未孚，神弗福也。」公曰：「小大之獄，雖不能察，必以情。」對曰：「忠之屬也，可以一戰。戰，則請從。」

曹劌對於魯莊公將要與齊師作戰的戰前準備進行詢問，並且表示自己也要隨同出戰。

《左傳‧僖公三十二年》：

> 杞子自鄭使告于秦曰：「鄭人使我掌其北門之管，若潛師以來，國可得也。」穆公訪諸蹇叔。蹇叔曰：「勞師以襲遠，非所聞也。師勞力竭，遠主備之，無乃不可乎！師之所爲，鄭必知之。勤而無所，必有悖心。且行千里，其誰不知？」公辭焉。召孟明、西乞、白乙，使出師於東門之外。蹇叔哭之，曰：「孟子，吾見師之出而不見其入也！」公使謂之曰：「爾何知？中壽，爾墓之木拱矣。」蹇叔之子與師，哭而送之，曰：「晉人禦師必於殽，殽有二陵焉。其南陵，夏后皋之墓也；其北陵，文王之所辟風雨也。必死是間，余收爾骨焉！」秦師遂東。

秦穆公打算攻打鄭國，蹇叔根據實際情況預見戰爭會以失敗告終，因此反對，但秦穆公不聽勸阻，一意孤行。

（二）戰爭中向對方挑戰和示威

《左傳‧僖公十五年》秦晉韓原之戰中：

> 遂使請戰，曰：「寡人不佞，能合其衆而不能離也。君若不還，無所逃命。」秦伯使公孫枝對曰：「君之未入，寡人懼之；入而未定列，猶吾憂也。苟列定矣，敢不承命。」韓簡退曰：「吾幸而得囚。」

晉向秦挑戰，秦國應戰，應答之間極盡辭令的婉轉含蓄。《左傳‧僖公四年》：

> 齊侯陳諸侯之師，與屈完乘而觀之。齊侯曰：「豈不穀是爲？先君之好是繼，與不穀同好，如何？」對曰：「君惠徼福於敝邑之社稷，辱收寡君，寡君之願也。」齊侯曰：「以此衆戰，誰能禦之？以此攻城，何城不克？」

齊侯口口聲聲說是爲了繼承先君的友好，卻轉而向屈完耀武揚威。

（三）戰術與詐謀

《左傳‧莊公十年》：

> 公與之乘。戰於長勺。公將鼓之。劌曰：「未可。」齊人三鼓。劌曰：「可矣！」齊師敗績。公將馳之。劌曰：「未可。」下視其轍，登軾而望之，曰：「可矣！」遂逐齊師。

曹劌在戰爭中充分利用擊鼓鼓舞戰士士氣；對敵國追擊之前，充分瞭解敵國戰況，以保證不中埋伏。

《左傳・僖公三十三年》，弦高犒師：

> 及滑，鄭商人弦高將市於周，遇之，以乘韋先，牛十二犒師，曰：「寡君聞吾子將步師出於敝邑，敢犒從者。不腆敝邑，爲從者之淹，居則具一日之積，行則備一夕之衛。」且使遽告於鄭。鄭穆公使視客館，則束載、厲兵、秣馬矣。使皇武子辭焉，曰：「吾子淹久於敝邑，唯是脯資、饎牽竭矣，爲吾子之將行也，鄭之有原圃，猶秦之有具圃也，吾子取其麋鹿，以間敝邑，若何？」杞子奔齊，逢孫、揚孫奔宋。孟明曰：「鄭有備矣，不可冀也。攻之不克，圍之不繼，吾其還也。」滅滑而還。

秦國將要偷襲鄭國，商人弦高爲了救鄭，想出了一個計謀，使秦以爲鄭國早已經知道了秦國要來侵襲，不敢再進行下一步的計劃。

（四）談判

《左傳・僖公三十年》，燭之武退秦師：

> 見秦伯曰：「秦、晉圍鄭，鄭既知亡矣。若亡鄭而有益於君，敢以煩執事。越國以鄙遠，君知其難也，焉用亡鄭以陪鄰？鄰之厚，君之薄也。若舍鄭以爲東道主，行李之往來，共其乏困，君亦無所害。且君嘗爲晉君賜矣，許君焦、瑕，朝濟而夕設版焉，君之所知也。夫晉，何厭之有？既東封鄭，又欲肆其西封。不闕秦，將焉取之？闕秦以利晉，唯君圖之。」

燭之武向秦伯分析了戰爭的形勢，如果攻打鄭國，會對晉有利而無益於秦國，若放棄攻打鄭國，則鄭願意作其東道主，並且列舉了晉的不講信用，因此瓦解了秦晉聯盟，使秦國退兵。

（五）求和

《左傳・昭公七年》：

> 癸巳，齊侯次於虢。燕人行成，曰：「敝邑知罪，敢不聽命？先君之敝器請以謝罪。」公孫晳曰：「受服而退，俟釁而動，可也。」二月戊午，盟於濡上。燕人歸燕姬，賂以瑤罋、玉櫝、斝耳。不克而還。

燕國前去與齊國講和，是典型的外交辭令，具有卑己的特點，同時還以燕姬
嫁給齊景公，並贈送一些玉器。

（六）投降

《左傳‧宣公十二年》：

> 鄭伯肉袒牽羊以逆，曰：「孤不天，不能事君，使君懷怒以及敝邑，
> 孤之罪也，敢不唯命是聽？其俘諸江南，以實海濱，亦唯命；其翦
> 以賜諸侯，使臣妾之，亦唯命。若惠顧前好，徼福於厲、宣、桓、
> 武，不泯其社稷，使改事君，夷於九縣，君之惠也，孤之願也，非
> 所敢望也。敢布腹心，君實圖之。」

前面我們引過此段文字，是分析諸侯國國君之間的辭令，這裏則是用來說明
戰爭中一方向另一方投降的辭令。

（七）對待戰俘

《左傳‧昭公二十四年》，將要釋放叔孫：

> 叔孫見士伯。士伯曰：「寡君以為盟主之故，是以久子。不腆敝邑之
> 禮，將致諸從者，使彌牟逆吾子。」叔孫受禮而歸。

魯國行人叔孫婼去晉國聲討而被扣留，晉國士彌牟以禮釋放他並贈送一些禮
物給其隨從。

《左傳‧成公二年》：

> 韓厥獻醜父，郤獻子將戮之，呼曰：「自今無有代其君任患者，有一
> 於此，將為戮乎？」郤子曰：「人不難以死免其君，我戮之，不祥。
> 赦之，以勸事君者。」乃免之。

逢丑父代替其君被俘，郤獻子本來要殺他，因其一呼而改變了主意。

三、一般政治活動和日常生活中的辭令

（一）對於一些事理問題的討論

《左傳》中還有一些辭令是為了說明一些事理，例如關於禮與儀的討論，
《左傳‧昭公二十五年》：趙簡子向子太叔詢問關於揖讓、周旋的禮，被告知
這只是儀，不是禮：

> 對曰：「吉也聞諸先大夫子產曰：『夫禮，天之經也，地之義也，民
> 之行也。』天地之經，而民實則之。則天之明，因地之性，生其六

氣，用其五行。氣爲五味，發爲五色，章爲五聲。淫則昏亂，民失
其性。是故爲禮以奉之：爲六畜、五牲、三犧，以奉五味；爲九文、
六採、五章，以奉五色；爲九歌、八風、七音、六律，以奉五聲。
爲君臣上下，以則地義；爲夫婦外內，以經二物；爲父子、兄弟、
姑姊、甥舅、昏媾、姻亞，以象天明；爲政事、庸力、行務，以從
四時；爲刑罰威獄，使民畏忌，以類其震曜殺戮；爲溫慈惠和，以
傚天之生殖長育。民有好、惡、喜、怒、哀、樂，生於六氣，是故
審則宜類，以制六志。哀有哭泣，樂有歌舞，喜有施捨，怒有戰鬥；
喜生於好，怒生於惡。是故審行信令，禍福賞罰，以制死生。生，
好物也；死，惡物也。好物，樂也；惡物，哀也。哀樂不失，乃能
協於天地之性，是以長久。」簡子曰：「甚哉！禮之大也。」對曰：
「禮，上下之紀、天地之經緯也，民之所以生也，是以先王尚之。
故人之能自曲直以赴禮者，謂之成人。大，不亦宜乎！」簡子曰：「鞅
也，請終身守此言也。」

接著子太叔講了什麼是禮，他引用子產的話：禮是天地的準則，人民行動的
依據。效法天地，生出天的六氣，使用地的五行，也要以禮來奉行。奉行五
味、五色、五聲，制定君臣上下、夫婦內外、姻親，國家政令等。人的喜怒
哀樂好惡，都從六氣而生，但哀樂都不能失於禮，才能夠協和天地本性。趙
簡子驚歎禮的泓大，並且許諾終身奉守這些話。

還有關於祭祀對象的認定，《左傳・僖公二十六年》，夔子不祀祝融，他
有自己的解釋：

夔子不祀祝融與鬻熊，楚人讓之。對曰：「我先王熊摯有疾，鬼神弗
赦，而自竄於夔，吾是以失楚，又何祀焉？」

夔子不祭祀楚的祖先祝融與鬻熊，楚人責備他，他解釋說因爲先王生病因此
流竄到夔國，失去楚國的庇護，故不祭祀。

（二）禮儀性的政治活動

諸侯大臣之間的禮儀活動是很多的，如《左傳・哀公二十三年》：

二十三年春，宋景曹卒。季康子使冉有弔，且送葬，曰：「敝邑有社
稷之事，使肥與有職競焉，是以不得助執紼，使求從輿人。曰：『以
肥之得備彌甥也，有不腆先人之產馬，使求薦諸夫人之宰，其可以
稱旌繁乎！』」

宋景曹去世，季康子派冉有去弔唁，以一番謙卑的辭令表達了弔唁之意並贈送了馬匹。再如《左傳‧昭公元年》，晉侯生病，公孫僑前去探望，並且解釋了病因：

> 晉侯有疾，鄭伯使公孫僑如晉聘，且問疾。叔向問焉，曰：「寡君之疾病，卜人曰：『實沈、臺駘爲祟』，史莫之知。敢問此何神也？」子產曰：「昔高辛氏有二子，伯曰閼伯，季曰實沈，居于曠林，不相能也，日尋干戈，以相征討。后帝不臧，遷閼伯于商丘，主辰。商人是因，故辰爲商星。遷實沈于大夏，主參，唐人是因，以服事夏、商。其季世曰唐叔虞。當武王邑姜方震大叔，夢帝謂己：『余命而子曰虞，將與之唐，屬諸參，其蕃育其子孫。』及生，有文在其手曰『虞』，遂以命之。及成王滅唐，而封大叔焉，故參爲晉星。由是觀之，則實沈，參神也。昔金天氏有裔子曰昧，爲玄冥師，生允格、臺駘。臺駘能業其官，宣汾、洮，障大澤，以處大原。帝用嘉之，封諸汾川，沈、姒、蓐、黃實守其祀。今晉主汾而滅之矣。由是觀之，則臺駘，汾神也。抑此二者，不及君身。山川之神，則水旱癘疫之災，於是乎榮之；日月星辰之神，則雪霜風雨之不時，於是乎榮之。若君身，則亦出入、飲食、哀樂之事也，山川、星辰之神又何爲焉？僑聞之，君子有四時：朝以聽政，晝以訪問，夕以脩令，夜以安身。於是乎節宣其氣，勿使有所壅閉湫底，以露其體。茲心不爽，而昏亂百度。今無乃壹之，則生疾矣。僑又聞之，內官不及同姓，其生不殖，美先盡矣，則相生疾，君子是以惡之。故《志》曰：『買妾不知其姓，則卜之。』違此二者，古之所慎也。男女辨姓，禮之大司也。今君內實有四姬焉，其無乃是也乎？若由是二者，弗可爲也已。四姬有省猶可，無則必生疾矣。」叔向曰：「善哉！肸未之聞也。此皆然矣。」

晉侯生病，鄭簡公派子產去晉國聘問並問候病情。叔向向子產詢問病因，子產由晉國的星宿講起，但認爲不會是卜人說的兩位神靈降禍，而是因爲晉平公貪戀女色不知節製造成的。

《左傳‧昭公三十年》，晉頃公卒，鄭游吉作爲弔喪和送葬之使，遭責難，鄭游吉進行辯解：

> 夏六月，晉頃公卒。秋八月，葬。鄭游吉弔，且送葬，魏獻子使士

景伯詰之，曰：「悼公之喪，子西弔，子蟜送葬。今吾子無貳，何故？」
對曰：「諸侯所以歸晉君，禮也。禮也者，小事大、大字小之謂。事
大在共其時命，字小在恤其所無。以敝邑居大國之間，共其職貢，
與其備禦不虞之患，豈忘共命？先王之制：諸侯之喪，士弔，大夫
送葬；唯嘉好、聘享、三軍之事，於是乎使卿。晉之喪事，敝邑之
間，先君有所助執紼矣。若其不間，雖士、大夫有所不獲數矣。大
國之惠，亦慶其加，而不討其乏，明底其情，取備而已，以爲禮也。
靈王之喪，我先君簡公在楚，我先大夫印段實往，敝邑之少卿也。
王吏不討，恤所無也。今大夫曰：『女盍從舊？』舊有豐有省，不知
所從。從其豐，則寡君幼弱，是以不共。從其省，則吉在此矣。唯
大夫圖之！」晉人不能詰。

晉頃公去世，鄭國只派游吉去弔唁和送葬，魏獻子派士景伯去質問其不夠重
視，鄭游吉進行辯解，認爲大國應該體恤小國派不出人，並且聯繫之前的先
例，以前有過類似的事件但當時連周王也沒有怪罪，最後晉國人也無法反駁。

（三）其他事務性的辭令

還有一些辭令是關於日常事務的，如交涉爭議性的土地，《左傳‧成公十
一年》，晉郤至與周爭田：

晉郤至與周爭鄇田，王命劉康公、單襄公訟諸晉。郤至曰：「溫，吾
故也，故不敢失。」劉子、單子曰：「昔周克商，使諸侯撫封，蘇忿
生以溫爲司寇，與檀伯達封於河。蘇氏即狄，又不能於狄而奔衛。
襄王勞文公而賜之溫，狐氏、陽氏先處之，而後及子。若治其故，
則王官之邑也，子安得之？」晉侯使郤至勿敢爭。

晉郤至與周爭奪鄇地的田地，以溫地過去一直是其封邑爲由，劉康公、單襄
公說如果追索過去，那麼這些都是王朝的封邑，晉侯也下令阻止郤至與周爭
地。

《左傳‧昭公二十一年》，魯國季孫降低饋贈士鞅的標準，遭到不滿和微
詞，又補充了財物：

夏，晉士鞅來聘，叔孫爲政。季孫欲惡諸晉，使有司以齊鮑國歸費
之禮爲士鞅。士鞅怒，曰：「鮑國之位下，其國小，而使鞅從其牢禮，
是卑敝邑也。將復諸寡君。」魯人恐，加四牢焉，爲十一牢。

四、不同場合辭令的言說特點

辭令在不同場合具有不同的言說特點,例如在宴饗、朝聘場合下的辭令一般溫文爾雅,富有君子風度;在盟會的場合,誓詞類似口號的語言一般簡潔明瞭,如《左傳‧僖公九年》:「齊侯盟諸侯於葵丘,曰:『凡我同盟之人,既盟之後,言歸於好。』」《左傳‧襄公十九年》:「諸侯還自沂上,盟於督揚,曰『大毋侵小』」;戰爭中求和或投降的辭令則一定要婉轉、謙卑,如「鄭伯肉袒牽羊以逆」的一段辭令;非正式的場合例如日常交際中討論某個問題,可能就會長篇大論,例如《左傳‧昭公二十五年》關於禮與儀的討論。不同的場合要說出恰當有利於自己的辭令,這是不難理解的,很難想像在戰爭危急的關頭,一個人還在長篇大論的講戰爭形勢或其他問題,那樣必然會失去聽眾,甚至會招來嚴重的後果。

第三節　蘊含不同修辭特點的辭令

《左傳》中的外交辭令富有文采,典雅富麗,既做到了有禮有節,又體現出說話者的良好修養和外交技巧,這與辭令大量運用了修辭手法有很大關係。劉知己曾經稱讚《左傳》的語言具有「其文典而美,其語博而奧」〔註3〕的特色,是說其語言簡潔和博大兼而有之。這種語言特色的形成很大程度是因為《左傳》的敘述語言十分簡練,但同時書中的外交辭令又運用了大量的修辭手法。《左傳》辭令中的修辭手法多種多樣,例如譬喻的使用使語言生動、活潑,運用借代和避諱等辭格使話語含蓄委婉,對偶、引用等又讓語言典雅、富麗,同時還顯示出說話者具有很高的知識水平和個人修養。可以說,《左傳》的修辭藝術是該書語言、文學價值的重要組成部分,其價值之高,可以讓人們不斷去挖掘。

一、對偶和排比

(一)對偶

對偶是將字數相等、結構相同或相似的兩個詞組或句子成對地排列起來的修辭法,對偶和對仗十分相似,都具有句式整齊美觀,讀來節奏鏗鏘,便於記誦的表達效果。《左傳》中對偶具有下面的特點:

〔註3〕唐‧劉知幾,史通〔M〕,瀋陽:遼寧教育出版社,1997年,第121頁。

1. 形式上的多樣

（1）工對

工對的要求較高，詞性要相同，相對的詞語意義上接近相同或者相反。例如《左傳·昭公二十六年》：（晏子對齊侯）對曰：「禮之可以爲國也久矣，與天地並。君令、臣共，父慈、子孝，兄愛、弟敬，夫和、妻柔，姑慈、婦聽，禮也。……」其中的「父慈、子孝，兄愛、弟敬」和「夫和、妻柔，姑慈、婦聽」就是兩組工對。

（2）寬對

寬對是指詞性相同，但詞語的類別不一定相同構成的對偶。例如《左傳·襄公二十六年》：（聲子對子木）對曰：「雖有，而用楚材實多。歸生聞之：善爲國者，賞不僭而刑不濫。賞僭，則懼及淫人；刑濫，則懼及善人。若不幸而過，寧僭，無濫。與其失善，寧其利淫。無善人，則國從之。」其中的「賞僭，則懼及淫人；刑濫，則懼及善人。」就是寬對。說其爲寬對，因爲句子中還有重合的詞。

寬對在《左傳》中是非常多見的，可以說在對偶中比比皆是。對偶與排比有時很相似，例如《左傳·昭公四年》：季武子問於申豐曰：「雹可禦乎？」對曰：「……其藏冰也，深山窮谷，固陰沍寒，於是乎取之。其出之也，朝之祿位，賓、食、喪、祭，於是乎用之。其藏之也，黑牡、秬黍以享司寒。其出之也，桃弧、棘矢，以除其災。其出入也時。食肉之祿，冰皆與焉。大夫命婦喪浴用冰。祭寒而藏之，獻羔而啓之，公始用之，火出而畢賦。自命夫命婦至於老疾，無不受冰。山人取之，縣人傳之，輿人納之，隸人藏之。夫冰以風壯，而以風出。其藏之也周，其用之也遍，則多無愆陽，夏無伏陰，春無淒風，秋無苦雨，雷不出震，無災霜雹，癘疾不降，民不夭箚。今藏川池之冰棄而不用，風不越而殺，雷不發而震。……」其中「其藏之也，黑牡、秬黍以享司寒。其出之也，桃弧、棘矢以除其災」和「祭寒而藏之，獻羔而啓之」，還有「風不越而殺，雷不發而震」爲對偶，「山人取之，縣人傳之，輿人納之，隸人藏之」和「多無愆陽，夏無伏陰，春無淒風，秋無苦雨」首先是排比，但如果將排比分而列之，則又是兩組對偶。

《左傳·隱公十一年》：「山有木，工則度之；賓有禮，主則擇之」，這裏是用諺語進行隱喻，同時又是一組對偶：「山有木」和「賓有禮」相對，「工則度之」和「主則擇之」相對。

《左傳·宣公二年》「鉏麑刺殺趙盾」：

　　麑退，歎而言曰：「不忘恭敬，民之主也。賊民之主，不忠；棄君之
　　命，不信。有一於此，不如死也。」觸槐而死。

這裏「賊民之主，不忠；棄君之命，不信」是對偶。

　　對偶的例子還有很多，例如：

　　君子不犯非禮，小人不犯不祥。《左傳·昭公三年》

　　儉，德之共也；侈，惡之大也。《左傳·莊公二十四年》

　　高、仰，驕也；卑、俯，替也。下拜；登受。《左傳·定公十五年》

2. 意義上的多元

《左傳》中的對偶在意義上體現出多元的特點：

（1）時間的對

《左傳·昭公十七年》：「……於夏為三月，於商為四月，……」

（2）空間的對

《左傳·宣公十二年》：「內姓選於親，外姓選於舊。舉不失德，賞不失勞。」其中的「內」和「外」表示相對的空間。

（3）人物善惡的對

《左傳·僖公十五年》：「小人戚，謂之不免；君子恕，以為必歸。」其中「小人」和「君子」相對，二者主要側重的是人的品德善惡高下。

《左傳·襄公三十一年》子皮曰：「（吾聞）君子務知大者、遠者，小人務知小者、近者。」其中「君子」和「小人」相對。

（4）神形的對

《左傳·襄公三十一年》：「有威而可畏謂之威，有儀而可象謂之儀。」其中「威」和「儀」相對。威指氣質精神，儀指外在的服飾。

（5）等級的對

《左傳·哀公十三年》：「於周室，我為長」和「於姬姓，我為伯」是一種等級的對。

（6）事理的對

《左傳·襄公二十八年》：「大適小有五美：宥其罪戾，赦其過失，救其災患，賞其德刑，教其不及。……小適大有五惡：說其罪戾，請其不足，行其政事，共某職貢，從其時命。」是一組事理的對。

「夏有亂政，而作《禹刑》；商有亂政，而作《湯刑》」（《左傳‧昭公六年》）也是一組事理的對。

3. 組合上的多類

《左傳》中的對偶具有不同的組合方式，組合方式不同，突出和強化的關係也不相同。

（1）正對：上下聯主題一致，邏輯關係完整。

「耳不知五聲之和爲聾，目不別五色之章爲昧」和「心不則德義之經爲頑，口不道忠信之言爲嚚」兩組對偶上下聯主題一致。（《左傳‧僖公二十五年》）

「愛之如父母，仰之如日月」和「敬之如神明，畏之如雷霆」兩組對偶上下聯主題一致。（《左傳‧襄公十四年》）

（2）反對：上下句意思相反，意義相對。

「親親、與大，賞共、罰否，所以爲盟主也。」其中「賞共、罰否」爲意思相反的對偶。（《左傳‧昭公十三年》）

（3）串對：語意上前後相承，上下銜接。

「體仁足以長人，嘉德足以合禮」和「利物足以和義，貞固足以幹事」構成上下銜接的串對。（《左傳‧襄公九年》）

《左傳》中的對偶有相當一部分是五個字之內的短小結構，靈活而又富於變化；同時，也有十餘字的中型結構，使這種語言形式更加充實和完善。

（二）排比

排比這種修辭手法，是利用三個或三個以上意義相關或相近，結構相同或相似和語氣相同的詞組或句子並排，達到一種加強語勢的效果。它能夠使文章節奏感加強，富有條理性，增強感情的氣勢。《左傳》中的排比例子有很多，例如：

《昭公四年》有：王曰：「諸侯其來乎？」對曰：「必來。從宋之盟，承君之歡，不畏大國，何故不來？不來者，其魯、衛、曹、邾乎！曹畏宋，邾畏魯，魯、衛逼於齊而親於晉，唯是不來。其餘，君之所及也，誰敢不至？」句中的「從宋之盟，承君之歡，不畏大國」和「曹畏宋，邾畏魯，魯、衛逼於齊而親於晉」是兩處排比。

排比可以分成不同的類別：

1. 從構成成分看可以分爲

（1）成分排比：即一個句子中的一些成分組成排比。例如《左傳‧隱公五年》中有：

若夫山林、川澤之實，器用之資，皁隸之事，官司之守，非君所及也。

（2）分句排比：即一個複句的各個分句構成排比。例如《左傳・莊公十年》：

（曹劌）對曰：「夫戰，勇氣也。一鼓作氣，再而衰，三而竭。」

《左傳・昭公二十六年》也有一例：

在禮，家施不及國，民不遷，農不移，工賈不變，士不濫，官不滔，大夫不收公利。

2. 從構成關係看可以分為

（1）等列的敘述：構成的排比成分是一種並列關係，例如《左傳・隱公五年》：

昭文章，明貴賤，辨等列，順少長，習威儀也。

再如《左傳・昭公四年》：

夏啓有鈞臺之享，商湯有景亳之命，周武有孟津之誓，成有岐陽之搜，康有酆宮之朝，穆有塗山之會，齊桓有召陵之師，晉文有踐土之盟。

（2）先排比事物，再分別解釋

《左傳・隱公元年》：

祭仲曰：「都，城過百雉，國之害也。先王之制：大都，不過參國之一；中，五之一；小，九之一。今京不度，非制也，君將不堪。」

先講了古制的規定，然後解釋京邑的不合規矩。

（3）事與理並敘

《左傳・昭公二十年》：

琴張聞宗魯死，將往弔之。仲尼曰：「齊豹之盜，而孟縶之賊，女何弔焉？君子不食奸，不受亂，不爲利疚於回，不以回待人，不蓋不義，不犯非禮。」

將君子的客觀作爲和道理同時進行論述。又如《左傳・襄公十四年》：

師曠侍於晉侯。晉侯曰：「衛人出其君，不亦甚乎？」對曰：「或者其君實甚。良君將賞善而刑淫，養民如子，蓋之如天，容之如地；民奉其君，愛之如父母，仰之如日月，敬之如神明，畏之如雷霆，其可出乎？……」

句子中排比也是將良君應該具有的品德的事實與道理同時進行論述。

　　排比與對偶的區別在於對偶是由兩個語言單位構成，並且必須對稱；而排比則要有三個以上的語言單位，結構大體相似即可，字數要求不是很嚴格。典型的對偶句上下兩聯是不重字的，對仗還有平仄的要求；而排比則沒有這樣的限制。

二、借代和頂眞

（一）借代

　　《左傳》中多次使用了借代的修辭，這種修辭是不直接說出要說的人或事物，而是用相關的事物（但不一定有類似點）來代替所要表達的人或事物的修辭方式。如《左傳・莊公十年》：其鄉人曰：「肉食者謀之，又何間焉？」用「肉食者」來代替「當權的人」，十分具體形象，又貼切至極。

　　借代分爲不同的種類：

1. 特徵代替事物

　　　子皮曰：「虎帥以聽，誰敢犯子？子善相之。國無小，小能事大，國乃寬。」《左傳・襄公三十年》

　　　小所以事大，信也；大所以保小，仁也。《左傳・哀公七年》

「小」和「大」分別指代小國和大國，是國家的特徵。

　　《左傳・僖公二十三年》：

　　　國人皆咎公。公曰：「君子不重傷，不禽二毛。……」

「毛」，指黑白兩種頭髮，這裏是用老年人的特徵指代老人。以「二毛」代老人，使表達婉轉而避免生硬，同時突出了說者的仁義之心。

　　《左傳・僖公三十二年》：

　　　勞師以襲遠，非所聞也。師勞力竭，遠主備之，無乃不可乎？

「遠」是國家的特徵，這裏用以指代遠方的國家。

2. 部分代整體

　　《左傳・僖公二十六年》：

　　　齊侯未入竟，展喜從之，曰：「寡君聞君親舉玉趾，將辱於敝邑，使下臣犒執事。」

既然人已經來了，肯定不會是只把腳邁入，因此是以部分代整體。

《左傳‧宣公十二年》：

> 鄭伯肉袒牽羊以逆，曰：「孤不天，不能事君，……敢布腹心，君實圖之。

「腹心」是指貼心可靠之人，用部位代整體。再如《左傳‧僖公三十二年》：

> 蹇叔之子與師，哭而送之，曰：「晉人禦師必於殽，殽有二陵焉。其南陵，夏后皋之墓也；其北陵，文王之所辟風雨也。必死是間，余收爾骨焉！」

在這裏，「骨」指代屍體，以部分代整體。

《左傳‧莊公十四年》：

> （原繁）對曰：「先君桓公命我先人典司宗祐。……」

宗祐本來是宗廟中藏神主的石室，是宗廟的一部分。用來指代宗廟，宗祠，是以部分代整體。

3. 工具代本體

《左傳‧僖公三十年》，燭之武退秦師：

> 見秦伯，曰：「……若舍鄭以為東道主，行李之往來，共其乏困，君亦無所害。」

「行李」是外出者所攜帶的鋪蓋，包裹等，這裏用其指代出使的行人使者。

《左傳‧僖公十五年》：

> 上天降災，使我兩君匪以玉帛相見，而以興戎。

古代諸侯會盟執玉帛，因此用以表示和好。《左傳‧襄公十一年》還有：

> 孤以社稷之故，不能懷君。君若能以玉帛綏晉，不然，則武震以攝威之，孤之願也。

4. 具體代抽象

《左傳‧桓公五年》

> 鄭師合以攻之，王卒大敗。祝聃射王中肩，王亦能軍。祝聃請從之。
>
> 公曰：「君子不欲多上人，況敢陵天子乎？苟自救也，社稷無隕，多矣。」

「社稷」的原意是古代帝王諸侯所祭祀的土神和谷神。土地和糧食是人民賴以生存的根本，也是一個國家的立國保障，歷代君王都很重視對土地神及谷神的祭祀。古代皇帝認為，不尊重土神和谷神，就會使百姓生活無靠，社會就會出現動蕩，江山不保。後來，「社稷」就有了「國家」和「政權」的涵

義。類似的還有「宗廟」，指的是祭祀祖先的場所，因爲地位不同，擁有宗廟的規模也不相同，因此，用它代表封建統治者掌握的最高權力，也借指國家。

《左傳・僖公二十三年》：

> 將適齊，謂季隗曰：「待我二十五年，不來而後嫁。」對曰：「我二十五年矣，又如是而嫁，則就木焉。請待子。」處狄十二年而行。

就：進入；木：棺材。指人壽命已經不長，快要進棺材了。也是以具體代抽象。

5. 以卑微代尊貴

《左傳・僖公三十年》，燭之武退秦師：

> 見秦伯，曰：「秦、晉圍鄭，鄭既知亡矣。若亡鄭而有益於君，敢以煩執事。……」

「執事」指的是身邊的辦事人員，不直呼而以卑代之。

借喻與借代的相同點在於它們都是用一事物代替另一事物，事物本體不出現。不同點在於借代的作用是「稱代」，即直接把借體稱爲本體，其只代不喻；借喻的作用是「比喻」，雖然也有代替的作用，但總是喻中有代。構成借代的基礎是事物的相關性，即要求借體和本體有某些方面的相似。借喻可改爲明喻或暗喻，而借代不能。

（二）頂真

在《左傳》中，出現了大量的頂眞辭格，根據黃、廖本《現代漢語》的定義，頂眞的辭格指的是：上一句結尾的詞語作下一句的開頭詞語，使臨近的句子頭尾相連，這種辭格也叫做聯珠。一般不包括「間隔頂眞」（頂眞部分有其他詞語間隔）和「句子頂眞」（由句子和句子構成的頂眞）〔註4〕例如《左傳・成公二年》記有「名以出信，信以守器，器以藏禮，禮以行義，義以生利，利以平民，政之大節也。」每一句的結尾詞語又是下一句開頭的詞語。《左傳・昭公七年》還有一處十分典型的說明等級的頂眞辭格：「故王臣公，公臣大夫，大夫臣士，士臣皂，皂臣輿，輿臣隸，隸臣僚，僚臣僕，僕臣臺。」頂眞分爲不同的情況：

〔註4〕 黃伯榮、廖序東，現代漢語（下）〔M〕，北京：高等教育出版社，2007 年，第 211 頁。

1. 詞＋詞

（1）形‧形

寬以濟猛，猛以濟寬。《左傳‧昭公二十年》

無威則驕，驕則亂生。《左傳‧襄公二十七年》

（2）名‧名

味以行氣，氣以實志，志以定言，言以出令。《左傳‧昭公九年》

夫名以制義，義以出禮，禮以體政，政以正民。《左傳‧桓公二年》

（3）動‧動

……曰：「不能。」「能行乎？」曰：「不能。」「能行大事乎？」曰：「能。」。《左傳‧文公元年》

（4）數‧數

歌《鹿鳴》之三，三拜。《左傳‧襄公四年》

2. 詞組＋詞組

（1）主謂‧主謂

驕則亂生，亂生必滅，……。《左傳‧襄公二十七年》

不敬，則禮不行；禮不行，則上下昏，何以長世？《左傳‧僖公十一年》

（2）動賓‧動賓

殺其使者，必伐我，伐我，亦亡也。《左傳‧宣公十四年》

（3）聯合‧聯合

畏而後上下慈和，慈和而後能安靖其國家，……。《左傳‧襄公二十七年》

（4）偏正‧偏正

《左傳‧僖公四年》中，驪姬意欲廢太子因而離間晉獻公父子：

……公祭之地，地墳。與犬，犬斃。與小臣，小臣亦斃。姬泣曰：「賊由大子。」大子奔新城。

聯珠的運用使情節環環相扣，跌宕起伏。

及杞桓公卒之月，乙未，王湫帥師及正輿子、棠人軍齊師，齊師大敗之。《左傳‧襄公六年》

三、避諱和譬喻

（一）避諱

所謂避諱，也叫諱飾，這種辭格是在說話時避免說到犯忌諱的事物，用別的相關的詞語或說法來掩飾和表達。在《左傳》中，外交辭令上使用避諱的修辭多處可見。避諱在《左傳》中又分為很多情況：

1. 諱死：死是人們忌諱的事情，因此，人們談到死的時候，經常用其他方式來說。《左傳·隱公元年》：「遂置姜氏於城潁，而誓之曰：『不及黃泉，無相見也！』」「黃泉」就是「死」的避諱說法，因為人死葬於地下，黃泉為地下之水，古人有「天地玄黃」的說法，因此在中國文化中將其指人死後所居住之地，故以其代死。

《左傳·昭公七年》：「子產為豐施歸州田於韓宣子，曰：『日君以夫公孫段為能任其事，而賜之州田。今無祿早世，不獲久享君德。其子弗敢有，不敢以聞於君，私致諸子。』宣子辭。」「無祿」也是死的諱飾說法。

2. 諱戰：戰爭則意味著反目為仇，因此人們忌諱直言戰爭。

《左傳·僖公二十三年》中，晉公子重耳經過楚國，楚子設宴款待他，席間問他如果能夠回國將會怎樣報答楚國，重耳回答：「若以君之靈，得反晉國，晉楚治兵，遇於中原，其辟君三舍。若不獲命，其左執鞭、弭，右屬櫜、鞬，以與君周旋。」「治兵」本來是指訓練軍隊或者習武，這裏是戰爭的諱飾說法。

再如《左傳·僖公三十三年》晉襄公命陽處父追趕孟明，假意賜其左驂，孟明答曰：「君之惠，不以累臣釁鼓，使歸就戮於秦，寡君之以為戮，死且不朽。若從君惠而免之，三年將拜君賜。」此處「三年將拜君賜」也使用了避諱修辭，意為三年以後我定報此仇。

《左傳·僖公三十三年》：「（弦高）曰：『寡君聞吾子將步師出於敝邑，敢犒從者，不腆敝邑，為從者之淹，居則具一日之積，行則備一夕之衛。』且使遽告於鄭。」這裏的「步師」指進攻。

又如《左傳·僖公二十八年》：晉楚城濮之戰中：「子玉使鬬勃請戰，曰：『請與君之士戲，君馮軾而觀之，得臣與寓目焉。』晉侯使欒枝對曰：『寡君聞命矣。楚君之惠，未之敢忘，是以在此。為大夫退，其敢當君乎？既不獲命矣，敢煩大夫謂二三子：「戒爾車乘，敬爾君事，詰朝將見。」』」用了極為含蓄的說法來談戰爭。「戲」指戰爭，「觀之」、「寓目」指參加戰鬥，將兩軍兵刃相見的血腥場面描繪成了如同遊戲一般。

《左傳·襄公八年》：「知武子使行人子員對之，曰：『君有楚命，亦不使一介行李告於寡君，而即安於楚。君之所欲也，誰敢違君？寡君將帥諸侯以見於城下，唯君圖之！』」「見於城下」即交戰之義。

還有《左傳·成公二年》：「寡君之命使臣則有辭矣，曰：『子以君師辱於敝邑，不腆敝賦，以犒從者。畏君之震，師徒橈敗。吾子惠徼齊國之福，不泯其社稷，使繼舊好，唯是先君之敝器、土地不敢愛。子又不許，請收合餘燼，背城借一。敝邑之幸，亦云從也；況其不幸，敢不唯命是聽？』」「辱於敝邑」和「徼齊國之福」意思是屈尊來到我國和為我國求福，都是進攻的諱飾說法。

3. 諱敗：兵敗在人們眼中是一件可恥的事情，因此，人們諱言戰敗，而代之以其他的說法。

《左傳·宣公十二年》：「彘子以為諂，使趙括從而更之，曰：『行人失辭。寡君使群臣遷大國之跡於鄭，曰：「無辟敵！」群臣無所逃命。』」這裏說的「遷大國之跡」即指將對方軍隊打敗趕跑。

再如《左傳·昭公五年》：「吳子使其弟蹶由犒師，楚人執之，將以釁鼓。王使問焉，曰：『女卜來吉乎？』對曰：『吉。……今君奮焉震電馮怒，虐執使臣，將以釁鼓，則吳知所備矣。敝邑雖羸，若早修完，其可以息師。』」這裏的「息師」指打敗對方軍隊。

4. 諱被獲

《左傳·成公二年》的齊晉鞍之戰中記載了一段典型的外交辭令，齊景公戰敗欲逃，被晉軍的司馬韓厥追上，韓厥在準備俘虜齊景公之前，對齊景公施了君臣之禮，跪下叩頭，捧著酒杯加上玉璧，本來是自己聰明勇武俘虜對方，卻說自己只是佔了一個空缺，不小心遇上對方，並且用「陷入君地」隱喻俘虜對方的事實，使尷尬的場面變得十分含蓄。

到了第二年（成公三年），齊頃公去晉國朝聘，在晉景公面前又看到韓厥：「晉侯享齊侯。齊侯視韓厥。韓厥曰：『君知厥也乎？』齊侯曰：『服改矣。』韓厥登，舉爵曰：『臣之不敢愛死，為兩君之在此堂也。』」

晉景公設宴招待齊頃公，席間齊頃公認出了韓厥，韓厥登上臺階，舉起酒杯說：「當初之所以冒死追趕君王，就是為了兩國君王今天在這裏歡聚一堂啊！」「冒死追趕」實際就是諱言被俘虜。

5. 諱侵略：侵略他國是不義之舉，因此，諸侯國要發動戰爭時都要尋找合適的藉口，被侵略者也不直言。

《左傳・宣公十二年》：「楚子退師。鄭人修城。進復圍之，三月，克之。入自皇門，至於逵路。鄭伯肉袒牽羊以逆，曰：『孤不天，不能事君，使君懷怒以及敝邑，孤之罪也。』」「懷怒以及敝邑」實際就是侵略進攻的諱飾說法。

再如《左傳・僖公二十六年》：「齊侯未入竟，展喜從之，曰：『寡君聞君親舉玉趾，將辱於敝邑，使下臣犒執事。』」「舉玉趾」意思是屈尊駕臨，實際是進攻侵略的諱飾說法。

（二）譬喻

實際就是「打比方」，即兩種不同性質但彼此有相似點的事物，爲了使表達效果更加生動、具體，用一事物來說明另一事物。如《左傳・襄公三十一年》：「子皮欲使尹何爲邑。子產曰：『少，未知可否。』子皮曰：『愿，吾愛之，不吾叛也。使夫往而學焉，夫亦愈知治矣。』子產曰：『不可。人之愛人，求利之也。今吾子愛人則以政，猶未能操刀而使割也，其傷實多。子之愛人，傷之而已，其誰敢求愛於子？子於鄭國，棟也。棟折榱崩，僑將厭焉，敢不盡言？子有美錦，不使人學製焉。大官、大邑，身之所庇也，而使學者製焉，其爲美錦，不亦多乎？僑聞學而後入政，未聞以政學者也。若果行此，必有所害。譬如田獵，射御貫，則能獲禽，若未嘗登車射御，則敗績厭覆是懼，何暇思獲？』」子產的一番話裏有多處譬喻：以人本來不會操刀而讓其用刀，棟折屋毀，讓人用漂亮的錦緞去學裁剪，不懂駕車射箭卻讓其去學打獵作比喻，來說明不會理政卻讓其從政的嚴重後果，達到了說明道理深入淺出的效果。

譬喻也有很多類型：

1. 明顯的譬喻：這一類譬喻用「若」、「譬如」、「猶」等連詞連接。

《左傳・襄公十九年》：「季武子如晉拜師，晉侯享之。范宣子爲政，賦《黍苗》。季武子興，再拜稽首，曰：『小國之仰大國也，如百穀之仰膏雨焉。若常膏之，其天下輯睦，豈唯敝邑？』」

2. 沒有標誌的譬喻：

《左傳・文公七年》：「公族，公室之枝葉也；若去之，則本根無所庇蔭矣。」

《左傳・哀公八年》：「夫魯，齊、晉之唇。」

《左傳・僖公四年》：「楚子使與師言曰：『君處北海，寡人處南海，唯是風馬牛不相及也。』」

3. 加強、推進的譬喻：一般有轉折連詞「況」、「尚」等。

《左傳·隱公元年》:「對曰:『姜氏何厭之有?不如早爲之所,無使滋蔓!蔓,難圖也。蔓草猶不可除,況君之寵弟乎?』」

《左傳·僖公四年》,晉獻公欲立驪姬爲夫人,卜人說不可以,因爲繇辭說「一薰一蕕,十年尙猶有臭」,這裏用薰(香草)喻太子申生,蕕(臭草)喻驪姬。

4. 融合、寄託的譬喻:原意可能不言明,但寄託於譬喻之中,例如一些隱喻的用法。

「末大必折,尾大不掉」,意思是樹梢大了會折斷,尾巴大了轉動不靈,這是《左傳·昭公十一年》申無宇對楚靈王說的話,隱喻臣子勢力大了難以控制。

「牽牛以蹊人之田,而奪之牛」出自《左傳·宣公十一年》,是申叔時勸諫楚王的話。當時,夏徵舒殺陳靈公,陳亂。楚出兵平亂,滅陳以爲楚縣,楚大夫申叔時認爲這是楚國貪婪的表現,陳罪輕但是懲罰過重。用民間謠諺爲喻寄託本意。

四、反問、設問和引用

(一)反問

爲了加強語氣,《左傳》中的辭令還常常用反問的辭格,反問是用疑問的形式表示確定的意思,一般用肯定的形式來表示否定,用否定的形式來表示肯定。用反問的形式可以表達多種意圖:

1. 委婉

《左傳·僖公四年》:「對曰:『貢之不入,寡君之罪也,敢不共給?昭王之不復,君其問諸水濱!』」

《左傳·昭公四年》:「王使問禮於左師與子產。左師曰:『小國習之,大國用之,敢不薦聞?』獻公合諸侯之禮六。子產曰:『小國共職,敢不薦守?』」這個例子當中的兩個反問句是表委婉的。

2. 反駁

《左傳·襄公二十五年》:「崔子曰:『嫠也,何害?先夫當之矣。』」

《左傳·襄公二十五年》中還有一例:「若爲己死,而爲己亡,非其私昵,誰敢任之?且人有君而弒之,吾焉得死之,而焉得亡之?將庸何歸?」爲反問辭格,表反駁。

3. 判斷

《左傳·僖公四年》:「齊侯曰:『以此眾戰,誰能禦之?以此攻城,何城不克?』對曰:『君若以德綏諸侯,誰敢不服?……』」

《左傳·僖公十五年》:「小人曰:『我毒秦,秦豈歸君?』」

4. 加強

《左傳·昭公二十年》:「向寧欲殺大子。華亥曰:『干君而出,又殺其子,其誰納我?且歸之有庸。』」

《左傳·襄公二十五年》:「閭丘嬰以帷縛其妻而載之,與申鮮虞乘而出,鮮虞推而下之,曰:『君昏不能匡,危不能救,死不能死,而知匿其昵,其誰納之?』行及弇中,將舍。嬰曰:『崔、慶其追我。』鮮虞曰:『一與一,誰能懼我?』」

有的辭令中集多種反問形式於一處,例如《左傳·昭公四年》:「晉侯欲勿許。司馬侯曰:『不可。……若歸於德,吾猶將事之,況諸侯乎?(加強)若適淫虐,楚將棄之,吾又誰與爭?(判斷)』公曰:『晉有三不殆,其何敵之有?(判斷)國險而多馬,齊、楚多難;有是三者,何鄉而不濟?』(判斷)對曰:『……恃此三者,而不修政德,亡於不暇,又何能濟?(反駁)君其許之!紂作淫虐,文王惠和,殷是以隕,周是以興,夫豈爭諸侯?』(反駁)乃許楚使。使叔向對曰:『寡君有社稷之事,是以不獲春秋時見。諸侯,君實有之,何辱命焉?』(委婉)椒舉遂請昏,晉侯許之。」

《左傳·昭公四年》還有:「楚子問於子產曰:『晉其許我諸侯乎?』對曰:『許君。晉君少安,不在諸侯。其大夫多求,莫匡其君。在宋之盟又曰如一,若不許君,將焉用之?』(加強)王曰:『諸侯其來乎?』對曰:『必來。從宋之盟,承君之歡,不畏大國,何故不來?不來者,其魯、衛、曹、邾乎!曹畏宋,邾畏魯,魯、衛逼於齊而親於晉,唯是不來。其餘,君之所及也,誰敢不至?』(判斷)王曰:『然則吾所求者無不可乎?』對曰:『求逞於人,不可;與人同欲,盡濟。』」

(二)設問

設問的基本特點是「無疑而問」,是一種自問自答的修辭方式。例如《左傳·襄公二十五年》有兩處設問:「君民者,豈以陵民?社稷是主。臣君者,豈為其口實?社稷是養。」設問的目的和意義在於引起人們注意,啟發思考。

反問與設問的區別在於反問明確表示肯定或否定，而設問不表示肯定什麼或否定什麼。

（三）引用

《左傳》辭令中引用的形式很多，例如對典籍的引用，涉及到了先秦典籍的絕大部分，如《夏書》、《商書》、《鄭書》等，例如《左傳・莊公十四年》：

> 君子曰：「《商書》所謂『惡之易也，如火之燎於原，不可鄉邇，其猶可撲滅』者，其如蔡哀侯乎！」

還有《周志》、《軍志》，如《左傳・僖公二十八年》：

> 《軍志》曰：「允當則歸。」又曰：「知難而退。」又曰：「有德者不可敵。」此三志者，晉之謂矣。

其中對《詩》和《易》的引用是較多的。因爲後面有專章講解，這裏不再多說。

除了對典籍進行徵引以外，《左傳》中還引用有「古人有言」，例如史佚、周任等，《左傳・隱公六年》有：

> 周任有言曰：「爲國家者，見惡，如農夫之務去草焉，芟夷蘊崇之，絕其本根，勿使能殖，則善者信矣。」

對古制古事的引用是以「古者」、「昔」、「臣聞」等爲標誌的，《左傳・閔公元年》：

> 臣聞之：「國將亡，本必先顚，而後枝葉從之。」魯不棄周禮，未可動也。

《左傳》中還引用一些民間謠諺，使表達效果生動形象，後面還會談到。

五、辭格的綜合運用

辭格的綜合運用大體上有三種情況：

（一）兼用──一個語句，從這個角度看用的是某種辭格，從另一個角度看用的又是一種辭格。例如《左傳・莊公十四年》：「君子曰：『《商書》所謂「惡之易也，如火之燎於原，不可鄉邇，其猶可撲滅」者，其如蔡哀侯乎！』」這句話裏是比喻、引用兼用。

《左傳・隱公十一年》：「山有木，工則度之；賓有禮，主則擇之。」這裏是譬喻、引用和對偶兼用。

再如《左傳・昭公十一年》：「末大必折，尾大不掉。」本意是樹梢大了會折斷，尾巴大了轉動不靈，隱喻臣子勢力大了難以控制。這句話是對偶、引用兼用。

（二）聯用——一個語句中接連使用了兩種以上的不同辭格。例如：《左傳・襄公二十五年》：「晏子立於崔氏之門外，其人曰：『死乎？』曰：『獨吾君也乎哉？吾死也。』曰：『行乎？』曰：『吾罪也乎哉？吾亡也。』『歸乎？』曰：『君死，安歸？君民者，豈以陵民？社稷是主。臣君者，豈爲其口實，社稷是養。故君爲社稷死，則死之；爲社稷亡，則亡之。若爲己死而爲己亡，非其私昵，誰敢任之？』」這裏有兩處設問「君民者，豈以陵民？社稷是主」和「臣君者，豈爲其口實，社稷是養」，兩處反問「君死，安歸」和「若爲己死而爲己亡，非其私昵，誰敢任之」。

（三）套用——一個語句，總體來看用了某種辭格，但分解開看又包含著其它辭格。《左傳・襄公二十五年》上例中，「且人有君而弑之，吾焉得死之，而焉得亡之？將庸何歸」，反問中套用排比。《左傳・隱公五年》「昭文章，明貴賤，辨等列，順少長，習威儀也」排比中套用對偶。

實際運用中，聯用和套用常糾纏在一起。《左傳・隱公元年》：對曰：「姜氏何厭之有？不如早爲之所，無使滋蔓！蔓，難圖也。蔓草猶不可除，況君之寵弟乎？」先是反問，然後是反問和譬喻套用，二者又聯用。

六、小結

各種修辭反映出的言說特點和發揮的作用是不同的，例如譬喻的作用是將深奧的道理化爲淺顯，將抽象的事情變得具體，使平淡的事物變得生動；而排比的作用則是讓內容集中，敘事條理清晰，增強氣勢，使節奏更加鮮明；設問的目的和意義在於引起人們注意，啓發思考；反問是爲了加強語氣；借代和避諱使表達更加委婉、含蓄；對偶則會使句子整齊，富於節奏感；引用則會增加表達的知識含量，等等。總之，這些修辭格的運用是使辭令呈現出豐富多彩的有效手段，因爲這些手段的使用，讓辭令具有了讓人過目不忘的效果，呈現出那個時代典雅、含蓄的時代風格，同時，也讓這些辭令發揮了更顯著的作用和效果。

第二章　辭令賴以展開的敘述背景

　　人類有了語言就有了敘述的歷史。「敘述指的是信息發送者將信息傳達給信息接受者這樣一個交流行動。從這個意義上來說，自古至今，凡有人類的地方，就存在著敘述，因為人們需要交流，需要告訴別人一些東西，也需要聽取別人傳達給自己一些東西。」〔註1〕因此說，敘述是古老的，它是人類進行交流的必要手段。但是敘述學則是一門年輕的學問，它的正式提出是法國學者托多羅夫在《〈十日談〉語法》中才正式提出的，其時已經進入到了 20 世紀六、七十年代。

　　對於敘述學的定義，學者們各抒己見，例如：董小英說：「敘述學就是研究表述形式的一門學問。」〔註2〕譚君強在《敘述理論與審美文化》一書中說：「敘述學，說得簡單一點，就是關於敘述文本的理論。它在對意義構成單位進行切分的基礎上，探討敘述本文內在構成的機制，以及各部分之間的相互關係與內在的關聯，從而尋求敘述本文區別於其他作品的獨特規律。」〔註3〕趙毅衡在他們之前談到：「所謂敘述學，其研究對象主要是文字敘述，而且集中研究藝術性文字敘述，即文學敘述，包括小說和敘事詩。」〔註4〕從這些定義我們不難看出，在傳統的敘述學研究中，研究對象主要關注敘述文本或者說敘述作品。我們知道，一部敘述作品的產生，離不開它的創作主體，而作

〔註 1〕潘萬木，左傳敘述模式論〔M〕，武漢：華中師大出版社，2004 年，第 1 頁。
〔註 2〕董小英，敘述學〔M〕，北京：社會科學文獻出版社，2001 年（1）。
〔註 3〕譚君強，敘述理論與審美文化〔M〕，北京：中國社會科學出版社，2002 年，第 1～2 頁。
〔註 4〕趙毅衡，當說者被說的時候──比較敘述學導論〔M〕，北京：中國人民大學出版社，1998 年，第 2 頁。

者又不可能處於真空寫作，不管是哪種體裁的作品，作者在敘述它時一定是處於特定的社會歷史文化背景下，在此基礎上，他又會選擇一個合適的敘述角度，形成自己獨特的敘述方式，因此，也可以說，敘述的背景對其作品敘述風格的形成起到了一種基礎性的作用。

敘述學從 20 世紀 60 年代發軔於法國，很快傳入西方各個國家，80 年代起，敘述學理論也開始影響中國的相關研究領域。80 年代後，研究勢頭開始減弱，因此，有人開始宣佈它的死亡，也有人認為它已經轉化成新的形式得以生存，即後結構主義敘述學。無論怎樣，我們可以看到，在敘述學的發展演變過程中，研究者們不斷開闢新的研究領地，開始關注敘述作品文化層面的研究。人們看到，敘述是一種文化理解方式。在研究中，人們重新思考和構建敘述學研究的模式，超越了原來文本的局限，開始強調讀者、語境的重要作用，開始與結構主義、精神分析、歷史主義、修辭學和話語分析等研究攜手，形成了向縱深發展的態勢。

我們簡單回顧一下敘述學形成演變的歷史軌跡。

現代敘述學的發源地是俄國形式主義和美國新批評。法國的結構主義與符號學和法國敘述學都曾經受到俄國形式主義的直接影響。其中包括我們熟悉的巴赫金的對話理論以及文化人類學。但俄國形式主義受到西方國家的重視是到了 20 世紀 50 年代後期才發生的。19 世紀末 20 世紀初期，英美敘述研究開始興盛。英美作家開始對人物進行有限的研究，對這一研究做出貢獻的作家有：福樓拜，亨利·詹姆士，海明威等等。其中，亨利·詹姆士提出了著名的「意識中心」理論。對法國敘述學做出巨大貢獻的不能不說到敘述學家熱拉爾·熱奈特，他對研究中將敘述視角和敘述者身份混為一談的問題進行了澄清。

結構主義對敘述學作出的巨大貢獻是有目共睹的，結構主義創始人索緒爾的「語言——言語」兩分法與俄國形式主義托馬舍夫斯基的「本事——情節」兩分法不謀而合。索緒爾的許多語言研究方法為後來的結構主義研究奠定了基礎。結構主義敘述學在 20 世紀 60 年代有了很大發展，法國高等應用學院群眾交流研究中心的刊物《交流》1966 年 8 期專號上，集中了當時各國結構主義文學批評家關於敘事研究的論文，它的出版標誌著敘述學的誕生。當時的研究對象主要是小說，因此敘述學研究與小說技巧夾雜在一起。60 年代後，才出現敘述學的專著。如格雷馬斯的《論意義》，70 年代初期，結構主義向後結構主義轉化，如德里達的「解構主義」。

　　在敘述學研究開始低落的時候，人們也開始尋找其發生的原因。人們發現與敘述相關聯的問題受到了忽視，敘述作品與其存在的社會歷史背景，人與人之間的關係以及當時人類的文化活動等都沒有得到人們應有的關注，於是，人們開始展開對敘述作品文化層面的研究，如米克·巴爾的《敘述學：敘事理論導論》在原有章節基礎上進行的修訂。基於此，敘述學研究也由過於單一的敘述學向各個不同分支擴大研究範圍，諸如文化敘述學，修辭敘述學，電影敘述學，音樂敘述學等等都在蓬勃地發展。

　　在敘述學研究領域中，開展中國古代典籍的研究，有著廣闊的空間。

　　《左傳》是一部先秦時期的歷史和文學著作，因此，它的敘述兼有歷史和文學兩種敘述方式的特點。歷史敘述應尊重客觀歷史事實，眞實地再現當時的歷史場景，文學敘述則可以有適當的虛構成分，但事實上，即便是歷史典籍，文學敘述和歷史敘述也常常糾纏在一起，這一點在《左傳》中可以看到明顯的痕跡。

　　應該說，《左傳》作爲歷史著作，理論上它不應該摻雜虛構成分的描寫，但事實上，由於《左傳》是爲闡釋《春秋》而作，在闡釋中，就有了許多描寫性的語言與情節。正是因爲這些文學敘述情節的存在，才具有了生動、活潑，讓人讀了便難以釋手的效果。這並不矛盾，因爲即便是最眞實最優秀的歷史著作，在敘述學意義上也可以有虛構，主要是敘述方式的虛構。

　　《左傳》雖然是一部史書，同時也是一部敘事作品，敘事作品就需要研究其敘述的視點問題，這是很自然的。法國敘事學家托多羅夫說：「在文學方面，我們所要研究的從來不是原始的事實或事件，而是以某種方式被描寫出來的事實或事件。從兩個不同的視點觀察同一事實就會寫出兩種截然不同的事實。」〔註5〕這說的就是敘述的視角問題。視角也稱視點、聚焦、觀察點等等，是敘述學裏重要的經典問題。人們對其界定和分類各有側重，莫衷一是。

　　烏斯賓斯基的《結構詩學》在 1970 年的出版，是學術史上的一件大事，引起了很大的反響。書中明確提出視點包含多層含義，他將其分爲四個層面：意識形態層面，話語層面，空間——時間層面以及心理層面。他沒有像前人一樣將視點看作是單純的形式技巧方面的問題，而是在每個層面都發現了意義指向，把形勢和內容聯繫在了一起，具有很高的實際價值。任何敘事，包

〔註 5〕托多羅夫，文學作品分析〔C〕，見：張寅德編選·敘事學研究·北京：中國社會科學出版社，1989 年，第 65 頁。

括《左傳》，其敘述視角都是值得研究的，本章裏我們擬用烏斯賓斯基的理論
來探討《左傳》辭令賴以展開的敘述視角問題。

第一節　意識形態和話語層面的視角

一、男性爲主體的前提下主體意識的加強

　　主體意識是人的價值、尊嚴等方面的自我覺醒和認識。在先秦時期主要
表現爲對天道的認識和對自身在自然面前的價值和自由等的態度以及對人性
方面主動的改造。當時的主體意識還不是以十分清晰和明確的面目顯示出
來。春秋時代是一個「德行的時代」，當時的人們對「德」、「禮」、「仁」等範
疇進行探討，探索人的本質和意義。這一時期，大批界定人行爲的德目產生，
比如：孝、悌、忠、恕、恭、信、讓、仁、義、和等等。重視德行必然就會
反思主體，所以，春秋時期倫理德目的豐富和發展，爲人主體意識的覺醒準
備了條件，也是其重要表現。孔子評價鄭國子產就用到了這些德目中的多個，
「有君子之道四焉：其行己也恭，其事上也敬，其養民也惠，其使民也義」，
〔註6〕體現出明顯的重視人道的人文主義思想特徵。

　　人們在當時生產力水平低下，思維觀念等還處於早期認識的階段，總是潛
在地認爲人在自然規律面前是無能爲力的，無法抵制或者反抗，人應該也只能
順應天道，這樣才能「以德配天」。當然，這在今天看來，很大程度上是統治
者爲了自己的利益而進行的粉飾，但不可否認的是，「仁」、「義」、「禮」、「忠」、
「孝」等觀念準則的確在規範人們的道德行爲方面發揮了重要的作用，在協調
人際關係、穩定社會秩序等方面也是功不可沒的。人們在進行祭祀和巫術等宗
教活動中，將人的主體意識訴諸了神靈，但在漫長的期盼和等待之中，人們的
精神世界逐漸走向了完善，人們在虔誠地謳歌敬仰神靈的偉大和萬能之餘，開
始認識到了自身力量的強大，並且開始對神靈的力量有所懷疑。《左傳》是我
國第一部具有敘事文學意味的歷史著作，其敘事主體意識較之《春秋》、《國語》
要強烈得多。《左傳》中主體意識的提高大體體現在下面幾個方面：

　　（一）對天神等神秘力量的懷疑

　　荀子在《天論》中提出：「天行有常，不爲堯存，不爲桀亡。應之以治則

〔註 6〕程樹德，論語集釋〔M〕，北京：中華書局，1990 年，第 326 頁。

吉，應之以亂則凶。……受時與治世同，而殃禍與治世異，不可以怨天，其
道然也。故明於天人之分，則可謂至人矣。」這是荀子天論的命題中具有綱
領性意義的，並且能夠反映出荀子天論思想精華的一段話，其中的「天」本
來指的是自然之天，但在某些方面也帶有意誌之天的含義。荀子的理論中雖
然也存在天人合一的思想，但根本思想卻是「明於天人之分」，即辨別「天」
（自然）與人的不同職分，以此爲基礎，荀子對自然界令人迷惑的現象及其
與社會政治的關係，提出了正確而深刻的解釋。這說明人們在和自然相處的
漫長歷史過程中，由最初對自然的恐懼敬畏，逐漸發展到對原來的神秘力量
開始懷疑，並且認識到了自身的力量和價值。比如鄭國外交家子產曾經發表
過「天道遠，人道邇」的論點（《左傳・昭公十八年》），還有很多人也都表達
了神意依人而行的言論。例如《左傳・桓公六年》，隨國大夫季梁表露出「夫
民，神之主也，是以聖人先成民而後致力於神」的觀念：

> 公曰：「吾牲牷肥腯，粢盛豐備，何則不信？」對曰：「夫民，神之
> 主也，是以聖王先成民而後致力於神。故奉牲以告曰『博碩肥腯』，
> 謂民力之普存也，謂其畜之碩大蕃滋也，謂其不疾瘯蠡也，謂其備
> 腯咸有也；奉盛以告曰『潔粢豐盛』，謂其三時不害而民和年豐也；
> 奉酒醴以告曰『嘉栗旨酒』，謂其上下皆有嘉德而無違心也。所謂馨
> 香，無讒慝也。故務其三時，修其五教，親其九族，以致其禋祀，
> 於是乎民和而神降之福，故動則有成。今民各有心，而鬼神之主；
> 君雖獨豐，其何福之有？君姑修政，而親兄弟之國，庶免於難。」

隨侯說，「我祭祀用的牲，都既無雜色，又很肥大，作祭祀用的黍稷也都豐盛，
爲什麼不能取信於神明？」季梁回答說：「百姓，是神明的主人。因此聖王先
團結百姓，而後才致力於神靈的事。百姓的財力富足，和睦而五穀豐登，人
人都有美德而沒有壞心，用這些行爲來祭祀神明，神靈就會降福，所以做任
何事情都能成功。君王一個人祭祀豐富，怎麼能得以免於禍難呢？」

　　《左傳・莊公三十二年》：內史過說，國家將要興起，神明下降，觀察它
的德行；將要滅亡，神明也會下降，觀察它的邪惡。所以有的得到神明而興
起，也有的得到神明而滅亡，虞、夏、商、周都有過這種情況。這些議論，
顯然是承認神的存在的，而且神應該具有至善和公正的本性，但神意也要依
人而行。所以，到了《左傳・僖公十六年》，這一說法得到了明確提出：

> 十六年春，隕石於宋五，隕星也。六鷁退飛，過宋都，風也。周內

> 史叔興聘於宋，宋襄公問焉，曰：「是何祥也？吉凶焉在？」對曰：
> 「今茲魯多大喪，明年齊有亂，君將得諸侯而不終。」退而告人曰：
> 「君失問。是陰陽之事，非吉凶所生也。吉凶由人。吾不敢逆君故
> 也。」

內史叔興明確提出了「吉凶由人」的觀點，與「陰陽之事」無關。

（二）天德與人德的統一

孔子倡導的「仁義道德」的價值取向是人在道德方面的目標和要求，它涵蓋的內容十分廣泛，最起碼的要求應該是遵從「孝道」，對父母長輩要尊敬，若將其作以擴展，在政治上的要求，還要做到「忠君」，進而將這一倫理再推而廣之，就是要「愛人」，這種道德要求的基礎是人的自然屬性。在人們的觀念中，中國傳統的思維方式是將個人、世界以及宇宙都緊緊聯繫在一起，認為各個部分交互作用、不可分割。在這種社會化的文化中，所謂的「天道」和現實的人倫道德之間沒有什麼截然的界限，天德與人德是統一的。人如果違反了道德，也就是違反了「天道」，上天就會懲罰他。上面我們提到的《左傳・莊公三十二年》中周內史過說：「國之將興，明神降之，監其德也；將亡，神又降之，觀其惡也。」神會根據統治者的行為予以賜福或降禍。天命神授，有明德的天子會受上帝保祐，無德的天子將會失去民心和天下，天德與人德是統一的。《左傳・莊公十一年》有關於禹湯興國，桀紂亡國的對比，說明天德和人德是不可分的，二者結合在一起，共同構成了規範人們行為的準則和規範。《左傳・僖公五年》還有：

> 晉侯復假道於虞以伐虢。……公曰：「吾享祀豐潔，神必據我。」對
> 曰：「臣聞之，鬼神非人實親，惟德是依。故周書曰：『皇天無親，
> 惟德是輔。』又曰：『黍稷非馨，明德惟馨。』又曰：『民不易物，
> 惟德繄物。』如是，則非德，民不和，神不享矣。神所馮依，將在
> 德矣。若晉取虞，而明德以薦馨香，神其吐之乎？」

晉侯欲借道於虞來攻打虢國，虞公欲准，宮之奇進行勸阻，虞公以「我的祭品豐盛潔淨，神明一定會保祐我」作為依據。宮之奇說，鬼神不隨便親近哪個人，只保祐有德行的人，還引用《周書》上的話來說明上天對人不分親疏，只幫助有德行的人，只有有美德的人的祭品神才會享用。神明所依憑的，在於人的德行，君主如果沒有德行，神明就不會享用他的祭品，這也是說，天德與人德是統一的。

（三）民本思想的體現

　　春秋時期，民本思想表現突出。《左傳‧莊公十年》曹劌論戰中，曹劌以之爲戰作爲勝利的依據，亦即莊公所言「小大之獄，雖不能察，必以情」就是一個典型的例子，魯莊公十年的春天，齊國攻打魯國。魯莊公將要出兵應戰，曹劌問莊公憑藉什麼去同齊國作戰？莊公答道：「衣食一類用來安身的物品，我不敢獨自享用，必定要分給他人。」曹劌說：「這種小恩小惠沒有遍及每個民衆，他們是不會跟您作戰的。」莊公說：「祭祀用的犧牲玉帛，我不敢誇大，一定要如實奉告。」曹劌答道：「這種小信不足以使鬼神信任，鬼神是不會賜福的。」莊公說：「大大小小的訴訟案件，雖然不能一一細查，也一定要處理得合乎情理。」曹劌說：「這是盡心盡力爲民辦事的表現，可以憑這個去打仗。」這是以民爲重的典型表現。

　　《左傳‧哀公元年》中也有一例：

　　　　吳之入楚也，使召陳懷公。懷公朝國人而問焉，曰：「欲與楚者右，欲與吳者左。陳人從田，無田從黨。」逢滑當公而進，曰：「臣聞，國之興也以福，其亡也以禍。今吳未有福，楚未有禍，楚未可棄，吳未可從。而晉，盟主也；若以晉辭吳，若何？」公曰：「國勝君亡，非禍而何？」對曰：「國之有是多矣，何必不復？小國猶復，況大國乎？臣聞，國之興也，視民如傷，是其福也。其亡也，以民爲土芥，是其禍也。楚雖無德，亦不艾殺其民。吳日敝於兵，暴骨如莽，而未見德焉。天其或者正訓楚也，禍之適吳，其何日之有？」

這段話逢滑論述的中心便是統治者必須要重視民意，不能無視人民，否則便會以失敗告終。吳國打敗了楚國，陳懷公與大臣商議怎樣對付吳國。逢滑認爲楚國雖然暫時失敗了，這是上天在懲罰他們，吳國雖暫時勝利了，卻不能改變失敗的結局，因爲他們「以民爲土芥」，不以人民爲根本就是國家之禍。民本思想是主體意識表現的一個方面。

　　《左傳》中的敘事主體意識還有一個明顯的標誌，就是「君子曰」之類表達形式的頻繁出現。據統計，《左傳》中「君子曰」、「君子謂」、「君子以爲」等形式出現了六十餘處，「孔子曰」、「仲尼曰」也出現了二十二處，這表明作者以「君子」、「孔子」的立場出來感慨一些人和一些事件。在後面的內容中我們還會進一步介紹分析。

二、女性話語的缺失

縱觀《左傳》辭令，我們會發現，女性的聲音寥寥無幾，辭令一直是以一種男性視角進行敘述的，這可以從下面幾個方面得到證明：

（一）女性的邊緣化地位

性別意識是作者會在作品中顯露得很明顯的一種立場和觀念，它背後隱藏著深刻的意識形態內容，這一點是不難理解的。《左傳》敘述者圍繞女性進行敘述和展開辭令的例子，如：

1. 蔡女的蕩舟惹禍

《左傳·僖公三年》有：

> 齊侯與蔡姬乘舟於囿，蕩公。公懼，變色。禁之，不可。公怒，歸之，未絕之也。蔡人嫁之。

齊桓公和寵姬蔡夫人在湖中蕩舟嬉戲，天眞爛漫的蔡夫人將舟顚得左搖右晃，桓公年事已高經不起這般折騰，急忙叫停。蔡夫人看到平時威嚴的齊桓公竟也有這般窘態，更加玩得興起，顚得厲害。上岸之後齊桓公十分生氣，叫人將蔡姬送回娘家，但是並未斷絕夫妻關係，《左傳》記載爲「未絕之也」，只是讓其回去好好反醒，順便也讓其娘家哥哥蔡穆侯好好教育一下。而蔡國卻做出了一件讓桓公想像不到、後悔莫及的事：很快將蔡姬改嫁他人。蔡侯的此次輕率之舉帶來了嚴重的後果：第二年「齊侯以諸侯之事侵蔡。蔡潰，遂伐楚」，書中記載的「風馬牛不相及」、「君其問諸水濱」等著名的辭令，便是圍繞這一事件展開的，也是許多其他流傳千古的辭令賴以展開的歷史因由。蔡國因此遭到了重創。蔡國地位低，身處強國夾縫之間，周邊環境不好，南有強楚，北有齊國，西有晉國，是各國南進的屏障，又是楚國問鼎中原的必經之路，生存處境極爲不易，同時，外交上也很複雜。這裏說的是由於蔡姬的原因引起了諸侯國之間的矛盾。

2. 夏姬的「不祥」

《左傳·昭公二十八年》記載，叔向打算娶夏姬爲妻，但是遭到了他母親的反對，認爲她導致三個丈夫、一個國君、一個兒子致死，一個國家因她滅亡，兩位卿因她而逃亡。這裏認爲夏姬的「不祥」是造成陳國內亂和楚國君臣結怨的原因，透露出「紅顏禍水」的思想，並且引用謠諺和歷史事實來說：

其母曰：「……吾聞之：『甚美必有甚惡，』是鄭穆少妃姚子之子，子貉之妹也。子貉早死，無後，而天鍾美於是，將必以是大有敗也。昔有仍氏生女，鬒黑，而甚美，光可以鑒，名曰玄妻。樂正后夔取之，生伯封，實有豕心，貪婪無饜，忿類無期，謂之封豕。有窮后羿滅之，夔是以不祀。且三代之亡、共子之廢，皆是物也，女何以爲哉？夫有尤物，足以移人，苟非德義，則必有禍。」叔向懼，不敢取。

夏姬擁有迷人的美貌，在陳國，與靈公、大夫孔寧、儀行父私通，後來夏姬之子射殺了靈公，孔寧、儀行父逃到楚國，莊王於是征伐了陳國，《左傳·成公二年》記，莊王也被夏姬的美貌所迷惑，想收納夏姬，申公巫臣制止了莊王，後來子反也想娶她，申公巫臣再一次勸子反打消了念頭，實際上是爲了自己娶她。莊王將夏姬許給連尹襄老，襄老戰死，其子又與夏姬私通，申公巫臣設計離開了楚國並娶夏姬爲妻，於是就有了叔向母親說的那番話。魯迅先生曾說過：「我一向不相信昭君出塞會安漢，木蘭從軍就可以保隋；也不相信妲己亡殷，西施沼吳，楊妃亂唐那些古老話。我以爲在男權社會裏，女人是絕不會有這樣大的力量的，興亡的責任，都應該男的負。但向來男性的作者，大抵將敗亡的大罪，推在女性身上，這眞是一錢不值的沒有出息的男人。」〔註7〕《左傳》的作者大概也在魯迅先生批評之列。因爲他將許多事件的成敗，國家的興亡都歸到了女性的身上。

3. 息嬀的身不由己

《左傳·莊公十年》記載：

蔡哀侯娶於陳，息侯亦娶焉。息嬀將歸，過蔡。蔡侯曰：「吾姨也。」止而見之，弗賓。息侯聞之，怒，使謂楚文王曰：「伐我，吾求救於蔡而伐之。」楚子從之。秋九月，楚敗蔡師於莘，以蔡侯獻舞歸。

《莊公十四年》：

蔡哀侯爲莘故，繩息嬀以語楚子。楚子如息，以食入享，遂滅息。以息嬀歸，生堵敖及成王焉。未言。楚子問之。對曰：「吾一婦人，而事二夫，縱弗能死，其又奚言？」楚子以蔡侯滅息，遂伐蔡。秋七月，楚入蔡。

〔註7〕魯迅·且介亭雜文·阿金〔M〕，北京：人民文學出版社，1973年，第170頁。

蔡哀侯和息侯都從陳國娶妻，息嬀出嫁時，路過蔡國，蔡哀侯對她有輕佻之舉，留住她與之相見，息侯聽說蔡侯對息嬀不敬十分憤怒，於是設計讓楚國討伐了蔡國。時隔四年，被俘的蔡侯在楚王面前稱讚息嬀的美貌，楚王因此滅掉息國，將息嬀帶回，並且和她生了兩個孩子堵敖與成王，但息夫人卻始終不與楚王說一句話，「楚子問之，對曰：『吾一婦人而事二夫，縱不能死，其又奚言？』」我們知道，西漢劉向在《列女傳》和東漢班昭在《女誡》中明確提出來種種限制和摧殘女性的教條僵化思想，後世女子深受其害。《左傳》所處時期已經出現了思想萌芽。雖然改嫁在當時是十分常見的現象，但再嫁在當時社會還是被鄙視的。從楚王與息嬀的對話中可以看出，「一女不事二夫」的傳統觀念已經深刻地影響了一些人，守節開始被定爲婦女應該恪守的道德教條。息嬀便是一例。因爲信守從一而終的傳統觀念，幾年來一言不發，應該說，息嬀是一個有個性的女子，她敢於向強大的勢力進行抗爭，以她自己的方式表達了對造成她悲慘命運的楚王的怨恨，但同時也說明女子在當時地位的低微和無法掌握自己婚姻命運的無奈。

這幾個故事中，辭令都是圍繞女性展開的。幾個故事無一例外，敘述者都是通過聚焦女性，認爲是她們引起了國家之間的矛盾，最後演變成戰爭。蔡姬引起了齊、蔡之間的戰爭；夏姬引起了陳國內亂，楚國君臣反目；息嬀引起了蔡、息矛盾，楚與蔡、息的戰爭，可見春秋女子因其美貌牽扯到了不同的國家、多場戰爭，與政治有了聯繫。當時女子的地位不高，有時只是作爲表示感謝或友好之情的「禮品」，在外交中作爲中介，充當政治工具。之所以會發生這類事情，是由於在當時女性處於一種附屬的社會地位。《左傳》所處的社會爲奴隸制向封建制過渡的時期，但早已是以男性爲中心的男權意識統治的時代，女性由女性氏族時的主導地位變成了附屬地位，對她們的佔有是男性權力和財產的象徵，因此是他們爭奪的目標之一。女權主義者認爲：「性是基於生物學的符號所指，而性別則是一種社會學和生物學意義的符號所指，是社會賦予男性或女性的身份、角色、活動、情感等」，[註8] 但性別的意義則「取決於社會的價值觀信仰及其青睞的集體生活組織方式」。[註9] 在

[註8] 朱麗亞，性別化的人生：傳播，性別與文化〔M〕，徐俊，尚文鵬譯·廣州：暨南大學出版社，2005 年（6）。
[註9] 朱麗亞，性別化的人生：傳播，性別與文化〔M〕，徐俊，尚文鵬譯·廣州：暨南大學出版社，2005 年（8）。

父權制的社會當中，女人的地位是與家族利益緊緊聯繫在一起的。為了家族利益，他們必須犧牲自己的情感，她們作為所屬家、族的財產和交換工具，嫁入到丈夫的家族中去，又變成了丈夫所在家族的財產。她們在不同階段可以由不同的監護人像商品一樣轉讓、交換和饋贈。例如《左傳·僖公二十二年》記，楚成王時期，宋國攻打鄭國，楚國助鄭取得大勝。鄭文公的夫人慰勞楚王，後來楚王帶了兩個姬姓的鄭女回國，女子就形同財產、物品一般。還有驪姬，叔隗、季隗，申亥二女等等，無不是受到了將女性作為了物品，將其「物化」的待遇。

　　《左傳》及其他古代典籍中，女性稱名必帶姓，這是因為，隨著社會經濟文化的發展，人們逐漸認識到，「男女同姓，其生不蕃」的道理（《僖公二十三年》）。因此，女人稱姓有標誌婚姻界限的用意，也有將女性「物化」的意味。當時形成了相對穩定的姻親組合，例如在後世我們所熟悉的「秦晉之好」，異姓部族相對穩定的婚姻關係，除了生物學上的意義之外，實際上雙方更主要的目的是加強兩個氏族集團的親密關係，進而擴大自己的力量。《左傳》中諸侯嫁女給前來為質或者避難的外國公子，目的即積蓄力量，日後發展自己。如晉文公重耳身邊有五個和他關係密切的女人，其中有他流亡在外時，秦穆公嫁給他的其女懷嬴，這無疑是希望以此加固其與重耳的關係，待他日後復國掌握權利時便可具有政治上的優勢。但是這個懷嬴，先前是已經嫁給了晉公子子圉，當時也是看中了他「晉太子」的身份，後來因為晉惠公失信於秦，秦便轉而扶植重耳，將本是姪媳的懷嬴嫁給了其叔父重耳，改稱文嬴（也有被「轉讓」的色彩），並幫助他返國奪位。毫無疑問，這是兩場政治婚姻。在這兩場政治婚姻中，懷嬴自己願意與否，則是當事人和敘述者所無需關注的。

　　在《左傳》中，出現許多男女「私通」的記載，有些作者流露出對其的鄙視和譴責，有些則沒有，這是因為當時的「私通」與後代有很大的不同，春秋及之前，社會上對男女交往以及婚姻愛情等問題的認識與今天甚至是秦之後都有很大的不同，根據顧頡剛先生在其《由「烝」、「報」等婚姻方式看社會婚姻制度的變遷》〔註10〕一文，「烝」、「報」等婚姻方式是當時社會認為合理的家庭制度，所謂「烝」：是指父親死後，其子可以娶其庶母；所謂「報」：

〔註10〕顧頡剛，由「烝」、「報」等婚姻方式看社會婚姻制度的變遷〔J〕，文史 14、
　　　15 輯。

是指兄、叔死後，其弟或侄可以娶其寡嫂或叔母。「烝」、「報」婚生育的子女，享有合法的地位，包括繼承諸侯的地位和財產，女子可以做嫡夫人，例如《閔公二年》記有宣姜與其子惠公之庶兄生下了五個孩子：齊子、戴公、文公、宋桓夫人、許穆夫人，五人中有兩個做了國君，兩個做了國君夫人，《桓公十六年》還有「衛宣公烝於夷姜，生急子，屬諸右公子」的記載；而「私通」則是指非法的，有損於夫家利益並且遭到鄙視的，如《桓公十八年》文姜與齊襄公私通，魯桓公責備了文姜，後來文姜告訴了齊襄公，齊襄公將桓公殺死了。「烝」、「報」婚在當時是合法的，女子用財富換來，成為丈夫家中活的財產，丈夫死後，為了避免財產外流，就要轉給本族的其他男子。這一婚姻制度直到漢代才失去合法的地位。一方面是由於當時去古未遠，有鼓勵多生的依據，《周禮・媒氏》有：「中春之月，令會男女。於是時者，奔者不禁。若無故而不用令者，罰之。」還在很大程度上是因為利用婚姻關係團結血親同族，鞏固政治關係，而客觀上，都是將女子視為物品來處理和對待。

4. 徐吾犯之妹的「有主見」

《左傳・昭公元年》記載：

> 鄭徐吾犯之妹美，公孫楚聘之矣，公孫黑又使強委禽焉。犯懼，告子產。子產曰：「是國無政，非子之患也。唯所欲與。」犯請於二子，請使女擇焉。皆許之，子皙盛飾入，布幣而出。子南戎服入，左右射，超乘而出。女自房觀之，曰：「子皙信美矣，抑子南，夫也。夫夫婦婦，所謂順也。」適子南氏。

徐吾犯的妹妹很漂亮，公孫楚已經聘她為妻了，公孫黑又派人硬送去聘禮。徐吾犯害怕就去報告了子產，子產說：讓姑娘自己選擇，她願意嫁給誰就嫁給誰。徐吾犯就照辦了，兩位主人公也都同意了。公孫黑穿著華麗的衣服進來，擺上豐富的訂婚禮物然後出去；公孫楚則穿著軍服進來，左右開弓，然後一躍登車而出。姑娘從房子裏觀看他們說，子皙（公孫黑）的確很漂亮了，然而子南（公孫楚）是個真正的男子漢。丈夫要像丈夫、妻子要像妻子，這就是所說的順。於是嫁給了公孫楚家。後來引起了公孫黑和公孫楚之間的矛盾。這件事情表面上是說給女子一定的婚姻自主權，但實際上，所用的衡量標準仍然是男子規定和運用的標準。「夫夫婦婦，所謂順也」，便是一種對男女不同的要求，本質上則是男子對女子的要求。

（二）女性有限的主動性是封建等級制和宗法制的必然產物

　　在《左傳》中，女性辭令或者說女性話語雖不多見，卻也存在一些。例如許穆夫人賦詩一事。她是衛公子頑和宣姜的女兒，嫁給了許國許穆公，故稱許穆夫人。春秋之際，諸侯林立，衛國在當時是一個中等諸侯國，位於黃河中下游地區，國力並不是很強。而且治國之君衛懿公還很昏庸，他特別喜歡養鶴，賞給養鶴人和鶴官職，讓其享受優裕的待遇，激起衛國國民的強烈不滿。衛國國力每況愈下，北方狄族看到衛國岌岌可危，發動了對衛國的入侵。衛國很快滅亡了。衛懿公死於亂軍之中，都城被洗劫一空，難民渡過黃河，逃到南岸的漕邑（今河南省滑縣）。許穆夫人聽到衛國國破君亡的噩耗之後，就去請求許穆公援救衛國，許穆公怕引火燒身，不敢出兵。許穆夫人便帶領當初隨嫁的自己身邊的幾位姬姓姐妹，親赴漕邑，與衛國君臣商議復國之策。但就在此時，許國大臣接踵而來，對許穆夫人大加抱怨，責怪她行為欠妥，拋頭露面有失體統，嘲笑她徒勞無益，並企圖把許穆夫人攔截回來。許穆夫人面對許國的大臣的無禮行為，怒不可遏，義正詞嚴地斥責他們，賦詩《載馳》：「載馳載驅，歸唁衛侯。驅馬悠悠，言至于漕。大夫跋涉，我心則憂。」〔註11〕許穆夫人用這首詩表明了拯救衛國的決心不可改變。不久，衛國得到了齊桓公的支持，打退了狄兵，收復了失地。從此，衛國出現了轉機，兩年後，在楚丘重建都城，恢復了它在諸侯國中的地位，並延續了四百多年。這一切和許穆夫人為復興衛國的奔走努力是分不開的。許穆夫人救母國之舉緣於她出身顯貴，受過良好的教育，具有卓越的才能和涵養，社會地位也比較高，因此才能具備超越一般女子的見識和作為。還有《左傳·成公九年》穆姜賦《綠衣》之卒章：

　　　　……穆姜出於房，再拜，曰：「大夫勤辱，不忘先君，以及嗣君，施
　　　　及未亡人，先君猶有望也。敢拜大夫之重勤。」又賦《綠衣》之卒
　　　　章而入。

實際上，穆姜是外交活動的主體人物，感謝季文子將女兒伯姬送回宋國而出來，但她卻以先夫之話題展開辭令，念及已逝的魯宣公，也就是穆姜之夫，伯姬之父，而且「出」一詞，道出了問題的關鍵，《周禮》中有：「男主外，女主內」，男女不同的社會分工，源於一定社會制度下男女性別的角色定位，是男權制社會的產物。女性在通常情況下只是在家中處理家務事，甚至不能拋頭露面。

〔註11〕見詩經·鄘風，十三經注疏本〔M〕，北京：中華書局，1980 年。

　　《左傳·隱公元年》，姜氏和兒子段策劃的政治篡權，最終以失敗告終，表面看起來，姜氏是主要人物，但是仔細想一下，絕非如此，姜氏從一開始就以扶植小兒子段為目的，欲以另立子達到確保自己地位的目的，就從根本上證明了女性政治地位的低微；驪姬陷害太子奚齊，也無非是想立自己的兒子，以確保自己的地位不動搖，自始至終，都是以男性的地位為中心，女性則只能是一個幕後者，受控在男性的權力之下。因此，女性在社會生活中，地位是從屬於男性的，如果自身是貴族，可以嫁給地位較高的諸侯、大夫，還談得上有一些政治上的權力，雖然是只能在男性背後才能行使的有限權力；如果是無名無姓的女性，則只能是男人純粹的財產，是其滿足欲望和生育的工具。如「買妾不知其姓，則占卜之」（《左傳·昭公元年》）就證明了這一點。

　　《左傳》中的女性以參政女性為主體，這類女子又以國君的妻妾為主。在男權社會中，國君的妻妾能夠參與到國家政治生活中來，很大程度上是因為在春秋時期，國君的婚姻幾乎都是政治婚姻。周王室漸衰，諸侯國中大國欲擺脫周天子的束縛，不斷擴張自己的實力；小國則忙於自保。他們最常用、最有效的一種手段就是政治聯姻。魯國就用這種方法穩固同齊國的關係，經常與接壤的齊國聯姻以自保。魯國春秋十二公中，桓公、莊公、僖公等娶的夫人都是齊國之女。在這種政治聯姻下，女性代表的不僅是她自己，同時還代表其宗國。夫妻關係經常影響到兩國的關係，所以這些女子在出嫁後在一定程度上其地位還能得到尊重和認可，並且有機會參與到政治活動中來，有的甚至能發揮相當重要的作用。另外這些國君的女兒從小就能接受良好的教育，文化素養比較高，因此她們大多具備超越一般女子的見識和作為，在外交活動中能夠發揮出自己的聰明才智。

　　婚姻關係是尊卑長幼關係之下的關係，尊卑長幼是對人的基本要求，鄭公子忽先娶妻後祭祖，便受到人們的指責，這在某種意義上，也說明了女性的從屬地位。《左傳·隱公八年》：

> 四月甲辰，鄭公子忽如陳逆婦媯。辛亥，以媯氏歸。甲寅，入於鄭。
> 陳鍼子送女。先配而後祖。鍼子曰：「是不為夫婦，誣其祖矣，非禮
> 也，何以能育？」

鄭公子忽先成親然後祭告祖廟，是欺騙祖先的行為，因此受到指責。可以看出，《左傳》中的參政和發表看法的女性因各自的性格、地位、環境等因素的

不同而呈現出不同的風貌，當然她們在本國的發展中和社會的歷史進程中所起的作用也大小不一。

（三）敘事話語中女性聲音的缺失

話語本身就代表著權力，誰掌握權力，誰才有話語權。《左傳》辭令中，絕大多數都是男性的聲音，女性很少，即便有，也常常以男性為依託，女性敘述聲音的缺失便折射出了敘述者的性別意識。在整部《左傳》中，女性人物的敘述聲音是極其微弱的，可以說是基本沉默的，姜氏為段請制，最後被囚禁和釋放，還賦了首詩，但她以怎樣的語氣和方式來說服鄭莊公，我們不得而知。當時的社會機制之下，女性沒有話語權力，女性想要進入男性的話語體系，必須「借用他的口吻，承襲他的概念，站在他的立場，用他規定的符號系統所認可的方式發言，即作為男性的同性進入話語」，〔註12〕如《左傳‧僖公三十三年》晉軍在崤之戰中大敗秦軍，並俘獲了孟明視、西乞術、白乙丙，本來已經告捷，然而晉文公的夫人、秦穆公的女兒、晉襄公的母親——文嬴以國母的身份，僅憑自己的一番話就救下了秦軍的三位主將：

> 「彼實構吾二君，寡君若得而食之，不厭，君何辱討焉？使歸就戮
> 於秦，以逞寡君之志，若何？」公許之。

文嬴可謂在這件事中起到了至關重要的作用。她的話之所以奏效，就是因為她的聲音與男性的聲音是極其一致的，文嬴最後說服晉文公，關鍵就在於她用了男性辭令的話語方式，她的獻計成功，得益於自己的進言委婉、態度順服和具有說服力，她以順從晉文公的利益為前提，就避免了他對其請求的不滿心理；另一方面，又以兩國關係為誘餌，權衡利弊，晉文公最後便同意了她的請求。先軫得知後，氣憤得「不顧而唾」：

> 先軫怒，曰：「武夫力而拘諸原，婦人暫而免諸國。墮軍實而長寇讎，
> 亡無日矣！」

晉文公聽後後悔又去追趕，但孟明他們以委婉的辭令逃脫了：

> 孟明稽首曰：「君之惠，不以累臣釁鼓，使歸就戮於秦，寡君之以為
> 戮，死且不朽。若從君惠而免之，三年將拜君賜。」

我們可以將文嬴的話與孟明的辭令作一比較，他們的話都把晉文公擺在了至高無上的地位，實際是將以男性為中心的君權放到了最高的位置之上，只不

〔註12〕孟悅、戴錦華，浮出歷史地表〔M〕，鄭州：河南人民出版社，1989 年，第
　　　　13 頁。

過孟明在謙卑中暗含殺機，透露了復仇的打算。在《左傳》中，的確有女性的話語，但是她們參政或說話的方式一般是以勸諫或者議論爲主。除了文嬴，我們熟悉的還有楚武王夫人鄧曼，以及衛定公的夫人定姜。她們同文嬴一樣，主要是以勸諫的方式留下自己的話語的。《左傳‧桓公十三年》：

> 十三年春，楚屈瑕伐羅，鬬伯比送之。還，謂其御曰：「莫敖必敗。舉趾高，心不固矣。」遂見楚子，曰：「必濟師！」楚子辭焉。入告夫人鄧曼。鄧曼曰：「大夫其非衆之謂，其謂君撫小民以信，訓諸司以德，而威莫敖以刑也。莫敖狃於蒲騷之役，將自用也，必小羅。君若不鎮撫，其不設備乎！夫固謂君訓衆而好鎮撫之，召諸司而勸之以令德，見莫敖而告諸天之不假易也。不然，夫豈不知楚師之盡行也？」楚子使賴人追之，不及。

從這件事上，我們可以看到鄧曼獨到的政治眼光和她積極勸諫的勇氣，楚武王夫人鄧曼雖然是並未親臨陣前的旁觀者，卻能瞭解當時的政治形勢和朝廷大臣的情況，知道莫敖驕傲輕敵，清楚鬬伯比的本意是請楚王安政固本。固本安民要做到：以誠信安撫百姓；以恩威並施駕馭群臣。並借解釋鬬伯比之言來闡述她自己的政治觀點。鄧曼正確與高明的見解，對國家大事的關心及其識人之明的形象，給後人留下了深刻的印象。又如《左傳‧成公十四年》：

> 十四年春，衛侯如晉，晉侯強見孫林父焉。定公不可。夏，衛侯既歸，晉侯使郤犫送孫林父而見之。衛侯欲辭。定姜曰：「不可。是先君宗卿之嗣也，大國又以爲請。不許，將亡。雖惡之，不猶愈於亡乎？君其忍之！安民而宥宗卿，不亦可乎？」衛侯見而復之。

這段描述充分體現了衛定公夫人定姜權衡利弊、顧全大局的政治家氣度。春秋時代，衛國國力弱小，處於齊、晉等大國之間，面臨周王室衰落，諸侯群起爭霸、弱肉強食的局面，必須保持高度的警覺，才能免受大國的討伐與侵擾，在夾縫中生存。衛定姜正是看清了當時國家面臨的形勢，保持了相當清醒的頭腦，所以她勸告定公一切以國家利益爲重，要接見孫林父，以免給晉國以討伐的藉口。定姜此舉可謂高瞻遠矚，令人敬佩。

女性的聲音還以申訴的形式，或爲自己，或爲子嗣爭權奪利，例如《左傳‧文公六年》：晉襄公去世，靈公當時爲太子，只是他當時太小，於是晉人欲立年長的公子爲國君，趙盾要立在秦國做官的公子雍，認爲可以加強同秦國的友好關係，並且派先蔑、士會到秦國迎接公子雍。賈季認爲應該立公子

樂，在自己和孩子的地位岌岌可危時，穆嬴每天抱著靈公在朝堂上哭訴，奮力為兒子爭奪君位：

> 先君何罪？其嗣亦何罪？舍適嗣不立，而外求君，將焉置此？出朝，則抱以適趙氏，頓首於宣子，曰：「先君奉此子也而屬諸子，曰『此子也才，吾受子之賜；不才，吾唯子之怨。』今君雖終，言猶在耳，而棄之，若何？」

趙盾最終害怕穆嬴逼迫而立了靈公。女性在《左傳》中的聲音還有一種是私下的議論，例如，《左傳·桓公十五年》中雍姬與母親議論父親和丈夫哪一個更親近，有這樣一段記載：

> 祭仲專，鄭伯患之，使其婿雍糾殺之。將享諸郊。雍姬知之，謂其母曰：「父與夫孰親？」其母曰：「人盡夫也，父一而已，胡可比也？」遂告祭仲曰：「雍氏舍其室而將享子於郊，吾惑之，以告。」祭仲殺雍糾，尸諸周氏之汪。公載以出，曰：「謀及婦人，宜其死也。」

雍姬是雍糾的夫人，祭仲的女兒。鄭厲公想殺掉專權的祭仲，以解除他對自己的威脅，於是就指使祭仲的女婿雍糾來做這件事情，不料被雍姬察覺了。雍姬一邊是自己的親生父親，一邊是自己的丈夫，不知道幫誰才好。面臨這艱難的抉擇，最終，她去詢問母親，她的母親很乾脆地說：「人盡可夫，父親卻只有一個，怎麼能相提並論呢？」結果，雍姬的父親就把雍姬的丈夫殺了。鄭厲公於是發出感歎：「機密大事和女人商量，真是該死啊！」由此可見，《左傳》中女性的聲音是缺失的，她們的話語在絕對數量上可以說是寥寥無幾，身為國君的妻妾，也同樣是處於從屬附庸的地位，她們並沒有獨立的政治權利，能參與外交活動的機會非常少，而且，話語的方式還多以勸諫、議論、申訴的形式來展開，通過對國君產生影響，從而起到干預政治的作用。因此她們在外交事務中所起的作用是很有限的。所以書中對這類事情的記載並不多，這反映出《左傳》中鮮明的性別意識。不僅是在《左傳》當中，即便是在整個中國歷史上，能真正處於國家權力中心的女性也是極少數，但她們在男性統治的社會裏，還是以自己的努力為自己爭取了更高的社會地位。

第二節　時間層面的視角

熱奈特曾經說過：「研究敘事的時間順序，就是對照事件或時間段在敘事

話語中的排列順序和這些事件或時間段在故事中的接續順序。」〔註 13〕簡單說就是敘事時序和故事時序的區分。前者說的是敘述者講述故事的時間順序，後者當然就是故事本身的自然時序。另外，「托馬舍夫斯基在《主題》一文中提出了『事序結構』與『敘事結構』的概念，前者是事件的自然延續，是藝術家的素材，後者則是「故事」得以陌生化、得以被人創造性扭曲甚至使之面目全非的獨特方式。換句話說，前者是事件的編年順序，後者指事件在敘事文中呈現的順序和方法。這兩個概念的列出對分析敘事文的敘述時間是非常有用的。」〔註 14〕和熱奈特說的意思大體一致，這兩對概念對我們理解《左傳》的敘事同樣也是十分有用的。

《左傳》是一部編年體的史書，實錄歷史的性質決定了它的主要敘述方式應該爲順敘，即記錄歷史故事自然固有的順序，因爲歷史具有連續性，直線式的敘述模式正是史書所需要的，它能夠體現時間的一維性。從魯隱公元年到魯哀公二十七年春秋二百五十五年的歷史，《左傳》的作者逐年記述期間發生的歷史事件，諸如：諸侯爭霸、後宮爭鬥、卿大夫賦詩風雅、武士精忠效力，還有天象，農時，預言卜筮等等。歷史是一個不間斷的過程，《左傳》的作者記述了這一過程。杜預在《春秋經傳集解》序中將其概括爲「以事繫日，以日繫月，以月繫時，以時繫年」。〔註 15〕例如《左傳·隱公元年》就以「元年春，王正月」開篇，接著按時間順序敘述，「秋七月」，「九月」，「冬十又二月」，整部書都是如此安排的，《左傳》基本上就是依據年、時（季度）、月、日的順序來記錄歷史的。這樣做的依據便是歷史本身的直線性特徵。

故事發生的立體性特徵是誰也不能控制和束縛的，那麼，爲了呈現出生動、眞實的歷史事件，作者便會從不同角度出發，進行敘事時間上的調整，這才是眞正意義上的「敘事結構」，而不是「事序結構」。

《左傳》的作者出於敘事盡可能完整的目的，在順敘的過程中，常常打破時間的限制，採用倒敘、預敘等形式，對包括戰爭在內的歷史進行多角度的敘寫，繼承了《左傳》編年體的形式，同時又進行了匠心獨運的剪裁和布局，這是左氏的創造，也是他的貢獻。

〔註13〕熱奈特，敘事話語·新敘事話語〔M〕，北京：中國社會科學出版社，1990 年，第 14 頁。
〔註14〕胡亞敏，敘事學〔M〕，武漢：華中師範大學出版社，2004 年（6）。
〔註15〕杜預，春秋經傳集解〔M〕，上海：上海人民出版社，1977 年（8）。

一、順敘的深層文化原因：農業文明基礎上的天道有常哲學觀念

　　《詩・豳風・七月》是描寫西周春秋時代農村一年的農事和生活的詩篇，反映了農民一年的生產情況：「三之日于耜，四之日舉趾。」正月開始修理農具，二月份就下地耕種，「蠶月條桑」，「四月秀葽」，三月份採桑養蠶，四月份採摘瓜果，「六月食鬱及薁」，「七月亨葵及菽」，六月採食郁李和野葡萄，七月收煮葵荼大豆，「八月剝棗，十月獲稻。」「九月築場圃，十月納禾稼。」「一之日于貉，取彼狐狸，爲公子裘。二之日其同，載纘武功。」「二之日鑿冰冲冲，三之日納于淩陰。四之日其蚤，獻羔祭韭。九月肅霜，十月滌場。」冬月裏爲貴族做皮衣，臘月裏鑿冰，正月裏藏進冰窖。二月裏取出冰塊行祭禮，獻上韭荼羔羊。九月霜降，十月裏清掃場地把穀收。農民一年四季的農事十分繁忙，全家都要參加生產，生活是十分艱苦的，所受剝削也是十分沉重的。但同時由於生產經驗的積纍，對天文氣象知識的瞭解和掌握越來越多，人們已經開始認識到守農時的重要性，在不同時節應該進行不同的耕作和生產。並且，當時已經形成了農業節氣的概念，《左傳・僖公五年》：「辛亥，朔，日南至，公既朔，遂登臺以望而書，禮也。分、至、啓、閉，必書雲物，爲備故也。」杜預注：「分，春秋分也；至，冬夏至也；啓，立春立夏；閉，立秋立冬。」說明春秋時已有春分、秋分、冬至、夏至、立春、立夏、立秋、立冬八個主要節氣，而且人們已經按照這些節氣來安排一年的勞動。牧業也是如此。《左傳・莊公二十九年》：「春，新作延廐，書不時也。凡馬，日中而出，日中而入。」杜預注：「日中，春秋分也，治廐當以秋分，因馬向入而修之，今以春作，故曰不時。」是說春分以後將馬群放出，秋分後將馬群歸廐。土建也是如此。《左傳・莊公二十九年》還有：「日至而畢。」杜預注：「日南至微陽始動，故土功息。」意思是冬至以後不再施工。以上這些都說明了當時農時節氣已經在人們的生產生活中發揮了重要的作用。〔註 16〕當時出現的節日，也多是在農時節氣基礎上形成的，比如爲了慶賀豐收和祈禱來年好的收成而進行的臘祭，大約就是今天春節的淵源。可以看出，農業文明在當時已經影響到了人們的生產生活、思想觀念等方方面面。

　　《左傳》的時間意識「可以說是一種歷史至上的意識，即認爲『天行有常』，天道是永恒的，因而對過去、未來乃至整個世界的瞭解都可以通過瞭解

〔註 16〕參見顧德融、王順龍，春秋史〔M〕，上海：上海人民出版社，2001 年，第
　　　201 頁。

歷史來實現。」〔註17〕這種觀念相信人能夠認識和把握天道。在原始時代，人類處在自己的童年時期，還沒有把自己同禽獸相區別，還無法做到天人之間的區別。經過漫長的自我發展，人類逐漸擺脫了自然狀態，逐漸把自己和其他自然物對立區別起來，有了天人關係的概念。殷墟卜辭表明，商代人們幾乎對一切問題都通過占卜來決定，對天神上帝的崇拜幾乎支配著所有的思想和重大行爲。「商代時，人們認識自然和社會的能力還很低下，他們把世界萬事萬物的運動發展變化，統統歸於鬼神在暗中操縱支配。所以，他們經常要祭祀山川和祖先的神靈，以祈求神鬼給予庇護與賜福。特別是商王室及整個奴隸主階級，幾乎每做一事都要反覆占卜，祈問鬼神。」〔註18〕這從一些卜辭材料也可以看到。例如《甲骨文合集》中有：

《合》94 正：「乙卯卜，賓貞：呼婦好侑及於妣癸。」

《合》2607：「貞：婦好侑匚於□□妣酓。」

《合》2641：「貞：勿呼婦好往燎。」

《合》2643：「甲戌卜，貞：婦好不往於妣庚。」〔註19〕

婦好是商代君主武丁最爲敬重和寵愛的妻子，她經常主持當時的各種祭祀活動。到了周代，人們毫無疑問地繼承了殷代的宗教觀念，天帝的地位仍然是至高無上的，但它不再是孤立的存在，它要與人民的意志相一致。周公提出「以德配天」，創造了一套禮樂德治的典章制度，即規範人們行爲的周禮，將重點轉向了人事。雖然是重點發生了轉移，但在天人關係上一直也沒有採取斷然對立的方式，天命的最終決定權仍然保留著。《易經》和殷人占卜的一個重要不同就在於它強調天意要與人德相聯繫，它所顯示的人事吉凶和人的言行有重要關係，並非任意或盲目的決定。這是一種「天中有人，人中有天」的主客互溶境界，孔子雖然直接談人的本質，用宗法人倫進行解釋，但其根本仍然只是重點轉移。天人關係一直沒有明確分開。而且，天道是有常的，具有一定的規律，人應該順應這種規律，而不是與之對抗。這一點和西方是大大不同的。西方人認爲人和自然是分離的。古希臘歷史上第一位哲學家泰

〔註17〕 高小康，中國古代敘事觀念與意識形態〔M〕，北京：北大出版社，2005年。

〔註18〕 曹兆蘭，金文與殷周女性文化〔M〕，北京：北京大學出版社，2004年，第5頁。

〔註19〕 曹兆蘭，金文與殷周女性文化〔M〕，北京：北京大學出版社，2004年，第5～6頁。

勒斯提出了「水是萬物的本原」這一哲學命題，具有劃時代的意義，因爲他改變了希臘遠古以來原始神話形式的宇宙觀。「這種宇宙觀的特點是把自然擬人化，例如把水神或海神夫婦當做創世的父母之類。泰勒斯實際上否定了這種擬人化觀點，徑直以自然本身（如水）作爲自然現象的原因，從而把人和自然嚴格分開了。」〔註20〕並且，希臘人很早就開始了海上殖民貿易的歷史，時常還要進行海盜式的掠奪，是在動蕩中走向文明的，建立城邦體制也是靠著鬥爭的方式取得的，因此，對抗和冒險是在所難免的。中國古代當然也充滿戰爭，但是以爭奪土地爲根本目的的。因爲中國絕大部分是內陸，西周土地所有制的根本形態是「公田」，天子是最高統治者，支配全國的土地和人民，他靠宗法分封制實現統治。從根源上說，各個諸侯國最初是一個有遠有近的大家庭。農民和奴隸在土地上耕作，希望風調雨順，不希望發生太多的意外，祈求上天賜於他們一個好的收成，因此，是一種謙卑和柔順的心態，平靜而非激烈的，單一而非曲折的。順應自然本來的順序，等待和祈求，並與之融爲一體。

以上應該是《左傳》順序的內在原因。

二、多種靈活的敘事順序

除了主體上採用順序的方式，《左傳》還運用了多種敘述手法，使情節多姿多彩：

（一）倒敘

所謂倒敘，是對故事發展到某階段之前事件的追述，也稱「閃回」。傳統上說的原敘，追敘也是對以前事件的追述，因此也屬於倒敘。簡而言之，就是先果後因，將中間和後面的事件先行敘述，前面的事件放在中間或者後面進行敘述。這樣做會使結構搖曳生姿，避免一味地平鋪直敘。倒敘是《左傳》逆時序進行敘述時運用較多的，例如《左傳・隱公元年》的「鄭伯克段於鄢」，是以「初」作爲標誌，交代了鄭莊公與其母、弟三人之間的恩怨。

> 初，鄭武公娶於申，曰武姜，生莊公及共叔段。莊公寤生，驚姜氏，
> 故名曰「寤生」，遂惡之。愛共叔段，欲立之。亟請於武公，公弗許。

〔註20〕楊適・中西人論的衝突——文化比較的一種新探求〔M〕，北京：中國人民大學出版社 1991 年，第 102 頁。

> 及莊公即位，爲之請製。公曰：「製，岩邑也，虢叔死焉。佗邑唯命。」
> 請京，使居之，謂之京城大叔。

據記載，鄭莊公在魯隱公元年（前 722 年）已經三十六歲，可見，這都是在說跨度達三十六年的往事，因此屬於倒敘。

再如《左傳·宣公十五年》的「秦晉輔氏之戰」，也是用了倒敘手法：

> 秋七月，秦桓公伐晉，次於輔氏。壬午，晉侯治兵於稷，以略狄土，立黎侯而還。及洛，魏顆敗秦師於輔氏，獲杜回，秦之力人也。初，魏武子有嬖妾，無子。武子疾，命顆曰：「必嫁是。」疾病，則曰：「必以爲殉。」及卒，顆嫁之，曰：「疾病則亂，吾從其治也。」及輔氏之役，顆見老人結草以亢杜回。杜回躓而顛，故獲之。夜夢之曰：「余，而所嫁婦人之父也。爾用先人之治命，余是以報。」

先是講了戰爭的結果：魏顆在輔氏打敗了秦國的軍隊，俘虜了秦國的力士杜回。然後寫晉所以勝秦的原因：魏武子生病時，命令魏顆在自己死後將寵妾嫁出去，而當他病危時又說將她殉葬，魏顆便把她嫁出去了，在輔氏這一役時，有個老人幫助他把杜回俘虜了，老人夜裏託夢告訴他，自己是那個寵妾的父親，自己這樣做是爲了報答他救了自己的女兒。

《左傳·隱公六年》：

> 五月庚申，鄭伯侵陳，大獲。往歲，鄭伯請成於陳，陳侯不許。五父諫曰：「親仁、善鄰，國之寶也。君其許鄭！」陳侯曰：「宋、衛實難，鄭何能爲？」遂不許。

其倒敘的標誌爲「往歲」，即往年的意思，鄭莊公曾請求與陳國交好，但是陳桓公未同意，五父曾以國家應和睦臨邦進行勸說，但陳桓公認爲宋、衛才是威脅，鄭國則不必理會，於是沒有同意。這裏交代了鄭伯侵陳的歷史原因。

另外，還有以「於」來引起的倒敘，《左傳·襄公六年》：

> 十一月，齊侯滅萊，萊恃謀也。於鄭子國之來聘也，四月，晏弱城東陽，而遂圍萊。甲寅，堙之環城，傅於堞。及杞桓公卒之月，乙未，王湫帥師及正輿子、棠人軍齊師，齊師大敗之。丁未，入萊。萊共公浮柔奔棠。正輿子、王湫奔莒，莒人殺之。四月，陳無宇獻萊宗器於襄宮。晏弱圍棠，十一月丙辰而滅之。遷萊於郳。高厚、崔杼定其田。

「於」大約是「在……的那一年」的意思，是敘述過去的事情，解釋事件發生的原因。「鄭子國之來聘」發生在襄公五年，即敘述時間前一年的事情。

（二）插敘

事件在敘寫過程中，插入一些需要立即說明的內容，使故事更加完整，是為插敘。例如《左傳‧宣公二年》：

> 秋九月，晉侯飲趙盾酒，伏甲，將攻之。其右提彌明知之，趨登，曰：「臣侍君宴，過三爵，非禮也。」遂扶以下，公嗾夫獒焉，明搏而殺之。盾曰：「棄人用犬，雖猛何為！」鬥且出。提彌明死之。初，宣子田於首山，舍于翳桑，見靈輒餓，問其病。曰：「不食三日矣。」食之，舍其半。問之，曰：「宦三年矣，未知母之存否，今近焉，請以遺之。」使盡之，而為之簞食與肉，寘諸橐以與之。既而與為公介，倒戟以禦公徒而免之。問何故。對曰：「翳桑之餓人也。」問其名居，不告而退，遂自亡也。

宣公二年，晉靈公因不滿趙盾多次進諫而設計要殺掉他，甲士靈輒非但沒有殺他反而對他進行保護，在此敘述者向讀者介紹出一段趙盾與靈輒的往事，使敘述更加完整，讀者瞭解了這件事情發生的原因：靈輒是趙盾當年曾經救助過的人，藉此機會向趙盾報答他對自己的恩情。

《左傳》中插敘的例子還有很多，比如秦晉韓之戰，在秦軍大獲全勝之時，插入了秦穆姬登臺履薪之事，使情節曲折跌宕，張馳有致。插敘的運用使次要情節寓於主要情節之中，急風驟雨穿插在風平浪靜之內，可見敘事方法的靈活多樣。

（三）預敘

預敘是對事件事先進行敘述或提及，在敘事時間上有所提前。《左傳》寫某人或某事時，常常通過占卜、夢境等來進行敘述，預示某人或某事的結果。例如《左傳‧僖公二十八年》：

> 晉侯夢與楚子搏，楚子伏己而盬其腦，是以懼。子犯曰：「吉。我得天，楚伏其罪，吾且柔之矣。」

晉侯夢見自己與楚成王搏鬥，成王力氣大，伏在自己身上，吸食自己的腦漿，於是十分恐懼，但臣子子犯說，這是成王伏罪的象徵，是吉兆，晉侯夢見自己就是得到了天助。

又如《左傳‧成公十六年》：

> 癸巳，潘尪之黨與養由基蹲甲而射之，徹七劄焉。以示王，曰：「君
> 有二臣如此，何憂於戰？」王怒曰：「大辱國！詰朝爾射，死藝。」
> 呂錡夢射月，中之，退入於泥。占之，曰：「姬姓，日也；異姓，月
> 也，必楚王也。射而中之，退入於泥，亦必死矣。」及戰，射共王中
> 目。王召養由基，與之兩矢，使射呂錡，中項，伏弢。以一矢復命。

呂錡夢射月，進行占卜，後夢境的徵兆應驗。再如《左傳‧僖公三十二年》：

> 冬，晉文公卒。庚辰，將殯於曲沃。出絳，柩有聲如牛。卜偃使大
> 夫拜，曰：「君命大事：將有西師過軼我，擊之，必大捷焉。」

對「柩有聲如牛」進行占卜，得到大捷的吉兆，後果然應驗。

運用夢境、占卜方式預先對事件的結果進行交待，在平淡的順敘中增加
了起伏，使敘述更加生動吸引人。

（四）補敘

補敘是指在基本事件已經敘述完的時候，補充一些內容，使情節更加完
整。例如《左傳‧僖公二十八年》，晉楚城濮之戰，在敘述了晉勝楚敗的結局
之後，補充敘述了之前發生的故事，凸顯出楚子玉剛愎自用的性格特徵，揭
示出導致戰敗結局的原因：

> 初，楚子玉自爲瓊弁、玉纓，未之服也。先戰，夢河神謂己曰：「畀
> 余！余賜女孟諸之麋。」弗致也。大心與子西使榮黃諫，弗聽。榮
> 季曰：「死而利國，猶或爲之，況瓊玉乎？是糞土也。而可以濟師，
> 將何愛焉？」弗聽。出，告二子曰：「非神敗令尹，令尹其不勤民，
> 實自敗也。」既敗，王使謂之曰：「大夫若入，其若申、息之老何？」
> 子西、孫伯曰：「得臣將死。二臣止之曰：『君其將以爲戮。』」及連
> 穀而死。晉侯聞之而後喜可知也，曰：「莫余毒也已。蒍呂臣實爲令
> 尹，奉己而已，不在民矣。」

再如《左傳‧莊公十九年》「鬻拳弗納楚王」，楚巴戰爭，楚王率軍迎戰，不
幸敗退，鬻拳爲郢守城人，他不許楚王進城，認爲兵敗有損國威，讓他打贏
後再回來，楚王又打了一仗果然打贏了，但是回來後很快生病死了。安葬了
楚王之後，鬻拳自己也自殺了，因爲他認爲是自己害死了楚王。這已經是一
個完整的事件，但是作者又補充敘述了之前「強諫楚子」而不惜「臨之以兵」，
補充了先前「君子」的讚譽，鮮明地凸現了鬻拳「愛國勝於愛君」的性格。

　　君子曰：「鬻拳可謂愛君矣：諫以自納於刑，刑猶不忘納君於善。」

時間視角在《左傳》中並不是一條線貫穿始終，爲了使史實或者情節敘述得更加豐滿和完整，有時採用的是多條線索同時進行敘述。例如《左傳・隱公元年》，有關鄭莊公的敘述是一條線索，而其母姜氏和她支持的段則是另外一條線索，一面是鄭莊公的沈穩和狡詐，另一方面是姜氏和她的小兒子段的貪婪和強硬，兩條線交錯推動故事的發展，使雙方的關係得以充分地展現給讀者。

第三節　空間層面的視角

　　視角分爲不同層面，也分爲不同的類型，熱奈特關於視角類型有一個經典的概念：「聚焦」。熱奈特將其分成三類：非聚焦型，內聚焦型和外聚焦型。他在《敘事話語》中解釋道：非聚焦型是「無所不知的敘述者的敘述」，托多羅夫用「敘述者＞人物」來表示，內聚焦型說的是「敘述者只說出某個人物所知道的」，即有限的視野，「敘述者＝人物」，第三類外聚焦型是「敘述者說出來的要少於人物所知道的」，即「敘述者＜人物」。〔註21〕《左傳》中敘述者是以非聚焦爲主，內聚焦和外聚焦相結合的方式進行敘述的。我們從《左傳》中的戰爭和人物描寫兩個方面進行解釋說明。

一、非聚焦型視角

　　「非聚焦又稱零聚焦，這是一種傳統的、無所不知的視角類型，敘述者或人物可以從所有的角度觀察被敘述的故事，並且可以任意從一個位置移向另一個位置。它可以時而俯瞰複雜的群體生活，時而窺視各類人物隱秘的意識活動。總之，它彷彿像一個高高在上的上帝，控制著人類的活動，因此非聚焦型視角又稱『上帝的眼睛』。」〔註22〕

　　（一）戰爭

　　《左傳》中的戰爭描寫是十分精彩的，從古至今受到讀者的一致稱讚。書中記載的戰爭達三四百場之多，敘述者既能夠全局把握，又做到了關注戰爭中的細節。這就要歸功於其敘述焦點以非聚焦爲主，因此才能達到如此異

〔註21〕 胡亞敏，敘事學〔M〕，武漢：華中師大出版社，2004年，第24頁。
〔註22〕 胡亞敏，敘事學〔M〕，武漢：華中師大出版社，2004年，第25頁。

彩紛呈，出神入化的效果。非聚焦型視角擅長作全景式的鳥瞰，對於描述規模龐大、線索複雜、人物衆多的戰爭場面是再合適不過了。

1. 對戰爭原因的全知

《左傳》的敘述者向我們詳細介紹戰爭發生的原因，分析結局產生的因由。如《左傳·僖公十五年》的「秦晉韓之戰」：戰前敘述者對秦國伐晉的原因進行了介紹：

> 晉侯之入也，秦穆姬屬賈君焉，且曰：「盡納群公子。」晉侯烝於賈君，又不納群公子，是以穆姬怨之。晉侯許賂中大夫，既而皆背之。賂秦伯以河外列城五，東盡虢略，南及華山，內及解梁城，既而不與。晉饑，秦輸之粟；秦饑，晉閉之糴，故秦伯伐晉。

這段話交代了戰爭發生的四個原因：（1）晉侯烝於賈君，又不納群公子，是以穆姬怨之。（2）晉侯許賂中大夫，既而皆背之。（3）賂秦伯以河外列城五，既而不與。（4）晉饑，秦輸之粟；秦饑，晉閉之糴。故秦伯伐晉。內容詳盡，說明了秦晉韓之戰的原因。

2. 對戰爭過程的全知

《左傳》對戰爭過程的全知表現在：瞭解戰爭的雙方陣容，戰爭的進展情況，包括雙方力量的對比變化等等。如《左傳·宣公十二年》晉楚邲之戰：「十二年春，楚子圍鄭。」鄭伯肉袒牽羊以逆，以「孤不天，不能事君，使君懷怒以及敝邑，孤之罪也。敢不唯命是聽」一番辭令使楚王「退三十里而許之平。」「夏六月，晉師救鄭。」「及河，聞鄭既及楚平，桓子欲還，曰：『無及於鄭而剿民，焉用之？楚歸而動，不後。』隨武子曰：『善。』」主帥桓子（荀林父）、副帥隨武子等以爲鄭楚已經講和就沒有與楚交戰的必要，欲撤退，「彘子曰：『不可。晉所以霸，師武臣力也。今失諸侯，不可謂力。有敵而不從，不可謂武。由我失霸，不如死。且成師以出，聞敵強而退，非夫也。命爲軍師，而卒以非夫，唯群子能，我弗爲也。』」戰爭初期，晉軍在彘子的強行帶領下渡河追楚，迫使晉軍其他本來不想交戰的部隊只好參戰；接下來交代楚的情況：楚本來在鄭願降以後，將要離去，「楚子北師次於郔，沈尹將中軍，子重將左，子反將右，將飲馬於河而歸。聞晉師既濟，王欲還，」但是嬖人伍參對當時戰爭的局勢進行了分析，認爲局勢有利於楚，說服了楚王迎戰晉軍。再接下來寫兩軍對峙：楚師「次於管」，「晉師在敖、鄗之間」，彘子曰：「敗楚服鄭，於此在矣，必許之。」但欒武子等其他主要將領均不欲戰，

楚國本來也不想理會晉國，「楚子又使求成於晉，晉人許之，盟有日矣。」但事情又產生了起伏：楚之三將領私自向晉挑戰，「楚許伯禦樂伯，攝叔爲右，以致晉師，」與此同時，晉國魏錡和趙旃亦私自向楚挑戰，戰爭終於爆發，且很快以楚勝晉敗結束。「及昏，楚師軍於邲，晉之餘師不能軍，宵濟，亦終夜有聲。」書中對戰爭各個階段的發展都作了詳細的交代。

3. 對戰爭細節的全知

《左傳》戰爭篇章的細節描寫，猶如一個個特寫鏡頭，展示著《左傳》這部書傳神感人的文學魅力。這些細節琳琅滿目、異彩紛呈。

《左傳・成公二年》鞌之戰中有一個「逢丑父與君易位」的特寫鏡頭，在齊侯的戰車上，兩個人換了位置，後來馬車被樹絆絓而停下。丑父也因擊蛇而受傷不能推車，因此被韓厥追上，韓厥說了一段精彩的辭令，卻被「逢丑父與君易位」的假象矇騙，誤將逢丑父當齊侯。「丑父使公下，如華泉取飲。」逢丑父則趁韓厥不備，讓齊侯借機逃跑了。後來郤獻子認出韓厥所獻的並非齊侯，要殺掉丑父，丑父自知於禮不應被殺，於是呼曰：「自今無有代其君任患者，有一於此，將爲戮乎？」郤克聽後，就把他赦免了。細緻入微的敘寫，生動地刻畫出逢丑父這個忠於國家，機智勇敢，有勇有謀的忠臣、才臣形象。《左傳》戰爭的細節描寫還有很多，如：「鄢陵之戰」寫「楚子、晉侯觀敵師」、「養由基射甲」、「呂錡夢射月」等等，這些細節的彰顯，體現出了一種全知的視角。

4. 對戰爭結局的全知

秦晉殽之戰，在戰前，敘述者就通過人物的語言透露了戰爭的結局。《僖公・三十二年》：

> 秦穆公欲出戰，訪諸蹇叔，秋，晉師歸，桓子請死，晉侯欲許之。士貞子諫曰：「城濮之役，晉師三日穀，文公猶有憂色。左右曰：『有喜而憂，如有憂而喜乎？』公曰：『得臣猶在，憂未歇也。困獸猶鬪，況國相乎？』及楚殺子玉，公喜而後可知也，曰：『莫余毒也已。』是晉再克而楚再敗也，楚是以再世不競。今天或者大警晉也，而又殺林父以重楚勝，其無乃久不競乎？林父之事君也，進思盡忠，退思補過，社稷之衛也，若之何殺之？夫其敗也，如日月之食焉，何損於明？」晉侯使復其位。

戰敗國晉總結城濮之戰的教訓，瞭解如果處理主帥則敵國喜悅，於是從寬處理了主帥荀林父，使晉國軍力未受大損。

這樣，由於運用了全知視角，一場戰爭的前因後果、發展過程以及其中的各種細節就交代得清清楚楚。這種高瞻遠矚、清楚全面的敘寫方式，在《左傳》的戰爭描寫中運用了很多，是《左傳》戰爭描寫的一個極重要的特色。也因為這種能夠抓住事物要害的描寫方法，《左傳》鑄就了許多戰爭名篇。

（二）人物

不僅是戰爭描寫，對人物的刻畫也有許多全知視角，比如《左傳·宣公二年》「鉏麑刺殺趙盾」：

> 晨往，寢門辟矣，盛服將朝。尚早，坐而假寐。麑退，歎而言曰：「不忘恭敬，民之主也。賊民之主，不忠；棄君之命，不信。有一於此，不如死也。」觸槐而死。

鉏麑被趙盾的忠君愛國所感動，又無法回去交差，於是在歎息聲中自盡。這個例子說明敘述者不僅清楚人物的內心世界，連無從查考的思想活動也能洞悉。

二、內聚焦型視角

這是一種從人物的角度展開其所見所聞的敘述角度，以故事中某個人的角度去看、去聽和去說，能充分展開人物的內心世界。有限的視角，顧名思義，是不完全對事件的全部都能掌控，有一部分信息是敘述者未知的。《左傳》的作者在對某些事件進行敘述時，保留了一些信息，客觀上起到了簡潔省略的效果。例如《左傳·莊公十年》：

> 既克，公問其故。對曰：「夫戰，勇氣也。一鼓作氣，再而衰，三而竭。彼竭我盈，故克之。夫大國，難測也，懼有伏焉。吾視其轍亂，望其旗靡，故逐之。」

曹劌在同莊公指揮作戰的時候，讓本國軍隊延時擊鼓，但當時未作任何解釋；莊公想要追擊敵人，他在察看了齊軍的車轍後才同意，當時也沒有透露這樣做的原因。魯軍打了勝仗之後，莊公問曹劌取勝的原因。曹判解釋說：「打仗憑的全是勇氣。隨著擊鼓次數增多，士兵們的勇氣越來越衰退，在敵方擊鼓後擊鼓，當敵方的勇氣耗盡時，我們的勇氣正旺盛，所以會取勝。大國用兵作戰難以預測，當看到他們的車輪印很亂，遠望他們的旗幟倒下，才能斷定他們沒有設兵埋伏，所以才去追擊他們。這就是一種限知視角，對信息有所保留。

再如《左傳・僖公二十二年》宋楚泓之戰：

> 冬十一月己巳朔，宋公及楚人戰於泓。宋人既成列，楚人未既濟。
> 司馬曰：「彼衆我寡，及其未既濟也請擊之。」公曰：「不可。」既
> 濟而未成列，又以告。公曰：「未可。」既陳而後擊之，宋師敗績。
> 公傷股，門官殲焉。

宋楚交戰，宋軍已經擺好陣勢，此時楚軍還未完全渡過泓水，但宋襄公未聽
從屬下的建議，沒有命令出擊；楚軍渡過泓水，還沒有擺好作戰陣勢，這又
是一個取勝的機會，但宋襄公仍然沒有抓住機會。後來在「國人皆咎公時」
宋襄公解釋道，對於年老的人和已經受傷的人，就不要再去傷害了，古人打
仗也不會佔據有利地形來攻打對方，這才是有禮的。他的這番話遭到了大臣
的反駁。這也是在敘述事件當時沒有交代全部信息，後來補充上的。

三、外聚焦型視角

「這種視角中，敘述者嚴格地從外部呈現每一件事，只提供人物的行動、
外表及客觀環境，而不告訴人物的動機、目的、思維和情感。」〔註23〕《左傳・
隱公元年》「鄭伯克段於鄢」可以說是體現這種敘事視角最為恰當的例子了：
在姜氏和段不斷擴張勢力時，鄭莊公一直沒有去阻止，大臣祭仲和公子呂都曾
經勸他動手，莊公仍然按兵不動。直到段將襲鄭，夫人將啓之時，莊公才鎮壓
了叛亂。後將姜氏放逐，而誓之曰：「不及黃泉，無相見也。」既而受了穎考
叔「純孝」的影響，解除了對姜氏的囚禁，「遂為母子如初」。自始至終，莊公
都是一個內心封閉，不向外界輕易流露情感的人，因為這一點，這裏僅出現一
次的「悔之」，就無法反映到底是不是他內心真實的情感，是後悔對母親太過
無情，還是後悔這一做法引起的輿論導向，實在不得而知。敘述者沒有告訴讀
者人物的動機、目的和情感，因此，這裏用的應該是外聚焦型視角。

第四節　心理層面的視角

一、寓褒貶愛憎於筆端

心理層面的視角在《左傳》中首先體現為作者對筆下的人物傾注了豐富

〔註23〕胡亞敏，敘事學〔M〕，武漢：華中師大出版社2004年，第32頁。

的思想感情，或愛或憎，或褒或貶。例如對鄭國子產的敘述，子產是《左傳》
的作者著力描寫的人物之一，作者對其才能是持褒揚態度的。

春秋時期鄭國人子產，名僑，姓公孫，鄭穆公之孫，著名的政治家和思
想家。一生政績卓越。子產青年時即表現出遠見卓識。襄公八年（前 565），
其父公子發率軍攻蔡，大勝，鄭人皆喜，子產卻指出這並非好事，將導致楚
國來攻和晉國反擊，而使夾在中間的鄭國飽受戰禍。後果然如此。鄭簡公十
二年，子產得立為卿，任少正。在同霸主晉國的一系列交涉中，他據理力爭，
不卑不亢，維護了鄭國的利益。襄公二十五年，他隨執政公孫舍之攻打陳國，
在向晉國獻捷時，有理有據地駁回了晉人的責難，迫使其承認鄭國的戰績。
為此鄭簡公給予他重賞，他卻沒有接受超出其地位的部分。第二年，楚康王
為慰撫許國率軍伐鄭，子產主張堅守不戰，讓楚軍獲小利後滿意而歸，以換
取較長期的和平，促成了「弭兵之盟」。子產是一位務實的政治家，任鄭國卿
後，適應形勢變化，實行一系列政治改革。他認為有利於國家的，就不顧輿
論反對，強制推行。因此子產執政之初，改革措施也曾遭到許多斥責，但他
不為所動，堅決推行。承認私田的合法性，團結大多數貴族，向土地私有者
徵收軍賦；鑄刑書於鼎，為我國最早的成文法律，嚴格地統治人民。他主張
保留「鄉校」、聽取「國人」意見，並願從中吸取有益的建議。其後改革成效
顯著，人們又普遍歌頌他的政績，甚至擔心他後繼無人。子產還善於因才任
使，將鄭國治理得秩序井然。《左傳》的作者傾注了大量筆墨刻畫子產，將他
作為一個樣板式的人物來寫。

與子產相對，我們再來看另一個人物：春秋末年楚國大臣費無極，又作
費無忌。是中國歷史上最早的一個佞臣。楚平王派費無忌去迎接秦女孟嬴，
來和太子結婚。孟嬴甚美，費無忌便勸平王自己娶她，平王好色，便同意強
納兒媳，費無忌也轉為侍奉平王。他擔心平王逝後太子會對自己不利，於是
不斷離間平王和太子建，太子建後來被迫逃亡宋國。伍氏家族是四代老臣，
勢大位重，伯郤宛在國人中享有盛譽，這都讓王權感覺不安。楚王欲打擊異
姓家族，於是費無極就想出陰謀設計陷害。《左傳‧昭公二十七年》：

> 郤宛直而和，國人說之。鄢將師為右領，與費無極比而惡之。令尹
> 子常賄而信讒，無極譖郤宛焉，謂子常曰：「子惡欲飲子酒。」又謂
> 子惡：「令尹欲飲酒於子氏。」子惡曰：「我，賤人也，不足以辱令
> 尹。令尹將必來辱，為惠已甚，吾無以酬之，若何？」無極曰：「令

尹好甲兵，子出之，吾擇焉。」取五甲五兵，曰：「置諸門，令尹至，
必觀之，而從以酬之。」及饗日，帷諸門左。無極謂令尹曰：「吾幾
禍子。子惡將爲子不利，甲在門矣。子必無往！且此役也，吳可以
得志。子惡取賂焉而還；又誤群帥，使退其師，曰：『乘亂不祥。』
吳乘我喪，我乘其亂，不亦可乎？」令尹使視郤氏，則有甲焉。不
往，召鄢將師而告之。將師退，遂令攻郤氏，且燬之。子惡聞之，
遂自殺也。

費無極前去對令尹子常說郤宛想請他到家中喝酒，又對郤宛說令尹想到他家
來喝酒。郤宛滿心歡喜，問費無極，令尹屈尊光臨，榮幸之餘該用什麼東西
答謝相贈呢？費無極出了個主意：令尹喜歡鎧甲兵器，把家中兵器搬出來讓
人放在門後，令尹來了觀賞後可順勢將兵器送給他，郤宛同意了。宴請子常
這天，郤宛把鎧甲兵器列於門後，用帷幕遮蓋，等子常前來。費無極去請子
常，故作慌張地說：「我差點害了您。郤宛宴請您，原來是想對您下毒手，鎧
甲武器都藏在門後了。」子常打發人去郤宛家中察看，果真如此，於是他發
兵殺掉了郤宛全家，費無極的讒言因此奏效了。後伍奢被迫害而死，兒子伍
子胥逃走，也和費無極的讒言有關。伍子胥後來投奔吳國，助吳王闔閭篡國，
與孫武起兵伐楚，攻陷郢都，將楚平王掘墓鞭屍。

　　一正一反，兩個人物形象躍然紙上，不需作者對其進行怎樣的評價，其
人格特點已經顯現在讀者的面前。可見，作者的褒貶價值觀都可見於筆端。《左
傳》中有許多對比鮮明的形象，作者對他們的塑造體現出二元對立的思維模
式，這種思維模式對比鮮明，體現出作者鮮明的價值觀。

二、二元對立的思維模式

　　二元對立模式是結構主義批評中普遍存在的。結構主義二元對立模式的
最初形式是索緒爾對於語言和言語進行的區分，後來格雷馬斯在其《結構語
義學》中將二元對立作爲結構語義學的理論基礎，認爲二元對立是產生意義
的最爲基本的結構，並且它還架構了我們的語言、行爲以及敘事作品的內容。
我們用此理論對先秦典籍《左傳》進行關注時，發現二元對立模式也普遍存
在於《左傳》當中。書中對歷史人物和戰爭的描寫一直爲人所稱道，其敘述
方法也令後人拍手稱絕。我們通過研究發現，《左傳》的價值取向、人物塑造
和修辭手法等各個方面無不普遍存在著結構主義的二元對立模式。

（一）《左傳》的價值取向體現出的二元對立

《左傳》的價值取向體現出鮮明的懲惡揚善傾向，這是我們讀罷這部書後的印象。〔註24〕作者一直是以一種重禮、重信、重德的立場來進行敘述，用「禮也」和「非禮也」作爲衡量人和事件的外在尺度。例如：《左傳・僖公九年》：「夏，會於葵丘，尋盟，且修好，禮也。」《左傳・莊公十八年》：「十八年春，虢公、晉侯朝王，王饗醴，命之宥，皆賜玉五穀，馬三匹，非禮也。」這種鮮明的是非評價體現出二元對立的批評模式。

當然，僭越禮制的現象也時有發生，按禮，天子祭祖唱《雝》詩來撤除祭品，《雝》爲天子所用的國樂，但當時魯國季孫氏、孟孫氏、叔孫氏三家大夫也都以此禮撤除祭品；樂舞每列八人，天子才用八佾，即六十四人，諸侯六佾、大夫四佾、士二佾，依次遞減，但是魯國季孫氏本爲大夫，卻用了八佾，因此孔子發出「八佾舞於庭，是可忍也，孰不可忍也」的斥責〔註25〕；「禮」是中國奴隸社會及封建社會的道德規範，是儒家政治哲學的核心。春秋時期是一個對禮樂的普遍重視與廣泛應用的時期，儘管當時無法抗拒「禮崩樂壞」，但整個社會仍然是在禮的約束之下。

《左傳》中描述的人物，對比十分鮮明，比如明君與昏君，賢臣和佞臣，並且他們善惡的行爲最終都得到了應有的報應。作者對這兩類人物和事件的表述無疑是想向世人昭示一種勸惡行善的道理，同時也體現出二元對立模式。天子有德，王朝則興，天子無德，王朝則亡。諸侯國興亡，也要看諸侯是否行德政，《左傳・莊公三十二年》中周內史過說：

> 國之將興，明神降之，監其德也；將亡，神又降之，觀其惡也。故
> 有得神以興，亦有以亡，虞、夏、商、周皆有之。

神會根據統治者的行爲予以賜福或降禍，這是善惡有終的一個根源。對於卿大夫自身而言，如果有德，將會使其家族興旺，反之，則會失去祿位。如《左傳・襄公二十九年》中，鄭國大夫子皮和宋司城子罕二人有德，深得民心，因此會得掌國政。

（二）《左傳》的人物塑造體現出的二元對立

《左傳》的人物塑造也體現出二元對立的模式。我們熟悉的「晉靈公不

〔註24〕見拙作，左傳辭令中懲惡揚善價值取向的來源及影響〔J〕，東北師大學報，2009 年（3）。
〔註25〕劉寶楠，論語正義〔M〕，北京：中華書局，1990 年，第 77 頁。

君」，塑造了一個昏瞶無道的國君形象，因爲大臣趙盾多次進諫勸他改過，晉靈公便心中生厭，竟然派人去刺殺他。然而，派去的武士鉏麑看見趙盾很早起來端坐於堂上，準備上朝，因爲起來太早，閉目養神，不禁心生敬佩，不忍殺他，但是有君命在身，無法交差，於是自己觸槐而死。由鉏麑的行爲可以反襯出趙盾對國對君的忠貞；之前還有一段有關趙盾的描寫，晉靈公還曾經以賜趙盾酒爲名，設計賊殺趙盾，並放狗咬他，但是派去殺他的甲士不但沒有殺他，還幫助趙盾離開，因爲他是曾經被趙盾救助過的人。這一段描寫可以襯托出趙盾的仁義善良，趙盾也因此得到了善報，而這又與晉靈公的背信棄義，不分善惡之舉形成了鮮明的對比。

《左傳·隱公元年》寫了鄭莊公克段於鄢的史實，因爲莊公的母親姜氏不喜歡他，因而勸其父鄭武公改立小兒子段爲繼承人，但未能如願。於是其後姜氏不斷幫助段擴張勢力，請制爲封邑不得繼而請京邑，構成了對莊公的威脅，以至於莊公的臣子祭仲等人紛紛不平，勸莊公掃除禍患。然而莊公一直等到他們陰謀篡位將要襲鄭時才予以打擊。書中將莊公的狡詐與陰險和姜氏及其段的貪婪與驕縱進行雙線的敘述，二者形成了第一層對比關係，作者一方面斥責段之不悌，另一方面批評莊公之不兄；但書中要褒揚的是穎考叔之「純孝」，莊公感歎其對母親的愛，於是延及自己，將放逐的姜氏召回，在一定程度上緩解了母子之間的關係，這是第二層對比關係。因此，這幾個人物的塑造體現出了二元對立的模式。

上面說的是不同的人物之間構成的二元對立，《左傳》當中還有不少同一人物前後構成的對立，一般是前面無禮，後來有禮；前面驕傲，後面謙恭；開始無道，後來明理。例如好鶴的衛懿公，給鶴封爵位，提供華美的車子，生活腐化到了一定的程度，然而，當面臨大敵時，他能夠同將士一道與狄人決戰，戰敗時，「不去其旗」，表現出一個亡國之君的氣節。另有楚靈王，一直是志大言狂，剛愎自用，奪取君位後更是強暴專橫，爲所欲爲，他一生的行爲都是在與「禮」抗衡，但是到了臨終前，他反省了自己的過去，道出了「衆怒不可犯」和「大福不再」的道理，悔恨自己「殺人子多矣」，最後絕然自縊，前後行爲形成了巨大的反差。

還有一個虛僞的巫臣，人前人後行爲不一，公元前 599 年，陳國有個大夫叫夏御叔，娶鄭穆公的女兒爲妻，名叫夏姬，是個絕色的美女。楚莊王爲了討伐誅君犯上的罪行，起兵滅掉陳國。楚莊王此時也爲夏姬心動，想納夏

姬爲妃。但巫臣一通話，就打消了莊王的想法：「這可不行。您召集大家討伐罪行，本來是正義的行爲。如果納夏姬爲妃，就說明您貪圖美色。這就會影響您的威信」。楚國的司馬子反也想娶夏姬，也被巫臣再次勸阻。楚莊王把夏姬給了連尹襄老，而襄老沒多久就戰死於沙場，屍首被鄭國所得，巫臣派人傳話給夏姬說：「你回娘家鄭國去，我娶你爲妻。」又想法讓鄭國對夏姬說：「夏姬你親自來，就能得到襄老的屍首。」巫臣極力唆使楚莊王答應了夏姬歸鄭。路過鄭國時，如願以償地娶了夏姬爲妻，並領著夏姬投奔晉國。這也是同一人物前後構成的對立，也體現出了在人物塑造上的二元對立原則。

（三）《左傳》的修辭手法體現出的二元對立

《左傳》的修辭手法也體現出了二元對立的原則。這裏我們拿《左傳》引用謠諺的例子來說明。首先在形式上，書中經常用趨於整齊的對舉方式，例如：

> 樹德莫如滋，去疾莫如盡。《左傳·哀公元年》

> 非宅是卜，惟鄰是卜。《左傳·昭公三年》

> 民之多幸，國之不幸。《左傳·宣公十六年》

這種整齊的結構，常常形成對偶，體現出語言的形式美。爲了追求這種形式美，出現了雙體結構，常常以一虛一實的結構出現。如：「山有木，工則度之；賓有禮，主則擇之」，前爲虛，後爲實，後面的分句才是眞正要強調的。再如上面說的「樹德莫如滋，去疾莫如盡」，伍子胥引用這條格言勸諫吳王，不能同意越國的求和，後面的分句是強調的重點，前面的分句則完全是爲了形式上的對偶要求，力求整齊對稱，在一定程度上追求韻律和諧，體現出二元對立的原則。

以上是說形式上，在意義上也同樣如此，在內容上，《左傳》引用的格言諺語很多都是互相對立的方面，比如美與醜，善與惡，內與外等等。例如：

> 君子不犯非禮，小人不犯不祥《左傳·昭公三年》

君子不違犯不合乎禮的事，小人不違犯不吉利的事。晏子重視居住環境特別是周圍的鄰人。他認爲選擇的鄰居都已經占卜過了，因此不能夠違反占卜的結果而搬家。

> 報者倦矣，施者未厭。《左傳·僖公二十四年》

意思是施惠者渴望報答太多，受恩惠者報答已經感到疲倦了。周襄王欲立狄人的女兒爲王後，臣子認爲狄人貪婪，不應該引導他們。

一薰一蕕，十年尚猶有臭。《左傳·僖公四年》

薰為香草，指申生，蕕為臭草，指驪姬，意思是香臭共處則香不敵臭，比喻善易消而惡難除。這裏是卜人勸告晉獻公不要立驪姬為夫人。

善不可失，惡不可長。《左傳·隱公六年》

善不能夠丟失，惡不能滋長，這裏是說陳桓公沒有同意和鄭國交好，將會蒙受禍患。

儉，德之共也；侈，惡之大也。《左傳·莊公二十四年》

節儉，是道德中的重大表現；奢侈，是惡行中的重大表現。魯莊公雕鏤桓公廟的椽子和用朱漆漆柱子都是奢侈而不合乎禮的。

　　格言採用正反立說，一個很重要的作用就是觀點鮮明，發人深省，深刻有力。雖然有的在意義上有所側重，但這種正反對舉的形式無疑可以留給人一種深刻的印象。

　　《左傳》中蘊涵著大量豐富的二元對立原則，僅舉價值取向、人物塑造和修辭手法這三個方面的例子來說明，「二元對立」的實質是「對立統一」，蘊涵著辯證和諧，例如中國人講的陰和陽是對立的，但也統一而和諧，所謂「萬物負陰而抱陽」，善與惡也是可以互相轉化的，形式上的對立是為了達到一個預定的表達目標。

三、尊崇德義的視角

　　《左傳》當中，尊禮尚德是作者一直秉承的，其德義視角體現了作者的價值傾向。

1. 作為戰爭勝負的原因

　　在戰爭描寫過程中，將禮、義、德等道德因素作為影響事件成敗的重要原因。例如發生於魯僖公二十八年（公元前 632 年）的城濮之戰，它是春秋時期晉、楚兩國為爭奪中原霸權而進行的第一次戰略決戰，也是中國古代軍事史上以弱勝強的著名戰例。它扼制了楚國的北進勢頭，奠定了晉國的霸主地位。雖然「春秋無義戰」，但作者把它也和德義結合起來。晉軍之所以取得勝利，不僅因為在戰術上具有高明的謀略，晉文公能夠善察戰機，決策正確，更重要的是君臣協力，上下同心：晉文公虛心採取先軫等人的正確建議，知人善任；先軫、子犯等人恪盡職守，作戰英勇。並且晉國運用爭取齊、秦兩

大國與自己結成統一戰線，爭取了戰爭的主動權。決戰之時，主動「退避三舍」，避開楚軍的鋒芒，以爭取政治、外交和軍事上的主動。楚國的情況則是楚成王與子玉各執己見，君臣不睦，將驕兵惰：楚成王見晉軍破曹降衛，與齊、秦結成了聯盟，中原形勢已變，命令令尹子玉撤回圍宋的軍隊，並告誡子玉說：「無從晉師！晉侯在外，十九年矣，而果得晉國，險阻艱難，備嘗之矣。民之情偽，盡知之矣。」又說：「《軍志》曰：『允當則歸』，又曰：『知難而退』，又曰：『有德不可敵』」，但楚令尹子玉一向驕傲，不聽楚成王勸告，君將互相掣肘，抵消了力量，最後將自己在爭霸中原中的優勢地位拱手讓人。楚成王得到楚軍敗報，派人指責子玉說：「大夫若入，其若申息之老何？」子玉羞憤自殺。晉文公打著「尊王」的旗號，順理成章地登上了霸主寶座。作者還借人物之口表達了一些發人深省的軍事思想，如「有德不可敵」、「師直則壯，曲為老」、「少長有禮，其可用也」等等，將戰爭的勝負與德義聯繫了起來。作者在總結戰爭經驗時說：「謂晉於是役也，能以德攻。」另外秦晉韓之戰，作者也交代了戰前種種神秘的徵兆之後，要說的主旨是晉惠公的背信失義導致了戰爭的失敗。

2. 判斷吉凶的依據

《左傳》中引用了《周易》進行占卜，預測吉凶，古人以為「天人合一」，自然界的徵兆可以預知人間之事。但當占卜取得卜兆之時，卻不能以之簡單說明，而是要結合占卜者和事情本身是否合於道德標準，才能定最終的吉凶。例如：《左傳·昭公十二年》記魯大夫季平子的費邑宰南蒯，想以費邑背叛魯國而降齊國。用《周易》佔了一卦，得坤 ䷁ 之《比》䷇，第五爻由陰變陽，南蒯依《坤》卦《六五》文辭「黃裳，元吉」論斷大吉，並把它給子服惠伯看，惠伯根據爻辭規勸他說雖然卦爻辭吉利，但占者沒有內心美德結果也會不吉利。惠伯解釋說：「吾嘗學此矣，忠信之事則可，不然必敗。外強內溫，忠也。和以率貞，信也。故曰『黃裳元吉』。黃，中之色也。裳，下之飾也。元，善之長也。中不忠，不得其色。下不共，不得其飾。事不善，不得其極。外內倡和為忠，率事以信為共，供養三德為善，非此三者弗當。」

《左傳·魯僖公十五年》，晉獻公將伯姬嫁給秦國，不知道是吉還是凶，於是用《周易》占卦，遇《歸妹》䷵之《睽》䷥。史蘇依《歸妹》上六爻辭來論斷認為不吉利，

> 史蘇占之曰：「不吉。……《震》之《離》，亦《離》之《震》，為雷

爲火。爲贏敗姬，車說問其輹，火焚其旗，不利行師，敗於宗丘。《歸
妹》《睽》孤，寇張之弧，姪其從姑，六年其逋，逃歸其國，而棄其
家，明年其死於高梁之虛。」及惠公在秦，曰：「先君若從史蘇之占，
吾不及此夫。」韓簡侍，曰：「龜，象也；筮，數也。物生而後有象，
象而後有滋，滋而後有數。先君之敗德，乃可數乎？史蘇是占，勿
從何益？《詩》曰：『下民之孽，匪降自天，僔沓背憎，職競由人。』」

後來晉惠公被拘在秦，才後悔當初未聽史蘇的話。韓簡論述了物、象、數和
德之間的關係：象是物的外在表現，但一切都要以德爲依託。

3. 評判人事的準則（君子曰）

　　《左傳》中對人和事進行評價有多種方式，「君子曰」就是其中的一種。
如果用敘述理論說，這種敘述者的類型爲「干預型敘述者」。這種類型的敘述
者能夠表明作者的立場，品評人物和事件，讓讀者領會敘述的宗旨和意圖。《左
傳》中多利用「君子曰」、「君子謂」、「君子以爲」或者「孔子（或其他賢者）
曰」等形式來褒揚德義忠孝等行爲。例如：《左傳·隱公十一年》：

鄭、息有違言。息侯伐鄭，鄭伯與戰于竟，息師大敗而還。君子是
以知息之將亡也：不度德，不量力，不親親，不徵辭，不察有罪。
犯五不韙，而以伐人，其喪師也，不亦宜乎！

本章還有：

君子謂鄭莊公「於是乎有禮。禮，經國家，定社稷，序民人，利後
嗣者也。許，無刑而伐之，服而舍之，度德而處之，量力而行之。
相時而動，無累後人，可謂知禮矣。」

這裏，「君子」對息和鄭莊公的行爲和前途進行了評價和預測，都是以德和禮
作爲依據。這同樣也反映了作者尊崇德義的心理層面的視角。

第三章　《左傳》辭令的符號學研究

第一節　《左傳》象徵問題管窺

　　符號學的研究，可以追溯到古希臘。現代意義上的符號學研究在我國始於 20 世紀 80 年代。符號學是一個跨學科的新興研究領域，是邏輯學、語言學、哲學、文學、藝術、宗教學等衆多門類的交叉學科。

　　「符號」一詞淵源已久，在古希臘，符號的意思就是徵兆。符號最基本的功能是認知和交際，側重記號的構成、表意方式和交流方式方面的研究。基督教思想家奧古斯丁給符號進行了解釋：「符號是這樣一種東西，它使我們想到在這個東西加諸感覺印象之外的某種東西。」〔註1〕受他的解釋的直接影響，20 世紀初，瑞士語言學家索緒爾把語言符號解釋爲能指與所指的結合體，自此，「符號」一詞有了較爲確定的含義。符號是能指和所指構成的二元關係，即符號形式和符號內容的結合體。索緒爾說的「能指」，就是符號形式，「所指」即符號內容，或者「意義」，也就是符號能指要表達的思想或感情。符號學的另一位奠基人美國哲學家皮爾斯則著眼於一般符號，他提出了符號的三元關係理論，把符號解釋爲符號形體、符號對象和符號解釋。索緒爾說的「能指」就是皮爾斯所說的「符號形體」，「所指」大體上就是皮爾斯所說的「符號解釋」或「解釋項」，但「解釋項」的含義要寬泛一些。「符號對象」是指符號形體所表徵的那個事物，這是索緒爾二元關係理論未提到的。索緒爾的「二元關係」和皮爾斯的「三元關係」學說，奠定了現代符號學的理論基礎。無論是簡單符號還是複雜符號，都具有「二元」或「三元」的結構關係。

〔註 1〕 俞建章、葉舒憲，符號：語言與藝術〔M〕，上海：上海人民出版社，1988 年（12）。

索緒爾在《普通語言學教程》一書裏初步確立了語言學與符號學的關係，而扭轉符號學研究方向的人物是卡西爾和朗格。卡西爾將符號與人的情感活動聯繫起來，奠定了符號美學的基礎，朗格則把符號引進藝術活動，認爲藝術是將人的情感客觀化的符號，她創立了符號美學。

中國古老的傳統文化，積澱了豐富的符號學思想，突出地表現在各部典籍當中。《易經》早在數千年前，就建立了一個完整的符號系統；戰國時期公孫龍子在《名實論》中，強調「名」與「實」的一一對應關係，即符號與其指稱對象之間的對應關係，其《堅白論》、《白馬論》、《通變論》諸篇，都是遵循正名原則來展開對「名」的具體分析的；《左傳》中同樣蘊涵著豐富的符號學思想。符號學研究在我國方興未艾，人們譯介符號學理論，紛紛用相關理論研究傳統問題。我們擬用相關理論探討《左傳》辭令問題。

一、象徵的含義及相關問題

（一）象徵與象徵符號

在文學藝術領域中，象徵指的是一種藝術表現手法，這是狹義的象徵；廣義的象徵幾乎涉及人類生活的各個領域。當然，這一概念在不同學科內含義不盡相同。在符號學裏，象徵是一個非常重要的概念，同時，它的內涵也比較複雜。美國哲學家皮爾斯給符號分類有個著名的的三分法，他將符號按照表徵方式分爲圖象符號、指索符號和象徵符號三大類。〔註2〕象徵作爲符號的種類之一，在人類的符號活動中運用最爲普遍。人類生活在象徵的世界裏，從原始社會的圖騰，人們把動植物當作種族或氏族標誌的象徵，到後來各種宗教中的儀式，直到現代文明社會，仍然在用具體實體或者圖形來象徵抽象意義。例如國旗是國家的象徵，鴿子是和平的象徵，等等。因此，《韋氏國際新辭典》對「象徵」的解釋是：「象徵是用一種事物來代表或暗示另一種事物的，是通過某種聯繫、聯想、約定俗成或者偶然而非故意的相似而構成的；特別是以一種看得見的符號來表現看不見的事物，如一種思潮、一種品質：例如，獅子是勇敢的象徵，十字架爲基督教的象徵。」〔註3〕這個定義所強調的是符號與它的指稱物意義之間的某種關係。

〔註2〕陳宗明、黃華新，符號學導論〔M〕，鄭州：河南人民出版社，2004 年，第69 頁。

〔註3〕Webster's Third New International Dictionary，1961 年版，2316 頁，「Symbol」條第二義項。

皮爾斯的這一符號分類對後世影響十分深遠，而他進行分類的依據是他的三元關係論。在他的三元關係理論中，符號形體（索緒爾所說的能指）和符號解釋（索緒爾所說的所指）之間的關係為「意指」關係，符號形體（能指）和符號對象之間的關係為「表徵」關係。他根據表徵關係將符號分為圖象符號、指索符號和象徵符號。圖象符號的表徵方式是符號形體與它所表徵的符號對象之間的肖似性；指索符號的表徵方式是符號形體與被表徵的符號之間存在著一種直接的因果或者臨近性的聯繫，使符號形體能夠指示或索引符號對象的存在；象徵符號的符號形體與符號對象之間沒有肖似性或因果相承的關係，它們的表徵方式僅僅建立在社會約定的基礎之上。表徵有「表示」、「象徵」的含義，由此，這種關係本身也可以說就是「象徵」。〔註4〕

（二）象徵與隱喻

象徵與隱喻的關係密切，有聯繫同時也有區別。象徵與隱喻在傳統修辭學裏都可稱為修辭手段，但廣義的象徵和隱喻卻遠遠超出了修辭學的範疇，是當今多個學科研究的焦點，在符號學中也同樣如此。象徵與隱喻都以一定的形象為基礎，但象徵是一種形象的體系化，而隱喻是象徵的基礎，如《左傳·僖公四年》，晉獻公欲立驪姬為夫人，卜人說不可以，因為繇辭說「一薰一蕕，十年尚猶有臭」，這裏用薰（香草）喻太子申生，蕕（臭草）喻驪姬，便是一種隱喻；相比之下，屈原在楚辭中擬的「香草美人」世界就是一種象徵。因為它不是一處兩處單一的例子，不停留在某一句、某一段的比喻上，象徵物與被象徵物之間的象徵意義布滿全篇和全部作品，形成了一個完整的象徵體系。王逸所謂「《離騷》之文，依《詩》取興，引類譬喻，故善鳥香草，以配忠貞；惡禽臭物，以比讒佞；靈修美人，以媲於君；宓妃佚女，以譬賢臣……」〔註5〕，實際上說的就是這一成就。其次，隱喻是以生動形象的方式來表義，它產生的基礎是不同事物中蘊涵的相似性。例如《左傳·僖公五年》，宮之奇諫（虞公）：「諺所謂『輔車相依，唇亡齒寒』者，其虞、虢之謂也。」以輔車和唇齒之間的關係來比喻虞、虢之間的關係，其共同點就是兩種事物關係密切。但象徵則不然，象徵表示的意義往往具有抽象性，因為象徵符號依靠的是人為的約定，同一事物在不同社會象徵的意義不同就足以說明這一

〔註4〕 陳宗明、黃華新，符號學導論〔M〕，鄭州：河南人民出版社，2004 年，第71～73 頁。

〔註5〕 洪興祖，楚辭補注〔M〕，北京：中華書局，1983 年（2）。

點，如烏龜在現代中國是一種退縮沒有出息的男人的象徵，但是在日本它卻是長壽的象徵。就是說，象徵並不需要通過兩個事物之間意義的關聯而獲得意義，它靠的是一種約定。通過約定，人們用玫瑰象徵愛情；通過約定，將紅色象徵喜慶；通過約定，人們以握手作為打招呼熱情友好的方式。當然，象徵符號的表徵方式即符號的符形與對象的關係有時也會受自身屬性的影響。例如，獅子、老虎勇猛的天性使其作為勇敢的象徵符號。我們看到的就是兩個事物之間意義的關聯。和其他符號一樣，象徵符號也是任意性和非任意性的統一。

（三）象徵與指稱

象徵與指稱之間的關係也很密切，二者的聯繫是不難看出的。在日常生活中，我們想到的指稱方式有代詞、委婉語、稱謂等，象徵的含義雖然複雜，但是其內涵一般不離符號與其所代表的事物或觀念之間的關係。「言不盡意」是說者的遺憾，是藝術表現的巨大障礙，但是，象徵卻給了人們一種超出普通語言的力量，捕捉某種奇異的暗示，因為物的實體世界與人的精神世界是一種對應關係，人生活在這種主客體契合的世界裏。我們看到老鼠，會聯想到膽小；看到竹子，也會慕其高潔，它們在某種程度上完成了指示功能，這是不容否認的事實。我們可以回到符號的原初定義：符號是指代他種事物的標記。象徵作為一種重要和普遍的符號，當然具有指代作用，指稱功能便不言而喻了。

二、《左傳》中的象徵系列

（一）引《易》的象徵

《周易》是一部對華夏民族和世界文化影響都十分深遠的著作，《左傳》中引用《周易》的例子是很典型的。《周易》主要包括《易經》和《易傳》，前者是占筮之書，後者則是將《易經》中記述的具體事件抽象化。《周易》中蘊涵著豐富的符號學思想，這是為大家所公認的學術事實，《周易》中的思想無疑又組成了《左傳》（包括辭令）中表現的符號學意義的思想。

《周易》中的符號系統首先表現為以八卦為基本形式的人工符號體系，由陰爻、陽爻組成。易卦分八卦、六十四卦兩種。《周易》經文中只有六十四卦，每卦由六爻組成。卦在《周易》中用來象徵自然現象，人事變化，以及宇宙變

遷，是用來占卜的工具。它是人類對天地、人事、宇宙萬物進行觀察、分析後的抽象概括。例如：八卦名稱爲：乾、坤、震、巽、坎、離、艮、兌，分別代表天、地、雷、風、水、火、山、澤。《周易》中的八卦符號象徵著一定的道理，預示著某種吉凶，因此，當人們遇事猶疑不決時，就可以以此判定禍福。例如：《左傳·宣公十二年》記晉國荀首引用《周易》《師》▤▤ 之《臨》▤▤，用《師》初六的爻辭「出師以律，否臧凶」來說明彘子違反軍隊紀律因而必敗進而招禍。他用《師》、《臨》兩卦的卦象與《師》初六的爻辭解釋：「執事順成爲臧，逆爲否，衆散爲弱，川壅爲澤。有律以如己也，故曰律。否臧，且律竭也。盈而以竭，夭且不整，所以凶也。不行謂之臨。有帥而不從，臨孰甚焉？此之謂矣。果遇，必敗，彘子尸之，雖免而歸，必有大咎。」爻辭說：出兵用律法號令約束，做不到的有兇險，不能流動叫做『臨』，有統帥而不服從，更是『臨』的表現。果眞與敵作戰，一定失敗，即便逃身也會有大的災禍。《左傳·襄公二十五年》記有：「齊棠公之妻，東郭偃之姊也。東郭偃臣崔武子。棠公死，偃御武子以弔焉。見棠姜而美之，使偃取之。偃曰：『男女辨姓，今君出自丁，臣出自桓，不可。』武子筮之，遇《困》▤▤ 之《大過》▤▤，史皆曰『吉』，示陳文子。」陳文子從卦象上看，認爲「夫從風，風隕妻，不可娶也。」進而又以《困》六三爻爻辭「困於石，據於蒺藜，入於其宮，不見其妻，凶。」用來說明娶棠姜爲妻是凶不是吉。但崔武子卻不信陳文子的解釋，認爲一個寡婦能有何害，況且這種兇險其先夫已經承擔了，於是娶了棠姜。

《左傳》中引用了多處《周易》中的例子，說明在當時《周易》的科學性和實用性已經得到了人們的廣泛認可。《易經》中約定的每個卦象符號所象徵的含義已經深入人心。《左傳》和其他經典對卦爻辭的闡發就證明了這一點。

《周易》中的一個基本範疇就是「象」，指的是客觀存在的事物，也指卦象，古人從客觀事物中抽象出各種卦象，又以卦象來象徵各種人間禍福和宇宙變遷。古人認爲，主客觀之間存在著契合關係，客觀事物之象必然與人事道理相通。爻的圖象便是仿傚天下萬物變化運動而創造的。《周易·繫辭下》說：「爻也者，效天下動者也」，「爻象動乎內，吉凶見乎外。」唐孔穎達疏：「每卦六爻，皆仿傚天下之物而發動也。」〔註6〕《周易》中的「象」是具有高度象徵意義的圖式符號，它是以 ▬ ▬（陰）▬▬▬（陽）二爻爲基本元素，

〔註6〕 周易·繫辭下，清阮元校刻十三經注疏影印本〔M〕，北京：中華書局，1980年，第86～87頁。

—93—

以數的奇偶排列組合而成六十四卦，喻天地人文於其結構當中，具有無所不包的廣泛的象徵和指涉意義，在其基礎上發展出的卦爻辭就是對「象」的提示。

《周易》的哲理直到今天仍然展示著它的魅力，它由具體到抽象，又由抽象來預測具體，並且可以無限地運用到具體之中，其中之一就是它以抽象的卦象來象徵具體的事理。這一點也緣於語言表達的有限性，這些卦象和卦辭符號包含深刻的道理，用簡單的語言難以表述清楚，但是因為人與自然和世界有著契合，用這些符號可以表達想要說明的思想，因此，卦象和卦辭符號可以彌補「言不盡意」的缺陷。這一點也是象徵產生和存在的原因和基礎。

《周易・繫辭上》：「子曰：『書不盡言，言不盡意。』然則，聖人之意，其不可見乎？子曰：『聖人立象以盡意，設卦以盡情偽，繫辭焉以盡其言，變而通之以盡利，鼓之舞之以盡神。』」〔註7〕如果以我們熟悉的索緒爾符號的二元關係論來看，象是符號的形式，意才是符號的內容，但是形式有時不能完全表達內容，特別是在表達細微的思想感情時，語言更加表現出其局限性。於是，「立象以盡意」的象徵手法，可以滿足人們品味幽深意境的願望。卦象具有相對固定的象徵意義，如乾卦表示「天」、「大」、「陽」等等，坤卦表示「地」、「小」、「陰」等等。因此，卦象表示的言外之意，只有瞭解傳統文化這種象徵意蘊的人才能領會，它是中華民族表達情感的符號形式。

《左傳》引用《周易》，除了因為《周易》在當時應用的實用性和普遍性，另外一個重要方面就是用以闡發作者欲以張揚的善惡意識。《周易》是重德的，這與中國古代社會一貫重視道德教化的思想完全一致。《周易・繫辭下》有：「作《易》者，其有憂患乎？是故《履》，德之基也；《謙》，德之柄也；《復》，德之本也；《恒》，德之固也；《損》，德之修也；《益》，德之裕也；《困》，德之辨也；《井》，德之地也；《巽》，德之制也。」〔註8〕《左傳》中褒揚的忠信思想也通過《周易》得以體現，《繫辭下》說：「夫《易》，彰往而察來，而微顯闡幽。」〔註9〕即通過細微之事，闡明其幽深的涵義。例如，《左傳・昭公十二年》記魯大夫季平子的費邑宰南蒯，想以費邑背叛魯國而降齊。用《周易》預測，得坤䷁之《比》䷇，南蒯依據《坤》卦《六五》爻辭「黃裳，元

〔註7〕 周易・繫辭上，第82頁。
〔註8〕 周易・繫辭下，第89頁。
〔註9〕 周易・繫辭下，第89頁。

吉」認爲大吉，惠伯以爻辭告誡南蒯，「且夫《易》，不可以占險」，指出「中美能黃，上美爲元，下美則裳，參成可筮。猶有闕也，筮雖吉，未也。」即是說如果卦爻辭爲吉，但占者如果沒有內心美德，結果也會不吉利。

在這裏，符號的解釋項是具體問題中人們對卦象的理解和闡釋，卦象就是符號的能指，即符號形體，卦辭可以理解爲符號對象。

孔穎達《禮記正義》說：「易者，陰陽之象，天地之所變化，政教之所由生。自人皇（隧人氏）初起，歷六紀九十一代至伏羲始作十言之教。」〔註10〕古代的聖人用八卦符號象徵天地宇宙，人事百態，他們作卦的目的就是垂教百姓。

總之，《周易》中的卦象符號在《左傳》中的運用體現出其在當時應用的廣泛性，這套符號在當時已經經過了多次歸納、分析，是抽象思維的結果，它來源於具體的客觀事物，歸於抽象的符號，最終又運用於具體的人事，是具有高度象徵意義的符號系統。其蘊涵的表意功能在人類社會不斷發展的過程中不斷充實、完善，具有了無所不包的指涉功能和應用價值，直到今天仍然向世人展示著它的魅力。《周易》中的符號學思想與《左傳》中的符號思想有著密切聯繫。

（二）象徵與各種儀式的聯繫

《左傳》象徵系統的另一個系列就是各種禮儀。禮儀是禮的外在表現形式，即符號形體（索緒爾所說的能指），但是由它可以透露出禮的實質內容。包括各種儀式的禮節，另外還包括祭祀的各種物品及其擺放的順序，盟祭者的順序等等，賦詩作爲儀節的一個組成，也應算在其中。

我們常常忽略了一點，以爲符號要表達的內容才是最重要的，符號形式是次要因素，實際上恰恰相反，符號形式在很多時候是最重要的。例如，韓信忍受胯下之辱，被當時人認爲是奇恥大辱，這便是一種符號形式。中國古代向皇帝表示尊敬和忠心要施叩拜禮，但是古羅馬教皇卻不允許他的傳教士也這樣做，這便證明，形式已經大過了意義內容。因爲形式本身在社會成員的約定之下已經象徵了某種解釋意義。我們也可以這樣理解，在象徵裏，能指具有其自身的價值，由其也可達到表意的目的。

禮儀是一種社會約定的行爲符號，「禮」是約束社會成員行爲的標準，人

〔註10〕禮記‧曲禮上，清阮元校刻十三經注疏影印本〔M〕，北京：中華書局 1980年，第 1223 頁。

要依照具體的環境來遵從當時當地和當事人身份的禮節行事，人生活在自己制訂的符號世界當中。這又應了卡西爾的那句名言：「人是符號的動物。」〔註11〕

《左傳》全文一直以禮貫穿始終，作為衡量人和事的標準。關於各種禮儀的記述也相當多，「……，禮也」，「……，非禮也」的記述隨文可見。各種禮儀昭示的首先是一種身份、地位的等級之分。「古代的禮是等級之禮，既有等級就有禮的隆殺，就有區別尊卑的種種儀節，這是維護封建的等級秩序所必須的體系，因此，禮是宗法制社會得以存在的基礎。」〔註12〕

《左傳》對當時貴族的治喪禮儀、習俗等都描述得比較詳細，弔唁定要到喪家，參加喪事，並助喪，這是禮的要求，如果不履行，便是對喪者的不敬。《左傳・襄公二十三年》，齊莊公自晉而還，順便襲擊莒國，軍中將領杞梁被莒軍殺死，齊侯欲在郊外弔唁，被杞梁妻嚴辭拒絕：「殖之有罪，何辱命焉？若免於罪，猶有先人之敝廬在，下妾不得與郊弔。」杞梁之妻說寧可不接受齊侯弔唁，也不允許在郊外弔唁自己的丈夫，最終「齊侯弔諸其室」。

貴族的喪葬禮的規模明顯地起著顯示身份、地位的作用，是一種區別身份的行為符號。如果死者生前立有大功或者是寡德，相應的禮儀等級就會有所變化。例如《左傳・定公九年》，勇士敝無存身死疆場，「公三襚之，與之犀軒與直蓋，而先歸之。坐引者，以師哭之，親推之三」，以提高喪葬等級作為對勇士殉國的褒獎；但同時，貴族出殯、大殮等禮儀還是不能無原則地升降等級。《左傳・昭公二年》記晉少姜卒，魯昭公為了表達友好，親去弔唁，可是少姜並非正室，沒有資格享受他國的國君及使者憑弔的殊遇，古代只有諸侯國的國君和夫人才能享此禮遇。因此，晉侯使士文伯來辭，曰：「非伉儷也。請君無辱。」

春秋時期的「禮崩樂壞」，首先表現的是諸侯與士大夫對禮的僭越。如禮樂征伐本自天子出，但後來出現「禮樂征伐自諸侯出」，「禮樂征伐自大夫出」，「陪臣執國命」等現象，君臣之禮是維護等級尊卑的重要屏障。《左傳・僖公九年》，周襄王派宰孔賜給齊桓公胙肉，以齊桓公有功且年邁為由，免他下階跪拜之禮，齊桓公雖然未敢從命，但也說明當時已有一些禮儀越級的情況。即使是對他國國君，也要行君臣之禮，韓厥俘虜齊侯，「韓厥執縶馬前，再拜

〔註11〕（德）卡西爾（Cassirer，E），人論〔M〕，李琛譯，北京：光明日報出版社，2009年。
〔註12〕彭林（注譯），儀禮（前言）〔M〕，長沙：嶽麓書社，2002年，第5～6頁。

稽首，奉觴加璧以進，……」以委婉的辭令，行了君臣之禮，俘虜了對方國君。再如《左傳‧宣公二年》，晉靈公不行君道，趙盾進言，惹怒了晉靈公，欲設計除掉趙盾，其右提彌明提醒：「臣侍君宴，過三爵，非禮也。」使其借機逃走。趙盾為正卿，就要遵循正卿的禮儀，對不同身份地位，禮的要求是不同的。

《左傳‧隱公十一年》記滕侯和薛侯來朝，爭班列的次序，羽父以周諺勸導，最終還是以希望雙方「有禮」緩和了矛盾。公元前 706 年，諸侯伐齊，「齊人饋之」，讓魯人排定收受贈品的次序，魯於是按照周王室封爵先後，把鄭排在了後面，鄭人因此十分不滿，於四年後率領齊、衛伐魯，然而魯亦認為自己有理，便發兵與三國交戰。之所以引起爭議甚至是戰爭，都是因為在尊卑長幼的等級排序問題上出現了分歧。這些禮儀形式無疑都是象徵人的身份、地位的符號，已經得到了社會的約定和認可，就不能再隨意違反了，因為其象徵了一種社會秩序，人人都要遵守，打亂了這種形式，就是侵犯了某些人的尊嚴。

《左傳》中有許多關於祭祀的記述和描寫，我們可以這樣來理解，整個祭祀活動也是一種象徵，人神溝通活動象徵了人與神靈世界的交流，人對神靈的虔敬。

禮儀活動的另一重要形式就是當時盛行的賦詩活動。賦詩作為一種幽雅、含蓄的活動，產生於禮儀活動，同時作為禮儀活動的組成部分，它作為一種禮儀符號，可以象徵當事人的身份和地位。例如兩處記載「旋而走出」的現象說明賦詩代表了人的等級，地位，如果亂用，就是對禮的僭越，因此，兩位主人公都不敢接受。在《左傳‧成公十二年》有：「晉卻至如楚聘，且涖盟。楚子享之，子反相，為地室而縣焉。卻至將登，金奏作於下，驚而走出。子反曰：『日云莫矣，寡君須矣，吾子其入也！』賓曰：『君不忘先君之好，施及下臣，貺之以大禮，重之以備樂。如天之福，兩君相見，何以代此？下臣不敢。』」《左傳‧襄公四年》還有：「穆叔如晉，報知武子之聘也。晉侯享之，金奏《肆夏》之三，不拜。工歌《文王》之三，又不拜。歌《鹿鳴》之三，三拜。」

最初，《詩》伴著音樂舞蹈，作為一種禮儀形式參與祭祀活動，增強了祭祀活動本身的感染力，所歌之樂章、所賦之詩，在最初還只是一種程序化的固定形式。後來，隨著外交場合的要求，賦詩在燕享禮儀中廣泛運用，在禮

儀中使用什麼樂章，要和參加者的身份、地位等密切相關。賦詩從典禮性、儀式性功能轉變爲含蓄、委婉的辭令，實用功能加強，程序的限制也有所打破，但還是在等級制度的規約之下。如果一個人賦詩應答不能得體，就會被人恥笑，賦詩活動又作爲象徵和衡量一個人學識深淺和應對能力的符號。例如齊國的高厚，據《左傳·襄公十六年》所記，晉侯與諸侯宴於溫，齊高厚之詩不類，被認爲「有異志」，荀偃與大夫盟曰「同討不庭」，最後齊高厚被殺。齊高厚的「不類」的行爲帶來了嚴重的後果。可見，幽雅的語言是優越身份的標誌，是一個人知禮的標誌。

　　總之，各種禮儀形式象徵了禮的實質內容。這些行爲符號昭示著人們對於禮的理解。也不斷有人試圖僭越，但是要付出一定的代價；同時，更有賢者不斷地維護禮治，捍衛這些符號所代表的實際指涉意義。

（三）象徵與各種理念

　　《左傳》象徵系統的另一個重要組成即書中的各種理念，如德、信、忠、敬等等，還包括許多先秦典籍中都存在的「正名」思想。儒家孔子最先提出「正名」，後來其他諸子學派也從不同角度予以論述。實際上，這一點在《周易·繫辭》中就已經顯露：「開而當名，辨物，正言斷辭則備矣」，〔註13〕就是給每一個名以確定的定義，使名實相符。名和實的關係在符號二元關係中應該是形式和意義之間的關係。

　　《左傳》中許多關於德、義或者近似的思想、觀念貫穿始終，作者陳述的目的是用他所指稱的東西產生一種感情或者態度。將語言符號作爲能指，賦予的感情或態度就是所指。《左傳》中，作者一直在褒揚忠君、重德、守信的思想感情，作者這種懲惡揚善的態度一定是希望引起讀者的共鳴，是爲符號的所指。符號的意義就是符號通過符號形體所傳達的關於符號對象的訊息。而符號對象既可以是眞實的，也可以是虛擬的。《左傳》作爲史書，以眞實的時間、人物和地點來展開敘述，增強其眞實感，但是我們同時也看到，爲了達到生動的效果，作者也用了一些曲筆或者說虛構，例如《宣公二年》鉏麑不忍刺殺趙盾最後觸槐而死，這一事實的眞實性就無從考證，這只是用來幫助作者表意的手段而已。

　　圍繞同一所指可能滋生多重能指，也可以說是「一實多名」，就是不同的語

〔註13〕周易·繫辭下，清阮元校刻十三經注疏影印本〔M〕，北京：中華書局，1980年，第89頁。

言形式指稱實際是同一的事物。當然，這些「實」雖然一致，含義卻有不同。《左傳》的各種理念雖然含義各不相同，但都是作者懲惡揚善價值取向的體現。

《左傳》中禮是一種衡量人和事件的外在尺度，而其思想核心則是懲惡揚善的價值取向。〔註14〕重禮重信的立場，都表現出鮮明的善惡傾向，無論是諸侯、卿大夫想要使人信服，還是諸侯國想要保持長治久安，都要做到重禮、守信。典型的守信之君是晉文公，例如著名的退避三舍，除此之外，還有《左傳‧僖公二十五年》所記的伐原之戰，公曰：「信，國之寶也，民之所庇也。得原失信，何以庇之？所亡滋多。」當時退兵之令已下，又有消息說對方馬上就要投降。雖然取得戰爭的勝利是真實的目的，但朝令夕改就會失信於民，即使獲得了一時之利，卻失去了民心，晉文公為了取信於民，選擇了退兵，體現了他作為領導者的長遠目光。無論國之大小，信德成為維護邦國之間的穩定與和睦的重要準則。《左傳‧僖公四年》，齊侯率諸侯之師伐楚，楚國派屈完前去求和。齊侯向屈完炫耀武力，誇口說：「以此眾戰，誰能禦之？以此攻城，何城不克？」屈完卻反駁他說：「君若以德綏諸侯，誰敢不服？君若以力，楚國方城以為城，漢水以為池，雖眾，無以用之。」齊侯為了取得「以德綏諸侯」的美名，就同意了與楚在召陵結盟修好。

君臣之間，也要遵守諾言，誠信相待。《左傳‧僖公九年》，晉獻公病重，將他所寵愛驪姬之子奚齊託付給荀息，荀息許諾：「其濟，君之靈也；不濟，則以死繼之。」晉獻公死後，荀息無力助奚齊，最後以死相殉，以示忠心。《左傳‧宣公二年》載，晉靈公不行君道，趙盾屢次進諫，導致晉靈公討厭至極，竟然派鉏麑去行刺趙盾。鉏麑在趙盾府上準備下手，但見趙盾穿好朝服，端坐於堂上，被趙盾為國的忠心所感動，擔心回去無法交差，於是自己觸槐而死。鉏麑的死是對其君盡忠，更是對當時褒揚道德操守的最好詮釋。

無論是信、德、忠、誠，還是恭、敬、禮、義，無不是總德的分述，是懲惡揚善價值取向的表現，也就是一實多名的表現。前邊我們說過，在象徵裏，能指形式可以保持其自身的價值，各種形式的德，其內容有其自身的特點，如信重視的是守信，德大多說的是高尚的品德，忠則大體指忠心，誠有誠實之意，但它們都是「善」這一總德所包含的內容。它們有不同的表現形式，其形式就可以昭示善惡，人們不必再用形式去解讀內容了。

〔註14〕見拙作，左傳辭令中懲惡揚善價值取向的來源及影響〔J〕，東北師大學報 2009年（3）。

正名即要求「名」符其「實」，使某物之形符合該物名之含義。孔子的「正名」見於《論語‧子路》，其目的是爲了恢復舊有的倫理綱常，進入《春秋》，成爲了一種著述原則和文化精神。「正名」即確定某一名之名分或其達於「名正」的具體標準，以決定某事物或某人的歸屬或地位。後來引申出要求在某職位上的人行爲合乎職位相應的責任、義務和道德準則等。《左傳‧桓公二年》記：「夫名以制義，義以出禮，禮以體政，政以正民，是以政成而民聽。」名是表達某個事物的含義的，正名則是端正該事物的含義，使名合乎該事物的本質。如果用符號學的觀點，名實可以簡單地對應符號的能指和所指，即符號形體和符號解釋。但名和實的關係並不簡單，儒家「以名正實」是教人「應該」如何，中國傳統正名思維中強調名分本位，在宏觀上控制整個社會秩序的，不是法律，而是以倫理爲本位的行爲規範，即「禮」。孔子又將「禮」內化爲「仁」。但無論如何，用符號學的觀點都可以解釋它們的關係。

三、小結

象徵問題一直爲人們所關注，並且研究者不斷從新的研究角度，來探討各種問題。象徵是能夠解決學術問題的行之有效的研究方法，是符號學研究的重要內容。《左傳》中的象徵系統是博大精深的，可以爲我們提供更寬廣的研究空間。

第二節　《左傳》辭令中委婉語的隱喻和轉喻特徵

隱喻和轉喻是符號學中重要的概念，在傳統語言學中，隱喻和轉喻被視爲語言裝飾的手段，是修辭學、文體學以及文學的研究對象。隨著研究的不斷深入，人們認識到隱喻不僅是語言現象，更是一種重要的認知模式，是新的語言意義產生的根源。「隱喻決不僅僅是一種語言現象。從根本上說，隱喻是一種認知現象，這種認知現象是人類認識事物，建立概念系統的一條必由路。」〔註15〕「隱喻利用一種概念表達另一種概念，需要這兩種概念之間的相互關聯。這種關聯是客觀事物在人的認知領域裏的聯想。」〔註16〕語言中

〔註15〕束定芳，試論現代隱喻學的研究目標、方法和任務〔J〕，外國語 1996 年（2），第 13 頁。

〔註16〕趙豔芳，認知語言學概論〔M〕，上海：上海外語教育出版社，2001 年，第99 頁。

大量的表達源於隱喻。一種語言如果沒有隱喻，那是不可想像的，那樣它就只能表達直觀具體的事物和現象，表現力就會十分有限。當人們的思維發展到一定階段時，對事物和現象的表達不可能停留在具體的事物和現象層面，對一些抽象的事理和概念的表達，人們並不是無限地創造新詞，而是通過思考找到新概念和舊事物之間的關聯性，用語言中已有的用法來表達新概念，這便產生了隱喻，也就是用一個符號來表達具有聯繫的兩個不同的事物。轉喻和隱喻不同，它涉及的是一種「接近」和「突顯」的關係（而隱喻產生的基礎是不同事物中蘊涵的相似性，也就是兩個認知域之間的投射），轉喻是相接近或相關聯的不同認知域中，一個突顯事物替代另一事物，例如部分與整體、器物與功能或者內容之間的替代關係。比方說一個人有很多特徵，但是大眼睛最爲突出，於是人們叫她「大眼睛」。轉喻也是人們認識事物的一種重要方式。

出於表達的需要，人們仍然在不斷創造著隱喻和轉喻。「隱喻思維能力是隨著人的認知的發展而產生的一種創造性的思維能力，是認知發展的高級階段，是人們認識世界，特別是抽象事物不可缺少的一種認知能力。」〔註 17〕需要注意的是，隱喻和轉喻並非特殊語言，它們同樣是自然語言，是思維和語言的自然發展。隨著研究的不斷深入，人們也在不斷發現語言中存在的隱喻和轉喻現象，《左傳》中就有很多這類現象，本文擬就其辭令中委婉語方面的表現展開論述。

一、《左傳》辭令中委婉語的隱喻和轉喻表現

委婉語是《左傳》辭令中的一種典型形式，它是指在社會成員進行交際和交流時，通過曲折的方式來表達自己的意願。委婉語在諸侯之間、君臣之間、大夫之間以及外交使者之間的辭令中佔有重要位置，也發揮了重要作用。同時《左傳》辭令中的委婉語也是書中眾多隱喻和轉喻現象的重要表現之一。

《左傳》中的委婉語大體上表現爲以下幾個方面：

一是特定的稱謂。稱謂，簡單說就是對人的稱呼。它是人際交流的產物，是人們相互交往中的一種標識。稱謂的使用可以起到區別人與人的作用，還可以反映出一定的社會人際關係狀況，因此具有十分豐富的文化內涵。《左傳》

〔註17〕趙豔芳，認知語言學概論〔M〕，上海：上海外語教育出版社，2001 年，第102 頁。

辭令當中，稱呼對方一般用敬稱，例如「君」、「吾子」、「執事」等；稱呼自己則用謙稱，例如「孤」、「寡君」、「小人」、「下臣」等，敬稱和謙稱是爲了體現自卑尊人而採用的稱謂，在古代文獻（包括《左傳》）中十分常見，而且名目繁複，還會隨著談話者的身份地位和交際場合的變化而變換。很多敬稱和謙稱的使用體現出了隱喻和轉喻的認知方式。《左傳・僖公三十年》燭之武退秦師的辭令中，出現了多處「君」，「若亡鄭而有益於君，敢以煩執事」，「越國以鄙遠，君知其難也」，「鄰之厚，君之薄也」，「若舍鄭以爲東道主，行李之往來，共其乏困，君亦無所害」，「君」較早的涵義爲發號者、治人者。以發佈命令的人和統治他人的人來稱諸侯，是一種轉喻，突出的是他具有的權力。燭之武分析了當時的形勢，如果鄭國存在，則會成爲秦國的東道主，爲其服務；如果鄭國滅亡，則會增強晉國的實力，而對秦國一點好處也沒有，反而會在力量對比上削弱秦國的實力。

外交場合中一般應用於下級對上級的稱謂，常見的有「執事」和「從者」，是諸侯之使常常用來以卑達尊的方式尊稱天子的用法，這也是一種轉喻。如《左傳・哀公十六年》，衛侯使鄢武子告於周曰：「使下臣肸敢告執事。」《左傳・昭公二十年》也有，衛侯對齊公孫青曰：「草莽之中，不足以辱從者。」以卑達尊就是不直指對方，爲了表示自己地位卑微而不堪與對方直接交往，代以其身邊辦事之人，要通過其左右相接。《左傳》中這樣的用法有二十多處，均見於外交場合。

還有稱「執政」的，這是以所掌政務轉喻掌政務之人，突出的也是他的權利。

敬稱還常用「子」或「吾子」。「子」是古代對有學問的男子的美稱，因此，這是以特徵隱喻個體。如：《左傳・僖公十五年》記有「二三子何其戚也！」《左傳・隱公三年》記有「吾子其無廢先君之功」，等等。

稱呼對方用敬稱，稱呼自己則用謙稱，例如諸侯之間相互對話，諸侯使者與他國國君對話，自稱用「孤、寡、不穀」，「孤」意思是不得眾，是爲了籠絡人心、鞏固統治的君主的謙稱，《莊公十一年》記有：「孤實不敬，天降之災，又以爲君憂，拜命之辱」；「寡」指的是寡德，《左傳・莊公十四年》記鄭厲公的話「且寡人出，伯父吾衷言；入，又不念寡人，寡人憾焉」；「不穀」指不善，寡德、不得眾，不善，《左傳・宣公十二年》有：「不穀不德而貪，以遇大敵，不穀之罪也」。都是用特徵轉喻自己。

　　謙稱常用的有「臣」、「下臣」等，甲骨文金文的「臣」似豎目之形，本義指奴隸。下級對上級自稱臣，是用其俯首聽命的象徵意義以示謙。例如《哀公十五年》記有：「且臣聞之曰：『事死如事生，禮也。』」「下臣」，則是比「臣」更謙卑的說法，《昭公二年》有：「寡君命下臣來繼舊好，好合使成，臣之祿也。敢辱大館？」「臣」字前頭的修飾限定成分，常常表示不同的身份，「外臣」是對他國國君的自稱，如《成公三年》：「若從君之惠而免之，以賜君之外臣首」；前面提到「不以累臣釁鼓」，「累臣」指的是被俘者，等等。

　　「臣」說的是男子，女性表示自謙的則稱「婢子」、「妾」等，「婢子」、「妾」的本義均指地位低下的女僕，所以女性以此作為謙稱，突出的是地位低下的特徵。《左傳·襄公二十三年》，杞梁之妻不允許在郊外弔唁自己的丈夫，說道：「若免於罪，猶有先人之敝廬在，下妾不得與郊弔。」類似的還有《左傳·僖公十五年》：「穆姬謂秦伯曰：『若晉侯朝以入，則婢子夕以死。』」等等。

　　這些隱喻和轉喻產生的謙敬稱謂很多已經定型，成為語言中一種固定的結構。

　　二是特定的動詞，例如「敢」、「不敢」、「忝」等，這裏僅舉表示死亡義的例子，如：殪，一般用於射殺而死，這一用法《說文》解釋為：「殪，死也，從歹壹聲。」在《左傳》中共 8 例，一般用於動物或身份較低的人物被箭射死。例如：

　　　抽矢，城射之，殪。《左傳·昭公二十一年》

　　　許為射之，殪。《左傳·哀公十六年》

而地位高的人物即使是被箭所殺，也不用這個詞來表示。相反，臣殺君，子殺父被記作「弒」，君殺臣則被稱為「殺」，「殺」指殺有罪之人，例如，《左傳·宣公十一年》有「夏徵舒為不道，弒其君」的說法；《左傳·宣公十年》：陳靈公當時是被箭射死的，但《春秋》用了一個「弒」字言其死，《左傳》則只點明其被射殺，也不言「殪」，可見「殪」、「弒」應當是有等級之差別的。另外，身份不同的貴族死去，還有不同的說法，例如天子及其夫人、母后死亡，使用「崩」，而諸侯國的國君及其夫人凡符合禮儀的死亡用「薨」來表示。《禮記·曲禮下》中明確規定：「天子死曰崩，諸侯曰薨，大夫曰卒，士曰不祿，庶人曰死」，後來有稱諸侯死曰崩的，如《戰國策·趙策》：「一旦山陵崩，長安君何以自託於趙？」此稱「崩」，有僭禮之嫌。因此，在春秋時期，對這些詞的選擇是身份地位的隱喻。

　　三是特定的暗示本意的用法，即弦外之音，表達請求、假設等語氣，這是辭令的一個顯著特點，如：《左傳·僖公三十三年》中，（鄭穆公）使皇武子辭焉，曰：「吾子淹久於敝邑，唯是脯資、餼牽竭矣，爲吾子之將行也，鄭之有原圃，猶秦之有具圃也，吾子取其麋鹿，以間敝邑，若何？」以糧資缺乏爲由遣逐對方隱喻已經知道對方將要來襲的企圖。

　　再如《左傳·僖公四年》「昭王之不復，君其問諸水濱」，周昭王南征楚國，在漢水被當地人設計淹死，但這件事當時已經過了很多年，現在說這事只能回答「您還是到水邊問問吧。」言外之意是與我們無關。

　　四是特定的形式——賦詩。《左傳》共記賦詩數十條，其中大部分發生在燕享之中。在哪一種禮儀中使用什麼樂章，是有著嚴格的等級之分的，它與禮儀的性質、規格，以及參加者的身份、地位等密切相關。在《左傳·成公十二年》有：

> 晉郤至如楚聘，且涖盟。楚子享之，子反相，爲地室而縣焉。郤至將登，金奏作於下，驚而走出。子反曰：「日云莫矣，寡君須矣，吾子其入也！」賓曰：「君不忘先君之好，施及下臣，貺之以大禮，重之以備樂。如天之福，兩君相見，何以代此？下臣不敢。」

這裏是以所奏樂曲作爲身份地位的隱喻，不符合身份的樂曲則不敢接受。賦詩不求達詁，只取所需之意，即後來所言的斷章取義（但二者所指不同），在當時是一種先進、直接的表意方法。雖說可斷章，卻不等於可以隨意爲之，要求「歌詩必類」，即所賦之詩必須符合賦者的身份、地位，賦詩的場合等。

　　五是運用熟語，包括一些成語，慣用語，諺語等等。例如《文公十七年》：「古人有言曰：『畏首畏尾，身其餘幾。』又曰：『鹿死不擇音。』」意思是害怕頭又害怕尾，中間身子又剩下多少，喻鄭北畏晉，南畏楚；又喻小國就像鹿一樣，急走險地，急迫之中，怎會留意選擇庇蔭之所。

　　《左傳·僖公四年》晉獻公欲立驪姬爲夫人，卜人說不可以，因爲繇辭說「一薰一蕕，十年尚猶有臭」，這裏用薰（香草）喻太子申生，蕕（臭草）喻驪姬。

　　《左傳·莊公十年》，（曹）劌曰：「肉食者鄙，未能遠謀。」「肉食者」隱喻統治者，是慣用語。

　　熟語在委婉語中所佔的比重是很大的，熟語的運用使表達效果形象、生動，易於理解。

二、《左傳》辭令中委婉語的隱喻和轉喻類型

　　委婉語是通過隱喻和轉喻突顯和隱藏的功能來實現它婉轉曲折的要求，利用隱喻和轉喻來突顯一些特徵，同時又隱藏了一些特徵，從而達到婉轉曲折的效果。委婉語中給人帶來不快的，令人尷尬的，或者是否定性的方面被隱藏起來，而相對愉快的，肯定的方面被突顯出來，這就是委婉語形成的機制。

　　一直以來，人們根據萊考夫《人們賴以生存的隱喻》一書，將隱喻現象分為三類：結構隱喻、方位隱喻和實體隱喻。對於這一分類方法，有很多人提出了質疑，認為其混淆了上下位的關係，因此又有很多人對隱喻進行重新分類，比如束定芳曾提出根隱喻和派生隱喻的分法；〔註18〕張鳳娟提出結構隱喻由方位隱喻和實體隱喻來體現，而且方位隱喻和實體隱喻在認知和表述上存在互補的關係，在不同的具體語境中還應該從不同角度來透視結構隱喻豐富而複雜的內涵；〔註19〕還有人根據隱喻中主體和喻體是否在一個隱喻中同時出現，可以把隱喻主要分為兩類：「顯式」和「隱式」。〔註20〕顯式隱喻是指主體和喻體同時在一個隱喻中出現，又分為：1. 同位型：主體和喻體在結構上是一種同位關係；2. 修飾型：主體和喻體系修飾和被修飾的關係；3. 並列型：主體和喻體各自成句，通常前句為主體，後句為喻體；4. 移用型：主體出現，但喻體不直接出現，而是以適用於喻體的詞充當喻體的隱喻；二是隱式隱喻：隱去主體，僅出現喻體。本文采用這種更加直觀具體的分法。

　　轉喻的本質是用突顯、重要、易感知、易記憶的部分代替整體或整體的其他部分，在認知語言學框架內，研究者將轉喻分為兩大類：整體與部分、整體的部分之間互換而產生的轉喻。前者又包括：1. 事物整體與部分之間的轉喻；2. 標量轉喻；3. 結構轉喻；4. 範疇與其成員之間的轉喻；5. 範疇與其特徵的轉喻；6. 事件（event）轉喻；部分與部分之間的轉喻又包括：1. 工具轉喻；2. 因果轉喻；3. 控制轉喻；4. 容納轉喻；5. 地點轉喻；6. 生產轉喻。

　　《左傳》中委婉語的隱喻類型主要表現為隱式隱喻，僅出現喻體，主體

〔註18〕束定芳，隱喻學研究〔M〕，上海：上海外語教育出版社，2000 年。

〔註19〕張鳳娟，從原型範疇理論看隱喻的分類問題——對 Lakoff 隱喻分類方法的質疑〔J〕，天津外國語學院學報，第 15 卷第 3 期。

〔註20〕楊正翠、李曉紅，淺析隱喻的顯式和隱式〔J〕，阿壩師範高等專科學校學報，2008 年（6）。

隱去，例如表示「死亡」義的「崩」，本義是山崩塌，隱喻極重要的人物死去，突出的是一種震撼不凡的效果；「薨」和「弒」也都是對身份地位的隱喻，運用這些詞的同時隱喻的主體都沒有出現。

再如弦外之音，是爲了避免直接說出尷尬之事，如《左傳‧僖公三十三年》

> 公使陽處父追之，及諸河，則在舟中矣。釋左驂，以公命贈孟明。
> 孟明稽首曰：「君之惠，不以累臣釁鼓，使歸就戮於秦，寡君之以
> 爲戮，死且不朽。若從君惠而免之，三年將拜君賜。」

這裏用「拜君賜」隱喻回來報仇，不好直接說出本意。

賦詩雙方你來我往，互相應答，使針鋒相對的鬥爭在表面上變得溫情脈脈，因此，賦詩是要表達意義的隱喻，避免直接表達的直白。如《左傳‧襄公二十六年》，齊侯和鄭伯到晉爲衛侯求情。晉侯先賦《嘉樂》以示歡迎，國景子代齊侯賦《蓼蕭》，子展代鄭伯賦《鄭風‧緇衣》，詩的內容都是讚譽晉侯，對晉表示自己的忠心，當然，最終的目的都是希望晉侯答應他們的請求。

熟語更具有這一特點，例如「雖鞭之長，不及馬腹」，《宣公十五年》，宋受楚威脅，求救於晉，晉景公準備救援，宋大夫伯宗曰：「不可。古人有言曰：『雖鞭之長，不及馬腹。』」是說上天保祐楚國，晉不能違背天意。《左傳‧襄公二十九年》有「松柏之下，其草不殖」，松柏之下草不能長，言物不兩盛。隱喻楚君弱，令尹強，令尹王子圍會代替楚王昌盛。這些都是主體隱去的隱式隱喻。

顯式隱喻的例子很少，並且有時和隱式隱喻難以區分，例如《僖公四年》：

> 楚子使與師言（於齊侯）曰：「君處北海，寡人處南海，唯是風馬
> 牛不相及也。不虞君之涉吾地也，何故？」

「風馬牛不相及」指楚在南，齊在北，相隔甚遠，就像發情的牛和馬互不相干一樣，喻兩國沒有任何關係。「風馬牛不相及」顯然是一句熟語，這裏是典型的隱喻。

稱謂則大多是轉喻，例如「君」是突顯他具有的權力特徵，是轉喻的第一類，整體和部分轉喻中的範疇與特徵轉喻；「孤」、「寡人」和「不穀」也屬於這一類，都是突出「孤立」、「不好」、「不善」這樣的特徵以自謙；「臣」、「妾」和「婢」是以「地位低」這一特徵以自謙，也是整體和部分轉喻中的範疇與特徵轉喻；「子」是男子的美稱，是突出「有學問」這一特徵對對方

表示尊敬;「大夫」是第一類轉喻中的成員與整體轉喻;「執事」和「從者」是部分和部分轉喻中的被控制者代表控制者,等等。

從上面的例子我們可以看出,隱喻產生的基礎是不同事物中蘊涵的相似性,也就是兩個認知域之間的投射。轉喻則是一種「接近」和「突顯」的關係,一個突顯事物(或者部分)替代另一事物(或者部分),包括器物與功能或者內容之間的替代關係。因此,它們二者的側重點不同。

三、《左傳》委婉語隱喻的作用和文化特徵

古希臘時期的亞里士多德最早對隱喻進行較爲系統的研究,認識到隱喻的修飾功能。20 世紀 70 年代至今,人們從認知心理學,哲學,語用學,闡釋學等角度對隱喻作了多角度的研究,認識到隱喻既是語言的文體特徵之一,也是語言的認知特徵之一,從思維與語言的關係來研究隱喻。

從委婉語的產生可以發現,委婉機制就是在特定語境下,通過隱喻模式和轉喻模式生成委婉語,含蓄地表達或暗示試圖掩蓋的禁忌語或冒昧失禮的語言。兩個認知域中,通過隱喻和轉喻模式生成的委婉語是源域,而試圖掩蓋的禁忌語或冒昧失禮的語言就是目標域,通過源域突顯目標域。

在《左傳》中,委婉語運用的十分廣泛和生動,它反映了一種思想和語言形式之間的關係。委婉語的普遍運用和當時禮、德、仁、義、忠、信等社會觀念有著密切的關係。整個社會文化是在禮的氛圍之中,即便是針鋒相對的敵我雙方,在形式上也要講究禮儀。委婉語運用的是否得當,直接反映一個人的文化修養和知識水平,恰當的運用也使嚴肅的場面變得溫和融洽。因此,委婉語的運用在客觀上成爲一種必須。

(一)含蓄和修飾——生動地說理

亞里士多德對隱喻進行了較爲系統的研究,那時他就已經認識到了隱喻的修飾功能。隱喻能夠使說理形象生動,使抽象的事物變得具體。委婉語的功能之一就是在交際中避免冒昧與失禮,當迫不得已涉及不愉快的事情時,就選擇委婉的表達方式,以避免傷害對方的感情。

《左傳·成公二年》中的齊晉鞌之戰記載了一段典型的外交辭令,齊景公戰敗欲逃,被晉軍的司馬韓厥追上,韓厥在準備俘虜齊景公之前,對齊景公施了君臣之禮,跪下叩頭,捧著酒杯加上玉璧,說道:「寡君使群臣爲魯、

衛請，曰『無令輿師陷入君地。』下臣不幸，屬當戎行，無所逃隱。且懼奔辟而忝兩君。臣辱戎士，敢告不敏，攝官承乏。」本來是自己聰明勇武俘虜對方，卻說自己只是佔了一個空缺，不小心遇上對方，並且用「陷入君地」隱喻俘虜對方的事實，使尷尬的場面變得十分含蓄。

「牽牛以蹊人之田，而奪之牛」出自《左傳‧宣公十一年》：當時，夏徵舒殺陳靈公，陳亂。楚出兵平亂，滅陳以爲楚縣，楚大夫申叔時認爲這是楚國貪婪的表現，陳罪輕但是懲罰過重，會因此影響楚國在諸侯中的形象。「牽牛以蹊人之田，而奪之牛」是申叔時勸諫楚王的話，言辭委婉曉暢同時又說理肯切。

中國傳統文化中具有含蓄、溫婉的特色，在學禮、尊禮的社會氛圍中提倡「溫柔敦厚」，不喜歡赤裸裸地表示愛憎，而是委婉曲折地表達內心世界的感受。這是《左傳》辭令體現出的中國傳統文化的特點之一。委婉語作爲辭令的形式之一，集中地體現了這一特點。

（二）避諱和求雅——翩翩的君子風度

上級對下級會用謙稱自指，用尊稱相謂，這是最能體現稱謂之禮自卑尊人的精神本質的。禮的制定和執行就是爲了維護社會秩序，上級謙稱自己，尊稱下屬，是對屬下表現應有的尊重，會贏得屬下的悅服。而這種示敬由於受到禮制的限束，也不會使上級失去權威，不至於模糊了等級之間的界限。這樣就呈現出一個等級分明又文雅有致的和諧狀態。

委婉語的產生與禁忌有關，能夠引起恐懼的事物在語言中不能提及，只能用委婉語來代替，避諱就是委婉語的又一功能。

《左傳‧隱公元年》：鄭莊公與其母姜氏絕情並發誓曰：「不及黃泉，無相見也！」黃泉即地下之水，人死亡後埋葬於地下，因此以之喻死；《左傳‧僖公三十三年》的「君之惠，不以累臣釁鼓」，「釁鼓」是古時的一種習俗，殺俘虜以其血塗於新鼓，也是「死」的代稱；另外，還有「早夭」「即世」，《左傳‧昭公二十六年》「穆后及太子壽早夭即世」，這些用法突顯了死亡的積極平靜的一面，而死亡的其它方面如痛苦、恐懼、醜陋等方面則被掩蓋。即使在今天，人們也不願意直接言及死亡，用「永遠離開」或「結束人生旅程」來隱喻其意，同樣是在避諱。

春秋行人溫文爾雅的用詩風氣是邦交的一個縮影，更是那個時代的縮影。《左傳‧襄公二十五年》孔子評價春秋名相鄭國的子產獻捷於晉的辭令

時說：「《志》有之：『言以足志，文以足言。』不言，誰知其志？言之無文，行而不遠。晉為伯，鄭入陳，非文辭不為功。慎辭也。」可見，春秋重辭尚文成為一種風尚。如《左傳·昭公十六年》：

> 子羔賦《野有蔓草》。宣子曰：「孺子善哉！吾有望矣。」子產賦鄭之《羔裘》。宣子曰：「起不堪也。」子大叔賦《褰裳》。宣子曰：「起在此，敢勤子至於他人乎？」子大叔拜。宣子曰：「善哉，子之言是！不有是事，其能終乎？」子游賦《風雨》。子旗賦《有女同車》。子柳賦《蘀兮》。宣子喜，曰：「鄭其庶乎！二三君子以君命貺起，賦不出鄭志，皆昵燕好也。二三君子，數世之主也，可以無懼矣。」宣子皆獻馬焉，而賦《我將》。子產拜，使五卿皆拜，曰：「吾子靖亂，敢不拜德！」

鄭國六卿為韓宣子餞行，宣子讓他們賦詩。六卿賦詩有著共同的目的，就是表達與晉國交好的強烈願望。子羔賦《野有蔓草》，表示對韓宣子的久仰，義取「邂逅相遇，適我願兮」；子產賦《羔裘》，讚美韓宣子是晉國的棟梁之材，義取「彼其之子，捨命不諭，邦之彥兮」；子大叔賦《褰裳》，表達鄭晉兩國交好的願望，義取「子惠思我，褰裳涉溱」；子游賦《風雨》，是說韓宣子是位賢君子，表達見到他的歡樂，詩中有「既見君子，云胡不夷」；子旗賦《有女同車》，讚美韓宣子具有詩中「洵美且都」的幽雅風度；子柳賦《蘀兮》，表達鄭願與晉友好的願望。六卿皆用文雅的方式，以詩隱喻一種希望、讚美或者祝願，因此，韓宣子聽後十分高興，賦《我將》，義取第一章「儀式刑文王之典，日靖四方」，馬上表示要保護鄭國，並且還盛讚了鄭國興盛的遠景。

　　隱喻是一種文化，也是中國古代文化的特徵之一。從說話者的角度來說，使用委婉語是對對方的尊重，讓聽話者獲得心理上的平衡。在一般的隱喻中，語義衝突的目的是為了理解，而委婉語隱喻中語義衝突的目的是為了避諱和求雅。

　　委婉語的構成方式雖然各異，但委婉機制大體上相同，即通過隱喻和轉喻機制來實現，通過突顯目標域積極的、肯定的方面，掩藏或削弱了源域中消極的、否定的方面，達到委婉的目的。因此，委婉並不是符號本身的特點，是通過與其他事物的關係對目標域進行概念化的過程，它具有鮮明的民族文化特點，是一種認知心理過程。

第三節 《左傳》辭令中引用形式的符號學研究

一、《左傳》中引用的形式

　　《左傳》中辭令的形式豐富多樣，極富特色，其中引用是一種典型的形式。引用是對歷史經驗的傳播，是對抽象事理的闡釋，學者潘萬木說，「徵引是對經典的繼承，是對經典的主動接受或者說是一種創造性的接受。」〔註21〕

　　《左傳》中引用的例子很多，種類也很多，其中包括對典籍的徵引，涉及春秋時期所見典籍的絕大部分，例如有《周志》，《左傳·文公二年》：

　　　　瞫曰：「《周志》有之：『勇則害上，不登於明堂。』」

是說勇敢而如果殺害上級，死後不能入明堂配享。

　　又有引用《周易》，《左傳·莊公二十二年》：

　　　　（敬仲）其少也，周史有以《周易》見陳侯者，陳侯使筮之，遇
　　　　《觀》☷☴ 之《否》☰☷。曰：「是謂『觀國之光，利用賓於王。』」

敬仲年少的時候，有個周朝的太史拿了《周易》來見陳厲公，陳厲公讓他占卜敬仲的遭際，得到了《觀》卦變《否》卦，太史解釋說：「這叫做『觀仰王朝統治的光輝，利於成為君王的貴賓』。」即他的昌盛在別的國家。

　　還有《夏書》，《左傳·莊公八年》有：

　　　　魯莊公曰：「《夏書》曰：『皋陶邁種德，德，乃降。』」

意思是皋陶勉力培育德行，有了德行，別人自然降服。此外，《左傳》還引用《尚書》中的《商書》、《鄭書》等，例如《左傳·莊公十四年》：

　　　　君子曰：「《商書》所謂『惡之易也，如火之燎於原，不可鄉邇，其
　　　　猶可撲滅』者，其如蔡哀侯乎！」

惡蔓延時，就像火之燎原，不能面對接近它，怎麼能夠撲滅呢！

　　《左傳》中引用《鄭書》的有《襄公三十年》：

　　　　《鄭書》有之曰：安定國家，必大焉先。

另外在《昭公二十八年》還有：

　　　　《鄭書》有之：惡直醜正，實蕃有徒。

還有引用《軍志》的：《左傳·僖公二十八年》：

〔註21〕潘萬木，左傳敘事模式論〔M〕，武漢：華中師範大學出版社，2004 年，第
　　　61 頁。

> 《軍志》曰：「允當則歸。」又曰：「知難而退。」又曰：「有德者不可敵。」此三志者，晉之謂矣。

《軍志》說，「恰如其分就應該停止」，「知難而退」，「有德行的人不可抵敵」，這三條記載，都適用於晉國。

其中對《詩》的引用是較多的，如《左傳・莊公六年》：

> 《詩》云：「本枝百世。」

意思是本枝俱茂，百世昌盛。

除了對典籍進行徵引以外，《左傳》中還引用有「古人有言」，例如史佚、周任等，《左傳・僖公七年》中有：

> 子文聞其（申侯）死也，曰：「古人有言曰：『知臣莫若君。』弗可改也已。」

這是楚令尹引用「古人有言」，對楚文王瞭解申侯的感歎。

對古制古事的引用是以「古者」、「昔」、「臣聞」等為標誌的，如「昔」，是指以前之事或某人之言，《左傳・僖公四年》，管仲為齊攻打楚國找藉口：

> 管仲對曰：「昔召康公命我先君大公曰：『五侯九伯，女實徵之，以夾輔周室。』」

引用「先王之制」的：《左傳・隱公元年》，祭仲勸鄭莊公限制其胞弟段的勢力而引用古制：

> （祭仲曰）先王之制：大都，不過三國之一；中，五之一；小，九之一。今京不度，非制也，君將不堪。

無論哪種標誌，都是以歷史為依據進行說事論理，而未創新論。

此外，《左傳》中還引用一些民間謠諺，例如《左傳・文公十七年》鄭子家在書信中說：

> 古人有言曰：「畏首畏尾，身其餘幾？」

以此說明一個人拿不定主意，徘徊觀望。《左傳・僖公七年》：

> 孔叔言於鄭伯曰：「諺有之曰：心則不競，何憚於病？」

心裏如果不爭強，又怕什麼屈辱，這裏是孔叔勸鄭文公對齊國示弱以挽救國家。在陳述客觀事實的時候，由於有謠諺的參與，《左傳》的文字便有著更強的表現力。

二、引用體現出的符號學問題

根據索緒爾和皮爾斯的理論，符號是能指和所指構成的二元關係，或者符號的三元關係理論，把符號解釋爲符號形體、符號對象和符號解釋，我們來說明《左傳》中的引用問題。

（一）引詩

《左傳》中引《詩》「賦詩」33 例，賦及詩篇 63 篇，大部分發生在享宴和會盟的場合。〔註 22〕如果按義例大致可以分爲：禮儀外交類，言志觀志類和勸誡諷喻類，賦詩具有的三個特點：1. 古詩新用；2. 藉此言彼；3. 斷章取義。這些特點決定了所引之《詩》在《左傳》中是負載著信息的符號，是作爲傳播交流的媒介。這些特點體現出鮮明的符號學思想。「賦詩」或稱「引詩」、「用詩」，名稱和內容雖然有一些差別，但本質上都是以詩作爲媒介傳遞某種感情或者信息，詩即是一種符號，在這一點上，這些差別是可以忽略的。但需要強調的是，詩這種符號由於在不同的歷史階段發揮的作用不同，其符號的構成關係是不同的，這在《左傳》中有明顯的體現。

在用詩的初期，詩是作爲一種禮儀形式的組成部分，完成其儀式功能而存在的，因此，在這一時期，詩作爲一種符號，其符號形體是客觀的「詩」，但符號對象卻是各類禮儀形式，解釋項則是其承擔的禮儀功能。

《左傳》賦詩是由典禮性用詩發展而來，這一點人們大體上已經取得了認同。《詩》的禮儀性功能在這些典禮中非常顯著，包括在祭祀禮，射禮，宴享禮儀等儀式中，《詩》都是作爲其中的一個組成部分。進入典禮儀式的詩被等級化、儀式化，因此，《詩》的文字意義和功能並不是十分顯著。根據《儀禮·鄉飲酒禮》，賦詩是在其中的作樂和送賓階段出現。《詩》中的《雅》、《頌》很多作品都是爲了配合宴享、祭祀而作，這些詩作爲周代禮樂制度和社會生活的產物，被納入了禮樂文化的範疇。這時所賦之詩，還只是一種程序化的固定形式，朝覲宴享用詩中，《詩》發揮的功能主要是禮儀性功能，因爲，在何種場合使用什麼樂章是有著嚴格的等級之分的，如《左傳·襄公四年》：

> 穆叔如晉，報知武子之聘也。晉侯享之，金奏《肆夏》之三，不拜。
>
> 工歌《文王》之三，又不拜。歌《鹿鳴》之三，三拜。

魯國的穆叔到晉國訪問，晉侯設隆重的儀式歡迎他，但他認爲，自己只是魯

〔註 22〕劉生良，春秋賦詩的文化透視〔J〕，陝西師範大學學報，2004 年（6）。

國的一個上卿，晉國饗禮的規模超出了他應該享受的標準：《三夏》，天子所以享元侯也；《文王》，兩君相見之樂也，因此，對於這兩者不拜，以免產生僭上之嫌。

射禮是宴享禮之後的一種娛樂活動，射禮中用詩等級區分更為嚴格。《周禮・樂師》曰：

> 凡射，王以《騶虞》為節；諸侯以《貍首》為節；大夫以《采蘋》
> 為節；士以《采蘩》為節。〔註23〕

這些都說明《詩》的禮儀性功能，它是禮儀形式的一個組成部分，是負載著信息的符號。

《詩》的功能隨著社會形式的變遷而有所變化，實用功能逐漸加強。東周以降，周王室日漸衰微，形成了大國爭霸、小國圖存的紛亂局面。各諸侯國朝聘的對象已由周天子轉向了霸主，因此，「朝正於王」的典禮性儀式已不復存在，典禮性用詩已不再適應政治外交的需要，《詩》的禮儀性功能便日漸衰微，代之以《詩》的實用性功能，包括政治性功能。原來象徵天子、諸侯之間等級關係的詩樂被諸侯、卿大夫「拿來」，他們斷章取義來表達自己的政治需要，但不管形式怎樣變化，《詩》仍然是政治外交活動的媒介，人們寓意於詩，常常會收到事半功倍的效果，含蓄委婉地抒情、達意，化解矛盾。例如：

1. 言志、觀志類

賦詩可以「言志」，亦可以「觀志」。《左傳・襄公二十七年》與《昭公十六年》分別發生了兩起晉卿要求鄭群大夫賦詩以觀誌之事。《襄公二十七年》記：

> 鄭伯享趙孟於垂隴，子展、伯有、子西、子產、子大叔、二子石從。
> 趙孟曰：「七子從君，以寵武也。請皆賦以卒君貺，武亦以觀七子之
> 志。」子展賦《草蟲》，趙孟曰：「善哉！民之主也，抑武也不足以當
> 之。」伯有賦《鶉之賁賁》，趙孟曰：「床笫之言不踰閾，況在野乎？
> 非使人之所得聞也。」子西賦《黍苗》之四章，趙孟曰：「寡君在，
> 武何能焉。」子產賦《隰桑》，趙孟曰：「武請受其卒章。」子大叔
> 賦《野有蔓草》，趙孟曰：「吾子之惠也。」印段賦《蟋蟀》，趙孟曰：

「善哉！保家之主也，吾有望矣。」公孫段賦《桑扈》，趙孟曰：「『匪
交匪敖』，福將焉往，若保是言也，欲辭福祿得乎？」卒享。文子告
叔向曰：「伯有將爲戮矣。《詩》以言志，志誣其上，而公怨之，以
爲賓榮，其能久乎？幸而後亡。」

在這裏，通過鄭七子之賦詩，可以瞭解七子的心意，而且趙文子明確地提出
了「《詩》以言志」的觀點，根據七人的賦詩對他們的將來做了預測，後來果
然一一應驗。這是通過賦詩觀一人之志的例子，《昭公十六年》也記有韓宣子
通過鄭六卿賦詩以觀鄭國之志一事：韓宣子欲觀鄭國之志，因此鄭六卿所賦
皆不出《鄭志》，即《鄭風》。韓宣子通過鄭六卿所賦之詩，領會了他們希望
鄭國與晉國交好的願望，因而滿心歡喜，曰「皆昵燕好也」。

2. 抒情

賦詩還可以表達多種情感，比如感謝，思念等等。如《左傳‧成公九年》記：

夏，季文子如宋致女，復命，公享之。賦《韓奕》之五章，穆姜出
於房，再拜，曰：「大夫勤辱，不忘先君，以及嗣君，施及未亡人。
先君猶有望也！敢拜大夫之重勤。」又賦《綠衣》之卒章而入。

先君指的是已經死去的魯宣公，穆姜爲了感謝季文子將女兒送回魯國而出來，
賦《綠衣》之卒章，出自《詩經‧邶風》，原詩是一首悼亡詩，詩歌悼念亡妻的
體貼之情，這裏借卒章之意，抒發對亡夫的思念，進而表示感謝之意。還有表
達泄憂、責備等思想感情的。

3. 政治諷戒、勸諫

賦詩的作用隨著局勢的變化逐漸由典禮性轉變爲功能性，在外交活動中
發揮出巨大的實際作用。賦詩雙方互相應答，圓滿地平息兩國之間劍拔弩張
的矛盾。如《左傳‧襄公二十六年》：

衛侯如晉，晉人執而求之於士弱氏。秋七月，齊侯、鄭伯爲衛侯故
如晉，晉侯兼享之。晉侯賦《嘉樂》。國景子相齊侯，賦《蓼蕭》。
子展相鄭伯，賦《緇衣》。叔向命晉侯拜二君，曰：「寡君敢拜齊君
之安我先君之宗祧也，敢拜鄭君之不貳也。」國子使晏平仲私於叔
向，曰：「晉君宣其明德於諸侯，恤其患而補其闕，正其違而治其煩，
所以爲盟主也。今爲臣執君，若之何？」叔向告趙文子，文子以告
晉侯。晉侯言衛侯之罪，使叔向告二君。國子賦《轡之柔矣》，子展
賦《將仲子兮》，晉侯乃許歸衛侯。

這年秋天，齊侯和鄭伯到晉請求釋放衛侯。晉侯先賦《嘉樂》以示歡迎，國景子代齊侯賦《蓼蕭》，子展代鄭伯賦《鄭風·緇衣》，希望晉侯答應他們的請求，未果，於是，國子又賦《轡之柔矣》，子展又賦《鄭風·將仲子兮》，進一步勸說晉侯要有大國風範，最後晉侯同意放走衛侯。

對於 1、2 類，《詩》作爲言志、抒情的符號，其符號對象已經由禮儀形式變成了語言文字，透過優美豐富的文字，人們藉以表達心中的感情或志向、理想，是爲符號解釋，詩文作爲一種物質實體，是符號形體。而作爲 3 類，《詩》的符號性進一步加強，其文字隱喻的意義爲符號對象，符號形體不變，要表達的某種目的即解釋項。春秋時期行人外交多賦詩明義，這樣就增加了辭令高雅委婉的特點，同時，這也成了衡量外交使者學識深淺及應對能力的重要標準。《左傳·襄公二十七年》，齊國慶封聘於魯，因其無禮，魯國叔孫賦《相鼠》來恥笑他不懂禮儀，意思是不懂禮還不如老鼠。可見，《詩》已經成爲了一種衡量個人修養的行爲符號。

（二）引《易》

《左傳》中引有 19 條春秋時用《周易》占事論事的記錄，這是當時人們應用《周易》的實例。他們占筮出自不同的目的。占事內容涉及「娶妻、生子、嫁女、出仕、立君、奪國、出兵、作戰」等〔註24〕。

占卜是《周易》最爲基本的用途，《左傳·昭公元年》記載：

> 《志》曰：「買妾不知其姓，則卜之。」……

古時候男女婚姻不娶同姓，如果買妾不知其姓，就通過占卜來確定。連姓都可以占卜，那還有什麼不能占卜呢？

與賦詩不同，引《易》在實際運用過程中雖然也有一定的儀式，但其現實作用是直接的，其工具性顯而易見。在實際生活中遇到疑難問題時，就用《周易》占筮來預測禍福、吉凶以解決疑難，這是當時應用《周易》的基本目的。《左傳·閔公元年》記載：

> 初，畢萬筮仕於晉。遇《屯》䷂之《比》䷇。辛廖占之，曰：「吉。《屯》固《比》入，吉孰大焉？其必蕃昌。《震》爲土，車從馬，足居之，兄長之，母覆之，衆歸之，六體不易，合而能固，安而能殺。公侯之卦也。公侯之子孫，必復其始。」

〔註24〕高亨，周易雜論，〔M〕，濟南：齊魯書社，1979 年。

畢萬為在晉國做官而筮，辛廖推測結果為「吉」。因為這是公侯的卦象，而且其子孫也將繁衍昌盛，回覆初始公侯的地位。《左傳·昭公元年》，晉侯患重病，「晉侯求醫於秦。秦伯使醫和視之。」醫和用《周易》占筮，遇《蠱》卦，指出晉侯患「蠱疾」，即一種精神錯亂昏迷之症，而且已經不治。其病因是「近女室」、「淫溺惑亂之所生」。他先解釋「蠱」字，然後進一步用《蠱》卦象來加以解釋：

> 淫溺惑亂之所生也。於文，皿蟲為蠱；穀之飛亦為蠱。在《周易》，
> 女惑男，風落山，謂之《蠱》䷑。皆同物也。

蠱卦下為巽，為風為長女；上為艮，為山為少男。這是風吹落山，長女迷惑少男象。晉侯與之皆同類也。君王對女色過分沉迷，不知節制，故會病至此。這裏，卦象為符號形體，卦辭為符號對象，卦象表達的信息為解釋項。

如果說占卜是《周易》最為基本的用途，卦象作為一種符號，人們利用其為自己排憂解難，那麼，利用《周易》來品評人物和評論事件則將其符號性進一步加強。《左傳·襄公二十八年》有：鄭國的游吉出使楚國返回後告訴子展：

> 楚子將死矣！不修政德，而貪昧於諸侯，以逞其願，欲久，得乎？
> 《周易》有之，在《復》䷗之《頤》䷚：曰，『迷復，凶。』其楚
> 子之謂乎！欲復其願，而棄其本，復歸無所，是謂迷復，能無凶乎？

鄭國游吉用《周易》品評楚康王，不修明政事德行，卻一味貪圖得到諸侯的擁護，以滿足自己的願望，貪而又驕，自恃強大欺凌弱小，這樣的人想得長久，是不可能的。迷入歧途，不能回覆，定然會有兇險。

用《周易》對某一事件進行評論的例子如《左傳·昭公三十二年》所記：趙簡子問於史墨曰：「季氏出其君，而民服焉，諸侯與之，君死於外，而莫之或罪也？」史墨引用《周易》來評論魯昭公被季氏趕出，最後死在外這一事件。季氏趕走其君，而人民卻對他順服，諸侯贊成他，這是很令人不解的。在《易》卦中《震》在《乾》上，故曰『雷乘《乾》』，這是上天的常道。

遇事占筮其結果是吉還是凶，根據凶吉決定自己的行動，這方面的情況多種多樣，往往因人解釋不一樣，得出的結論也不同。《左傳·昭公十二年》記魯大夫季平子的費邑宰南蒯，想以費邑背叛魯國而降齊國。用《周易》佔了一卦，得坤䷁之《比》䷇，南蒯依《坤》卦《六五》文辭「黃裳，吉」論斷大吉，想要從事此事，惠伯根據爻辭規勸他說：「忠信之事則可，不然必敗。」

《左傳·魯僖公十五年》，晉獻公將伯姬嫁給秦國，不知吉凶，於是用《周易》占卦，遇《歸妹》䷵之《睽》䷥。

> 史蘇占之曰：「不吉。其繇曰：『士刲羊，亦無亡也。女承筐，亦無
> 貺也。西鄰責言，不可償也。《歸妹》之《睽》，猶無相也。』……」

《震》變《離》，即《離》變《震》，震爲雷，離爲火，是嬴姓的秦打敗姬姓的晉，《歸妹》是嫁女，《睽》是孤獨。最後，晉惠公被拘在秦，才後悔當初沒有聽史蘇的占卜。

這裏，符號的三元關係雖然沒有大的改變，但是《周易》卦象爻辭作爲一種評論人物和事件的依據，符號性較前面那種工具性的運用顯然是大大提高了。同時，我們還可以看到，《左傳》的作者利用《周易》卦象爻辭，表達了一種重視德義、懲惡揚善的思想傾向。並且，這種思想傾向貫穿《左傳》全篇。如果大而化之，則這種思想傾向爲作者要表達的語意內容，即所指，而他運用的所有手段都可以視爲能指，即符號的形式。

《周易》是一部對華夏民族和世界文化影響都十分深遠的著作，《左傳》中引用了多處《周易》中的例子，說明在當時《周易》的科學性和實用性已經得到了人們的廣泛認可。《周易》中的符號系統首先表現爲以八卦爲基本形式的人工符號體系，由陰爻、陽爻組成。古人認爲，爻的圖象便是仿傚天下萬物變化運動而創造的。卦在《周易》中是用來占卜的工具，它是人類對天地、人事、宇宙萬物進行觀察、分析後的抽象概括，又運用於具體的人事。古人從客觀事物中抽象出各種卦象，又以卦象來象徵各種人間禍福和宇宙變遷。因爲古人認爲主客觀之間存在著契合關係，客觀事物之象必然與人事道理相通。

總之，《周易》中的卦象符號是具有高度象徵意義的符號系統，具有無所不包的指涉功能和應用價值。它經過了多次歸納、分析，其蘊涵的表意功能在人類社會的發展過程中不斷充實和完善，直到今天仍然向世人展示著它的魅力。它在《左傳》中的運用體現出其在當時應用的廣泛性，《周易》中的符號學思想無疑是《左傳》中符號思想的重要組成部分。

（三）引用格言謠諺

《左傳》有意識地引用了許多謠諺，根據毛遠明《左傳詞彙研究》統計，

《左傳》中引用的諺語共 29 條，格言 36 條。〔註 25〕謠諺與《詩》的不同之處，主要是口頭流傳與經典的表現形式和地位的不同。但在本質上，謠諺與《詩》都是作者爲了更生動有力地表達某種思想感情而借助的一種外在手段。由於謠諺的作用，使要論證的內容具有清新活潑和典雅凝重的風格。在36 條格言當中，只有一條具有引申意味，「甚美必有甚惡」（《左傳・昭公二十八年》），意思是女子美貌，必含禍基，後來用來表示美好的事物中包含禍害的因素。其他 35 條格言則直接用了字面的本意。

這些沒有引申的謠諺，《左傳》及其他典籍的作者就直接拿來引用，將其作爲一種非經典但具有經典作用的語言符號，符號形體爲謠諺格言這種語言形式，符號對象爲文字，解釋項爲要表達的意義。例如《左傳・定公十三年》齊高強曰「三折肱知爲良醫」，表現實踐出眞知的道理，也就是它的解釋項。

《左傳》中引用的 29 條諺語相對複雜，29 條諺語中無引申的有 14 條，其它諺語具有隱喻性質的 12 條，另外 3 條是其他形式的引申。對於前 14 條，與格言沒有大的區別，而有隱喻和引申的 15 條則有些變化，符號對象爲諺語形式，符號形體爲字面含義，解釋項則爲引申的意義。例如：「民保於信」（《左傳・定公十四年》），這一道理可視爲所指或解釋項，而字面的形式爲能指或符號形體，符號對象爲守信用。對於有隱喻和引申的諺語而言，如「匹夫無罪，懷璧其罪」（《左傳・桓公十年》），用符號的三元關係來看，人和財寶爲符號對象，人因擁有財富而獲罪的道理爲符號形體，勸人不要死守財富爲解釋項。

《左傳》中引用的格言謠諺主要爲了下面的符號解釋：

一是爲了直接陳述歷史事件。這一類謠諺並沒有負載更多的寓意，而是對客觀事件進行直接的介紹：例如《左傳・襄公三十年》記鄭國子產事：

> 從政一年，輿人誦之，曰：「取我衣冠而褚之，取我田疇而伍之。孰殺子產。吾其與之。」及三年，又誦之，曰：「我有子弟，子產誨之。我有田疇，子產殖之。子產而死，誰其嗣之？」

子產在鄭國實行變革，最初沒能得到人民的理解，人們編歌謠來罵他，甚至唱出誰願意殺掉子產，就願投入所有予以支持。而當子產三年改革取得了成功，人們又對他進行歌頌，甚至擔心子產的事業沒有人來繼承。

雖只是對現實的一種陳述，但在議論中已經表達出了社會輿論的人心向

〔註 25〕毛遠明，左傳詞彙研究〔M〕，重慶：西南師範大學出版社，1999 年，第 446
～455 頁。

背。由於謠諺的參與，在陳述客觀事實的時候，《左傳》的文字就有著更強的表現力，因為謠諺多流傳於民間口頭，人們吟詠歌唱，與一般文字相比，顯然更生動，更鮮活，富於表現力。同時，也在很大程度上避免了用正史材料的刻板與判斷的隨意。

二是《左傳》引用格言謠諺進行美刺，寓褒貶於其中。這一方面更能顯示謠諺的符號解釋功能。《左傳》引用格言謠諺更高的作用便是對政治事件進行評價，因為這種語言形式來自於現實生活，體現真實的民風，統治者欲鞏固政權，不能無視百姓的感受，所謂「觀民風」，就是以民風察民情，糾正弊端，穩固統治。例如《左傳·昭公三年》：

> 於是景公繁於刑，有鬻踊者，故對曰：「踊貴，屨賤。」既已告於君，
> 故與叔向語而稱之。景公於是省於刑。

景公想更晏子之宅，原因是鄰市，喧鬧又不清潔，但晏子以近市方便拒絕，景公便詢問什麼東西貴什麼東西賤，晏子便以謠諺做答，實際是委婉告訴景公當時刑罰過重。

《左傳·僖公五年》說到晉侯伐虢，宮之奇反對，進一步闡述了這一道理，他引了謠諺：

> 虢，虞之表也；虢亡，虞必從之。晉不可啓，寇不可翫。一之謂甚，
> 其可再乎？諺所謂「輔車相依，唇亡齒寒」者，其虞、虢之謂也。

以直觀的形象做比，格言謠諺比起一般的語言，要生動得多。質樸通俗的諺語使表達自然生動，語意更加清楚；而典雅凝煉的格言則寓意深刻，莊重嚴肅，從而發人深省。這些語言形式是民族精神的充分體現，在歷史上和現實生活中對於調整人際關係等方面起到重要的作用，同時，也成為《左傳》作者表意的手段，是《左傳》符號學思想的重要體現。

第四章 《左傳》辭令中賦詩與禮的
關係及辭令的價值取向

　　賦詩是《左傳》辭令中一個獨具特色的類別，行人外交家喜歡以這種含蓄溫婉的方式來解決外交問題。賦詩與禮有著密切的關係，其產生、發展和消亡都與禮密不可分。中國古代文學創作必須要滿足古代社會的基本要求，即發揮文學作品的道德教育功能。先秦時期人們將文學作品的教育價值始終放在第一位，因此，懲惡揚善的價值取向一直是人們追求的目標。這一點，在《左傳》的辭令中也有體現。

第一節 《左傳》辭令中賦詩和禮的關係

　　「詩」在春秋時期有著崇高的社會地位，孔子說「不學詩，無以言」，〔註1〕同時，孔子和當時的人們也注重「詩」的實用價值：「誦〈詩〉三百，授之以政，不達；使於四方，不能專對；雖多，亦奚以爲？」〔註2〕賦詩在西周和春秋完成了多種使命，有禮儀上的，更有外交功能性的，從創作角度看，賦詩有引詩和謀篇，大多數引詩有樂伴奏，也有誦詩。對賦詩的分類早有多位學者抒發見解，這裏對其不作詳細分析。賦詩的發展和演變有著重要的社會原因，「禮」是它背後的強大干預者，中國的文化最終歸結在一個「禮」字上。禮在中國從禮俗發展到禮制，從禮制發展到禮義，與政治、倫理、宗教、哲學等結合在一起，在歷史上一脈相承，這是中國文化的主要特徵。

〔註1〕劉寶楠，論語正義〔M〕，北京：中華書局，1990年，第668頁。
〔註2〕劉寶楠，論語正義〔M〕，北京：中華書局，1990年，第525頁。

賦詩的產生、發展以及最後的消亡都與禮有著密切的關係。

一、「禮」是賦詩產生的淵源

首先，賦詩是典禮性用詩的產物，這是其產生的禮學淵源。「『賦詩』是一項典禮性的禮樂活動，是宴享之禮中的一個儀注。」〔註3〕根據《儀禮・鄉飲酒禮》，賦詩在其中的作樂和送賓階段出現。作樂分爲四個部分：

（1）升歌：樂工四人（鼓瑟者二人，歌者二人）升堂，在堂上歌唱《小雅》的《鹿鳴》、《四牡》、《皇皇者華》，用瑟陪奏。

（2）笙奏：由吹笙者入堂下，吹奏《小雅》的《南陔》、《白華》、《華黍》。

（3）間歌：堂上升歌和堂下笙奏相間而作，先歌唱《小雅》的《魚麗》，次笙奏《由庚》；再歌唱《南有嘉魚》，再笙奏《崇丘》；又歌唱《南山有臺》，再笙奏《由儀》。

（4）合樂：升歌和笙奏相合，奏唱《周南》的《關雎》、《葛覃》、《卷耳》，《召南》的《鵲巢》、《採蘩》、《採蘋》。正式的禮樂部分結束。其間有主人向樂工和吹笙者獻酒。

送賓階段：賓出時，奏《陔夏》。〔註4〕

《詩》是周代社會生活及其禮樂制度的產物，《雅》、《頌》大部分是宮廷爲配合宴享、祭祀儀式而作，而其他內容的詩經過樂工的修訂編排，也都被納入了周代禮樂文化的範疇。《禮記・祭統》中有：

夫大嘗、禘，升歌《清廟》，下而管《象》，朱干玉戚以舞《大舞》，

八佾以舞《大夏》，此天子之樂也，康周公，故以賜魯也。〔註5〕

這種典禮集詩、舞、樂於一體，堂上歌唱《清廟》，堂下吹奏《象》曲，同時還跳《大舞》、《大夏》的舞蹈。在這裏，《詩》伴著音樂舞蹈，作爲一種禮儀形式參與了祭祀活動，增強了祭祀活動本身的感染力，這是《詩》在祭祀中的用例，是賦詩產生的禮學淵源。所歌之樂章、所賦之詩，在最初還只是一種程序化的固定形式。

燕享又稱宴饗，是燕禮和饗禮的合稱。根據孔子的看法，鄉飲酒禮和射禮

〔註3〕丁進，春秋賦詩的眞相〔J〕，學術月刊，2006 年（3）。

〔註4〕毛振華，春秋時期「歌詩」、「誦詩」、「賦詩」辨微〔J〕，蘭州學刊，2006 年
　　　（1）。

〔註5〕孫希旦，禮記集解〔M〕，北京：中華書局，1989 年，第 1253 頁。

是對鄉里表示仁愛之禮，食禮和饗禮是對賓客表示仁愛之禮，由於它們關係密切，常常在一起進行，故有合稱。燕又稱「宴」，燕禮是古代貴族在政余閒暇時為了與屬下聯絡感情而宴飲的禮儀。鄉飲酒禮又稱「鄉」或「饗」，起源於氏族部落集合聚食的禮儀，由於在氏族部落聚餐的時候要講究對長老和賓客的尊敬，鄉飲酒禮便由此產生。起初應該是十分簡單的，在後來的不斷運用中越來越複雜，成為維護貴族統治的一種手段。西周、春秋時，上層貴族中間流行一種饗禮，是招待貴賓的隆重禮節。饗禮在當時可以視為一種高級的鄉飲酒禮，和鄉飲酒禮稍有不同，在《左傳》中曾多次體現，《左傳·昭公元年》：

> 夏四月，趙孟、叔孫豹、曹大夫入於鄭，鄭伯兼享之。子皮戒趙孟，
> 禮終，趙孟賦《瓠葉》。子皮遂戒穆叔，且告之。

此時的儀節也要用賦詩來表達自己的意思，較從前隆重。

賦詩言志是對燕享禮儀固有樂歌形式的模仿，[註6]《左傳》共記賦詩六十八條，其中六十二條發生在燕享之中。在何種禮儀中使用什麼樂章，是有著嚴格的等級之分的，它與禮儀的性質、規格，以及參加者的身份、地位等密切相關。《左傳·襄公四年》：魯國的穆叔到晉國訪問，晉侯設隆重的儀式歡迎他，但他認為，自己只是魯國的一個上卿，晉國饗禮的規模超出了他應該享受的標準：

> 《三夏》，天子所以享元侯也，使臣弗敢與聞。《文王》，兩君相見之
> 樂也，使臣不敢及。《鹿鳴》，君所以嘉寡君也，敢不拜嘉？《四牡》，
> 君所以勞使臣也，敢不重拜？《皇皇者華》，君教使臣曰：「必咨於
> 周。」臣聞之：「訪問於善為咨，咨親為詢，咨禮為度，咨事為諏，
> 咨難為謀。」臣獲五善，敢不重拜？

因此，為避免產生僭上之嫌，魯穆叔只是接受符合自己身份地位等級的禮儀形式。

另外，在《左傳·成公十二年》有：

> 晉卻至如楚聘，且涖盟。楚子享之，子反相，為地室而縣焉。卻至
> 將登，金奏作於下，驚而走出。子反曰：「日云莫矣，寡君須矣，吾
> 子其入也！」賓曰：「君不忘先君之好，施及下臣，貺之以大禮，重
> 之以備樂。如天之福，兩君相見，何以代此？下臣不敢。」

〔註 6〕劉麗文，春秋時期賦詩言志的禮學淵源及形成的機制原理〔J〕，文學遺產 2004
年（1）。

可以看出，在禮儀中使用什麼樂章，要和參加者的身份、地位等密切相關。這裏的詩注重的是禮儀性功能。

但後來，人們普遍使用了高於自己身份的樂章，以表示對來賓的尊重，這證明儀式的等級突破了原來的限制。《禮記‧郊特牲》中有：

　　　大夫之奏《肆夏》也，由趙文子始也。

趙文子爲晉卿，當時晉悼公執政，晉公室尚強，此時趙文子便任意使用禮樂，他以後的人就更多了。對賦詩等級要求的不再嚴格，標誌著開始對原有禮制的僭越。隨著外交場合的要求，賦詩從典禮性、儀式性功能轉變爲含蓄、委婉的辭令，實用功能加強，程序的限制也有所打破，但還是在等級制度的規約之下。

利用詩的內容闡釋的隨意性，可用其表達多種情感和政治目的，這就是賦詩斷章產生的直接原因，因爲這種特殊的對話方式具有良好的表達效果，因而在其他非燕享場合也常被借用。

二、禮的規約之下賦詩的多種功能

隨著周王室的日漸衰微，春秋時社會逐漸形成了大國爭霸、小國圖存的紛亂局面。即使是這樣，禮樂也一直被視爲「經國家、定社稷、序民人、利後嗣」的「君之大柄」（《隱公十一年》），諸侯、卿大夫爭霸奪權、圖謀發展，往往更加重視禮樂傳統，以佔據利於自己的話語背景。賦詩也同樣是在禮的規約之下完成其使命的。春秋時紛亂的局面引起的必然結果就是戰爭頻仍，外交朝聘、會盟不斷，朝聘往來少不了燕享，燕享就少不了詩樂。此時，人們對禮的典禮性重視開始減弱，轉而看中禮的實質。賦詩的作用也隨著局勢的變化逐漸由典禮性轉變爲功能性，在外交活動中發揮出巨大的實際作用。在詩禮賦誦中，圓滿地平息兩國之間劍拔弩張的矛盾。在襄公二十五年，衛國寧喜弑衛殤公剽而迎立衛獻公，次年晉侯扣留了到晉訪問的衛獻公，這年秋天齊侯和鄭伯到晉爲衛侯求情。雙方賦詩往來，晉侯權衡利弊，最終還是同意放走了衛侯。可見，賦詩這種高雅的行爲在外交活動中發揮的巨大作用。勞孝輿《春秋詩話》評價說：「國君見執，怨鉅矣，仇深矣，豈可以口舌爭哉！二三君子善於解紛，但於杯酒賦詠間宛轉開諷，而晉怒可平，衛難已解。甚矣！詩之善移人情也。」〔註7〕

〔註 7〕 勞孝輿，春秋詩話卷一〔J〕，上海：商務印書館，1936 年。

再如《左傳·昭公十六年》：

> 夏四月，鄭六卿餞韓宣子於郊。宣子曰：「二三君子請皆賦，起亦以
> 知鄭志。」

於是六卿皆賦詩，表達與晉國交好的強烈願望。韓宣子聽後十分高興，也賦
了首《我將》，盛讚了鄭國興盛的遠景，還表示要保護鄭國。通過賦詩，雙方
達到了交好的目的。

賦詩不求達詁，只取所需之意，即後來所言的斷章取義（但二者所指不
同），在當時是一種先進、直接的表意方法。雖說可斷章，卻不等於可以隨意
為之，即「歌詩必類」，即所賦之詩必須符合賦者的身份、地位，賦詩的場合
等。《左傳·襄公十六年》，晉侯與諸侯宴於溫，齊高厚之詩不類，被認為「有
異志」，荀偃與諸侯盟曰「同討不庭」，最後齊高厚被殺。因此，「歌詩必類」
是賦詩的一個基本前提。

賦詩還可以表達多種情感，比如泄憂，《左傳·閔公二年》，許穆夫人賦
《載馳》，因自己的國家滅亡，衛懿公戰死，許穆夫人主張聯齊抗狄，遭許國
大夫反對因而感傷和憤怒；還有責備，《左傳·襄公十六年》，魯穆叔出使晉
國，請求晉國幫助魯國抵禦齊國的進攻，但晉人推脫，於是穆叔賦《圻父》
以表達譴責之義，因為該詩本是王都衛士斥責司馬的詩。此外，賦詩還可以
表達其他情感，比如感謝，思念等等。

春秋時期行人外交多賦詩明義，這樣就增強了辭令高雅委婉的特點，同
時，這也成了衡量外交使者學識深淺及應對能力的重要標準。如果不懂禮，
就會被傳為笑柄。

三、禮崩樂壞後賦詩風氣的消亡

賦詩行為始於僖、文，盛於襄、昭，衰於定、哀。賦詩風氣的消亡是一
件令人費解的事情，一般認為其原因是春秋末期，社會習俗發生了巨大變化，
襄、昭之後，紛亂的社會格局，激烈的國家紛爭使爾虞我詐的現實鬥爭代替
了溫文爾雅的賦詩之樂。

春秋後期，出現了「禮崩樂壞」的局面，所謂禮崩樂壞，其實質就是等
級關係的紊亂，即天子、諸侯、大夫和陪臣之間僭用禮制，破壞了西周時期
所建立的權力制度和分配製度，《論語·季氏》記載：「天下有道，則禮樂征
伐自天子出。天下無道，則禮樂征伐自諸侯出。自諸侯出，蓋十世希不失矣。

自大夫出，五世希不失矣。陪臣執國命，三世希不失矣。天下有道，則政不在大夫。天下有道，則庶人不議。」〔註8〕當時，舊有的禮制秩序已經被破壞了，燕享用樂，不依「禮」的情況時有發生。卿大夫不但僭用諸侯之禮，更有甚者，開始用天子之禮，比如，祭祀泰山是天子的特權，魯國季孫氏也「旅於泰山」，這些都是僭禮之舉。對於春秋時諸侯不聽命於天子，大夫專權，弒君弒父屢屢發生，孔子曾言：「夷狄之有君，不如諸夏之亡也。」〔註9〕意思是沒有道德禮義的地方即使有君王，也不如有道德禮義的地方沒有君王。這就是說，道德禮義比君王的存在更重要。

當然，春秋後期的「禮崩樂壞」是一個漸進的過程。到了戰國時期，禮制遭到了毀滅性的破壞。原來用來監督平民在「籍田」上從事無償集體勞動的籍禮，這時候已經廢除不用了，原來具有軍事檢閱和軍事演習性質的大蒐禮，也失去作用，鄉飲酒禮和鄉射禮性質也改變了，由於戰國時期中央集權的建立，執政者重視的是尊重國君權力地位的即位禮、朝禮，還有祭禮和喪禮，這些都是爲了維護其統治而服務的。

此時，「微言相感」的賦詩之美再也抵不過「巧言令色」的現實意義，貴族們互相爭鬥、撕殺，貴族階級開始沒落，不但上層社會與禮樂制度無緣，即使是民間習俗，也距離舊有的禮樂生活越來越遠了，賦詩行爲隨之衰落、消亡，也是很自然的事情了。

第二節　懲惡揚善的價值取向

文化的價值取向，是指一個民族基於對外部世界的基本理解而產生的意義判定原則，即對「善」與「惡」的甄別原則。《左傳》辭令中體現出的是一種懲惡揚善的價值取向，這一價值取向有著多方面的來源，對後代文學和文化產生了深遠的影響。

一、《左傳》辭令懲惡揚善的價值取向的表現

《左傳》是我國較早的一部編年體史書，文學上其價值也是在先秦文學中無可替代的。《左傳》中精彩的辭令一直爲人所稱道，豐富的辭令是該書的

〔註 8〕劉寶楠，論語正義〔J〕，北京：中華書局，1990 年，第 651 頁。
〔註 9〕劉寶楠，論語正義〔J〕，北京：中華書局，1990 年，第 84 頁。

一大特色。作者選取的辭令會反映作者的價值取向，這一點毫無疑問。

《左傳》中描述的人物，有兩類對比十分鮮明，即明君與昏君，賢臣和佞臣，而他們善惡的行為最終都得到了應有的報應。如楚靈王驕奢放縱，最後導致禍亂發生，得了個自縊的下場；而秦穆公實行德政，用人專一，最後稱霸西戎。作者對這兩類人物和事件的表述無疑是想向世人昭示一種勸惡行善的道理。這一價值取向在豐富的辭令中也有體現。

辭令是一種經過修飾的多在外交場合發揮作用的語言表達方式，在外交場合你來我往的唇槍舌劍中要想立於不敗之地，就一定要以理服人，因此，外交家們往往選擇重禮、重信、重德的立場來展開辭令。

（一）重禮、守信

禮是一種衡量人和事件的外在尺度，而其思想核心則是懲惡揚善的價值取向。如《左傳·昭公二十五年》中，宋右師樂大心見了宋大夫和司城氏，認為他們的才德薄：

> 昭子告其人曰：「右師其亡乎！君子貴其身，而後能及人，是以有禮。
>
> 今夫子卑其大夫而賤其宗，是賤其身也，能有禮乎？無禮，必亡。」

昭子認為宋右師於他國人卑本國之大夫，又輕視自己的宗族，是對自己的不尊重，這樣做是無禮的表現，無禮必然會導致滅身。左丘明記載類似這樣的預言有很多，這說明他認為道德是關係人甚至國家的興亡存滅的。《左傳·成公八年》也有：

> 晉士燮來聘，言伐郯也，以其事吳故。公賂之，請緩師。文子不可，
>
> 曰：「君命無貳，失信不立。禮無加貨，事無貳成。君後諸侯，是寡
>
> 君不得事君也。燮將復之。」

晉文子以失信拒絕了成公的緩師請求，又以失禮拒絕收受賄賂。

《左傳》辭令在進行說理、辯駁的時候，一直是以周禮為標準，將周禮作為衡量人和事件的重要尺度。再如《左傳·昭公七年》，鄭國伯有不義被殺，為鬼作祟，民眾十分恐慌。為了安撫民心，子產立伯有之子良止、子孔之子公孫泄為大夫，鬼才停止作祟。人們對立公孫泄有疑問，因其父雖不義被殺但未作祟，子產解釋說：

> 說也。為身無義而圖說，從政有所反之，以取媚也。不媚，不信。
>
> 不信，民不從也。

子產這樣做，完全是為了使民歡悅，取信於民。

重禮重信的立場，都表現出鮮明的善惡傾向，無論是諸侯，卿大夫想要使人信服，還是諸侯國想要保持長治久安，都要做到重禮、守信。

（二）重德

德，可以作為一種單一的德，有時也可作為「總德」，在這個時候，信便作為德其中的內容之一，即信德。無禮又可視為無德的表現。

德，對於君主而言，可以理解為君主施德政，對於臣下來講，則要求其具有優秀的品德。當然，這都是寬泛的理解，其間還包含豐富具體的內容。《左傳‧宣公三年》中，王孫滿回答楚莊王問鼎的辭令，直接表現出諸侯修德的重要性：

> 在德不在鼎。……桀有昏德，鼎遷於商，載祀六百。商紂暴虐，鼎遷於周。德之休明，雖小，重也。其奸回昏亂，雖大，輕也。天祚明德，有所底止。……

從三代的興亡可以看出，王朝的興衰同天子之德有直接關係，天子有德，王朝則興，天子無德，王朝則亡。

諸侯國興亡，在於諸侯是否行德政，這也是作者懲惡揚善的論據之一。德政要求統治者勤政、愛民、敬神、教化人民等。神會根據統治者的行為予以賜福或降禍，這是善惡有終的一個根源。

對於卿大夫自身而言，如果有德，將會使其家族興旺，反之，則會失去祿位。《左傳‧襄公二十九年》中，鄭國大夫子皮以子展之命救濟國人，所以得鄭國之民心，罕氏常掌國政，以為上卿。宋司城子罕也這樣做。「叔向聞之，曰：『鄭之罕，宋之樂，其後亡者也，二者其皆得國乎！民之歸也。施而不德，樂氏加焉，其以宋升降乎！』」因為二人有德，因此會得掌國政，與國同運。

（三）特殊的用語

在對待一些人和事情時，在一些詞語的選擇上，也顯露出作者鮮明的善惡觀念。例如，對動詞的選擇，同樣是死，臣殺君，子殺父被記作「弒」，君殺臣則被稱為「殺」。此外，特殊的書寫形式還包括在對一些人員的稱謂上也是有區別的，如對小國大夫名字的記載，往往是對其的貶責，按照周禮的規定，士、庶人、奴隸階層的成員，是不能青史留名的，可是一旦他們參與了叛亂，不得不提的時候，則稱其為「盜」。如果稱其官職，家族，公子等，則有褒揚之意，這也同樣表現出作者懲惡揚善的價值取向。《左傳‧昭公五年》有：

　　　夏，莒牟夷以牟妻及防、茲來奔。牟夷非卿而書，尊地也。

《左傳》對教育功能的重視是該書的一大特點，這一特點體現在許多方面，例如在對敘述內容的選擇上，《左傳》相對於《春秋》經，增添了許多便於進行道德說教的內容，而省去了與善惡關係不大的節氣、自然、喪葬、嫁娶、朝聘等內容；在敘述順序上，採用了預言的敘述方式，這些都鮮明地體現出作者的善惡觀念。

二、懲惡揚善價值取向的來源

（一）文化來源

　　社會的道德秩序從何而來，這是一個文化必須要面對的問題。早期的社會觀念是將這種道德價值歸源於「帝」或「天」。雖然子產、孔子之後，「人」的力量被強調和提升，然而，即使是孔子以「仁」為最高境界的道德意識，其源頭仍然在天。春秋時期的主體意識認為上帝所命天子中，有明德的天子會受上帝保佑，無德暴虐的天子，將會失去民心，失去天下。夏禹、商湯勤於修德，兩國便迅速興起，而夏桀、商紂肆行昏德，最後喪失了天下。《左傳·莊公十一年》有：

　　　禹、湯罪己，其興也悖焉；桀、紂罪人，其亡也忽焉。

當時是一種以等級和王權為國家所存在的根本，天道和王權的不可懷疑性規約著人們的行為。君王有錯，上天會懲罰他，而臣民則必須虔誠地盡忠，否則就是違禮。「禮」實際就是一種以等級為前提的行為規範，「仁」則是以天道為源頭的重視人性的道德意識。

　　中國人的價值之源不是寄託在人格化的上帝身上，而是源於內心世界，人們相信「道之大源出於天」，「道」完全可以支持人倫，屬於一種內向超越的文化類型，因此，中國人自古就重視自我解剖，注重自我的道德修養。人們不斷提升自己的道德修養，進行審美的薰陶，長此以往，對美德的追求就會成為自己本心的一種驅動力。善是一種具有倫理色彩的「德」，是一種價值取向，各朝各代都試圖引導人們將善的美德轉化成自覺的意識機制。孔子希望人們能做到「好德」如同「好色」，「吾未見好德如好色者也」（《論語·子罕》），希望人們將外在的表現轉化成內在自覺的本性。

　　這應該就是懲惡揚善價值取向的傳統文化來源。

（二）哲學來源

哲學觀念影響和制約傳統文化的其他形式。儒家哲學是中國哲學文化的主幹，儒家思想在整個中國文化思想、意識形態、風俗傳統、生活習慣上都可見其痕跡，它也是《左傳》辭令中懲惡揚善價值取向的哲學來源。

《左傳》爲解《春秋》經而作，《春秋》爲孔子編輯整理的古文獻「六經」之一，因此，《左傳》辭令中的價值取向必然可以在儒家哲學中找到源頭。更不必說其後在西漢武帝採納董仲舒「罷黜百家，獨尊儒術」的主張，「經」的地位大大提高，經學壓倒一切學問成爲官學，由漢的「七經」擴充到唐的「九經」時，《左傳》已位列其中了，其哲學思想上的傳承就更可找到其發展的軌跡。

儒家是一個歷史發展的概念，各代儒家思想都有變化和發展。但是無論有何種變化，因爲都是儒家，基本思想都是一致的。從儒家思想來看，「仁」是孔子思想理論的核心，也是儒家道德規範的最高原則。「仁」的最初含義是指人與人之間的一種親善關係，孔子定義爲：仁者「愛人」，仁愛之心是人所以爲人的根本，它建立在血緣親情之上，孔子將愛人的範圍擴充到「泛愛」，主張以仁對待一切人，這就由家庭倫理變成了社會倫理。對於怎樣達到仁，孔子提出了兩個根本標準，即忠與恕。「忠」，含有眞心誠意，積極爲人之意，是一種以他人爲重、以社會爲重的人生觀，是一種無私無畏、與人爲善的獻身精神；所謂「恕」，是相對於做不到「忠」而言的，起碼要求是不要加害於人，即孔子強調的「己所不欲，勿施於人」。究其根本，我們可以看到勸人向善的理念。最能體現儒家文學觀念的當屬《論語》，其中《爲政篇》有：子曰：「《詩》三百，一言以蔽之，曰：『思無邪』。所謂「思無邪」就是指思想純正，孔子認爲，三百篇之詩之所以能夠成爲人們論理道德修養的典範，就是因爲《詩》三百寫的內容都達到了思想純正的標準。儒家這種以道德爲本位的文學觀念，是其哲學思想的必然延伸。

「禮」是中國奴隸社會及封建社會的道德規範。「禮」是儒家政治哲學的核心。對於春秋時代的社會紛亂，儒家認爲這是由於名分紊亂、人欲橫流造成的，而要匡正時弊，唯一的途徑就是要重建禮制，用周禮來約束人的行爲。孔子說，「克己復禮爲仁」〔註10〕，「克己」和「復禮」既是「仁」的政治內容，也是達到「仁」的方法和途徑。「克己」就是要克制自己的欲求，通過對

〔註10〕劉寶楠，論語正義〔M〕，北京：中華書局，1990年，第483頁。

自己道德的培養，使言行合乎「禮」的要求，最終達到恢復周禮的目的。孔子認爲《韶》樂「盡美矣，又盡善也」（《八佾》），可見他對《韶》樂是特別欣賞的；但是孔子卻特別討厭「鄭聲」，認爲「鄭聲淫」，爲什麼孔子對《韶》樂和「鄭聲」有如此大相徑庭的態度呢？因爲孔子認爲《韶》樂合乎「禮」，「鄭聲」則違背了「禮」，二者是不相容的。因爲相傳《韶》樂是古代歌頌虞舜的一種「雅樂」，是「正樂」，而「鄭聲」卻是「淫聲」。可見在對待音樂的態度上，也表現出孔子爲代表的儒家這種以道德爲本位的觀念。

儒家哲學是一種積極入世的哲學，也可以說是一種關注社會和現實生活的哲學，它強調人們在社會生活中的責任和義務。在儒家經典中，雖然也時常會出現「天」或者「道」的字眼，但是其意義絕對不是道家形而上學的「道」，而是一種將人倫道德和「天道」結合的二合一的東西。合乎人倫道德的，也就合乎了「天道」。「思無邪」的觀點對社會的不同階層都有要求，統治者要「思想純正」，言行合乎人倫道德（即「禮」），自身做好了表率，才能要求被統治者也要遵守作爲人倫道德規範的「禮」，社會上的人們如果都能做到這一點，那麼整個社會當然就會秩序井然，和諧安定，統治者自然也會更容易實現對國家的治理。

孔子是重教的，但是在孔子看來，教育的任務不僅是傳授知識，更重要的是對品行的修養，其中主要表現爲善的德行。善的具體內容是廣義的人道精神，基本觀念便是儒家的仁。顯然，從儒家的思想可以看到懲惡揚善價值取向的哲學來源。

（三）思維的特點

文學如果作爲一種宣傳道德教化的工具，那麼在這一層面上，語言可以視爲文學的工具，人們對語言的選擇會表現出思維形式的特點。

根據臺灣學者黃俊傑的看法，中國人的思維方式較爲常見的有：以已知事物推論未知事物的「類比思維」；將兩種同類的事物或現象聯繫在一起的「聯想性思維」；從具體事物出發進行思考的「具體性思維」。中國傳統的思維方式是「聯想性思維」方式。〔註11〕這種思維方式是將個人、世界以及宇宙都緊緊聯繫在一起，認爲各個部分交互作用、不可分割的思維方式。儒家諸子思想中也蘊含著強烈的「聯想性思維」方式。前面我們已經說過，儒家這種

〔註11〕黃俊傑，傳統中華文化與現代價值的激盪〔M〕，北京：社會科學文獻出版社，2002年，第33～35頁。

社會化的文化中，所謂的「天道」和現實的人倫道德之間沒有什麼截然的界限劃分，因此儒家的文化也沒有嚴格的本體和現象界之分，沒有西方的天國和人間之分，而儒家思想又影響了中國社會的方方面面，因此，從宇宙論、心性論到社會政治論，無不顯示出「聯想性思維」的痕跡。《左傳》辭令體現的價值取向，實際就是強調人和自然，或者說主體和客體之間的相融性。

中國人傳統的思維特點呈現出團圓或圓滿的心理預期，人們總是希望善惡總有相應的報應，這種心理預期在春秋時期呈現出一種復古的情結。當時的人們都認為曾經存在一個烏托邦，並將這種完美的社會形態轉化成一種信仰，在上古美好的「黃金時代」日趨衰落的時候，人們無不期待這種理想社會秩序的重建。人們認為，社會變成「禮崩樂壞」，禮樂必須要復興，社會才能回到預期的理想社會，禮樂是一種外在的表現形式，而內在的實質，則是君主有德義，臣民有忠信，具體言之，則表現出一種懲惡揚善的社會機制，只有善有善終，惡有惡報，人們才能堅信善是要遵守的行為規則。在傳統中國的政治思想世界，政治領域被當成道德的領地。《左傳》的作者也一直在重申和強調善惡有終是社會歷史發展的必然結果。《左傳》在評點歷史人物和事件時，一直以這一點貫穿作品始終，並且，還時常以預言的形式昭示這一懲惡揚善的天道真理，這是由中國人的思維方式決定的。

（四）社會的要求

中國思想有種濃重的注重實際的傾向，文學一直作為一種宣傳道德教化的工具。《論語》是講言行規範的，《詩經》被作為政治禮儀活動的工具，《春秋》是講「春秋大義」的書。這一點與儒家對政治教化的極端重視和以文學為政治工具的做法有密切關係。儒家歷來注重以詩文為教化手段，將文學作為政治的輔助工具。《論語‧陽貨》：

> 小子何莫學夫詩？詩，可以興，可以觀，可以群，可以怨。邇之事
> 父，遠之事君，多識於鳥獸草木之名。〔註12〕

儒家這一文學觀的基本思想原則，後來被唐宋古文學家概括為「文以載道」，貫穿於整個古代文學中。這與西方文學公開標榜「為藝術而藝術」的宗旨是大大不同的。相對於「道」來說，「文」只是手段，是為「道」服務的，「道」永遠處於中心，是主宰。因此，懲惡揚善、宣傳道德教化是社會對文學作品的要求。

〔註12〕劉寶楠，論語正義〔M〕，北京：中華書局，1990年，第689頁。

三、懲惡揚善價值取向的影響

懲惡揚善的價值取向，對後代文學和文化都產生了深遠的影響。

儒家將文學作爲教化手段、政治工具的做法，影響了中國文學發展的方向，成爲中國文化最顯著的特點之一。自從這一文學觀被唐宋古文學家概括爲「文以載道」後，便成爲中國古代文論的中心問題之一。文學一直作爲宣傳正義，譴責邪惡的手段。文學的教化功能被強化，使作家時刻以關心政治和社稷百姓爲己任，即使是書寫自然風光或個人情感的作品，也不忘追求積極向上，眞善美的人生目標。唐白居易在《與元九書》中，就強調「文章合爲時而著，歌詩合爲事而作」。他認爲，不能單純地「嘲風雪，弄花草」，即便是描寫風花雪月，也要符合「詩之六義」，要符合「禮」的規範。他說：風雪花草之物，《三百篇》中豈捨之乎？顧所用何如耳。設如「北風其涼」，假風以刺威虐也；「雨雪霏霏」，因雪以憫徵役也；「棠棣之華」，感華以諷兄弟也；「歌不苡」，美草以樂有子也。皆興發於此而義歸於彼。反是者，可乎哉！然則「餘霞散成綺，澄江靜如練」，「離花先委地，別葉乍辭風」之什，麗則麗矣，吾不知其所諷焉。故僕所謂嘲風雪、弄花草而已。於時六義盡去矣。〔註13〕

白居易的這些話突出地表現出儒家「詩言志」的詩學觀念，「美」、「怒」、「怨」、「刺」的藝術追求，強調文學和社會、政治的聯繫。

這一價值取向的影響對後代影響深遠，如岳飛的《滿江紅》，留給後人一段統一國家，建功立業的雄壯回響；范仲淹「先天下之憂而憂，後天下之樂而樂」的名句引起了有高度社會責任感的人的共鳴；古代長篇小說的例子就更多了，即使是神魔鬼怪小說，如《聊齋》，《西遊記》，書中講述的道理仍不出善與惡的較量，忠和奸的鬥爭。

當然，任何事物都具有兩面性，「文以載道」由於過於看重文學作品的現實意義，就不免使文學的藝術性受到了影響，使文學作品成爲政治的工具。

〔註13〕白居易集卷四十五〔M〕，北京：中華書局，1979年。

第五章 《左傳》中辭令崇禮的風尚

　　《左傳》作爲中國古代一部著名的文史著作，毫無疑問會體現出中國傳統文化的特點，書中的辭令，可以說集中體現了這一點。首先，辭令反映出古代人們崇禮的風尚，書中一直將禮作爲評價人和事件的標準。關於禮的問題，前人已經積纍了豐富的研究成果，然而作爲辭令的相關背景問題，仍然有進一步梳理的需要。行人們對禮的運用，使辭令表現出典雅、含蓄的特點。另外，禮的約束作用也使辭令具有某些固定的模式。

第一節　崇禮的風尚

　　春秋時期，禮經歷了一個質的變化，它從一種貴族享有的禮節威儀逐漸變成了維護社會秩序的基本準則。人們對於禮，不再停留於外在的禮儀形式，而是上升到將其與國家存亡、社會安定和個人發展相結合的層面。人們需在內心對禮虔誠地遵守，將其作爲一種內心的追求。

一、崇禮是春秋時期的普遍風氣

　　春秋和戰國時期不同，春秋時期普遍崇禮，顧炎武曾在《日知錄》卷十三指出：「春秋時代猶尊禮重信。而七國則絕大部分不言禮與信矣。春秋時猶宗周王，而七國則決不言王矣。春秋時猶嚴祭祀、重聘享，而七國則無一言及之矣。春秋時猶宴會賦詩，而七國則不聞矣。春秋時猶有赴告策書，而七國則無有矣。」〔註1〕顧炎武這一席話，道出了兩個時代不同的時代風貌。春

〔註1〕顧炎武，日知錄集釋〔M〕，長沙：嶽麓書社，1994年，第467頁。

秋重禮是大家一致認可的史實，然而，學者對此紛紛發表自己的看法，說明這一時期禮的問題仍然是一個值得研究的問題。

（一）什麼是禮

1. 禮的起源

「禮本源於原始社會求神賜福的宗教祭典儀節。進入文明時代以後，這種宗教祭典儀節便演化爲社會性的禮儀，並趨於制度化。但是這種禮儀不僅是一種動作姿態，也不僅是一種制度，它還是一種象徵體系，它所象徵的是一種社會秩序。」〔註2〕《說文‧示部》釋禮爲：「履也，所以事神致福也。」〔註3〕說的正是禮的起源問題。禮是時代的產物，人並非生來就知道禮和按照禮的要求行事。《周易‧序卦》中說：「有天地然後有萬物，有萬物然後有男女，有男女然後有夫婦，有夫婦然後有父子，有父子然後有君臣，有君臣然後有上下，有上下然後禮義有所錯。」〔註4〕《禮記‧婚義》說：「男女有別而後夫婦有義，夫婦有義而後父子有親，父子有親而後君臣有正，故曰，婚禮者，禮之本也。」是說禮義產生於男女有別，實際就是社會實行個體婚制而告別群婚制。〔註5〕我們可以這樣來理解，社會進入到個體婚制以後，人類有了原始形態的家庭觀念，知父知母，進而知長知幼，知上知下，然後禮義始作。因此說「婚禮者，禮之本也」是有道理的。

今天所說的禮一般指周禮，即周公在殷禮基礎上製作的禮樂制度。在殷代，無論大小事宜，人們都要付諸神靈，因此，殷禮很大程度上就是求神賜福之禮。周代殷以後，自然繼承了殷禮的成分，並且有所發展。周代確立了金字塔式的血緣宗法等級關係，周天子地位最高，諸侯、卿大夫、士階層由高到低，按親緣關係由近及遠，不同階層的人，擁有的權益不同，其宗廟、衣著、樂器等，都有嚴格的等級區分。爲了維護和強化這種等級，周禮便應運而生了。

當然，關於禮的起源問題，人們還有不同看法，例如，荀子的看法是禮源於對欲望的節制，《荀子‧禮論》：「禮起於何也？日：人生而有欲，欲而不

〔註2〕卓智玉，從左傳看春秋的禮治思想〔J〕，廈門教育學院學報，2000 年（1）。
〔註3〕許慎，說文解字‧示部〔J〕，北京：中華書局，1963 年。
〔註4〕周易‧序卦，十三經注疏中華書局影印本〔M〕，1980 年，第 96 頁。
〔註5〕參見金景芳，談禮〔C〕，見：陳其泰主編‧二十世紀中國禮學研究論集‧北京：學苑出版社，1998 年，第 1～2 頁。

得則不能無求，求而無度量分界則不能不爭。爭則亂，亂則窮。先王惡其亂也，故製禮義以分之，以養人之欲、給人之求。」〔註6〕楊向奎先生認爲禮起源於人與人之間的禮物交換，依據是《禮記》中的「禮尚往來，往而不來，非禮也；來而不往，亦非禮也。」〔註7〕我們根據事物發展的一般規律，可以得出這樣的結論：禮在產生的初期，是非常簡單的，經過後來長期的發展，尤其是經過周公製作禮樂進行大規模的改造後，開始變得複雜起來，最終形成了西周禮樂的盛大格局。

2. 禮的發展

西周時期，禮主要還是作爲維護貴族的特權生活，「禮不下庶人」，無論是制度還是儀節，都是一種外在的捍衛貴族統治的行爲規範。一般庶民則被排除在禮的範圍之外。

春秋後期，對禮的論述更加系統化和理論化，禮治思想漸趨成熟，標誌之一就是禮、儀之辨。禮的外在表現形式是禮儀，它是禮的載體，《左傳》中強調禮的內在本質而非外在的形式。《左傳》中昭公五年和昭公二十五年有兩處辭令探討了對禮和儀關係的認識：

> 公如晉，自郊勞至於贈賄，無失禮。晉侯謂女叔齊曰：「魯侯不亦善於禮乎？」對曰：「魯侯焉知禮！」公曰：「何爲？自郊勞至於贈賄，禮無違者，何故不知？」對曰：「是儀也，不可謂禮。禮，所以守其國，行其政令，無失其民者也。今政令在家，不能取也；有子家羈，弗能用也；奸大國之盟，陵虐小國；利人之難，不知其私。公室四分，民食於他。思莫在公，不圖其終。爲國君，難將及身，不恤其所。禮之本末將於此乎在，而屑屑焉習儀以亟。言善於禮，不亦遠乎？」君子謂叔齊於是乎知禮。

魯昭公在外交禮儀上的知禮得到了晉侯的肯定，而晉國大夫女叔齊則認爲，魯侯並非眞正知禮。儀節上的按章辦事只不過說明他瞭解了禮的外在形式而並沒有理解禮的本質。對於國君來說，禮是守國治民的重要手段，而魯國當時四分五裂，民不思君，國難將及身，這些都說明了魯侯並不會運用禮來治國安民，沒有理解禮的本質，只是熟習了儀——禮的外在表現形式而已。《左傳》的作者也應該是同意這一觀點的。《左傳·昭公二十五年》還有一例：

〔註6〕 清·王先謙，荀子集解〔M〕，北京：中華書局，1988年，第346頁。
〔註7〕 清·孫希旦，禮記集解〔M〕，北京：中華書局，1989年，第11頁。

> 子大叔見趙簡子，簡子問揖讓、周旋之禮焉。對曰：「是儀也，非禮
> 也。」簡子曰：「敢問，何謂禮？」對曰：「吉也聞諸先大夫子產曰：
> 『夫禮，天之經也，地之義也，民之行也。』……」

此時，禮不再「不下庶人」，如上文所述，禮是「上下之紀、天地之經緯也，
民之所以生也」，因此守禮成為了治國安邦的良策。禮不再僅僅局限於捍衛貴
族的統治，無論是特權階層還是普通國人，都納入了禮的範圍，毫無疑問這
較西周時是一大進步。

3. 孔子對發展禮的貢獻

孔子在對春秋禮治思想進行繼承的基礎上，又將其推向深入。孔子極力
推崇周禮，「周監於二代，郁郁乎文哉！吾從周。」〔註8〕孔子以仁釋禮，他
認為仁和禮是事物的兩個方面。《論語・八佾》中有：「子曰：『人而不仁，如
禮何？人而不仁，如樂何？』」〔註9〕人必須要以仁為本，如果缺乏仁，則禮
和樂就不再成其為禮樂了。禮是仁的外在表現形式，仁是禮的實質內容。仁
即「愛人」，《論語・顏淵》：「樊遲問仁。子曰：『愛人。』」〔註10〕禮本來以
嚴格的血緣關係為基礎，仁也以血緣為紐帶但不拘泥於此，將對親人的愛延
及他人，所謂「老吾老以及人之老，幼吾幼以及人之幼」，〔註11〕由此將禮的
範圍擴大到了全民的層面，間接地維護了全民的利益。禮使人們互相關心，
同時人們又能各安其位，互相之間保持一定的尊卑貴賤等級，人人都以周禮
來約束自己的行為，整個社會就會是一片和諧的狀態。

孔子主張治國以禮，他將傳統的禮與宗法制相結合，「用以治國坊民的
禮，同仁、義聯繫起來，使之成為道德之禮，並且視之為人性自然流露的結
果。由孔子開先河，先秦儒家以禮與仁規定人的本質屬性，確定自我在宇宙
間的位置，使人擺脫與自然纏繞不清的混沌狀態，」〔註12〕孔子之後，孟子、
荀子等又對禮的起源、本質和作用等進行了系統的論述，使禮的學說體系相
對完整，並對後世禮學思想產生深遠的影響。

〔註 8〕楊伯峻，論語譯注〔M〕，北京：中華書局，1980年，第28頁。
〔註 9〕楊伯峻，論語譯注〔M〕，北京：中華書局，1980年，第24頁。
〔註10〕楊伯峻，論語譯注〔M〕，北京：中華書局，1980年，第131頁。
〔註11〕孟子・梁惠王上，清・焦循，孟子正義〔M〕，北京：中華書局，1987年，第
31～68頁。
〔註12〕楊志剛，中國禮學史發凡〔C〕，見：陳其泰主編，二十世紀中國禮學研究論
集，北京：學苑出版社，1998年，第127頁。

（二）禮的本質

　　無論對禮的論述有多麼完備，禮的實質其實一言以蔽之就是維護等級制度。《禮記・曲禮上》說：「夫禮者，所以定親疏，決嫌疑，別同異，明是非也。」〔註13〕禮實際就是講等級的。《左傳・宣公十二年》記：晉武子說：「其君之舉也，內姓選於親，外姓選於舊。舉不失德，賞不失勞。老有加惠，旅有施捨。君子小人，物有服章。貴有常尊，賤有等威，禮不逆也。」後來《孟子・滕文公上》有：「夫物之不齊，物之情也，或相倍蓰，或相什百，或相千萬，子比而同之，是亂天下也。」〔註14〕世間的事物本身存在著不同，人在群體中也一樣是相差懸殊，將不同的事物同而視之就會引起天下大亂，對待人也是一樣，因此等級的存在就是很自然的事情了。「等級是一切有組織的群體，所不能避免的，」〔註15〕例如《左傳・昭公二十六年》晏子強調以禮治國：

> 唯禮可以已之。在禮，家施不及國，民不遷，農不移，工賈不變，
> 士不濫，官不滔，大夫不收公利。

又說：

> 禮之可以爲國也久矣，與天地並。君令，臣共，父慈、子孝，兄愛、
> 弟敬，夫和、妻柔，姑慈婦聽，禮也。君令而不違，臣共而不貳；
> 父慈而教，子孝而箴；兄愛而友，弟敬而順；夫和而義，妻柔而正；
> 姑慈而從，婦聽而婉：禮之善物也。

晏子強調即使是施善之舉，也要有一定的限度，不能超出自己擁有的地位和權限，否則也是僭越禮制。「家施不及國」，大夫的封地稱爲「家」，諸侯的封地稱爲「國」，大夫不能達到諸侯的標準，否則就不合於禮；另外，禮作爲一種倫理準則，君臣、父子、兄弟、夫妻都要遵守一定的原則，不能破壞宗法秩序。君臣之間，臣子要以禮事其君，但禮要針對所有的人，君王也不能排除在外，也要守君之禮，否則臣也可以不以君視之。禮對男女的要求首先是要有別，《莊公二十四年》御孫說「男女之別，國之大節也」，《僖公二十二年》叔詹說「無別不可謂禮」，這些都說明，禮實際上是一定的等級，違禮，就是僭越了所在的等級標準。

〔註13〕清・孫希旦，禮記集解〔M〕，北京：中華書局，1989年，第6頁。

〔註14〕清・焦循，孟子正義〔M〕，北京：中華書局，1987年，第399頁。

〔註15〕參見金景芳，談禮〔C〕，見：陳其泰主編・二十世紀中國禮學研究論集・學苑出版社，1998年，第4頁。

二、禮的作用

（一）禮是人之爲人的標誌，是華夏民族的特徵

華夏民族一直被稱爲禮儀之邦，禮成爲華夏民族的標誌。禮也一直作爲社會意識中人與禽獸的根本區別，《禮記》中有：「鸚鵡能言，不離飛鳥；猩猩能言，不離禽獸。今人而無禮，雖能言，不亦禽獸之心乎！」鸚鵡能模仿人說話，但終究是飛鳥。猩猩會學人說話，但它仍是禽獸。人與動物的根本差別不在語言，而是在於有沒有「禮」。文中還有「凡人之所以爲人者，禮義也」等言辭，都是說的這個道理。

春秋時期，人類去古未遠，在思想意識中依然保留著很多人與動物之間關係的早期觀念。《孟子》中有：「人與禽獸之別幾希。」〔註16〕說的就是人與禽獸的區別並不多。人之所以爲人，其主要標誌就是人類懂得禮，而動物不能夠做到這一點。我們不曾看到過動物們有謙虛禮讓、彬彬有禮的態度。於是，有聖人制定了禮來教育人，「爲禮以教人，知自別於禽獸」，讓人們明白自己與禽獸的區別，自覺以禮修身。

《左傳·定公十年》孔穎達正義云：「中國有禮儀之大，故稱夏；有章服之美，謂之華。」「華夏」是古代中國人的自稱。中國具有五千年文明史，素有「禮節之邦」之稱，禮的觀念深入人心，遵守華夏的禮儀規範和行爲準則才可以稱得上是華夏族，不然就是不開化的蠻夷之族。春秋戰國時期，中原地區農業文明已經比較發達，生活穩定，但周邊民族還以漁獵爲主，逐水草而居，文明程度不高。華夏族憑藉規範成熟的禮儀制度和更高的物質文明走在時代的前列，對周邊的落後民族不免心生不屑，當時，中原人用東夷、南蠻、西戎、北狄來稱呼四周的少數民族。認爲自己與其的主要區別就在於具有文明的標誌——禮，而且禮是可以因襲的，所謂「夷入夏則爲夏，夏入夷則爲夷」說的就是這個問題。當時周邊民族有的進入中原，見中原人衣冠整潔，舉止文雅，心生羨慕，受薰陶久了，就被同化了；反過來，本來文明程度較高的中原人模仿少數民族的原始習俗，也變得和他們一樣落後了。

在古代中原地區，雖然各地的風俗習慣相差懸殊，然而，人們對於禮有著一致的認同，人們都知道尊老愛幼，褒揚謙遜眞誠、好善樂施的行爲，對於禮都是一樣的尊崇。禮在中國傳統文化中地位相當重要。在中國人的眼中

〔註16〕清·焦循，孟子正義〔M〕，北京：中華書局，1987年，第567頁。

禮是一切行為的準則，無論是對於國家還是對於個人，它都是一個基本的準則。中國人以其彬彬有禮的風采而著稱於世，因此，中國歷來被稱為「禮儀之邦」。

華夏族是一個內斂的民族，提倡人的行為要「發乎情，止乎禮」，不能放縱自己的情感，否則就容易鬧出事端來。儒家提倡中庸之道，中庸所追求的修養的最高境界是至誠或者至德，教育人們自覺地進行自我修養、自我完善，把自己培養成為具有理想人格的人物。中庸要求人處事要適量、得當，不偏不倚，所謂「過猶不及」。如果過分張揚人性，肆意放縱，那麼就與獸類沒什麼區別了。因此要做到「樂而不淫、哀而不傷」，凡事都不過分，從容面對一切。「喜怒哀樂之未發，謂之中；發而皆中節，謂之和」，〔註 17〕如果在任何時候都能做到波瀾不驚，恰到好處，就達到了「和」的境界，是一種很高的修養。《荀子‧禮論》曾經說過：「禮起於何也？曰：人生而有欲，欲而不得，則不能無求；求而無度量分界，則不能不爭；爭則亂，亂則窮。先王惡其亂也，故製禮義以分之，……」〔註 18〕荀子這裏說的是禮制的起源和作用，這一推論是否經得起推敲我們暫且不談，但至少荀子說出了禮節制欲望的作用。「禮之用，和為貴」，禮的最終目的，就是造就和諧的人類社會。

「禮儀之邦」中的「禮」和「儀」，實際上是不同的概念。「禮」是實質的內容，「儀」是「禮」的表現形式。中國人的禮，非常強調內在的德性，把它當做學習禮的起點，認為人應該具有誠信、正直、善良的本性；有了內在的禮，才能反映為外在的「儀」。所謂「文質彬彬」就是說要有內在樸實的「質」，也要有文明人的典雅的「文采」，即「文」，人修身必須在「質」和「文」兩個方面都要下工夫才行。

禮是中華民族價值觀和行為方式的體現。禮所涉及的範圍十分廣泛，幾乎滲透於古代社會的各個方面。禮的原則是與人為善，處處為對方著想。首先是講尊卑等級，尊敬長輩；交往時則以對方為尊，對對方心存敬意，實際上是彼此尊敬。中國歷史上最早實行禮治的是周文王，他重視禮樂教化的力量，《史記‧周本紀》：「西伯陰行善，諸侯皆來訣平。於是虞、芮之人有獄不能訣，乃如周，入界，耕者皆讓畔，民俗皆讓長。虞、芮之人未見西伯，皆慚，相謂曰：『吾所爭，周人所恥，何往為，祇取辱耳。』遂還，俱讓而去。」

〔註17〕禮記‧中庸，十三經注疏〔M〕，北京：中華書局，1980 年。
〔註18〕（清）王先謙，荀子集解〔M〕，北京：中華書局，1988 年，第 346 頁。

可見禮治在社會生活中發揮著重大作用。現代的禮節與古代的禮節已有很大差別，但二者在發揮社會作用方面是一致的，都具有協調人際關係，塑造和諧文明的社會風氣的作用。因此，後代為政者都十分重視禮的教化作用。

（二）禮是治國的根本

西周時期，人們實際把德作為政治基礎，天德和人德的統一會讓百姓覺得統治者的權力是神授的，是天經地義的，因此才能安於統治，這是當權者的目的所在。這同時需要將德化為切實的外在的行為規範，統治者就將其付諸於禮，各個德目都要通過禮表現出來。因此典章制度的制訂，一定要符合禮的原則，禮就由社會性禮儀逐漸轉變成為以德為核心的國家典章制度。作為國家行政管理的原則，通過禮的方式，把殘留在人性中的動物性轉變為理性，規範人們的行為，從而維持國家的長治久安。

禮是治理國家的根本，這一點為當時許多政治家所認識到，《左傳》中多處闡述了此類觀點。可以說，禮的作用在《左傳》中被空前強調。例如：《左傳·隱公十一年》中說道：「禮，經國家，定社稷，序民人，利後嗣者也。」指出禮的作用是治理國家、安定社稷、讓百姓有序，是對後代有利的。《左傳·僖公十一年》中，周內史過受命到晉國賜命，晉惠公在接待內史時表現得不是很恭敬，內史過便預言說：「晉侯其無後乎！王賜之命，而惰於受瑞，先自棄也已，其何繼之有？禮，國之幹也；敬，禮之輿也。不敬，則禮不行；禮不行，則上下昏，何以長世？」內史過的預言不久果然應驗，晉惠公的兒子晉懷公即位不足半載，晉文公復國，懷公便一命嗚呼了。在這裏，內史過提出了「敬」的概念，意思是說禮在被貫徹時一定要發自內心，禮雖然是外在的東西，但是誠於中才能敬於外，就是說，應該把禮作為一種內心自覺的追求，這才達到了真正的運用禮來治理國家。《左傳·襄公三十一年》，衛大夫北宮文子在出使鄭國時受到了子產的高度禮遇，回國後，他對衛襄公說：「禮之於政，如熱之有濯也。濯以救熱，何患之有？」《左傳·莊公二十三年》，魯國曹劌對於禮也有一段精彩的論述：

> 二十三年夏，公如齊觀社，非禮也。曹劌諫曰：「不可。夫禮，所以整民也。故會以訓上下之則，制財用之節；朝以正班爵之義，帥長幼之序；征伐以討其不然。諸侯有王，王有巡守，以大習之。非是，君不舉矣。君舉必書，書而不法，後嗣何觀？」

莊公二十三年夏天，魯莊公到齊國去觀看社祭，這不合於禮。曹劌勸說：「不

可以。禮，是用來整飭百姓的。因此會見用以訓示上下等級之法則，制訂財賦節用的標準；諸侯之間互見用以排列爵位等級和長幼的次序；征伐是用以攻打對上不敬的做法。諸侯朝聘天子，天子視察四方，用以熟悉朝見的制度，不是這樣的話，國君是不會有舉動的。國君有舉動，史官一定要予以記載。史書記載又不合於禮法，後世子孫又看到什麼呢？」又《左傳・閔公元年》記：

> 仲孫歸曰：「不去慶父，魯難未已。」公曰：「若之何而去之？」對曰：「難不已，將自斃，君其待之！」公曰：「魯可取乎？」對曰：「不可，猶秉周禮。周禮，所以本也。臣聞之，國將亡，本必先顛，而後枝葉從之。魯不棄周禮，未可動也。君其務寧魯難而親之。親有禮，因重固，間攜貳，覆昏亂，霸王之器也。」

齊桓公根據仲孫關於魯國內亂的彙報，打算攻打魯國，仲孫則認為不能輕取，因為「魯不棄周禮」。可見，禮對於維護社會等級、社會秩序，甚至是國家安定意義都是十分重大的。禮被用來治理國家，受到大力提倡。就連孔子也看到了這一點，他在《論語・先進》中說道：「為國以禮。」充分認識到了禮在治國方面的重要作用。

（三）禮是外交的手段

春秋時期，諸侯國之間征戰頻繁，故後世有「春秋無義戰」之說，但是一旦交戰，卻要找個冠冕堂皇的理由，使自己在輿論上處於一個有利於自己的地位。列國之間征戰有很多原因，其中之一便是以對方「無禮」為藉口。例如《左傳・僖公四年》：

> 四年春，齊侯以諸侯之師侵蔡。蔡潰，遂伐楚。楚子使與師言曰：「君處北海，寡人處南海，唯是風馬牛不相及也。不虞君之涉吾地也，何故？」管仲對曰：「昔召康公命我先君大公曰：『五侯九伯，女實征之，以夾輔周室！』賜我先君履，東至于海，西至于河，南至于穆陵，北至于無棣。爾貢包茅不入，王祭不共，無以縮酒，寡人是徵。昭王南征而不復，寡人是問。」對曰：「貢之不入，寡君之罪也，敢不共給？昭王之不復，君其問諸水濱！」師進，次于陘。

管仲與楚使者進行交涉，首先對自己擁有的權利進行確認，使自己站在一個合理的興師的地位，然後找了兩個楚國無禮的理由，其一是楚國沒有按時上交周朝的貢奉，另一個是曾經對楚昭王的死負有責任。在楚國使者的申辯之

下，可以看出，這都是管仲找來的藉口。需要上交的包茅並沒有不交；根據史料，當時離昭王南征的時間也已經超過幾百年了，很明顯，這就是找來的藉口。即便是藉口，也要讓大家覺得對方是無禮的，自己才是正義的一方，以便在輿論上佔據有利地位。

春秋時期，外交活動頻繁，禮是外交鬥爭的重要工具，各個國家也將其作為重要的外交準則加以遵守。《左傳・哀公十五年》：

> 夏，楚子西、子期伐吳，及桐汭，陳侯使公孫貞子弔焉，及良而卒，將以尸入。吳子使大宰嚭勞，且辭曰：「以水潦之不時，無乃廩然隕大夫之尸，以重寡君之憂，寡君敢辭。」上介芋尹蓋對曰：「寡君聞楚為不道，薦伐吳國，滅厥民人。寡君使蓋備使，弔君之下吏。無祿，使人逢天之戚，大命隕隊，絕世於良。廢日共積，一日遷次。今君命逆使人曰『無以尸造於門』，是我寡君之命委於草莽也。且臣聞之曰：『事死如事生，禮也。』於是乎有朝聘而終、以尸將事之禮，又有朝聘而遭喪之禮。若不以尸將命，是遭喪而還也，無乃不可乎！以禮防民，猶或逾之，今大夫曰『死而棄之』，是棄禮也，其何以為諸侯主？先民有言曰：『無穢虐士。』備使奉尸將命，苟我寡君之命達於君所，雖隕於深淵，則天命也，非君與涉人之過也。」吳人內之。

是年楚攻打吳國，陳閔公派使臣公孫貞子到吳國慰問，不想到良地卻去世了，隨從準備把屍體帶入吳國都城。但是吳卻以大雨會毀壞屍體為由拒絕其柩入城，陳國副使據理力爭，因為依照禮的規定，吳國應當為使臣殯殮，副使芋尹蓋說：「臣聞之曰：視死如視生，禮也。」侍奉死者應該向對待生者一樣，不接納使者的屍體就是不接納國君幫助吳國的命令，禮儀中有以屍體完成聘禮和遇有受聘國君去世的禮儀。並且進一步說，用禮來治理人民尚且有人違反，死了就放棄使命就是丟了禮，因此我們將奉屍體完成使命。吳人不得已，只得依禮而行。陳國本來很弱小，但一番依禮的辭令卻使強吳折服，從中我們也可知當時在列國交往中都要遵守詳細的禮儀規定。

同時，諸侯國在交往中也有因為守禮而使外交關係緩和的事情。《左傳・襄公二十八年》中有：

> 夏，齊侯、陳侯、蔡侯、北燕伯、杞伯、胡子、沈子、白狄朝于晉，宋之盟故也。齊侯將行，慶封曰：「我不與盟，何為於晉？」陳文子曰：「先事後賄，禮也。小事大，未獲事焉，從之如志，禮也。雖不與盟，敢叛晉乎？重丘之盟，未可忘也。子其勸行！」

諸侯國君準備去朝見晉國，齊景公也打算跟從，慶封認爲齊國沒有參加盟誓，反對齊景公參加，但陳文子認爲先考慮大事，再考慮財物是合乎禮的，小國侍奉大國並順從大國的意願也是合乎禮的。齊景公於是依禮而行，朝見晉國，從而緩和了與晉國的關係。

（四）禮是人格高低的評判標準

古代儒家觀念中有「安身立命」的傳統思想。《論語・爲政》中說「三十而立，四十而不惑，五十而知天命。」身心安頓是每個人生活的基本要求，在此基礎上，才能夠談立命，即在衣食生活的滿足之後進行個人修養的提升。春秋時代，人們注意到並開始高度重視禮對於個人的重要意義。《昭公七年》記有「禮，人之幹也。無禮，無以立。」一個人如果不守禮，就會遭到人們的批評，甚至影響到他的前途和命運。例如《左傳・定公十五年》中有：

> 十五年春，邾隱公來朝。子貢觀焉。邾子執玉高，其容仰；公受玉卑，其容俯。子貢曰：「以禮觀之，二君者，皆有死亡焉。夫禮，死生存亡之體也。將左右、周旋，進退、俯仰，於是乎取之；朝、祀、喪、戎，於是乎觀之。今正月相朝，而皆不度，心已亡矣。嘉事不體，何以能久？高、仰，驕也；卑、俯，替也。驕近亂，替近疾，君爲主，其先亡乎！」

子貢從二人的儀態看出二人都將死亡，因爲禮是「死生存亡之體」，對禮的態度決定著人們的命運。

對於禮，人們當時強調要從內心去遵守，對此提出了「敬」的概念。「敬，禮之輿也，不敬則禮不行。」因此，在《左傳・僖公十一年》，周內史過受命到晉國賜命，晉惠公在接待內史時表現得不是很恭敬，內史過便發出「晉侯其無後乎」的預言。

《左傳》敘述史事中間常常夾雜「君子」的評語，評判標準通常是「禮也」或是「非禮也」，比如《隱公五年》：

> 五年春，公將如棠觀魚者。臧僖伯諫曰：「凡物不足以講大事，其材不足以備器用，則君不舉焉。君將納民於軌、物者也。故講事以度軌量謂之軌，取材以章物採謂之物，不軌不物，謂之亂政。亂政亟行，所以敗也。故春蒐、夏苗秋獮、冬狩，皆於農隙以講事也。三年而治兵，入而振旅。歸而飲至，以數軍實。昭文章，明貴賤，辨等列，順少長，習威儀也。鳥獸之肉不登於俎，皮革、齒牙、骨角、

毛羽不登於器，則公不射，古之制也。若夫山林、川澤之實，器用
之資，阜隸之事，官司之守，非君所及也。」公曰：「吾將略地焉。」
遂往，陳魚而觀之，僖伯稱疾不從。書曰「公矢魚於棠」，非禮也，
且言遠地也。

魯隱公準備去一個很遙遠的棠地去看人家捕魚，臧僖伯勸阻說：根據禮制，
國君要為民眾樹立法度，應該專心去做利國利民的大事，否則是會亂政亡國
的。魯隱公不聽勸阻，堅持要去，臧僖伯藉口生病沒有跟從。魯國的史官將
它寫進了史書，是因為隱公的做法不合禮，為了警示後人。《左傳》裏類似的
記載非常之多。

古代的禮，包含了一套以道德為核心的制度。禮在當時人們的心中意味
著道德的崇高，外在的禮儀規範實際上要以內心道德的提升為基礎。

孔子教導他的學生，要以道德高尚的「君子」為榜樣，不能只是為了個
人的陞遷，而是要經世濟民；不能只是單純的學習知識，更加重要的是要不
斷提升自身的境界，完善自己的人格。把「道之以德，齊之以禮」（《論語·
為政》）視為提高民眾素養的根本辦法，孔子認為禮是達到這個目標的途徑，
因此，孔子特別強調對於禮的學習，他說道：「不學禮，無以立。」（《論語·
季氏》）把「禮」視為個人立身處世的基礎，要成為道德高尚的君子，就一定
要用禮來修身，禮是進德修身的階梯。所以《左傳》中有「禮，身之幹也」
之語。

如何提升修養，做一個有禮之人？孔子在其學說中有一個重要的概念是
「克己復禮為仁」，《論語·顏淵》中有：「顏淵問仁。子曰：『克己復禮為仁。
一日克己復禮，天下歸仁焉。為仁由己，而由人乎哉？』顏淵曰：『請問其目。』
子曰：『非禮勿視，非禮勿聽，非禮勿言，非禮勿動。』」〔註 19〕顏淵請教孔
子怎樣達到仁的境界，孔子回答說：努力約束自己並使自己的行為符合禮的
要求就可以達到仁的境界了，孔子還解釋了具體的做法，即：不符合禮的事，
不去看、不去聽、不去說，也不去做。因此，這一關於禮和仁關係的論斷實
際上在說一種具體的學習和提升修養的方法。孔子一直強調要學習各種禮
儀，做事要依禮而行，要注意約束自己，克服種種不良的習性以及私心，不
符合禮的事就不要去做，這樣努力之後就會成為一個品格高尚的「仁者」。

〔註 19〕楊伯峻，論語譯注〔M〕，北京：中華書局，1980 年，第 123 年。

三、禮與史官

（一）史官是禮儀活動的參與者和指導者

從《左傳》的相關章節我們可以看到，史官和禮的關係十分密切，禮儀活動中，少不了史官的參與，並且，產生疑難問題時人們還要向史官請教。周王室設有史官，有大史、小史、內史、外史、左史、右史等，而且史官的職責和分工很細，這在《周禮・春官》中有明確記載。如「大史」是職位很高的史官，他要參加新王登基策命的典禮，還掌管記錄時事，保管文書等事務，「大史掌建邦之六典」；〔註20〕小史是輔佐大史的，同大史相比，他們是掌小事的，「小史掌邦國之志」。〔註21〕再有內史，《左傳》中多次出現周內史叔興、內史過等史官的言論，《周禮》說內史「掌書王命」，〔註22〕策命諸侯及公卿大夫，如《左傳・僖公二十八年》載：「王命尹氏及王子虎、內史叔興父策命晉侯為侯伯」；外史的職務是「掌書外令，掌四方之志，掌三皇五帝之書」，〔註23〕古代有「左史記言，右史記事」的說法，不管這一說法是否可信，至少可以看出，史官的分工和職責是十分細緻、明確的。從《左傳》的相關章節我們可以看出，各種禮儀活動中都不能缺少使官的參與，如《左傳・襄公四年》載：「魏絳曰：昔周辛甲之為大史也，命百官，箴王缺。」並且史官還時常留下精闢的有價值的言論，例如內史過就多次發表過這樣的言論，《左傳・僖公十一年》：

> 天王使召武公、內史過賜晉侯命，受玉惰。過歸，告王曰：「晉侯其無後乎！王賜之命，而惰於受瑞，先自棄也已，其何繼之有？禮，國之幹也；敬，禮之輿也。不敬，則禮不行；禮不行，則上下昏，何以長世？」

另外《左傳・莊公三十二年》也有相關的言論。史官對禮的深刻分析，與他們所負的職責有關，史官是掌禮之官，這從《周禮》中也可明確地看到。再如史墨對禮與治亂的關係也曾進行論述：

《左傳・昭公三十二年》：

> 趙簡子問於史墨曰：「季氏出其君，而民服為，諸侯與之；君死於外

〔註20〕 清・孫詒讓，周禮正義〔M〕，第 2079 頁。
〔註21〕 清・孫詒讓，周禮正義〔M〕，第 2098 頁。
〔註22〕 清・孫詒讓，周禮正義〔M〕，第 2136 頁。
〔註23〕 清・孫詒讓，周禮正義〔M〕，第 2136～2137 頁。

而莫之或罪，何也？」對曰：「物生有兩、有三、有五、有陪貳。故天有三辰，地有五行，體有左右，各有妃耦，王有公，諸侯有卿，皆有貳也。天生季氏，以貳魯侯，爲日久矣。民之服焉，不亦宜乎！魯君世從其失，季氏世修其勤，民忘君矣。雖死於外，其誰矜之？社稷無常奉，君臣無常位，自古以然。故《詩》曰：『高岸爲谷，深谷爲陵。』三后之姓於今爲庶，王所知也。在《易》卦，雷乘《乾》曰《大壯》䷡，天之道也。昔成季友，桓之季也，文姜之愛子也。始震而卜，卜人謁之，曰：『生有嘉聞，其名曰友，爲公室輔。』及生，如卜人之言，有文在其手曰『友』，遂以名之。既而有大功於魯，受費以爲上卿。至於文子、武子，世增其業，不廢舊績。魯文公薨，而東門遂殺適立庶，魯君於是乎失國，政在季氏，於此君也四公矣。民不知君，何以得國？是以爲君愼器與名，不可以假人。」

史墨向趙簡子解釋「季氏出其君」的原因是魯君沒有做到「愼器與名」。

當人們不確定一些做法是否合禮的時候，往往要咨詢史官，因爲史官深諳禮樂知識，他們能夠對禮的問題予以指導，如《左傳·昭公十七年》：

夏六月甲戌朔，日有食之。祝史請所用幣。昭子曰：「日有食之，天子不舉，伐鼓於社；諸侯用幣於社，伐鼓於朝。禮也。」平子禦之，曰：「止也。唯正月朔，慝未作，日有食之，於是乎有伐鼓、用幣，禮也。其餘則否。」大史曰：「在此月也。日過分而未至，三辰有災。於是乎百官降物，君不舉，辟移時，樂奏鼓，祝用幣，史用辭。故《夏書》曰：『辰不集于房，瞽奏鼓，嗇夫馳，庶人走。』此月朔之謂也。當夏四月，是謂孟夏。」平子弗從。昭子退曰：「夫子將有異志，不君君矣。」

祭祀的祝史因日食請示如何「用幣」，昭子和平子的看法有分歧，最終由太史引用《夏書》進行了解釋。

（二）史官是禮的捍衛者和犧牲者

周代統治者每當遇有重大的政治活動都由史官記錄下來，向天下灌輸禮儀的思想，樹立禮法的典型，用來影響社會和後代；對不合禮的行爲則進行譴責，對違禮者予以懲戒，以維護統治秩序。但是統治者的行爲卻並不總是合於禮法，因此，史官要做到秉筆直書有時候是要作出重大犧牲的，爲了捍衛禮，有的人甚至要以犧牲生命爲代價。如《左傳·襄公二十五年》：

> 大史書曰：「崔杼弒其君。」崔子殺之。其弟嗣書，而死者二人。其
> 弟又書，乃舍之。南史氏聞大史盡死，執簡以往。聞既書矣，乃還。

崔杼殺了齊莊公，這件事被史官如實記載下來，史官因此被崔杼殺了，他的
弟弟接替他又秉筆直書，也被崔杼殺了；他的另一個弟弟又冒死書之，崔杼
被他們秉筆直書、視死如歸的精神所震撼，沒有再殺掉他。南史聽說此事，
也準備前往冒死直書，聽說史官已將此事書於史冊才返回。這幾位史官寧可
遭受殺身之禍，也要直書非禮之舉，捍衛周禮，實為可歌可泣。還有《左傳・
宣公二年》：

> 乙丑，趙穿攻靈公於桃園。宣子未出山而復。大史書曰：「趙盾弒其
> 君。」以示於朝。宣子曰：「不然。」對曰：「子為正卿，亡不越竟，
> 反不討賊，非子而誰？」宣子曰：「嗚呼，《詩》曰『我之懷矣，自
> 詒伊戚』，其我之謂矣。」孔子曰：「董狐，古之良史也，書法不隱。
> 趙宣子，古之良大夫也，為法受惡。惜也，越竟乃免。」

九月二十六日，趙穿在桃園殺掉了晉靈公。趙盾還沒有走出國境聽說靈公被殺
便回來了。太史董狐記載道：「趙盾殺了他的國君。」趙盾否認這一說法。但董
狐解釋說，逃亡不出國境，這是沒有斷絕君臣關係，回來又不討伐叛賊，是沒
有盡臣子的職責，按照禮法便只能這樣說。孔子稱讚董狐是個直書不隱的好史
官，絲毫也不畏懼趙盾的位高權重，按照禮法進行史實的記錄；趙盾也是個好
大夫，只是因為史官的記事原則而蒙受了弒君的惡名，因其未逃出國境蒙受詬
名而替他惋惜。

正是因為君主的舉動要受到史官的記載，因此，史官如果秉筆直書，捍
衛周禮，是對君主有震懾作用的，統治者對此也十分擔心，如《左傳・襄公
二十年》：

> 衛寧惠子疾，召悼子曰：「吾得罪於君，悔而無及也。名藏在諸侯之
> 策，曰：『孫林父、寧殖出其君。』君入，則掩之。若能掩之，則吾
> 子也。若不能，猶有鬼神，吾有餒而已，不來食矣。」悼子許諾，
> 惠子遂卒。

再如《左傳・莊公二十三年》：

> 二十三年夏，公如齊觀社，非禮也。曹劌諫曰：「不可。……君舉必
> 書，書而不法，後嗣何觀？」

曹劌勸諫莊公不要去齊國觀社，並以「君舉必書」來進行警示，莊公因此最
後遵從禮制，控制了一己私欲，取消了此舉。

四、禮的發展和破壞並存：霸權思想發展的社會背景下禮的無奈

（一）禮崩樂壞的不可逆轉

　　隨著春秋後期社會變動的加劇，原有禮治秩序遭到破壞，社會走到了一個禮崩樂壞的階段。這一變化的出現是社會發展的必然，從某種意義上說，也不失為一種進步。之所以這樣說，是因為在春秋圖霸圖存的社會背景下，如果再像從前固守禮制的各種教條，就會變得僵化愚蠢和可笑，比如《左傳·僖公二十二年》，宋襄公在泓之戰中嚴守古禮，最後敗下陣來。實際上，宋襄公雄心勃勃，他一直想繼承齊桓公的霸主事業，但宋國是個小國，想要當盟主是不太現實的事情，因此大臣公子目夷不贊成，但宋襄公不重實際，一意孤行。為了表現自己有禮，去參加盟主大會不帶兵馬，結果楚成王和宋襄公都想當盟主，爭鬧起來，楚人囚禁了宋襄公。後經調解，楚成王做了盟主，才把他放了。鄰近的鄭國也跟楚成王一起反對他，宋襄公決定征伐鄭國，鄭國便向楚國求救。楚成王直接去打宋國，宋襄公連忙趕回來。兩軍在泓水隔岸對陣以後，楚軍開始渡過泓水，進攻宋軍。公子目夷瞧見楚人忙著過河，就勸宋襄公趁他們還沒渡完的時候趕快迎頭打過去，宋襄公認為這是不夠仁義的做法而沒有照辦。眼見全部楚軍已經渡河上岸，正忙著排隊擺陣勢，公子目夷又勸宋襄公說趁他們還沒擺好陣勢，趕快打過去，宋襄公責備他太不講仁義了。楚國的兵馬擺好陣勢後，瞬間將宋國打敗。宋襄公大腿上中了一箭後逃跑。宋國人紛紛都埋怨他不該跟楚國人打仗，更不該那麼打，宋襄公卻說了一番「仁義」之言。宋襄公的仁義之舉卻沒有得到任何回報，自己卻因受了重傷，過了一年抱憾而死。

　　宋襄公的仁義在強權面前變得無力而迂腐，在那樣一個「禮壞樂崩」的時代，「君子」已經沒有立足之地了，更何況是在戰爭中，宋襄公卻死守君子之道，不知變通，只能落下一個遭國人批評和怨恨，被後人恥笑的下場。

　　相比之下，鄭莊公則靈活得多。鄭莊公人稱「鄭莊小霸」，雖然他較宋襄公所處的時代要早幾十年，但他卻擁有超前的意識和作為。鄭莊公在政治軍事外交活動中，作出了當時令人震驚的大事，其中之一就是「射王中肩」（另外還有「鄭之入許」和「抵抗北戎」），這在春秋初年，是具有超人的膽量才能夠做到的。周王是所謂的「天子」，擁有至高無上的權力，敢於與之交戰並使其受傷，當時還是很讓人難以置信的。當然，鄭莊公還是很有限度的，馬上下令收兵，並且事後還派人去慰問。但這足以說明，早在春秋初期，禮崩

樂壞已經是一種不可逆轉的發展趨勢了。即便是宋襄公，也是希望以守禮仁義之舉達到稱霸的目的。崇霸已是一種社會發展的趨勢。

這種發展趨勢還表現在許多禮儀被僭越。魯國季氏曾越禮用了天子的禮制規定的「八佾舞於庭」，這是一種對周禮等級的僭越行為，孔子對此極為不滿，這同時也說明當時這種不行周禮的事是時有發生的。諸侯、卿大夫的實際能力越來越膨脹，有權有勢的卿大夫敢於僭越周禮，越制享受，這表明周天子已經失去了權威性。維護周禮規定的等級制度是為了維護周天子的特權，維持社會的穩定，然而社會上諸侯爭霸，連年征戰，禮崩樂壞乃大勢所趨。

（二）破壞和堅持共存

春秋時期，儘管周天子逐漸失去了先前的威嚴，但仍然對諸侯國具有很大的影響，無論霸主怎樣顯赫，往往都以「尊王」作旗號，而不敢越雷池半步。霸主一方面破壞禮，另一方面又要其他諸侯守禮，對禮進行表面上的維護，並以此號令天下。齊桓公「九合諸侯、一匡天下」，為春秋五霸之首，然而在接受周天子賜胙時，也要下拜受胙；晉文公在城濮之戰後，仍然按照西周舊制進行對周襄王行獻俘禮；鄭文公用從前周平王接待晉文侯的禮節接待晉文公；周襄王任命晉文公為諸侯首領，晉文公依禮辭讓三次才接受王命，並行君臣大禮接受策書，三次朝見了周襄王。

春秋五霸中只有楚莊王曾經流露出問鼎周室的念頭，王孫滿以「周德雖衰，天命未改。鼎之輕重，未可問也」（《左傳·宣公三年》）打消了他的非分之想。

第二節　禮的堅持對辭令的影響

春秋時期行人的出現，是當時外交活動頻繁的必然結果。他們代表國君活躍於國際外交舞臺，見識廣博，彬彬有禮，用自己的智慧，憑藉善辯的言辭，保護本國利益不受侵犯，在外交活動中發揮了巨大的作用。行人們對禮的運用，使辭令表現出典雅、含蓄的特點。另外，禮的約束作用也使辭令具有某些固定的模式。

一、含而不露，用意深厚

外交活動中，最忌魯莽浮躁，這會導致事與願違，因此，行人們都避免

針鋒相對從而更加激化矛盾，而通常都是避實就虛，點到爲止，但含蓄的背後卻有著深厚的用意。例如：《左傳·宣公三年》「楚莊王問鼎」之事：

> 楚子問鼎之大小、輕重焉。對曰：「在德不在鼎。昔夏之方有德也，遠方圖物，貢金九牧，鑄鼎象物，百物而爲之備，使民知神、奸。故民入川澤、山林，不逢不若。螭魅罔兩，莫能逢之。用能協於上下，以承天休。桀有昏德，鼎遷於商，載祀六百。商紂暴虐，鼎遷於周。德之休明，雖小，重也。其奸回昏亂，雖大，輕也。天祚明德，有所底止。成王定鼎於郟鄏，卜世三十，卜年七百，天所命也。周德雖衰，天命未改，鼎之輕重，未可問也。」

楚莊王和王孫滿表面上在談論關於鼎的話題，實際上卻是談論政權的歸屬問題，談禮論德，含蓄委婉，用意深厚。楚莊王問鼎，實際上就是有取代周王之意，鼎是政權的象徵，而王孫滿告之「周德雖衰，天命未改，鼎之輕重，未可問也，」是說傳統的禮治還應該遵守，不應該覬覦天子的權力。《左傳·僖公三十三年》也有：孟明在謙卑中暗含殺機，透露出了三年將要復仇的打算，但他卻沒有直陳其意，而是用了「三年將拜君賜」的說法，話鋒藏而不露。

二、彬彬有禮，剛柔相濟

春秋行人階層是一個特殊的群體，他們飽讀詩書，知識淵博；同時又能言善辯，深諳天下局勢，可以完成保護國家利益的使命。在他們精彩的外交辭令當中，無不演繹出他們彬彬有禮的外交家風度，他們在溫文爾雅中有時也會慷慨激昂，氣勢磅礴，但也絕不會不顧後果，一味地衝撞對方，而是剛柔相濟，寓剛於柔，柔中見剛。例如《左傳·僖公四年》有：

> 齊侯陳諸侯之師，與屈完乘而觀之。齊侯曰：「豈不穀是爲？先君之好是繼。與不穀同好，如何？」對曰：「君惠徼福於敝邑之社稷，辱收寡君，寡君之願也。」齊侯曰：「以此眾戰，誰能禦之？以此攻城，何城不克？」對曰：「君若以德綏諸侯，誰敢不服？君若以力，楚國方城以爲城，漢水以爲池，雖眾，無所用之。」

齊侯率領諸侯之師討伐楚國，楚國派屈完去求和，齊侯先是虛僞地說本意是想繼承先君的友好，繼而卻以武力相威脅，但屈完不卑不亢，告之齊國應該以德來安撫諸侯，而不該憑藉武力，並且楚國早已做好了準備，不畏強權。

在彬彬有禮中陳述了一番富有震懾力的辭令，最終「屈完及諸侯盟」，完成了他的使命。

再如《左傳‧成公三年》「楚歸晉知罃」：

> 晉人歸楚公子穀臣與連尹襄老之尸于楚，以求知罃。於是荀首佐中軍矣，故楚人許之。王送知罃，曰：「子其怨我乎？」對曰：「二國治戎，臣不才，不勝其任，以爲俘馘。執事不以釁鼓，使歸即戮，君之惠也。臣實不才，又誰敢怨？」王曰：「然則德我乎？」對曰：「二國圖其社稷，而求紓其民，各懲其忿，以相宥也。兩釋纍囚，以成其好。二國有好，臣不與及，其誰敢德？」王曰：「子歸，何以報我？」對曰：「臣不任受怨，君亦不任受德，無怨無德，不知所報。」王曰：「雖然，必告不穀。」對曰：「以君之靈，纍臣得歸骨於晉，寡君之以爲戮，死且不朽。若從君之惠而免之，以賜君之外臣首；首其請於寡君，而以戮於宗，亦死且不朽。若不獲命，而使嗣宗職，次及於事，而帥偏師，以脩封疆。雖遇執事，其弗敢違，其竭力致死，無有二心，以盡臣禮，所以報也。」王曰：「晉未可與爭。」重爲之禮而歸之。

知罃可謂善辯之才，用國家利益作爲盾牌，把楚王層層緊逼的三個問題回答得滴水不漏，使對手無懈可擊，無言以對。知罃的外交辭令富有技巧，因爲國家利益高於一切，是作爲一個忠臣必須恪守的原則，知罃在不卑不亢中以此作爲自己行爲的準則，彬彬有禮中流露出了一個愛國者的氣節。

三、強調仁德，褒揚善道

價值、觀念、信仰會隨時代的變化而不斷變化，春秋時期，禮崩樂壞既成事實，注重實際利益，成了普遍的時代潮流，像孔子這樣關注現實利益之外的東西的人已經不多見了。但「禮義、忠信」等仍然是衡量人們言行的標準，誰也不願背上「不仁、不義」的壞名聲。即便是發動戰爭，也要找一個看似合理的理由，讓自己站在正義的一邊。雖然禮、德已有很強的虛偽性，即使祖先、神靈，在很多情況之下也只不過是個招牌和藉口，並不具有實質性的內容，但人們也不願直露地去破壞它。《左傳‧僖公十五年》：

> 十月，晉陰飴甥會秦伯，盟于王城。秦伯曰：「晉國和乎？」對曰：「不和。小人恥失其君而悼喪其親，不憚征繕以立圉也，曰『必報

讎，寧事戎狄。』君子愛其君而知其罪，不憚征繕以待秦命，曰『必報德，有死無二。』以此不和。」秦伯曰：「國謂君何？」對曰：「小人感，謂之不免；君子怒，以為必歸。小人曰：『我毒秦，秦豈歸君？』君子曰：『我知罪矣，秦必歸君。貳而執之，服而舍之，德莫厚焉，刑莫威焉。服者懷德，貳者畏刑，此一役也，秦可以霸。納而不定，廢而不立，以德為怨，秦不其然。』」秦伯曰：「是吾心也。」改館晉侯，饋七牢焉。

在這段辭令當中，陰飴甥十分透徹地揣摩秦穆公欲爭霸中原的心理，將秦穆公置於一個厚德之君的地位之上，要想稱霸就必須擁有寬廣的胸襟，秦穆公此刻若釋放晉惠公，就是君子眼中英明的霸主；若扣留晉惠公，就是小人眼中心胸狹窄的諸侯，況且，秦晉一度關係很好，秦穆公也不願棄德結怨，最終禮遇並釋放了晉惠公。

再如《左傳·襄公十四年》：

師曠侍於晉侯。晉侯曰：「衛人出其君，不亦甚乎？」對曰：「或者其君實甚。良君將賞善而刑淫，養民如子，蓋之如天，容之如地；民奉其君，愛之如父母，仰之如日月，敬之如神明，畏之如雷霆，其可出乎？夫君，神之主而民之望也。若困民之主，匱神乏祀，百姓絕望，社稷無主，將安用之？弗去何為？天生民而立之君，使司牧之，勿使失性。有君而為之貳，使師保之，勿使過度。是故天子有公，諸侯有卿，卿置側室，大夫有貳宗，士有朋友，庶人、工、商、皂、隸、牧、圉皆有親昵，以相輔佐也。善則賞之，過則匡之，患則救之，失則革之。自王以下，各有父兄子弟以補察其政。史為書，瞽為詩，工誦箴諫，大夫規誨，士傳言，庶人謗，商旅於市，百工獻藝。故《夏書》曰：『遒人以木鐸徇於路，官師相規，工執藝事以諫。』正月孟春，於是乎有之，諫失常也。天之愛民甚矣。豈其使一人肆於民上，以從其淫，而棄天地之性？必不然矣。」

魏獻公因為對大夫孫文子無禮而被逐出衛國，晉侯認為衛人此舉有些過分，但師曠卻認為國君應愛民如子，而不是禍國殃民，通過「良君」的概念與魏獻公作對比，認為被逐是衛獻公本身的責任，這一番辭令用以強調君主也應該有禮，對民施善，這一態度之大膽在當時頗令晉侯震驚。

四、謙卑冷靜，語氣平和

行人辭令在國家危難之時常常發揮扭轉乾坤的作用，這類辭令多具有謙卑平和的語氣，冷靜的態度。例如《左傳・僖公三十年》「燭之武退秦師」是春秋時期著名的外交辭令，就屬這一類。鄭國地處中原腹地，是齊、晉、秦、楚等大國爲了支配中原爭奪的焦點，一直在大國的夾縫中生存的鄭國，從晉則楚怒，從楚則晉有不滿，處境十分艱難。鄭國君臣面對現實的形勢，利用大國之間的矛盾，與他們周旋，達到保國庇民的目的。燭之武這番外交辭令分析形勢可謂入木三分，對秦國來說，燭之武陳說利害關係直截了當，至情至理。他首先陳述兩個大國聯合起來圍攻並不強大的鄭國，「鄭既知亡矣」，但是鄭的滅亡對晉國有利，對秦國而言，卻沒有什麼直接的好處。因爲晉、鄭接壤，秦鄭之間夾著晉國，鄭國滅亡可以擴大晉的地盤，秦國只是幫助鄰國增益，讓晉國更加強大罷了。反過來，如果秦國放棄和晉的聯盟，則鄭可以作爲秦的東道國，爲秦國的外交使者提供各種便利條件。這樣，經過燭之武的細緻分析，「亡鄭」和「舍鄭」，前者利於晉國，後者利於秦國，這是很顯然的道理了。爲了進一步堅定秦國「舍鄭」的決心，燭之武更對晉國的本質進行剖析，晉惠公受到秦穆公的幫助回國，曾經許諾以晉之焦、瑕二城作爲回報，但是回國後卻未履行諾言，這意味著晉國不可信任；燭之武又進一步說，晉國一向貪得無厭而且言而無信，在東邊它侵佔了鄭國，肯定會繼續向西擴張，直接侵害秦國的利益，這些令秦穆公震驚和警醒的剖析使他立即與鄭立盟而與晉決裂，不僅撤兵，而且還幫助鄭國戍守。這一切，都得益於燭之武出色的辭令。即便是自己已經佔據了有利地位，也絕不張揚跋扈，而是謙卑有禮。例如：《左傳・成公二年》韓厥俘虜對方國君的辭令。雖然打了勝仗，就要俘虜對方的國君，然而仍然施君臣大禮，用語謙卑，稱自己的國君爲「寡君」，稱對方爲「君」，稱自己爲「下臣」，用了表謙詞「忝」、「辱」、「敢」等等，以十分謙卑的態度表現出自己的「有禮」。

《左傳》中這樣的辭令有很多，如《左傳・僖公四年》：

> 齊侯陳諸侯之師，與屈完乘而觀之。齊侯曰：「豈不穀是爲？先君之好是繼。與不穀同好如何？」對曰：「君惠徼福於敝邑之社稷，辱收寡君，寡君之願也。」

同樣，這段辭令雙方都是將對方放在很高的位置上，用了禮節性的稱謂和說法，如「不穀」、「君」、「惠」、「敝邑」、「辱」、「寡君」等等。還有許多辭令

用了一些表示希望或者推測的語氣,使語氣謙卑和緩,比如用「若」,「敢告」、
「寡人之願」、「君實圖之」等等,使雙方的辭令在禮制的約束下有條不紊。
這在當時形成了一定的定式。

結　語

　　辭令是經過深思熟慮的語言，本書對《左傳》中的辭令進行了內部構成、展開視角、文化特點以及價值取向等多角度的研究嘗試。《左傳》的辭令問題是一個很吸引人的問題，雖然其專項研究起步較晚，但近年來有許多研究成果問世。隨著對這一問題研究的不斷深入，人們對許多相關問題有了進一步新的認識。比如對這一問題的分析逐漸細化，人們已經直接切入問題進行研究，不再將其簡單視為《左傳》「軍事與戰爭」的一個組成部分；人們開始關注辭令與當時社會文化風貌和時代精神之間的關係，分析其歷史意義和審美意義；將其作為先秦語言活動的重要組成加以溯源和考察，並且分析其對中國文學所產生的影響。

　　考察辭令問題不能脫離它賴以展開的敘述背景，春秋是一個重禮的時代，禮是辭令言說的時代背景。這一時代特徵使春秋時期的人們講究說話的方式，社會的各個階層特別是貴族階層開始重視雕琢辭令，並且將其作為人們追求儒雅風度的方式。不同的主體、場合，言說的辭令特點是很不相同的。它反映出人們不同的身份地位和言說辭令的不同目的。

　　人們言說的辭令還受到價值取向的影響。《左傳》辭令表現出典雅、含蓄的特點以及懲惡揚善的價值取向，這些都反映出中國古代文化的特點。中國傳統文化中具有含蓄、溫婉的特色，以《詩經》為代表的中國古代文學提倡「溫柔敦厚」，不喜歡赤裸裸地表示愛憎，而是委婉曲折地表達內心世界的感受。外交活動中，最忌魯莽浮躁，這會導致事與願違，因此，行人們都避免針鋒相對從而更加激化矛盾，而通常都是避實就虛，點到為止，但含蓄的背後卻有著深厚的文化內蘊，這些都是由於這個時代重禮的特點使然。懲惡揚

善的價值取向支配著人們對辭令的選擇，人們爲了在辯論和交流中佔據一個有利的地位，無不是力爭使自己作爲道德、誠信、高尚的代言人。先秦時期人們將文學作品的教育價值始終放在第一位，因此，懲惡揚善的價值取向一直是人們追求的目標。孔子倡導的「仁義道德」是人在道德方面的目標和要求，它涵蓋的內容十分廣泛，最起碼的要求應該是遵從「孝道」，對父母長輩要尊敬，若將其作以擴展，在政治上的要求，還要做到「忠君」，進而將這一倫理再推而廣之，就是要「愛人」，這種道德要求影響了《左傳》辭令的價值取向；另外還與人們的傳統觀念有關，中國傳統的思維方式是將個人、世界以及宇宙都緊緊聯繫在一起，認爲各個部分交互作用、不可分割，在這種社會化的文化中，所謂的「天道」和現實的人倫道德之間沒有什麼截然的界限，天德與人德是統一的。人如果違反了道德，也就是違反了「天道」，上天就會懲罰他，因此這一點也是用來勸導人們去行善的。

價值、觀念、信仰會隨著時代的變化而不斷變化，春秋時期，禮崩樂壞既成事實，人們對禮的典禮性重視開始減弱，轉而看中禮的實質。賦詩的作用也隨著局勢的變化逐漸由典禮性轉變爲功能性，在外交活動中發揮出巨大的實際作用。注重實際利益，成了普遍的時代潮流，但這個時代重禮的特徵使人們爲了達到特定的目的而選擇最佳的表述方式；人們善用比喻、避諱、排比、反問等辭格，使道理表達得更加生動、形象，使聽話者理解得更加深刻；觥籌交錯之中，人們常賦詩相對，溫文爾雅又含蓄委婉，達到了一種文采斐然、典雅豔麗的效果。

本文嘗試了用符號學的基本理論來探討辭令問題。象徵和隱喻是符號學的基本概念，也是《左傳》辭令中一個十分典型的問題，二者的交叉點是我們所關注的問題。《左傳》辭令中的象徵問題體現爲包括各種理念在內的各種不同的系列，委婉語是隱喻的重要體現，另外，引用問題也是可以用符號學的概念來進行解釋的。

參考文獻

A. 文獻著作類

1. （東漢）許慎，《說文解字》，〔M〕，北京：中華書局，1963 年。
2. （唐）孔穎達，《春秋左傳正義》，〔M〕，《十三經注疏影印本》，北京：中華書局，1980 年。
3. （清）洪亮吉，《春秋左傳詁》，〔M〕，北京：中華書局，1987 年。
4. 楊伯峻編著，《春秋左傳注（修訂本）》，〔M〕，北京：中華書局，1990 年。
5. （唐）劉知幾，《史通》，〔M〕，瀋陽：遼寧教育出版社，1997 年。
6. （宋）洪興祖撰，《楚辭補注》，〔M〕，北京：中華書局，1983 年。
7. （南朝）范曄（撰），李賢（注）《後漢書》，〔M〕，北京：中華書局，1965 年。
8. （南朝）劉勰，《心雕龍》，〔M〕，北京：人民文學出版社，1998 年。
9. （明末清初）顧炎武，《日知錄》，〔M〕，長沙：嶽麓書社，1994 年。
10. （清）孫詒讓，《周禮正義》，〔M〕，北京：中華書局，1987 年。
11. （清）孫希旦，《禮記集解》，〔M〕，北京：中華書局，1998 年。
12. （清）王先謙撰，《荀子集解》，〔M〕，北京：中華書局，1988 年。
13. （清）焦循撰，《孟子正義》，〔M〕，北京：中華書局，1987 年。
14. （清）勞孝輿，《春秋詩話》，〔M〕，上海：商務印書館，1936 年。
15. （清）劉寶楠，《論語正義》，〔M〕，北京：中華書局，1990 年。
16. 程樹德，《論語集釋》，〔M〕，北京：中華書局，1990 年。
17. 楊伯峻，《論語譯注》，〔M〕，北京：中華書局，1980 年。
18. 沈玉成、劉寧，《春秋左傳學史稿》，〔M〕，南京：江蘇古籍出版社，1992 年。

19. 趙伯雄,《春秋學史》,〔M〕,濟南:山東教育出版社,2004 年。

20. 趙生群,《春秋經傳研究》,〔M〕,上海:上海古籍出版社,2000 年。

21. 高亨,《周易雜論》,〔M〕,濟南:齊魯書社,1979 年。

22. 魯迅,《且介亭雜文》,〔M〕,北京:人民文學出版社,1973 年。

23. 錢鍾書,《管錐編》,〔M〕,北京:中華書局,1986 年。

24. 楊寬,《西周史》,〔M〕,上海:上海人民出版社,1999 年。

25. 顧德融,王順龍,《春秋史》,〔M〕,上海:上海人民出版社,2001 年。

26. 葛兆光,《中國思想史》,〔M〕,上海:復旦大學出版社,2000 年。

27. 勾承益,《先秦禮學》,〔M〕,成都:巴蜀書社,2002 年。

28. 余英時,《士與中國文化》,〔M〕,上海:上海人民出版社,2000 年。

29. 付亞庶,《中國上古祭祀文化》,〔M〕,長春:東北師大出版社,1999 年。

30. 沈立岩,《先秦語言活動之形態觀念及其文學意義》,〔M〕,北京:人民出版社,2005 年。

31. 孫綠怡,《左傳與中國古典小說》,〔M〕,北京:北京大學出版社,1992 年。

32. 陳彥輝,《春秋辭令研究》,〔M〕,北京:中華書局,2006 年。

33. 徐傑令,《春秋邦交研究》,〔M〕,北京:中國社會科學出版社,2004 年。

34. 方朝暉,《春秋左傳人物譜》,〔M〕,濟南:齊魯書社,2001 年。

35. 潘萬木,《左傳敘述模式論》,〔M〕,武漢:華中師大出版社,2004 年。

36. 郭丹,《左傳國策研究》,〔M〕,北京:人民文學出版社,2004 年。

37. 毛遠明,《左傳詞彙研究》,〔M〕,重慶:西南師範大學出版社,1999 年。

38. 黃伯榮、廖序東,《現代漢語》,〔M〕,北京:高等教育出版社,2007 年。

39. 朱麗亞,《性別化的人生:傳播,性別與文化》,〔M〕,徐俊,尚文鵬譯,廣州:暨南大學出版社,2005 年。

40. 孟悅、戴錦華,《浮出歷史地表》,〔M〕,鄭州:河南人民出版社,1989 年。

41. 黃俊傑,《傳統中華文化與現代價值的激蕩》,〔M〕,北京:社會科學文獻出版社,2002 年。

42. 楊適,《中西人論的衝突——文化比較的一種新探求》,〔M〕,北京:中國人民大學出版社,1991 年。

43. 周振甫,《中國修辭學史》,〔M〕,北京:商務印書館,1991 年。

44. 楊樹達,《中國修辭學》,〔M〕,上海:上海古籍出版社,1963 年。

45. 費振剛,《二十世紀中國文學研究(先秦兩漢文學研究)》,〔M〕,北京:北京出版社,2001 年。

46. 趙毅衡，《當說者被說的時候——比較敘述學導論》，〔M〕，北京：中國人民大學出版社，1998 年。

47. 譚君強，《敘述理論與審美文化》，〔M〕，北京：中國社會科學出版社，2002 年。

48. 胡亞敏，《敘事學》，〔M〕，武漢：華中師範大學出版社，2004 年。

49. 熱奈特，《敘事話語·新敘事話語》，〔M〕，北京：中國社會科學出版社，1990 年。

50. 董小英，《敘述學》，〔M〕，北京：社會科學文獻出版社，2001 年。

51. 楊義，《中國敘事學》，〔M〕，北京：人民出版社，1998 年。

52. 王靖宇，《中國早期敘事文研究》，〔M〕，上海：上海古籍出版社，2003 年。

53. 傅修延，《先秦敘事研究》，〔M〕，北京：東方出版社，1999 年。

54. 高小康，《中國古代敘事觀念與意識形態》，〔M〕，北京：北大出版社，2005 年。

55. 孫維張，《社會交際語言學》，〔M〕，長春：吉林大學出版社，1966 年。

56. 趙豔芳，《認知語言學概論》，〔M〕，上海：上海外語教育出版社，2001 年。

57. 弗洛伊德，《精神分析引論》，〔M〕，北京：商務印書館，1984 年。

58. 陳宗明、黃華新，《符號學導論》，〔M〕，鄭州：河南人民出版社，2004 年。

59. 羅蘭·巴爾特，《符號學原理》，〔M〕，李幼蒸譯，三聯書店，1988 年。

60. 列維——斯特勞斯，《結構人類學》，〔M〕，陸曉禾，黃錫光譯，長春：文化藝術出版社，1989 年。

61. 索緒爾，《普通語言學教程》，〔M〕，高名凱譯，北京：商務印書館，2003 年。

62. 梅洛——龐蒂，《符號》，〔M〕，姜志輝譯，北京：商務印書館，2003 年。

63. 特雷·伊格爾頓，《二十世紀西方文學理論》，〔M〕，任曉明譯，西安：陝西師大出版社，1987 年。

64. 威廉·馮·洪堡特，《論人類語言結構的差異及其對人類精神發展的影響》，〔M〕，姚小平譯，北京：商務印書館，2002 年。

65. 喬納森·卡勒，《結構主義詩學》，〔M〕，盛寧譯，北京：中國社會科學出版社，1991 年。

66. 穆斯達法·薩福安，《結構精神分析學》，〔M〕，懷寧譯，天津：天津社會科學出版社，2001 年。

B. 論文類

1. 聶國棟，《略談左傳的語言藝術》，〔J〕，《四川大學學報》，1979 年（3）。

2. 戴偉華，《左傳「言語」對戰國諸子散文的影響》，〔J〕，《江西社會科學》，1985 年（3）。

3. 王守謙，《略論左傳中行人與行人辭令》，〔J〕，《松遼學刊》，1990 年（2）。

4. 江立中，《略論離騷的象徵體系》，〔J〕，《雲夢學刊》，1992 年（2）。

5. 陳敦荃，《左傳外交辭令臆說——諸侯大國爭奪霸權的工具》，〔J〕，《外交學院學報》，1994 年（2）。

6. 劉鳳泉，《左傳敘事文學論略》，〔J〕，《濟南大學學報》，1994 年（2）。

7. 武惠華，《左傳外交辭令探析》，〔J〕，《中國人民大學學報》，1994 年（4）。

8. 劉竹，《春秋發微言戰國饒辯士——先秦公關外交語言藝術綜論》，〔J〕，《雲南師大學報》，1994 年（6）。

9. 陶然，《左傳的敘事藝術》，〔J〕，《瀋陽師範學院學報》，1995 年（2）。

10. 伍星明、黃生文，《左傳、國語中的重民思潮》，〔J〕，《甘肅社會科學》，1995 年（2）。

11. 陳敦荃，《左傳外交辭令臆說——諸侯小國向大國抗爭的重要武器》，〔J〕，《外交學院學報》，1995 年（2）。

12. 來可泓，《論左傳中的傳統道德》，〔J〕，《上海大學學報》，1995 年（3）。

13. 王朝忠，《簡而精曲而達——談左傳的語言特色》，〔J〕，《德州師專學報》，1995 年（3）。

14. 李夢奎，《論左傳的長篇敘事文學特徵》，〔J〕，《吉林師範學院學報》，1995 年（4）。

15. 劉家和，《左傳中的人本思想與民本思想》，〔J〕，《歷史研究》，1995 年（6）。

16. 汪受寬，《左傳史學理論初探》，〔J〕，《蘭州大學學報》，1996 年（1）。

17. 束定芳，《試論現代隱喻學的研究目標、方法和任務》，〔J〕，《外國語》，1996 年（2）。

18. 胡安順，《左傳的辭令上、下》，〔J〕，《西安教育學院學報》，1996（3）。和 1996 年（4）。

19. 謝其祥，《巧言妙語勝卻雄兵百萬——小議左傳的行人辭令》，〔J〕，《廣西師範學院學報》，1996 年（4）。

20. 陳鵬程、牟永福，《試論左傳歌謠的政治功能》，〔J〕，《蘭州學刊》，1996 年（4）。

21. 李炳海，《體備文武的周代貴族士人與詩經左傳的戰爭描寫》，〔J〕，《中州學刊》，1996 年（5）。

22. 關序華,《左傳析疑(五):所謂行人辭令之美》,〔J〕,《荊門大學學報》,1997 年(1)。

23. 甘佩欽,《試析左傳外交辭令在戰爭描寫中的作用》,〔J〕,《蘭州商學院學報》,1997 年(1)。

24. 聶玉海,《左傳記載的周易應用情況》,〔J〕,《殷都學刊》,1997 年(2)。

25. 任裕海,《能指與所指詩歌語言的符號學特性初探》,〔J〕,《外國文學研究》,1997 年(2)。

26. 高樂田,《說文解字中的符號學思想初探》,〔J〕,《湖北大學學報》,1997 年(2)。

27. 白顯鵬,《論左傳家族層面的敘事寫人》,〔J〕,《內蒙古師大學報》,1997 年(3)。

28. 何曉英,《左傳熟語簡論》,〔J〕,《成都師專學報》,1997 年(4)。

29. 孔慧雲,《左傳用詩初探》,《鄭州大學學報》,1997 年(4)。

30. 周少川,《評左傳解易——看易學對先秦史學的影響》,〔J〕,《北京師範大學學報》,1997 年(5)。

31. 張宇恕,《春秋宴會賦詩研究》,〔J〕,《管子學刊》,1998 年(1)。

32. 高益榮,《左傳說辭的特色及其成因》,〔J〕,《陝西師範大學學報》,1998 年(1)。

33. 童教英,《從左傳看春秋時期非婚生子的身份和地位》,〔J〕,《浙江大學學報》,1998 年(3)。

34. 徐柏青,《左傳文學成就論》,〔J〕,《湖北師範學院學報》,1999 年(1)。

35. 胡壯麟,《當代符號學研究的若干問題》,〔J〕,《福建外語》,1999 年(1)。

36. 王連儒,李廷安,《左傳所見諸侯婚姻中的宗姓認同與「兄弟之國」》,〔J〕,《管子學刊》,1999 年(2)。

37. 張豔,《從人文精神角度看左傳用詩》,〔J〕,《山西大學師範學院學報》,1999 年(3)。

38. 劉麗文,《從左傳看周代採詩制度的變遷》,〔J〕,《北方論叢》,1999 年(4)。

39. 南生橋,《超前反映與夢兆迷信——左傳夢幻話語談》,〔J〕,《陝西教育學院學報》,1999 年(4)。

40. 胡安順,《左傳辭令與戰國策士辭令論說方法之比較》,〔J〕,《青海師大學報》,1999 年(4)。

41. 卓智玉,《從左傳看春秋的禮治思想》,〔J〕,《廈門教育學院學報》,2000 年(1)。

42. 黃琳斌,《試論左傳的崇霸思想》,〔J〕,《江西社會科學》,2000 年(1)。

43. 可永雪，《論史記在敘事上對左傳的繼承和發展》，〔J〕，《內蒙古師大學報》，2000 年（1）。

44. 胡傳勝，《符號與象徵》，〔J〕，《南京化工大學學報》，2000 年（2）。

45. 羅軍鳳，《論左傳的特殊敘事方式——記言》，〔J〕，《西安交通大學學報》，2000 年（2）。

46. 張淑亞，《左傳婦女稱謂述略》，〔J〕，《台州師專學報》，2000 年（4）。

47. 唐康，《從邲之戰看左傳刻畫人物的特色》，〔J〕，《錦州師範學院學報》，2000 年（4）。

48. 郭曉麗，《論先秦思想家主體意識的覺醒》，〔J〕，《內蒙古大學學報》，2000 年（4）。

49. 黃桂嬋，《左傳「晉公子重耳之亡」中婦女群像試析》，〔J〕，《廣西大學學報》，2000 年（4）。

50. 潘萬木，《左傳評論式模式的生成及擴張》，〔J〕，《荊門職業技術學院學報》，2000 年（5）。

51. 劉麗文，《論左傳「天德合一」的天命觀——左傳預言的本質》，〔J〕，《求是學刊》，2000 年（5）。

52. 吳美卿，《左傳女性人物形象及意義》，〔J〕，《江西社會科學》，2000 年（6）。

53. 楊素萍，《試論左傳中的引詩、賦詩及其它》，〔J〕，《阜陽師範學院學報》，2001 年（1）。

54. 段銳武、樊列武，《左傳倫理思想簡論》，〔J〕，《陝西師範大學學報》，2001 年（2）。

55. 周洪，《左傳札記》，〔J〕，《江西師範大學學報》，2001 年（2）。

56. 崔向榮，《還歷史人物以真實的生命——評左傳中的鄭莊公》，〔J〕，《廣東社會科學》，2001 年（3）。

57. 吳少珺、張京華，《左傳史論與孔子史學》，〔J〕，《洛陽大學學報》，2001 年（3）。

58. 劉希慶，《論左傳中的預敘》，〔J〕，《廣西師範大學學報》，2001 年（3）。

59. 劉勇剛，《試論左傳「賦詩斷章」對後世文學鑒賞的影響》，〔J〕，《甘肅教育學院學報》，2001 年（4）。

60. 陳才訓，《左傳行人辭令與戰國策策士辯辭比較》，〔J〕，《社科縱橫》，2001 年（4）。

61. 呂小霞，《左傳敘事範式初窺》，〔J〕，《魯行經院學報》，2001 年（4）。

62. 劉麗文，《論左傳的歷史觀——兼論左傳神夢巫卜及以成敗論人的本質》，〔J〕，《求是學刊》，2001 年（6）。

63. 付亞庶，《論左傳中委婉語》，〔J〕，《東北師大學報》，2002 年（1）。

64. 白顯鵬，《論左傳家族人物群像》，〔J〕，《內蒙古民族大學學報》，2002 年（1）。

65. 祝秀權，《左傳敘事藝術三題》，〔J〕，《洛陽大學學報》，2002 年（1）。

66. 王崗，《從左傳看春秋諸侯國外事關係的發展及其特徵》，〔J〕，《渭南師範學院學報》，2002 年（S1）。

67. 王崗，《從左傳看詩歌在春秋時期的繁榮及其原因》，〔J〕，《陝西教育學院學報》，2002 年（2）。

68. 張翅，《左傳伏筆藝術簡論》，〔J〕，《蕪湖職業技術學院學報》，2002 年（2）。

69. 丁琴海，《左傳敘事視角研究》，〔J〕，《山東社會科學》，2002 年（3）。

70. 杜薇，《由左傳看春秋時期「賦詩觀志」的社會風尚》，〔J〕，《洛陽師院學報》，2002 年（4）。

71. 張群，《當代左傳人物研究概述》，〔J〕，《呼蘭師專學報》，2002 年（4）。

72. 潘萬木，《周易在春秋時期的接受——以左傳爲例》，〔J〕，《荊門職業技術學院學報》，2003 年（1）。

73. 張之佐，《左傳民本思想考》，〔J〕，《蘭州教育學院學報》，2003 年（1）。

74. 陳筱芳，《從左傳看春秋時期的神正論》，〔J〕，《西南民族學院學報》，2003 年（1）。

75. 韓再峰，《左傳士人的歷史形象與藝術形象》，〔J〕，《佳木斯大學社會科學學報》，2003 年（1）。

76. 馬慧娜，《左傳敘事比較淺談》，〔J〕，《陝西師範大學繼續教育學報》，2003 年（S1）。

77. 王清珍，《左傳中的楚人引詩》，〔J〕，《文學遺產》，2003 年（2）。

78. 陳慶豔，《左傳女性形象之我見》，〔J〕，《金陵職業大學學報》，2003 年（2）。

79. 楊鋒，《左傳中所見的禮初探》，〔J〕，《四川教育學院學報》，2003 年（3）。

80. 譚黎明，《左傳中所記春秋時期道德觀念初探》，〔J〕，《吉林師大學報》，2003 年（3）。

81. 周玉波，《左傳引用謠諺現象略說》，〔J〕，《淮陰師範學院學報》，2003 年（4）。

82. 賈繼海、張經芬，《從左傳中的占卜材料透視齊國的務實精神》，〔J〕，《管子學刊》，2003 年（4）。

83. 胡安蓮，《論左傳「行人」及辭令》，〔J〕，《周口師範學院學報》，2003 年（4）。

84. 賀陶樂，《左傳諫說應對的策略藝術》，〔J〕，《西北農林科技大學學報》，2003 年（5）。

85. 楊勝朋，《論左傳夢敘述的文學價值》，〔J〕，《西南交通大學學報》，2003 年（6）。

86. 劉麗文，《春秋時期賦詩言志的禮學淵源及形成的機制原理》，〔J〕，《文學遺產》，2004 年（1）。

87. 劉繼保，《中國古代小說起源於左傳》，〔J〕，《中州學刊》，2004 年（1）。

88. 李豔華，《左傳女性形象探微》，〔J〕，《湛江海洋大學學報》，2004 年（2）。

89. 邱文穎，《左傳夢境生成機制初探》，〔J〕，《蘇州教育學院學院》，2004 年（2）。

90. 謝仁敏，《草蛇灰線，伏脈千里——淺析左傳的伏筆藝術》，〔J〕，《柳州師專學報》，2004 年（2）。

91. 舒大清，《左傳、國語相術預言略論》，〔J〕，《海南師範學院學報》，2004 年（3）。

92. 謝志勇，《從左傳看中國古代「禮」的演變》，〔J〕，《宜春學院學報》，2004 年（3）。

93. 過常寶，《左傳源於史官「傳聞」制度考》，〔J〕，《北京師範大學學報》，2004 年（4）。

94. 何新文、張群，《現當代的左傳人物研究》，〔J〕，《湖北大學學報》，2004 年（4）。

95. 楊經華，《尋找逝去的心靈——談談左傳中幾種獨特的心理描寫》，〔J〕，《欽州師範高等專科學校》，2004 年（4）。

96. 何新文，《關於左傳的人物評論》，〔J〕，《文學評論》，2004 年（5）。

97. 潘萬木、黃永林，《左傳之預言敘述模式》，〔J〕，《華中師大學報》，2004 年（5）。

98. 吳美卿，《論左傳的人文精神》，〔J〕，《求索》，2004 年（6）。

99. 劉生良，《春秋賦詩的文化透視》，〔J〕，《陝西師範大學學報》，2004 年（6）。

100. 周和軍，《見微而知著——論左傳的敘事視角藝術》，〔J〕，《長春師範學院學報》，2004 年（6）。

101. 張遠山，《從賦比興到整體象徵》，〔J〕，《社會科學論壇》，2004 年（7）。

102. 王慶民，《宏大、精深、洗練、典雅——從晉楚城濮之戰看左傳的敘事特點》，〔J〕，《遼寧師專學報》，2005 年（1）。

103. 夏維新，《從左傳看「禮」在春秋時期的社會價值》，〔J〕，《伊犁教育學院學報》，2005 年（1）。

104. 趙會娟，《淺析左傳的夢》，〔J〕，《海南大學學報》，2005 年（1）。

105. 余淑榮，《試論左傳說辭的得體性》，〔J〕，《固原師專學報》，2005 年（2）。

106. 楊勝朋，《論左傳中的夢境表現及文學成就》，〔J〕，《西南農業大學學報》，2005 年（2）。

107. 蒲生華，《左傳中春秋貴族的葬禮、喪葬禮及其喪葬思想》，〔J〕，《青海師大民族師範學院學報》，2005 年（2）。

108. 聶小站，《左傳敬詞研究》，〔J〕，《安康師專學報》，2005 年（3）。

109. 敖思芬，《略論左傳中的女性悲劇形象》，〔J〕，《南昌教育學院學報》，2005 年（4）。

110. 何凌風，《左傳對偶藝術之實證研究》，〔J〕，《長春工程學院學報》，2005 年（4）

111. 刁生虎，《隱喻與寓言——以先秦諸子爲中心的探尋》，〔J〕，《番禺職業技術學院學報》，2005 年（4）。

112. 潘萬木，《左傳的民間敘述立場》，〔J〕，《荊門職業技術學院學報》，2005 年（5）。

113. 郭春林，《試論左傳的辭令美》，〔J〕，《廣西右江民族師專學報》，2005 年（5）。

114. 何凌風，《左傳「聯珠格」運用之藝術成就初探》，〔J〕，《宜春學院學報》，2005 年（5）。

115. 何凌風，《左傳對偶運用之藝術成就初探》，〔J〕，《江西師大學報》，2005 年（6）。

116. 秦佳慧，《試論春秋左傳中的尊稱和謙稱》，〔J〕，《浙江社會科學》，2005 年（6）。

117. 張紅，《左傳引詩新探》，〔J〕，《成都教育學院學報》，2005 年（8）。

118. 杜雲輝，《左傳中的戰爭人道主義思想》，〔J〕，《江西教育學院學報》，2006 年（1）。

119. 師琴，《試析左傳中與楚國政治有關的女性》，〔J〕，《黃石教育學院學報》，2006 年（1）。

120. 王春陽、林紅武，《左傳吉禮的崩壞發覆》，〔J〕，《當代經理人》，2006 年（3）。

121. 魏紅星，《左傳人物的人格特徵》，〔J〕，《燕山大學學報》，2006 年（3）。

122. 毛振華，《左傳鄭人賦詩考論》，〔J〕，《西安電子科技大學學報》，2006 年（3）。

123. 解植永，《左傳、史記判斷句比較研究》，〔J〕，《重慶文理學院學報》，2006 年（3）。

124. 邵英，《左傳之「非禮」窺探》，〔J〕，《西北大學學報》，2006 年（3）。

125. 丁進，《春秋賦詩的眞相》，〔J〕，《學術月刊》，2006 年（3）。

126. 閆麗、唐曉天，《左傳女性人物稱名的文化意義》，〔J〕，《古籍整理研究學刊》，2006 年（4）。

127. 董淑華，《從左傳「伐、侵、襲」的使用透視春秋人的戰爭觀》，〔J〕，《遼寧工學院學報》，2006 年（4）。

128. 毛振華，《左傳魯人賦詩考論》，〔J〕，《東方論壇》，2006 年（4）。

129. 過常寶，《左傳盧飾與史官敘事的理性自覺》，〔J〕，《北京師大學報》，2006 年（4）。

130. 查清蘭，《淺議左傳外交辭令的民族特色》，〔J〕，《科技信息》，2006 年（4）。

131. 張瑞芳，《左傳政治婚姻下的女性形象》，〔J〕，《西藏民族學院學報》，2006 年（4）。

132. 孫震芳、樂幀益，《試論左傳中的「君子曰」》，〔J〕，《上饒師範學院學報》，2006 年（4）。

133. 查清蘭，《淺析左傳外交辭令的產生及其發展》，〔J〕，《江西科技師範學院學報》，2006 年（4）。

134. 張寶林，《左傳倫理思想內涵探析》，〔J〕，《學術交流》，2006 年（5）。

135. 李青苗，《瑞腦銷金獸》，〔J〕，《文史知識》，2006 年（5）。

136. 童慶炳，《中國敘事文學的起點與開篇——左傳敘事藝術論略》，〔J〕，《北京師大學報》，2006 年（5）。

137. 刁生虎，《隱喻與象徵——以周易爲中心的探尋》，〔J〕，《青海師大學報》，2006 年（5）。

138. 賈冬月，張憲華，《左傳中的齊國女性》，〔J〕，《泰山學院學報》，2006 年（5）。

139. 毛振華，《左傳各國賦詩共性考論》，〔J〕，《江南大學學報》，2006 年（5）。

140. 羅建新，《左傳諫說、外交行爲藝術探驪》，〔J〕，《西安文理學院學報》，2006 年（5）。

141. 劉洪，《左傳中「死」族詞與周代禮制文化》，〔J〕，《麗水學院學報》，2006 年（6）。

142. 王有景，《論左傳預言敘事藝術》，〔J〕，《運城學院學報》，2006 年（6）。

143. 楊釗，《左傳與「詩以言志」》，〔J〕，《西南民族大學學報》，2006 年（10）。

144. 李豔紅、鍾如雄，《左傳盟誓語言研究》，〔J〕，《西南民族大學學報》，2006 年（10）。

145. 康寧淺，《談左傳中的神話傳說、歷史傳聞》，〔J〕，《蘭州學刊》，2006 年（12）。

146. 韓再峰，《左傳士人形象論》，〔J〕，《佳木斯大學社會科學學報》，2007 年（1）。

147. 黃瑤妮、張筱文，《從左傳中魯國社會看先秦禮治的轉型》，〔J〕，《南昌教育學院學報》，2007 年（1）。

148. 劉送平，《左傳「復禮」思想觀照下的鄭莊公》，〔J〕，《鞍山師範學院學報》，2007 年（1）。

149. 毛振華，《左傳賦詩習俗的淵源與流變》，〔J〕，《中南大學學報》，2007 年（1）。

150. 彭安湘，《論左傳中齊魯兩國女性的風貌及其文化內蘊》，〔J〕，《湖南商學院學報》，2007 年（1）。

151. 胡萍，《左傳謠諺的語言特點》，〔J〕，《黃山學院學報》，2007 年（1）。

152. 汪允、馬宇，《多方透視千秋功就——左傳戰爭描寫之我見》，〔J〕，《三峽大學學報》，2007 年（S1）。

153. 劉松來、王芳，《左傳修辭方式初探》，〔J〕，《現代語文》，2007 年（2）。

154. 尹雪華，《左傳中的女性——男性敘事話語中的沉默者》，〔J〕，《福建師大學報》，2007 年（2）。

155. 張鳳秋，《左傳與戰國策女性形象塑造比較》，〔J〕，《綏化學院學報》，2007 年（2）。

156. 魏紅星，《左傳人物活動的社會歷史文化背景》，〔J〕，《長春理工大學學報》，2007 年（2）。

157. 石雲孫，《論左傳話語》，〔J〕，《安慶師範學院學報》，2007 年（2）。

158. 劉成榮，《左傳行人辭令的生成機制及其美學特徵》，〔J〕，《蘭州學刊》，2007 年（3）。

159. 鄭大轉，《左傳的行人辭令美：利、禮、德的和諧統一》，〔J〕，《現代語文》，2007 年（3）。

160. 劉成榮，《左傳行人辭令的生成機制及其美學特徵》，〔J〕，《蘭州學刊》，2007 年（3）。

161. 趙沛，《廖平的左傳研究》，〔J〕，《管子學刊》，2007 年（3）。

162. 賀陶樂，《對劉熙載論左傳敘事藝術的闡釋》，〔J〕，《揚州大學學報》，2007 年（3）。

163. 白奚，《從左傳、國語的「仁」觀念看孔子對「仁」的價值提升》，〔J〕，《首都師大學報》，2007 年（4）。

164. 沈娜娜、李超，《左傳敘事手法對古典小說的影響》，〔J〕，《文學教育》，2007 年（4）。

165. 毛振華，《論左傳中的晉人賦詩》，〔J〕，《太原師範學院學報》，2007 年（4）。

166. 毛振華,《左傳賦詩研究百年述評》,〔J〕,《湖南大學學報》,2007 年（4）。

167. 宋娜,《左傳信德管窺》,〔J〕,《長沙大學學報》,2007 年（4）。

168. 朱全國,《論隱喻與象徵的關係》,〔J〕,《吉首大學學報》,2007 年（4）。

169. 賀陶樂、王春樂,《左傳的戰爭描寫藝術》,〔J〕,《延安大學學報》,2007 年（4）。

170. 戴振雯,《左傳人物言論的論述傾向》,〔J〕,《黃山學院學報》,2007 年（4）。

171. 楊茂義,《左傳之禮與孔子之禮》,〔J〕,《北京青年政治學學報》,2007 年（4）。

172. 李永明,《左傳歷史思想新探》,〔J〕,《廊坊師範學院學報》,2007 年（5）。

173. 陳才訓,《再創作：史傳孕育小說的原始基因——以左傳爲例》,〔J〕,《天津社會科學》,2007 年（5）。

174. 陶運清,《淺談左傳戰爭的敘事視角》,〔J〕,《和田師範專科學校學報》,2007 年（5）。

175. 葛聰穎,《左傳女性人物敘述特點探微》,〔J〕,《理論界》,2007 年（6）。

176. 田笑霞,《左傳關於戰爭描寫的文學技巧》,〔J〕,《學術交流》,2007 年（6）。

177. 李程、王龍飛,《禮與左傳行人辭令之美》,〔J〕,《文教資料》,2007 年（8）。

178. 史繼東,《試論左傳中「干政女性」形象》,〔J〕,《樂山師範學院學報》,2007 年（10）。

179. 李瑾,《先秦諸子的名實論與符號學》,〔J〕,《山東教育學院學報》,2008 年（2）。

180. 秦德娟,《語法隱喻與認知隱喻》,〔J〕,《雲南民族大學學報》,2008 年（2）。

181. 劉光準、黃蘇華,《關於象徵》,〔J〕,《解放軍外國語學院學報》,2008 年（2）。

182. 楊正翠、李曉紅,《淺析隱喻的顯式和隱式》,〔J〕,《阿壩師範高等專科學校學報》,2008 年（2）。

183. 管振彬,《委婉生成機制的認知理據探究》,〔J〕,《襄樊學院學報》,2008 年（3）。

184. 李青苗,《左傳辭令中懲惡揚善價值取向的來源及影響》,〔J〕,《東北師大學報》,2009 年（3）。

185. 謝亞軍,《委婉語中的隱喻機制》,〔J〕,《重慶工學院學報》,2008 年（9）。

186. Roland Barthes. Mythologies，Annette Laver. Hill and Wang inc，Jan.1.1972.

187. Roland Barthes. S\Z：An Essay. Hill and Wang inc，Jan.1.1975.

188. Roland Barthes. Elements of Semiology. Hill and Wang inc，Apr.1.1977.

189. George Lakoff ＆ Mark Johnson. Metaphors we live by. University of Chicago Press.1980.

190. George Lakoff. Women，Fire，and Dangerous Things. University of Chicago Press.1987.

191. Hayden White. Metahistory：the historical imagination in nineteenth-century Europe. Baltimore：Johns Hopkins University Press.1973.

192. Hayden White. Tropics of discourse：essays in cultural criticism.Baltimore：Johns Hopkins University Press.1978.

193. Hayden White. The content of the form：narrative discourse and historical representation. Baltimore：Johns Hopkins University Press.1987.

194. Genette. Narrative discourse：an essay in method. Ithaca.N.Y.：Cornell University Press.1980.

195. Genette. Narrative Discourse revisited. Ithaca.N.Y.：Cornell University Press.1990.

論文集

1. 胡念貽，《先秦文學論集》，北京：中國社會科學出版社，1981 年。

2. 金景芳，《談禮》，〔C〕，見：陳其泰主編，《二十世紀中國禮學研究論集》，北京：學苑出版社，1998 年。

3. 楊志剛，《中國禮學史發凡》，〔C〕，見：陳其泰主編，《二十世紀中國禮學研究論集》，北京：學苑出版社，1998 年。

4. 趙毅衡，《符號學文學論文集》，〔C〕，天津：百花文藝出版社，2004 年。

5. 張寅德編選，《敘事學研究》，〔C〕，北京：中國社會科學出版社，1989 年。

學位論文

1. 宋麗琴，《左傳行人辭令中委婉語研究》，〔D〕，〔碩士學位論文〕，河北大學中文系，2005 年。

2. 劉明濤，《左傳外交辭令述論》，〔D〕，〔碩士學位論文〕，吉林大學歷史文化學院，2006 年。

3. 傅希亮，《道德史觀與左傳文學研究》，〔D〕，〔博士學位論文〕，首都師範大學文學院，2004 年。

4. 陳才訓，《源遠流長──論春秋、左傳對古典小說的影響》，〔D〕，〔博士學位論文〕，山東大學文學院，2006 年。

後　記

　　《左傳》辭令問題是一個富有吸引力的問題，溫文爾雅的言辭，在歷史上發揮了不可小覷的社會作用，直到今天，仍然有著巨大的實踐價值和學術意義。《左傳》辭令問題，有著巨大的研究空間，對其可以從語言學、文學、文獻學、敘述學等多個角度進行探討。這部《左傳辭令研究》是我的第一部專著，它以我的博士論文爲主體，做了部分修改後完成的。書中談了一些對《左傳》辭令問題的粗淺的認識。回想寫作的那些日子，痛並快樂著，它的完成歷經了幾年的思索與修改，同時也凝聚了師長、友人們的關懷和幫助，因此，在這裏我要感謝所有關心和幫助我的人們。

　　感謝我的博士導師傅亞庶教授，從論文的選題直到最後專著的完成，無不是在導師的悉心指導下完成的。回想起數年前我在爲選題發愁的時候，老師對學生提供了無私的幫助，從論文的選題、研究方法的確定，許多關鍵問題的解決，到最後文稿的審閱，無不得益于老師的悉心指導。之後，由這一題目的擴展還生髮出了校內青年項目、省社科基金項目、教育部青年基金項目等一系列成果，所有成果的取得，學生都在心底由衷地感謝恩師，沒有您，學生不可能擁有今天的進步。老師教導我們在學業上積極進取，師母則叮囑我們要好好生活，生活這部大書是我們更要潛心研究的。學習、工作、生活，老師和師母教給了我們太多太多。

　　還要感謝論文答辯委員會幾位專家教授對論文的修改意見，吉林大學文學院王樹海教授，沈文凡教授，東北師範大學文學院李德山教授，張恩普教授，曹勝高教授。

　　感謝博士後合作導師呂明臣教授給與我的幫助。

　　感謝碩士導師吳長安教授，吳教授將我們領進了學術研究的殿堂，他以豐富的專業知識，高尚的師德時時影響和感染著我們。每當在前進的道路上遇到困難時，我們總是不斷地煩擾老師，不論是老師身在異國他鄉，還是時間已近深夜，老師總是溫和地眞誠地提供寶貴意見。吳老師和師母的指點與鼓勵，鞭策著我們不斷前進。

　　感謝東北師範大學文學院語言學教研室主任胡曉研教授，在我們舉步維艱的時候，爲了我們的成長與進步，胡老師替我們青年教師承擔了許多原本應該由我們來完成的工作任務，在工作上爲我們提供了種種便利條件。今天的進步與胡教授的深切關心和支持是分不開的。

　　還要感謝我的師兄師姐、師弟師妹，你們的鼓勵給了我進步的信心和勇氣。

　　更要感謝我的家人，感謝你們無私的奉獻，對我學業和工作的支持不計代價，不計回報，和我一起分享著前進道路上的種種。你們是我進步的強大後盾，讓我領悟到人生豐富而複雜的意義。

　　感謝所有關心我的同事，曾經幫助過我和願意幫助我的朋友們。生命中與你們相遇，是我的幸運和幸福。

　　感謝我的母校和現在的工作單位東北師大文學院，爲我提供了進步的機會。

　　感謝花木蘭文化出版社楊嘉樂、高小娟等編輯老師的辛勤工作。

　　由於時間倉促，水平有限，書中存在的問題肯定會很多，希望在今後的學習和研究中進一步加深對《左傳》辭令問題的理解，擴寬研究的領域。

作者
2013 年 7 月 15 日於東北師大文學院